叢書主編：蕭新煌教授

叢書策畫：臺灣第三部門學會

本書由臺灣第三部門學會、臺灣社會福利學會
及巨流圖書公司共同策劃出版

臺灣社會福利運動與政策效應：

二〇〇〇－二〇一八年

蕭新煌、官有垣、王舒芸 主編

巨流圖書公司印行

臺灣社會福利運動與政策效應：2000-2018年

國家圖書館出版品預行編目（CIP）資料

臺灣社會福利運動與政策效應. 2000-2018年 / 蕭新煌, 官有垣, 王舒芸主編. -- 初版. -- 高雄市: 巨流, 2018.10
面； 公分

ISBN 978-957-732-570-9（平裝）

1.社會福利 2.文集 3.臺灣

547.07 107014025

主　　編　蕭新煌、官有垣、王舒芸
責任編輯　劉侑學、張如芷
封面藝術　Yu Hyang Lee
封面設計　毛湘萍

發 行 人　楊曉華
總 編 輯　蔡國彬

出　　版　巨流圖書股份有限公司
80252 高雄市苓雅區五福一路 57 號 2 樓之 2
電話：07-2265267
傳眞：07-2264697
e-mail：chuliu@liwen. com. tw
網址：http://www.liwen.com.tw

編 輯 部　23445 新北市永和區秀朗路一段 41 號
電話：02-29222396
傳眞：02-29220464

劃撥帳號　01002323 巨流圖書股份有限公司
購書專線　07-2265267 轉 236

法律顧問　林廷隆律師
電話：02-29658212

出版登記證　局版臺業字第 1045 號

ISBN 978-957-732-570-9（平裝）
初版一刷・2018 年 10 月

定價：650元

作者簡介（依章次排序）

蕭新煌
中央研究院社會學研究所特聘研究員
國立中央大學客家學院講座教授

官有垣
國立中正大學社會福利學系教授
台灣第三部門學會理事長

王舒芸
國立中正大學社會福利學系副教授
臺灣社會福利學會第12屆祕書長

劉侑學
國立中正大學社會福利學系博士候選人
臺灣社會福利學會第12屆副祕書長

杜承嶸
長榮大學社會工作學系助理教授

王增勇
國立政治大學社會工作研究所教授

周孟謙
獨立記者

沈秀華

國立清華大學社會學研究所副教授

林實芳

國立臺灣大學法律學系博士生

婦女新知基金會董事

維虹法律事務所律師

謝新誼

美國加州大學舊金山分校醫學史博士生

吳嘉苓

國立臺灣大學社會學系教授

王兆慶

國立中正大學社會福利學系博士生

托育政策催生聯盟發言人

陳正芬

中國文化大學社會福利學系教授

中華民國家庭照顧者關懷總會理事長（2012.6-2017.6）

吳靜如

臺灣國際勞工協會工作人員

許淳淮

臺灣國際勞工協會工作人員

陳柏謙
臺灣高等教育產業工會研究員
臺灣通信網路產業工會祕書長

林柏儀
臺灣高等教育產業工會組織部主任

陳宥任
醫師勞動條件改革小組執行委員
臺北市醫師職業工會監事

張恒豪
國立臺北大學社會學系教授

游鯉綺
台北市行無礙資源推廣協會社工師

許朝富
台北市行無礙資源推廣協會總幹事

葉大華
臺灣少年權益與福利促進聯盟祕書長

施逸翔
臺灣人權促進會副祕書長

吳紹文

宜蘭青農

2016綠黨社會民主黨聯盟宜蘭縣立委參選人

現任19th綠黨中執委

土拉客實驗農家園成員

宜糧號負責人

倪世傑

國立政治大學政治學系博士

中央研究院人文社會科學研究中心博士後研究學者

目錄

編者序

蕭新煌、官有垣、王舒芸

《臺灣社會福利運動與政策效應：2000-2018年》這本書是繼蕭新煌與林國明兩位教授在2000年出版的《臺灣的社會福利運動》後，另一本接力探討千禧年後臺灣社會福利運動的發展動態，尤其關注社會福利「運動」與「政策」間的互動與關連性。

本書有三個特色，第一，臺灣的社會福利發展日益多元，除了傳統的經濟安全與福利服務外，婚姻平權、長期照顧、性別運動、青年公民、國際人權等新興課題，逐漸成為關切與討論的範疇，本書嘗試記錄臺灣公民權擴充和完整化歷程中的「運動」角色；第二，臺灣社會福利運動的動員結構與策略，隨著組織的制度化與專業化、社群媒體的創新，也出現更多元嶄新的形式，開啟更廣泛的倡議空間。第三，本書觀察時間橫跨臺灣自2000年以來的三次政黨輪替（2000、2008、2016），因而可以在較長的歷史時間軸裡考察運動演進的軌跡中，社福運動與不同黨派執政的互動，及其政策路線與運動策略的異同。

本書從發想到誕生歷經兩年多的時間。2016年5月，臺灣正值政治、產業、人口結構變遷的關鍵時刻，如何在經濟發展停滯與國家財政困難的大環境下，迎接高齡世代的新挑戰，是整體臺灣社會需嚴肅面對的課題。許多社會福利政策正面臨轉型，又適逢總統大選，因此「臺灣社會福利學會」將年會主題定為「高齡世代的社會福利轉型——科層治理、政黨與公民運動的交織對話」，邀集本書所有作者在年會中發表，會後一起開會，共同決定書寫的論點與方向。同年11月18日在中央研究院社會學研究所舉辦第一次專書工作坊，主編與作者們彼此就各章的初版提問、建議、相互激盪。

其次，由於本書各章的初稿皆經兩位學者匿名審稿，特別感謝臺灣民主基金會慷慨贊助本書稿費與審查費，以及第三部門學會吳佳倫執行祕書協助繁瑣的計畫與經費申請。此外，主編另邀請了七位匿名審查人針對本書整體內容與部分篇章提供寶貴的修改建議，讓各章的論點更為清晰，在此一併致上深摯的謝意。而後作者群們依據不同主題分別在2017年的「臺灣女性學學會年會」、「臺灣第三部門學會年會」、「臺灣社會研究學會年會」、與「臺灣社會學年會」發表，要特別感謝不同專業群體的年會參與者提供的迴響與建議。最後，感謝這19章25位作者的熱心響應、耐心討論、與細心修改，本書才可能出版問世。

本書係臺灣第三部門學會、臺灣社會福利學會、與巨流圖書公司共同策劃出版的「臺灣第三部門研究叢書」第9號，特別感謝巨流編輯同仁的悉心協助，讓我們安心不少。最後，特別感謝國立中正大學社會福利學系博士候選人劉侑學，2016年因擔任臺灣社會福利學會副祕書長自此兩年多的投入，舉凡年會、工作坊的籌備執行、與作者的觀點討論、聯繫催稿、文章送審、文字校對。全書上看三十萬字、數百則新聞，若沒有侑學的細心與耐心，本書無法順利出版。

第一篇

臺灣社會福利運動的前世今生

第一章
總論：勾勒千禧年後的臺灣社會福利運動

蕭新煌
中央研究院社會學研究所特聘研究員
國立中央大學客家學院講座教授

官有垣
國立中正大學社會福利學系教授
台灣第三部門學會理事長

王舒芸
國立中正大學社會福利學系副教授
臺灣社會福利學會第12屆祕書長

劉侑學
國立中正大學社會福利學系博士候選人
臺灣社會福利學會第12屆副祕書長

壹、前言

2000年蕭新煌與林國明出版《台灣的社會福利運動》，是臺灣少數以「社會福利運動」為主體的專書。書中清楚指出，臺灣的社會福利體系自1980年在資源規模、保障對象、福利涵蓋的範圍及制度化均顯著發展；同時也認為促成這些擴張的部分原因來自政治民主化，使社會力得以組織且透過運動形式要求集體資源的重新分配。記錄與分析這些過程與成果，是《台灣的社會福利運動》的重要精神與貢獻。

18年後的今日，臺灣歷經三次政黨輪替，業已從民主轉型進入民主鞏固階段。然而，民主政治的成熟，從不意味社會其他層面的必然進步。回顧這將近20年的時光，臺灣在人口、經濟、國家財政均出現結構性變遷，促使某些社會福利制度與政策面對緊縮或轉型的挑戰，例如，年金與健康保險改革；而就業市場深受全球化及經濟景氣影響，連帶社會保障制度面臨嚴峻威脅，例如，低薪長工時、非典型就業興起；人口結構與性別文化的變化，也對婚姻家庭及照顧體制帶來影響，例如婚姻平權與生養、長照服務的挑戰。換句話說，當外在政經環境險峻、國家持續減稅侵蝕財政能量等不利條件下，我們發現，1990年以降長達十餘年福利政策的擴張（黃煌雄、呂溪木、趙昌平 2002）正在步入終結。但政治民主發展所釀成公民社會的沃土，使國家機器對風險結構變遷的治理，不再能如威權時期僅由上而下；變革歷程中有許多公民團體透過倡議、社會運動、立法遊說，及進入委員會等方式，反對福利刪減、提高勞動保障基準、要求在生養與老年階段投入更多公共資源，甚而訴求國家肯認更多元的相處關係與婚姻身分。

有些倡議運動成功、有些失敗；更多，仍在努力的路上。

2000年後，臺灣社會福利的發展是既緊縮又擴張的過程，且在物質資源之外，更加關注不同群體的實質平等。雖然在既有行政體系與政治制度下，不同位置的行動主體，均可能對社會福利改革走向產生作用力，但

《臺灣社會福利運動與政策效應：2000-2018年》接力觀察過去18年來社會福利運動的發展，企圖透過17個運動紀實讓大家看見「運動主體」在政策變革中的身影與力道。我們好奇：臺灣由福利擴張走向緊縮的進程中，社會福利「運動」的角色為何？尤其從公民團體及社會運動的視角，剖析辯證其採取的組織動員、行動策略、倡議形式與論述構框，如何對科層治理或政策規範產生影響。

再者，我們「重新定義」社會福利的傳統邊界。雖然所得維持和福利服務仍構成社會福利的主要內涵，但隨時空演進其範疇更為深化與多元，從階級、性別，交織延伸到種族與世代，而婚姻平權、國際人權公約、環境保護，也成為新一代社會福利領域關心的主題（劉侑學、王舒芸、吳明儒 2016）。因此，本書的議題橫跨醫療、勞動、照顧、性別政策在這18年來有哪些不平等、不正義？處境如何被述說與理解？有哪些團體、以什麼樣的倡議或動員策略、發展歷程、提出什麼樣的法案與政策？社運團體如何與不同的政治力量合縱連橫？對政策產生了哪些影響？又遭遇什麼挑戰？

貳、轉變中的社會風險結構

2000年出版《台灣的社會福利運動》時恰逢臺灣社會福利的黃金擴張期，但，支撐這些擴張的有利條件，卻在21世紀面臨結構性的嚴峻挑戰。例如，經濟發展難再維持高成長率，或重返「充分就業」的榮景，加上照顧需求仍高度倚賴市場或家庭（女性）的共伴效應下，不婚（或晚婚）、不育（或少生）成為時下青年不得不的人生選擇，而社會付出的代價是低迷不振的出生率。再者，倒金字塔的人口結構，老年支出急速成長，更何況國民租稅負擔率（賦稅收入占國內生產毛額的比率）從1990年的20%大幅下滑至2017年的12.9%，不僅比不上已開發國家、在亞洲國家也屬偏低（財政部 2018），日漸侵蝕政府的財務基礎，削弱社會福利供給的能力，無力回應青年世代面對新社會風險下產生的新需求。

先進福利國家的主要論述戰場始終是家庭、市場與國家界線的挪移

（Esping-Andersen 2009）。從政策發展的時間軸來看，傳統福利國家首先處理「去商品化」的挑戰，因此透過法律、集體協商等形式管制，矯正勞資雙方權力不對等下的剝削與不安全。直到1980年資本跨越國界全球流動，且經濟發展不如往常樂觀，開始有了福利國家僵固性的論辯，其中，「嚴格勞動規範」與「慷慨社會福利」被視為阻礙市場動能的絆腳石，而「去管制」與「彈性」被當做走出景氣陰霾的解方之一。也就是鬆綁法律釋放彈性運用勞動力的空間，例如放寬解僱保護與定期契約的限制，使雇主更容易聘僱調整（Regini 2000）。勞動彈性化使得勞工被迫投入低薪且不穩定工作的風險增加，衍生新的社會問題，因此如何在「彈性」與「安全」取得平衡，在1990年晚期進入老牌福利國家的政治論述。

反觀臺灣，1990年代後全球資本主義競爭激烈，中國或其他東南亞國家成為臺灣產業全球布局的一環，使當時出現一波類似先進福利國家於1960年代的產業外移風潮，往後我國的產業發展朝向兩條路線：一方面，作為資本主義後進國家，面臨產業升級的瓶頸，微薄利潤的代工或加工模式，成為產業出路之一；此外，1980年代興起的服務業，部分填補因產業外移造成的工作缺口，但偏向低階服務業的發展方向，形成目前低薪問題及學歷貶值的重要原因（劉梅君 2014）。

產業結構連帶影響勞動政策的改革。微利產業對成本的變動特別敏感，無論在生產過程或人力運用上需要更多的彈性，因此過去20年經常聽到資本家要求在勞動規範上更大的自主性（特別是基本工資與工作時間），甚至廢除《勞動基準法》的呼聲不絕於耳。然而，隨著低薪已成為青年族群的時代傷痕，以及勞工階級日益重視健康、工作生活平衡，迫使政府不得不回應，造成近年來勞資政的週期性對抗與衝突。本書第十一章劉侑學的〈工時改革法案之政治分析：工會的行動策略與政策後果〉正說明臺灣面臨的改革困境：政府一方面順應勞工階級的政策期待縮短工時，卻引發資本家的強烈反彈，導致政府祭出一連串的配套措施盡可能維持總工時不變、並透過行政命令與審查機制提供更多彈性調配工時的空間，復又挑起工會團體長達一年多的抗爭行動。

另外值得一提的是，臺灣勞動彈性化的另一趨力來自公部門。1990年代新管理主義蔚為風潮，國家高舉小政府的改革大旗，宣稱導入市場機制不僅可使政府組織瘦身且獲得更大的效率，具體作法除藉由大量進用非正式人力來執行公務之外，同時大力將國公營事業民營化。陳柏謙在第十二章〈到典型僱傭之路：一個以派遣勞工為主體的產業工會終結派遣歷程〉描寫中華電信在公司化與民營化後，雖然經營層面與業務總量不斷增加，但在遇缺不補的人事政策思維下，大量啟用委外派遣人力來填補不斷下滑的正職員工人數。中華電信的成本考量建立在派遣勞工的廉價待遇與不穩定就業上，而勞動派遣的僱傭形式使中華電信掙脫了勞動法令課予的雇主責任，任憑派遣公司違法或剝削層出不窮，均可合法的置身事外。林柏儀則在第十三章〈從邊緣到中心：大學兼任教師的勞權抗爭〉，說明教育部與大學如何基於撙節財政支出，利用壓低人事成本的作法，在大專校院內大量聘用兼任教師，近15年來的成長幅度將近七成，整體人數更直逼專任教師，使高等教育產業出現勞動彈性化的現象。影響所及不僅是兼任教師的勞動條件不佳、工作缺乏保障，長遠來說更可能侵蝕專任教師的工作機會。這兩章具體而微地寫出臺灣勞動結構在資本主義與新自由主義襲擊下，彈性化與非典僱用的處境，第四章描述的公共性社會工作大量委外、及第十四章受僱醫師也都鑲嵌在類似的結構處境中。

除了上述公領域的國家機器、資本家與勞工階級的界線拉扯外，另一個重要的結構轉變是家庭、國家、與市場的界線挪移。傳統福利體制過度依賴男性養家模式，被強烈抨擊性別盲，且因少子女化的結構變遷與性平意識的挑戰，福利國家面對「去家庭化」的呼聲，開啟社會投資與家庭政策的路線爭議（Leitner 2003; Leira 2006; Morgan 2011）。

生老病死、人之常情。以往，「家庭」被視為優先承載家人生老病死的初級單位，但當代社會另一個挑戰是「誰是家人」？「家庭功能」該／可發揮到什麼程度？過往福利體制高度依賴家庭回應風險的殘補式邏輯面臨結構性的挑戰，於焉，家庭化或「去」家庭化的論戰風起雲湧，許多國家在去商品化／勞動政策緊縮的同時，卻在性別與家庭政策上擴張，以推動減輕家庭負擔與促進性別平等的福利政策。國家、市場與家庭的界線挪移，標誌當代社會福利運動構框的典範移轉，臺灣亦經歷類似的轉變。

「成家、立業」，原本是上個世代再當然不過的生命歷程軌跡，但是，現在對某些政治經濟階級、性傾向、年輕世代來說，即使有成家意願也可能是看得到、卻吃不到的海市蜃樓。而臺灣的社福體制在回應此新興風險的治理結構上，顯得左支右絀。雖然法律上許多沿著家庭「身分」而來的不對等權利義務已修正（例如繼承、姓氏等），但依著家庭「角色」而來的文化規範與期待尚未鬆動（例如養兒防老的照顧、奉養責任的性別分工），因此，許多傳統期待家庭可發揮的功能無法承載（例如托育與長照）、卻也因為過於昂貴與服務不足而無處／無力外包。因此，有些戶口名簿上有血緣關係的家人，卻成了遙不可及、無能為力的陌生人。同時，另一端，有些日常生活互相照顧的人（例如同志伴侶、同居、相濡以沫的家務移工），卻是法律上的陌生人，被排除在親密關係的權益保障外，例如親權、財產繼承、育嬰假資格。

劇烈的家庭變遷與失靈的福利服務治理，重創家庭的照顧能量與親密關係民主化的可能性，更遑論對性傾向、年齡、身心障礙、族群或國籍的差別對待。這些都是2000年《台灣的社會福利運動》出版時尚未浮出檯面的社會風險與結構挑戰。因此本書提出，2000年後面對的風險結構有很大差異，尤以全球化的資本席捲、及性別與差異政治至為關鍵，成為新一波社會福利運動方興未艾的重要背景。

我們不禁要問：臺灣社會福利體系在這新興風險的衝擊下何去何從？因應與分擔風險的機制是再度強化個人責任與家庭倫理？還是國家逐步建置制度性的世代互助、跨階級、與促進性別平權的分攤機制？而這變革的過程，民間倡議團體的力量與貢獻為何？

當然我們也深切認知，新社會風險的兵臨城下，不等於適切的政策回應自動到位。是否有制度性的變革，取決於組織的動員能量、政治機會結構及倡議團體或人民如何詮釋議題，缺一不可。因此，我們進一步分析，當新風險如颶風般席捲，而舊社運、老官僚治理，如何回應？有什麼改變？

參、認知框架的典範轉換

認知風險的發生，不代表權益受損或被排除者會自動形成集體行動。要讓公民走出家門上街抗爭前，必須發生某些認知與詮釋的過程，說服他們某種不正義在發生、需要集體行動才能改變，這種定義外在情境並驅動人們進行抗爭的過程，即所謂「框架」（官曉薇 2011：217）。何明修（2011：16）觀察臺灣近期社會運動的「主導框架」已從「反支配」進入強調民主建構、民權訴求。尤其在政治經濟利益分配上，許多公民經歷過性別、階級、種族、身體的交織性歧視與制度性的被排除，使這些論述具有相當的動員潛力，可以創造跨政黨與運動部門的團結可能。放到社會福利體制來看，上述的現象如何被詮釋為需要改變的困境，並且要向哪個生產部門究責（家庭、市場、或國家），至為關鍵。近期的社會福利運動開始挑戰過去一直以來根深蒂固的殘補式論述，強調公民圖像並非同質、靜態的人口群體，需認知差異與多元，肯認實質平等與民主參與的重要。以下整理貫穿本書企圖扭轉公民社會對社會福利「老問題」產生「新認知」的三個關鍵框架。

一、未竟的民主：隱形身分的再現與平等實踐

早期婦女運動曾被挑戰多以男女兩性為思考主軸，未將性少數與多元性別的需求納入；而這20年已轉化為更具包容性的性別平等運動（范雲 2014），雖然團體間在議題與策略上仍有相當的差異甚至競合，不過性別運動的多元發展從教育、參政、親密關係暴力、身體自主等百花齊放。不過在臺灣脈絡中，許多資源配置的資格始於「家庭身分」，因此本書從性別／婦女運動與社會福利的接口「婚家體制與功能」開始談起。

第五章沈秀華在〈臺灣的性別運動與變動中親密關係樣貌〉指出，臺灣的婦女與性別運動在推動親密關係民主化時，先針對異性戀婚家體制內，以父權價值為核心的法制革新作為主要倡議議程，尤以《民法》親屬編的漫長修法運動，挑戰傳統男尊女卑、夫權獨大、男主外女主內的性別分工邏輯，是開擴異性戀婚家體制中親密關係走向平等、民主協商的關鍵

性條件。這個運動的價值與論述框架，撐開進入異性戀婚家體制的女性在親密關係、性及情感的自主空間。

這個親密關係民主化運動固然透過修法成功挑戰了女性在異性戀婚家體制中，不論生產或再生產的主體性，都比男性受到更多的限制及差別對待的現象；但法律改革只是提供性別平等最基本的制度門檻，現實上臺灣社會的親密關係仍深受父權文化的限制。而且，其他親密關係形式（例如同居）或生活樣態（例如單身）的女性與性別少數群體的平等保障仍待開拓。當然，另外一個更大的挑戰是，婚家與生育體制中，異性戀霸權的優先性依然鞏固。因而林實芳在第六章〈桃花爛漫始抬眸：臺灣同性婚姻法制化運動〉描述臺灣同志運動先「去汙名」，才陸續發展「被看見」的同性婚姻法制化過程。尤其因爭取婚權的過程一直有強勁的反制運動如影隨形，所以出現運動框架改變：伴侶盟在2013年主打「多元成家」並提出《民法》的三合一草案，但反同團體組成的真愛聯盟與守護家庭運動在「反多元成家」構框上，用人海戰術擴散汙名男同志的「恐病」及針對未成年人的「恐性」語言，成功動員社會對家庭可能被改變的恐懼，排山倒海的陳情施壓使許多民意代表視為燙手山芋；因此婚姻平權運動在2016年將主軸構框從「多元成家」置換為「婚姻平權」，用更安全的語言減少反制運動的攻擊，「反專法」的次構框也使運動戰線位移，讓議題焦點不再「是否」給予法律保障，而是要給予同性伴侶「什麼」法律保障。

除了挑戰現存《民法》婚家體制對男／女、及異／同的不平等外，性別平等運動進一步指出，對女性另一個壓迫來自照顧任務的如影隨形——不論身為妻子、女兒、媳婦、媽媽、甚至阿嬤，哪一個家庭角色似乎都躲不掉照顧義務，照顧家人——不論兒童或老人——總是天經地義、順理成章。然而，人口結構更迭與性別意識興起，民間開始倡議照顧責任該從「家戶到國家」、從「市場到公共」、從「家庭義務」到「公民權利」，這是第八、九、十章托育政策催生聯盟（簡稱托盟）、家庭照顧者關懷總會（簡稱家總）、及臺灣國際勞工協會（簡稱TIWA）從不同運動論述辯證照顧責任該如何移轉的主構框。

總而言之，這組社福運動構框嘗試挑戰的是，國家的手藉《民法》伸進家裡管制誰才是合法的家人，卻在照顧責任的分擔上鬆手，造成經濟與照顧責任高度家庭化與市場化，這不僅忽略當代家庭關係的多元樣貌，而且並非所有的家庭成員都有能力奉養／照顧，也不是所有的家庭關係都恆久不變，更何況有許多穩定親密關係者，還無法成為「法定家人」，均凸顯「高度依靠家庭提供經濟安全與照顧」的殘補邏輯不合時宜。因此，社會福利運動團體在婚家與照顧政策中提倡公共化的生育、勞動、照顧體制，督促國家緩減公民因身處不同家戶或勞動市場位置，而受到差異對待或被體制資源排除。從這些運動可清楚看見，女性作為進入異性戀婚家體制的妻子、待產的媽媽、家庭照顧者或家務移工、同志，往往其角色與情緒勞務實踐被包裹在愛的糖衣內，是隱形的、不被看見的，更缺乏貢獻被肯認、意見表達、乃至於參與決策、受到經濟保障的機會。因此，如何讓婚姻、生產、照顧、與僱傭關係民主化，揭露「隱藏角色」的真實面貌，例如產婦有權協商生產過程、托育家長有更多實質的家外選擇、家庭照顧者有更多國家支持、家務移工有更多工作選擇的機會與勞動保障，均是社會福利運動追求不同角色間實質平等價值的具體實踐。以往民主總被認為僅發生在政治領域，本書提醒社會經濟的民主化——尤其是家戶內、性／別間、勞僱中——的生產與再生產過程，均有未竟的民主議題需要面對。

二、從殘補式的「福利領受者」轉為制度性的「公民權利者」

本書浮現近期社會福利運動中第二個重要的主導構框是，挑戰以殘補或慈善為基調的社會福利視野，在傳統的社會福利疆域中，身心障礙者、未成年兒少、婦女／孕婦，往往被預設為需要專業醫生、家長、社工「保護、照顧、提供資源」的福利依賴者。但謝新誼、吳嘉苓的第七章〈挑戰權威知識：臺灣的生產改革運動〉，張恒豪、游鯉綺、許朝富的十五章〈行無礙的倡議：障礙者的網路動員與現身〉，及葉大華十六章的〈世代正義與修憲行動：十八歲公民權運動〉等三個看似不同群體的運動，其論述核心卻不約而同地挑戰主流福利與醫療觀點對孕婦、未成年及身障者實踐積極公民權之侷限性。以上三個運動凸顯制度性福利體制的觀點，強調女性、未成年兒少、及身心障礙者，應被視為「有權利主體的公民，而不是被保護客體」的價值原則。

無獨有偶地，施逸翔在第十七章〈國際人權公約在臺灣：官僚與人權的寧靜對決〉，從《兩公約》、《消除對婦女一切形式歧視公約》（簡稱CEDAW）、《身心障礙者權利公約》（簡稱CRPD）、到《兒童權利公約》（簡稱CRC）的運動經驗，反省國際人權公約在地落實運動的進程，批判臺灣社會仍以保護主義的立場看待兒少，忽視了CRC公約中尊重兒少意見表達、不歧視原則；同時也欠缺CRPD所強調的：「障礙不來自器官或心智的缺陷，而來自外在環境欠缺合理調整與無障礙，及普遍的歧視心態」的社會模式觀點、以及「沒有我們的參與，不要替我們做決定」的民主參與精神與實踐原則。2011年11月《兒童及少年福利與權益保障法》正式通過，雖然在第10條及第38條首度融入積極性的兒少參與措施，包括提供兒少參與機會、增加發聲管道、參與學校與社區等公共事務，可惜未能突破在民主社會中最直接的投票權，是十八歲公民權運動的重要推力。

這些轉向的主導框架，雖然在2000年前就開始（王增勇 2007），但在千禧世代的運動中更被突顯並具動員潛力，直接挑戰人民想要的是實際「參與決策的權利」、而不是「被保護的機會」，是「權益」不是「慈善或福利」，是「平等」而不是「父權主義下的愛與包容」。也呼應Iris Young（2017：293-295）提出：

> 社會正義的目標是社會平等，不只是社會財貨的分配，還包括每個人都能充分參與、並被納入社會的主要制度中，享有社會支持的實質機會，以發展並運用自己的能力，實現他們的選擇。並且意識到一視同仁的形式平等政策，會忽略種族、文化、性別、年齡、或身心障礙的差異，因而常常持續了壓迫、而不是削弱壓迫。種族歧視、性別歧視、恐同症、年齡歧視、及針對身心障礙者的刻板印象，會持續貶低某些特定族群的價值或令其被忽視，同時讓他們在經濟及政治中處於不利地位。而這些受壓迫群體的不利處境，只能透過政策以明顯關注肯定的方式，承認其特殊性

來扭轉其劣勢地位，除非他們的特殊經驗文化及社會貢獻被公開承認、與肯定、被看見。

三、看見「助人專業者」的「勞動」身分

除了從「福利領受者」轉為「公民權利享有者」的框架轉向外，2000年後第三個重要的主導框架轉向，是從家庭照顧者、家務移工、醫生、社會工作者，這些所謂過往被視為「助人專業」或「服務提供者」的角度，省思拓邊社會福利的另一條路徑。過往在社會福利制度中，多以老、少、婦、幼、身障等「福利領受者／受益者」為分配資源的主體；至於滿足其需求者或提供服務者，要不被奉為「專業權威」（如醫生、社工）；或被視為「理所當然」（如家庭照顧者、家務移工），但其勞動或生活處境極少成為關照主體。

周孟謙的第四章〈新世代基進社工的參與和回應：工會時代〉、陳正芬的第九章〈當潛水的照顧者浮現：家總的成立與路線爭議〉、第十章吳靜如和許淳淮的〈照顧正義運動：從家務移工休假權到反血汗長照〉，以及第十四章陳宥任的〈無產階級化的醫療專業：臺灣醫師爭取勞動權益的歷史〉等，都不約而同地指出：往常社會福利資源過度集中於福利領受者的侷限性。過去往往關切的是是否滿足服務使用者的需求、服務輸送流程是否適切和服務成果等面向，而第十章指出「照顧正義」強調的是「在照顧的過程中，如果服務提供者沒有良善的勞動條件與環境，如何期待能夠提供良好的服務給使用者？」然而當下的臺灣社會，由於政府長期依賴家庭承接、或奉行福利服務外包政策，不論藍綠執政均缺乏充足的公共照顧資源，期待不同國籍、女性功德的付出，乃造成因照顧壓力而生的悲劇不斷發生。

這幾個運動都清楚點出，社會福利的供需雙方——第四章的社工與案主，第八章的家長和幼兒園所老師或保母，第十章與第十一章需受照顧的長輩與提供照顧的家人或家務移工，第十四章的醫生與病患間——因鑲嵌在國家角色與福利資源持續限縮的結構，被迫在弱弱相殘的體制中存有緊

張關係與競逐資源，因此如何重新配置資源，在保障服務使用者權益的同時、不壓迫提供服務者的勞動處境，是當代國家高度外包福利與照顧服務時必須面對的挑戰。而這些倡議運動的茁壯，正代表新的世代不願意再把服務視為「慈善、愛心、功德」，而對其血汗處境視而不見。第十章〈照顧正義運動〉清楚表示街頭運動的目的就是要讓移工挺身、走出，打破「被隱形」、「用完就丟」的枷鎖，為自己的權利發聲，被社會看見、聽到。這種供需雙方的緊張關係，某種程度反映了照顧被高度商品化、鑲嵌在小政府思維下的囚犯困境：當政府將照顧責任推向家庭與市場、若靠高價來維繫市場利潤則有購買不起的階級問題；若靠擠壓人事成本，則無可避免的過勞低薪必使照顧品質堪憂。

社會運動的構框是嘗試建立一套詮釋外在世界的論述文本，賦予參與集體行動的意義，形塑改變世界／或維持現狀的正當性。臺灣近年來風險結構與社會型態的轉變，不同群體對變遷的理解與認知大相逕庭，高舉社會民主進步價值的社福團體，面對的是擁有絕對權力的資本家、或捍衛保守婚家與性別分工的反制運動所提出的競爭論述框架。例如，在工時改革法案中，資本家強調僱傭彈性是為了增加競爭力、並主張盈餘的涓滴效應可解決經濟不安全；工會爭取的則是穩定的典型僱傭安全與健康權利。又例如對婚家持保守看法者，倡議守護一夫一妻的家庭價值；婚姻平權運動則強調尊重差異反歧視。醫療、高教或社工的管理階層與勞動者縱使都關切服務品質，但前者主張提升專業職能才是解方，而工會成員則提出唯有好的勞動權益才能保障品質。由此可見，論述與認知框架對社會運動的意義在，賦予老問題、「新框架」。

2018年，臺灣社會站在轉型的十字路口，社福運動團體關注的焦點，漸漸可在國家認同、藍綠對決的夾縫中開出社會民主、分配正義的新芽。倡議團體面對這些風險與社會變遷，嘗試提出新的詮釋與認知框架，以集結更多認同者一起行動要求改變。但能否帶動價值轉變或爭取到新利益，取決於組織倡議者／團體運用什麼行動策略與方法讓有相同理念的人匯集、持續投入；此外，國家、政黨與社會運動間的關係，也攸關社會運動的倡議空間，以下將沿著這兩條軸線進行分析。

肆、動員結構與運動策略的轉變

社會運動能否持續，某種程度取決於是否有支持集體行動的組織結構與動員策略（蕭新煌、林國明 2000；McAdam, McCarthy and Zald 1996）。何明修和蕭新煌（2006）認為社運團體的行動策略隨時代而改變，他們將1987年到1999年的社會運動發展分成三階段：政治自由化時期（1987-1989），解嚴的強化動員效果使街頭激烈抗爭頻繁；大抗爭（1990-1992）時期國民黨對社運的系統性鎮壓；民主化時期（1993-1999）社運懂得利用合法管道（如國會遊說或政策參與）追求運動訴求（許維德 2011：479）。也就是民主化後的社會運動，漸漸成為日常生活政治或新興民主體制的一部分（何明修、蕭新煌 2006）。雖然有人認為在1980到1990年代的「臺灣社運黃金十年」後，相對沉寂；但吳介民、黃秀如、顧爾德、范雲（2014）等人的觀察是，運動並未沉寂、只是更強調深度耕耘、持續實踐。

本文作為立基於這17個運動的導論，或許無法精確回答影響每個運動策略的因果關係，但嘗試從這裡出發回答幾個關鍵好奇：三次政黨輪替或民主轉型後，激進街頭路線是否逐漸被溫和的體制內談判路線取代？運動的對抗主體是否仍只是國家機器、尤其國家機器還有中央與地方，立法、行政、與司法的政體差異；還是資本家及新自由主義與保守右派意識型態，也成為運動的對抗主體？動員結構是否因社群媒體與網際網路的創新或世代而有差異？而領導者及動員組織是否因此有新的特質，又扮演了什麼角色？

分析本書收錄的文章後發現，千禧年後越趨制度化的社會福利運動，其組織動員與運動策略有四個重要特色：一、民主轉型後雖進入運動社會，但街頭的激進抗爭並未銷聲匿跡，仍然與體制內溫和倡議路線共存。二、倡議團體所採取的運動策略百花齊放、多元具陳，從「街頭／體制外」高強度陳抗的草根動員、儀式性集結、立法遊說、行政監督到司法訴訟。對抗對象不只侷限於行政或立法，司法動員也越趨普遍，保守的文化意識及資本家也是新的對抗主體。第三，倡議運動者／領導者更具多元性，從不同專業背景的學者投身、年輕與專職倡議者的代言、到各群體的自我現身，百花爭鳴；第四，為因應議題的專業性與交織性，動員組織的橫向結盟更為頻繁；但社群內因立場與策略的彼此競爭，也對運動力道與進程有所影響。當然，究竟要走街頭還是議會路線？是否要將社運政治化？草根動員與菁英遊說路線是否相容？家長或專職運動者的代言與自我現身是否互斥？都是動員結構與運動策略中常年的重要辯論。

一、從未消沉的街頭抗爭與動員展演

社會運動是現代民主國家的特徵，藉由抗議行動的展演表達訴求，且經媒體傳遞訊息引起社會輿論注目，形成對抗國家的政治壓力。民主化後的臺灣社會多元豐富的抗議行動已成為日常生活的一部分，小規模陳情、網路連署、記者會、公聽會或立法遊說等均是常見的社會運動形式。本書所觀察的17個社會運動在這20年均各自發動大小不一的草根動員陳抗，隨著「民主實驗」的侷限而開啟重返街頭之路。其中第十一章的工時改革法案運動及第十九章的反核運動，可為激烈街頭抗爭的代表典型，兩個運動都在時間有限、缺乏社會關注的不利情勢下，因一連串抗爭行動並掌握特定的政治機會，將議題拉到全國矚目的層次，扭轉最初的頹勢。

倪世傑在〈核電歸零：臺灣反核運動2000-2017〉一文中，考察近20年來反核運動的演變歷程，描寫臺灣核能政策在不同政黨主政期間，政治與社會運動間的角力糾葛，特別分析為何堅定擁核的馬政府，在完全執政的政治優勢下，最終卻被迫作出核四封存的轉折；他認為公民社會積極投入參與及擴大結盟是關鍵因素，而過程中一場全國廢核行動平台主導癱瘓北市忠孝西路的行動，迫使國家動用強制手段驅趕抗爭群眾，抗爭強度的激進轉向也成為延續運動動能的重要轉捩點。第十一章〈工時改革法案之政治分析〉同樣精闢地分析，激進策略的街頭路線，如何重建勞工運動的主體性，試圖阻礙「完全執政」的蔡英文政府在修法上的絕對優勢，縱然結果不如運動期待，但換得預期外的政策效果。值得一提的是，這兩篇文章同時提醒除關注運動本身的行動策略和抗議戰術外，抗爭當下的政治機會結構亦是決定運動成敗之所在。

社會運動的命運相當程度取決於支持者的數量（苗延威譯，2002：202-204），因此除了激烈街頭抗爭外，非暴力的大型遊行也是草根動員展演的形式之一。TIWA堅持「街頭／體制外」才是主戰場，2015年底「照顧正義在哪裡」大遊行各國移工與本地工會大會師，使2016年1月4號執政在望的蔡英文與抗爭團體的對話，承諾「當選後立即開放聘僱家務移工的家庭可申請喘息服務、優先立法保障家務移工勞動權益」，遺憾的是就職至今兩年此承諾依然尚未兌現。又譬如2013年由綠色公民行動聯盟等150多個公民團體發起的「309廢核大遊行」，在臺北、臺中、高雄、臺東四地同時上街，遊行人數超過20萬人，2014年的反核遊行有13萬人的規模。「婚姻平權大平台」在2016年12月10日世界人權日舉辦凱道音樂會、短講、擺攤，共計動員25萬人上街，讓臺灣社會看見彩虹動員的實力。另外一個特色是過往街頭陳抗的對象多是資方或政府，比較少見倡議團體與反抗運動的動員競爭，但婚姻平權法制化運動中，2016年11月立法院召開兩場公聽會，場外挺同與反同運動雙方有高密度的動員競爭；同年12月26日立法院司法法制委員會審議同性婚姻《民法》修正案條文，雙方再次在場外對峙動員，是街頭倡議值得記錄的一幕。

二、多元的倡議樣態：從高門檻的法律動員、綿密的行政監督、到創新的文化騷動

在街頭抗爭外，因民主治理機制的越趨複雜，社會福利運動的倡議策略還有法律動員、行政監督、及文化騷動。近年來運用法律訴訟作為動員策略越來越普遍，如王金壽（2014）「從街頭到法院」，形容司法訴訟成為社會改革的動力與工具，常見於環境運動或婦女運動（官曉薇 2011）。第六章提及釋憲是數個婦女團體從1990年推動《民法》修改非常重要的運動策略，包含發起「還我財產權」釋憲運動，釋字第365、410、452、457號解釋宣告父權夫權條款違憲，夫妻財產制修正歷經11年終於在2002年三讀通過；2012年的《家事事件法》及家事法庭公布實施都是法律動員的產

物；當然，過去成功經驗的歷史遺緒產生路徑依賴的效果，影響後續同性婚姻法制化再次以釋憲挑戰立法院的無所作為（詳見第六章），此第748號解釋甚至激起反同方發起2018年公投綁大選，絕對是下一波法律動員值得持續關注與分析的案例。

工會慣習的勞資爭議也是重要的法律動員策略，TIWA、社工工會、高教工會都提及，透過協助會員進行職業災害、性騷擾、重大傷病、回捐等勞資爭議案件，或各種檢舉校方、醫院未遵守法律的行動，皆是法律動員的倡議策略。也許勞資爭議過往僅是工運服務會員的日常慣習，但在社群媒介典範轉移的當代，許多爭議案件的過程，透過網路媒介的傳遞，捲動了社群的集體意識。

社會福利運動另一個關鍵是，徒法不足以自行，許多層面即使有法律保障，未必在日常生活中被具體實踐或善用，也就是徒有進步的權利立法、但實踐落後的狀況（張恒豪 2015）。尤其涉及勞動檢查（例如超時工作、或大學應幫而未幫兼任老師投保）、或地方自治權責（例如托育服務定價、各地的無障礙設施）、或文化規範的轉換（例如法律已可協商從母姓、但實作上比例仍非常低）。因此透過監督行政部門，甚至在地方政府層級要求落實，是民主轉型過程中另一個運動路線，透過建制化並能發揮實質功效的審議委員會，即為典型倡議團體「體制內談判桌路線」。第三章王增勇所著〈解嚴後社會工作者的政治參與：社聯工作室的運動角色〉提及當時透過「社會福利策進會」監督行政是一例，還有1998年第二次「全國社會福利會議」達成在行政院下設置「社會福利委員會」的決議；第八章王兆慶、王舒芸在〈托育擴張之路：論述、托盟與行政官僚的共舞〉分析臺中市推動托育收費上限歷程，敘述運動團體如何憑藉民主審議機制調和地方層級各反對定價的勢力，就是和行政部門共舞的最佳例證。第十七章也詳述民間團體如何參與各國際人權公約的審查報告，藉由撰寫民間影子報告告洋狀，透過國際審查專家的建議與後續的落實會議，定期監督、檢驗，並施予行政部門依法行政的改革壓力。

此外，人民的勞動意識、性別平等觀念、人權意識覺醒對捲動與積累運動能量至為關鍵，這有時是推進運動的力量，有時也是運動目的。後網絡時代的人民有分眾化的趨勢，因此草根式的組織人民、改變認知框架仍然是重要的動員策略（何明修 2011），不過，倡議方式及動員結構隨科技日新月異及世代而有重大改變。蕭遠（2011）指出，過往動員的重要基礎是個人網絡或固定的會員，網路難以成功動員。但近年網路媒介動員快速、串聯性高等特性，逐漸展現不可小覷的動員能量。換言之，動員網絡的典範轉移，使社會運動觸及更多非既有運動網絡的民眾。此外，各類即時直播，從記者會、立法院或縣市議會層級聽證會、公聽會、諮詢會議、CEDAW審查記者會，都拉近人民和決策圈的距離、揭開立法或行政過程的神祕面紗，成功捲動分眾社會對議題的關注，也創造了社群內、甚至不同社群間的團結感，動員平日不是倡議團體或工會會員的關注與支持，讓缺乏集會遊行抗議經驗的「素人」關心與理解議題並願意上街，例如婚姻平權運動的幾場高密度街頭動員、工時法案的幾次突襲行動。

自從社群網站興起成為倡議及動員結構不可或缺的載體與媒介後，不僅動員媒介改變，倡議論述的傳遞方式歷經了安靜革命。例如，製作有創意可在網路上快速分享按讚的懶人包、書籍、紀錄片、微電影、音樂會、講座、臉書粉絲頁、貼紙、毛巾等文創設計，例如工時改革抗爭行動的粉絲頁「自己的假自己救」、反核運動的紀錄片《貢寮，你好嗎》、No Nuke T-shirt、社工工會的「社工有這麼累嗎」毛巾；除了可讓更多人跟上議題，「也讓資訊流通太快的時代，議題可隨附其上的思辨與價值被文創品持續保存」（第四章）。文化干擾方式也是新的嘗試，例如婚姻平權與工時法案的夜間快閃清洗運動、將公車站牌名稱改為功德院、在總統府前出現60人排出「我是人我反核」的字樣都是經典。運動要贏得成果，就要形塑一般大眾更容易參與運動的環境，創意或惡搞、音樂、短片等不同於傳統的抗爭形式，就可降低支持的門檻，因而近年來蔚為風潮。

三、「運動者」的多元性：學者、專職代言、與自我現身

蕭新煌、孫志慧（2000：60-65）曾將社會福利運動的領導人物分成三個階段，推動期的創始人物多是體制的受害者或家屬，較少社運經驗；

1989年發展期的接棒者，出現受過專業訓練的社福或運動議題的領導人，學術界也常直接參與和理念引導；第三階段則有許多學運和社運的新生代專職投入。有學者指出，民主轉型後因民間部門的擴大與資源的增加，社會運動團體逐漸走向制度化與專業化（顧忠華 2003；蕭新煌、林國明 2000；何明修 2003），開始從抗爭轉變為正式組織且由專職的工作人員主導（張恒豪 2011）。2000年後這個制度化、專業化甚至「年輕化」的趨勢更明顯，例如本書收錄的倡議團體中，行無礙、生動盟、婚姻平權大平台、高教工會、社工工會、醫勞小組，都是2000年後才成立的新興倡議團體或產、職業工會，作者群中除了學者之外幾乎都是有學運或社運經驗的專職倡議者；不論在論述方式、動員網絡、與政黨的關係，都與上個世代有所區隔。當然，因此而來的策略論辯或路線爭議，也都在各章節中被記錄、論辯著。

2000年後的運動策略與動員結構中一個持續且更突出的特色是，因為許多議題更為複雜與專業，倡議團體必須重視與善用實證研究方能與學科霸權及政府官僚對抗／話，尤其政策分析的專業知識，對能否在體制內取得有力的發言位置有關鍵影響，因此，不同專業的學者／律師對運動策略運用扮演重要角色。例如，生產改革運動的成功與否，某種程度繫於其挑戰主流醫學權威的能力，第七章清楚描述生動盟如何透過建立實證醫學、援引國際指引、結合民間調查研究，發展更具證據力的政策依據，增強文化資本或政治效力。同性婚姻法制化運動透過邀請參與模擬憲法法庭的各領域專家，如法學者、司法官、社工、心理學者、臨床心理師、精神科醫師、性別所、政治學者、基層教師、同志家庭等，撰寫「法庭之友意見書」（amici curiae），補充法學外之專業領域研究或同志真實生活樣貌。

第十三章高教工會針對兼任教師的健保議題也邀請會員中的勞動法學者，撰寫法律意見書於記者會與公聽會上公開，質疑官方函釋並不合乎《全民健康保險法》的精神，屬違法之法律解釋不應援用。透過法律學者的意見表達，逼迫政府正視團體的質疑具有學理基礎，確有改革必要。第八章王兆慶、王舒芸清楚分析，教育部得以成功「推動非營利幼兒園實施方案」的關鍵要素之一，是以數年研究的成本試算表向地方政府分析顯著的財政精省效果。

本書收錄的這幾個工會與倡議團體所進行的各種個案服務，與承接政府方案提供直接福利服務的取向不太一樣，在倡議歷程中個案服務有助於建立認同、信任及「組織化」的催化角色。這時期的倡議者，除了組織動員技能、議題論述外，還必須了解法案、研議法條、具備立院遊說知識、從事勞資爭議、進行實證研究、文化轉化等專業倡議職能。當然也在各運動議題上看見學者深淺不一的參與身影，包括實證研究提供論述基礎、撰寫法庭之友意見書、公聽會記者會的發言、倡議團體的理、董監事等不同程度的參與。而且不只是社會政策的背景，還包括勞動法、政治、性別、醫學、護理、教育等不同專業的學者投身。

不過，在這同時，「組織者」的另外一個重要特色是，主張權益者的自我現身與集體發聲。Skocpol（2003）觀察美國因管理主義與媒體政治的影響，公民團體在華府變成菁英遊說的民主，反而與會員脫節，逐漸失去由下而上的結社傳統及民主參與的精神。社會運動團體變成「為」弱勢族群代言（speak for the people）、而不是「由」弱勢族群自己發聲（not from the people）（張恒豪 2011：133），這樣的運動策略辯論也在臺灣發生著。第十五章〈行無礙的倡議〉一章提到「障礙者運動出現明顯的世代差異，也影響實踐行動。作者以台北市行無礙資源推廣協會為新一代倡議行動的代表性組織，強調障礙者為主體，自己組織、自己發聲，利用網路動員、上傳照片，集體散步現身，凸顯日常生活的環境障礙，以軟性策略使社會大眾感同身受，迫使政府或企業讓步、改變；此與過去由慈善機構專家、家長組織主導的倡議行動大相逕庭，轉而強調障礙者在運動中的主體性」。

生產改革運動在倡議上強調生產體制應重視女性主體經驗，因此2014年母親節前夕公開向社會大眾募集「生產計畫書」，讓孕／產婦表達自己對生產的期待，同時2015年舉辦「畫寫生」行動，徵求女性畫出自己的生產經驗跟感受。TIWA於2010年製作的移工紀錄片《T婆工廠》、2012年的《彩虹芭樂》、移工繪畫展，也是用軟性的、可近的文化素材，讓移工處境更活生生地被社會理解。

第六章同婚運動中「不管公聽會、記者會、釋憲或行政訴訟，運動者試圖帶入同志族群的敘事和生命經驗。『法律敘事運動』特別把『說故事』當作法學方法，書寫受壓迫者的經驗敘事，促使觀者反省法律中結構性的壓迫（Delgado 1989; Matsuda 1989）」。簡而言之，從第三章〈社聯工作室的運動角色〉提及當年身心障礙者上街頭的困難，經過20年我們共同見證了社會運動日常化、個人即政治越來越普及，「自我現身」逐漸成為日常生活中對抗國家機器的倡議策略主體。

四、團體「組織」的交織結盟與競合

近期社會福利運動的第四個動員結構特性，是跨域結盟的大幅增加，因各議題知識門檻高、各組織有專業分工以利深度經營議題的取向，但為求足夠政治動能與施壓強度，因此交織性的策略結盟、橫向聯繫更為頻繁。例如生動盟一開始匯集了關心自身工作權的助產士、抨擊生產體制過度醫療化的女性主義社群、及選擇體制外另類生產方式的生產婦女共同發起改革行動；婦女新知在2006年組成「多元家庭討論小組」從組讀書會到研議法案，後來該小組於2012年登記立案為「台灣伴侶權益推動聯盟」，奠定婦團與同志團體共同推動同婚與伴侶法運動的基礎；「婚姻平權大平台」同樣始於同志與婦女團體重啟對同性婚姻《民法》修正案的討論；TIWA串聯從事移工服務的草根組織成立家事服務法推動聯盟（PAHSA），都是跨運動部門長期組織化結盟的例子。

除此之外，較多是議題式相互支援、聯手出擊的鬆散合作結盟關係，例如由勞工（臺灣勞工陣線、全國教保產業工會）、家長（臺灣家長教育聯盟）、婦女團體（臺灣女人連線、婦女新知）、彭婉如基金會共同成立的「托育政策催生聯盟」；18歲公民權運動由許多人權與兒少組織共同結盟；數次不同國際公約審查會議也靠許多人權、同志、性平、兒少與身障團體串聯分工發言。

此外，跨部門、交織性的街頭動員相挺，例如工時法案幾次高強度的街頭動員都有婦運團體的身影、婚姻平權運動時也有工會團體的舉旗聲援、或2007年移工大遊行，幾位身障雇主帶著家務移工上臺短講，都是跨部門議題式相挺的典型。還有另外一種團結形式是第十二章提及正職員工與派遣員工的聯盟合作，原本電信工會幹部與會員對不斷增加的派遣人員心懷敵意，但後來由企業工會幹部出面協助這群「非會員」，甚至試圖修改章程將其納入工會會員；第十三章的高教工會也有類似歷程，許多國立大學專任教授支持並協助私立與非典教師的勞動權益。

雖然在對抗福利資源緊縮與爭取權益擴張的路上，社福運動團體看似方向一致，但團體間的異質性與多元性所潛藏的衝突與競爭關係，對運動進程的影響也不可忽略。同一運動部門的不同團體可能因目標、路線的差異，在宣稱代表性和資源動員上暗藏競爭關係：例如婚姻平權運動中，婚姻平權大平台與伴侶盟有不同的動員領域與運動策略；婦女團體內部對通姦除罪化一直有爭議，因此就算2013年婦女新知與尤美女立委透過立法遊說在同年4月通過一讀，甚至2017年司法國是會議第五分組會議通過廢除的決議，但政府仍長期以社會共識不足為由不積極作為。

行政院推動《長期照顧服務法》草案時，對家務移工與長照體系的關係，有不同主張的長期照顧監督聯盟（簡稱長督盟）、及長期照顧推動聯盟（簡稱長推盟），甚至由於家總的理監事代表不同社福組織的利益與立場，因此內部的路線歧異後來演變為家總與外部組織的路線爭議（詳見第九章）；而對是否發放照顧者津貼的相左意見，也成為家庭照顧者團體與婦女團體後來倡議火力未能集中的困境。第十章TIWA在爭取家務移工權益保障的運動路上，曾遭到「受照顧者」背景社福團體（以老人及身心障礙為主）的反彈；在2008年公布的《長期照顧服務補助辦法》第3條，明確排除聘僱家務移工的家庭接受政府居家服務喘息服務的權利，讓這些家庭單獨面對移工休假可能產生的照顧缺口，導致「家務移工」、與「照顧者家庭」間的矛盾及「權利階序化」的出現；以上，均是社福倡議組織間結盟與競爭的鮮明例子。上述所呈現跨運動領域及性別、階級、身體、認同與交織的困境，及運動推進過程中組織間的競爭，當然會影響已經相當有限的民間資源擴展與議題代表性的宣稱，運動倫理的界線拿捏也是一大課題，都是運動團體制度化後除了面臨議會路線是否有被收編之虞、或社福團體如何在承接服務與倡議角色間拿捏的困境外，需面臨的挑戰。

伍、國家、政黨與社會福利運動的關係

從上述兩節可清楚看出，這17個運動組織在這20年間無論在認知構框的建構、及組織動員結構上都具有更清楚的運動主體性及多元特色，不過價值論述與組織層次不可能自外於政治經濟結構的影響，許多社會運動的著作（例如蕭新煌、林國明 2000；何明修、林秀幸 2011；吳介民、范雲、顧爾德 2014）從政治機會結構的觀點，提及民主化、政治結構的變遷對社會運動的影響。例如邱毓斌（2014）認為政治民主化與政黨競爭，降低自主工會面臨國家系統打壓的風險；何明修（2011：6-10）指出民主化前後的政體結構變遷，包括從黨國威權主義走向多黨競爭的民主，打開選舉與代議機制、政策參與管道的浮現、官民協力治理的出現，容許多元的集會與結社空間，都改變國家與社會的關係。

在臺灣民主化的過程中，社會運動與黨外（以及後來的民主進步黨）的關係一直十分微妙，在威權國家的高壓統治下，社會運動與反對勢力的結盟，是現實環境的必然，社會運動成為政治反對運動的伏流，對於往後社會運動、乃至於社會福利政策的發展帶來深遠的影響，譬如范雲（2000）對於勞工運動的觀察：「臺灣的工運領導性格在威權轉型的過程中是先成為政治人、然後才成為階級人。工運團體間意識型態的差異是政治的，而非階級的」，以及另一個相似的說法是：「統獨認同讓臺灣社運分裂，族群政治遮蔽政治社會議題」（吳介民 2014）。隨著時序進入1990年代，公共政策的攻防戰場逐漸移往立法院，而1992年民進黨在立法委員選舉的得票與席次出現大幅的成長，基於社會運動本缺乏直接影響政策及立法的管道，加上過去的結盟經驗，與民進黨立法委員合作的體制內改革模式，慢慢演變為當時社會倡議的主流。

事實上，選舉已是民進黨取得政治權力的重要戰場，在後續的立法委員、直轄市暨省長、地方縣市首長的選舉，民進黨的得票成長十分迅速，直接威脅中國國民黨的統治地位，距離執政僅有咫尺之遙。然而，通往執政之路需要獲得社會更廣泛的支持，所以對於議題取向會越往中間移動，時任黨主席的許信良明白表示，「現階段是同情社運的訴求，但民進黨的

目標在於取得政權，無法全盤接收來自社運團體的意見」（引自何明修、蕭新煌 2006：197）。也因此，從1990年代末期開始，民進黨在許多爭議事件上採取與部分社運團體不同立場，在首次執政之前已傳達保守化的訊息。

政黨政治下政權更迭會影響運動與政治菁英的結盟關係。2000年民進黨第一次執政，社運團體取得更多與政治精英結盟及政治參與的機會，甚而許多社會運動者直接被拔擢進入官僚體系，可以直接影響政策決策的方向。然而，當年執政的陳水扁政府並未堅持在野時期的進步價值，在許多重大政策採取「親資本家」的立場，但原本應持批判態度、動員抗議的社會運動，或許由於長期結盟的革命情感、部分社運人士為官從政、抑或是統獨族群的意識型態優先於階級或環境保護等因素的影響，社會運動在陳水扁執政的八年期間出現前所未見的衰退。猶如杜承嶸、官有垣在第二章〈臺灣第三部門發展與社會福利運動〉的歷史分析，解嚴後的社會運動經歷了20年的黃金年代，卻在千禧年之後因政黨輪替之故，長期與社會運動團體保持友好關係的民進黨上臺掌權，致使社會運動失去動員與監督的力道，進入八年的沉寂階段，直到第二次政黨輪替、國民黨再次取得政權之後，社會運動才展現再生的契機。

倪世傑在第十九章提出，2008年馬英九完全執政，社運團體紛紛重回街頭，有五到六波的大型公民運動，包括反媒體壟斷運動、全國關廠工人連線抗爭、反核大遊行、萬人送仲丘、818土地正義行動。不過這些運動不再如1990年代將民進黨視為盟友，其有自己的議程與步調（Hsiao 2016；徐斯儉 2017）。何明修（2014）認為這波運動的「新」，展現在參與者不具黨派色彩、非利己。2016年縱然民進黨擁有完全執政的優勢，但因兩黨支持者的差異在族群認同、而非階級或社會經濟，因此當政策議題涉及分配或世代衝突時，階級屬性不明的民進黨陷入左右為難的窘境，上任後面臨四面八方的壓力，讓選前高舉的進步價值裹足不前，如同當年首次執政呈現保守化的傾向（何明修、蕭新煌 2006）；即使在立院為多數黨，仍宣稱婚姻平權需等待共識、工時要鬆綁以活絡經濟、給予雇主更多彈性，不僅與選前對社運團體的承諾不同，也擠壓了團體透過體制內遊說的空間，使社福運動團體曾視民進黨為唯一政治結盟的關係轉變更為顯著，開始對不同政黨採取等距外交；某種程度影響年輕世代社運團體對策略的選擇、及與政治菁英結盟與否的判斷。此外，不同歷史時期進入社會運動者，對政黨認同也有明顯的世代差異，相當多的新世代自認沒有特殊的政黨偏好，使國族與政黨偏好的政治干擾現象大幅遞減，運動團體內的世代差異也在此凸顯，並影響其策略選擇。

在民主社會，選舉是重要的推進運動議程的政治機會，林國明、蕭新煌（2000）分析社運團體與政黨在選舉時的關係共有四類，而本書的17個運動中，由政黨設定目標邀請社運支持、或團體與政黨選前緊密結盟選後協助落實政見者較少，倒是有四個運動——工時改革法案、投票年齡下修、家務移工、及同性婚姻法案——運用總統大選的政治機會，透過大規模的政治動員要求政黨表態。只是選後執政政黨對曾承諾的方向卻遲疑或轉彎，使過去將民進黨視為結盟夥伴的社福運動團體，認清兩黨在社會民主分配正義的議題上差異不大，並意識到維持運動自主性、和政黨維持等距的重要性；例如十九章的反核運動，忠實記錄了運動團體從高度依賴民進黨到以非特定政黨屬性的公民為訴求對象，走自主路線與政黨分道揚鑣的歷程。即使社福運動的成員透過選舉將運動政治化，例如不乏社福或勞工運動出身被提名並成為不分區立委，但在立法院攻防時卻服膺政黨意志的作為，讓年輕一代的運動者見證代議政治的侷限。

此外，投票權年紀下修與國際公約這兩章則具體而微的標誌出，兩黨在社會民主分配正義上的大同小異：〈十八歲公民權運動〉清楚描述兩黨在立法院的政黨計算，即使提案時兩黨均有立委支持，但國民黨擔心下修選票年齡會讓青年票較多的民進黨得利、而民進黨擔心修憲公投要綁大選可能衝擊選情，都不願成就對方，因此原可落實世代正義中實踐自由表意的法案就此胎死腹中。而第十七章作者透過觀察不同執政黨在各國際公約的審查與後續落實表現，清楚呈現即使不同執政黨的官僚，在面對審查委員時推託裝傻的程度不分軒輊：各公約的國際審查每四年舉辦一次，但審查委員無論面對的是馬英九或蔡英文政府，登場答詢的官僚名單大同小異，發言的敷衍、逃避質問的程度也如出一轍；本書出版前夕2018年7月

CEDAW第三次審查，國際委員的結論性意見與建議共有70幾點，多於四年前的30幾點。

陸、社會福利運動的成果與挑戰

一、盤點運動成果

根據本書各章的論述，自2000年以來社會福利運動不但類別多樣、訴求多元廣且深，運動的主導框架也經歷典範移轉。不但強調公民權論述，也重視社會福利專業的尊嚴和地位，以及呼籲社會福利運動應同時關注「福利領受者」及「服務提供者」，並指向「勞動權」的不公義問題。社會福利運動曾源於弱勢者抗爭，但近期則要求制度性的改革和提升公民權訴求。林國明、蕭新煌（2000）已指出可從三個面向檢視運動成果：一是政策過程，運動團體是否獲得認可，取得影響政策的參與管道；二是結構轉型，係指運動是否帶動政治結構與社會價值的變遷；三是政策變遷，亦即政府對議題的回應、政策的提出與制定、政策的內容與實際產出、是否為受益者帶來新的利益。

從運動成果的第一個面向，倡議團體的論述正當性、代表性的被認可，是否因此取得影響政策的參與管道來看，當年社聯工作室成功催生「老人福利推動聯盟」、「家庭照顧者關懷總會」，成為後續老人福利與家庭照顧者的重要倡議團體。婦女新知催生生動盟、伴侶盟、婚姻平權大平台等；托育盟則是取得政府委員會席次及發言權的例證；衛福部邀請各民間團體召開「醫師勞動權益推動小組」時，邀請醫勞小組與會；社工工會在官方召開的總額分配制會議中主動要求並被接受進入會場，並將會議過程直播，讓有興趣的社工社群可以了解各團體的發言與協商過程，都在團體代表性上有所斬獲。

第二個判斷運動成果的構面是運動帶來價值的變遷，也明顯呈現在本書所討論的許多運動當中。例如當人們在勞動市場處境越陷入低潮、可與資本家抗衡的槓桿工具越發稀少的世代，2010年《工會法》修法，使工會組織的團結形式出現新的可能，加上大量運用網路媒介傳遞訊息、論述，激起了過往嚴重被輕忽的勞權意識，這一波的工會運動就算尚未能鬆動綿密的政商網絡，但前仆後繼的跨廠場新興工會的成立，已看出勞權意識漸漸擴散。連過往被視為白領的醫師、大學兼任老師、社工師也漸漸自覺到除了「專業地位」外的「勞動身分」，其非典或過勞處境與其他勞工並無太大差異。就照顧責任來說，對照2000年《台灣社會福利運動》中王淑英、張盈堃（2000）的分析，當年托育處於福利政策的附庸位置、國家緊緊擁抱家庭主義觀念，如今已是中央、地方政治人物的重要政見，而且有某些行政部門也主動追求擴充托育及強化女性就業。家庭照顧者的沉重負擔、家務移工的汙名與未被平等對待的處境也被揭發。被歧視的同志得以翻轉，驕傲上街遊行。障權運動的「散步策略」顯示新一代運動不只要求補助、擴大服務，更要以身體經驗及日常生活的抵抗出發，召喚公眾重新理解障礙者處境。18歲公民權之倡議雖修憲闖關失敗，但已引發校園內的討論熱度、也成功翻轉社會風向，從2004年高達八成的反對率逐漸逆轉為約七成的支持率，都是2000年後一連串運動帶動社會價值變遷的重要戰果。

從是否爭取到新利益的角度來看，大學兼任老師仍爭取到鐘點費調漲、落實大專校院應為兼任教師健保，雖然政府另立巧門差異化對待，但也實際為某部分老師爭取到權益。此外，托育服務的預算規模、某些縣市的加碼補助、非營利幼兒園的擴張；2015年5月三讀通過的《長期照顧服務法》第9條首度列入「家庭照顧者支持服務」等也都是實際的成果。2007年《民法》修正通過子女姓氏修改為父母書面約定、2012年公布實施的《家事事件法》及家事法庭則是婦權運動的另一成功戰果。同性婚姻法制化運動的釋字第748號，宣告現行《民法》未保障同性別者締結婚姻，違反憲法保障婚姻自由及平等權之意旨，也豎立了最接近成功的重大里程碑。然而，釋憲保留兩年空窗，造成運動中「反專法」的次構框必須再與反制運動動員拚搏，是否能達成目標，還有待觀察。最後，在福利擴張時期爭取新利益或許是重要的運動成果。但在福利緊縮的年代，抵抗刪減與防止惡化，也是一種運動成果，例如第十二章指出，雖然電信工會最終未能成功阻擋中華電信民營化，但民營化過程並未發生像其他國公營事業員工工作權受損或勞動權下降，甚至還與公司簽一份約定五年內「不裁員、不減薪」的團體協約，就是明證。

二、未竟之業與未來挑戰

從社會福利的觀點來看，2000年以降的變遷主要來自家庭變革與勞動市場的資源重分配，鑲嵌在一個經濟發展趨緩，機會與資源分配嚴重不均的新風險社會。社會福利運動最終在挑戰：究竟能否有足夠的能量督促國家建構一套整合醫療、勞動、照顧與福利服務，完備社會福利體制的制度？將資源配置的標準從補貼邊緣弱勢的殘補邏輯轉化到制度性的個人權益，認定風險分擔的機制必須社會共同承擔，而不只是個人責任或家庭倫理。在這條改革的路上，雖然社福倡議團體扮演一定角色、也有相當斬獲，但也面臨外在結構與內在動能上的挑戰。

首先，改革成果常取決於倡議目標所涉及資源重組、挑戰權威、與改變文化的程度。例如第七章論及生產改革運動即提及，「臺灣生產治理仍由產科醫學主導掌控，因此『生產計畫書』因形式簡易，較不挑戰醫學權威，因而得到政府正面回應。『共照模式』涉及眾多組織架構及資源的重分配，執行上格外困難。」又或者如第五、六章倡議目標是為了改變傳統性別與婚家觀念、挑戰弱勢族群應受保護的家父長制或殘補式等意識型態，或如第三篇各章可能威脅資本積累的空間時，那麼遭遇對抗運動的反彈作用力便有可能相當強勁。

第二，選舉與代議制度所開放的政策參與管道，不只對社會運動有利，也同時可能讓反制運動獲益。這18年來整裝成軍的反制運動分別從自由主義市場與保守的家庭與性別價值，大力反撲、箝制社會運動的動能。因此在第五、六、八章描述了在婚姻平權、親密關係民主化、及托育責任去家庭化的歷程中，守護一夫一妻家庭價值運動的集結、密集母職迷思與市場至上原則、以及對享有父權紅利的生理男性感到威脅與憤怒，進而興起的厭女情節與行動，都來勢洶洶。第六章分析2015年婚權的反制運動，如何積極利用總統及立委選舉的政治機會組黨並推出候選人，展現政治動員力，在2016年選舉前四天將18萬份公投連署書送交中選會，才成立一年的信望盟拿下20多萬政黨票，全國第八，在2017年的CRC及2018年的CEDAW會議中取得代表席次，甚至在釋憲案後提出反制公投，並在本書出版前夕的2018年8月28號收集到遠超過門檻的三案200萬連署票，有望在年底大選綁公投。此外，反制托育公共化的力量，也成功集結從中央到地方遊說施壓，抵抗政府的價格與品質管制。

第三，國家機器仍是迄今多數社福運動希望改變和對抗的目標，官僚體制如何回應也是影響運動的關鍵。有執政連任壓力的政府，對社福運動團體已不能靠鎮壓，因此動輒宣稱「等待共識」、「虛應故事」，於是可看見不同部會官僚「切割處理」或「另立巧門」，創造更多種適用不同群體的制度，使群體利益差異化、勞動、照顧體制破碎化，例如社工委外契約的內容會因不同縣市、方案、或中央與地方政府而不同；大學兼任教師因有無本職差別適用《勞基法》；公／私立大專院校兼任教師鐘點費的調漲脫鉤，這些都是政府透過複雜的法律與身分破碎化的方式，提高民間參與門檻、分化運動團結基礎的策略。此外，當醫療、老幼照顧、高等教育、福利服務高風險等需求大幅上升、但政府從勞動部、衛福部、到教育部，不斷將法定提供服務的責任外包（從健保點數、托育長照、高教師資、社工人力）給醫院、大學、社福機構、幼兒園所，但國家支持的資源（例如充足的稅基與落實規範治理強度的人力）沒有同步跟上時，表面上只要求各專業改進服務品質與提高市場競爭力，但深層結構的新自由主義與資本主義壓低成本以獲取利潤的邏輯，才是癥結所在。

第四，就運動者的能動性層次來看，某些運動者／參與者面臨「維生」與「維權」的衝突，也是運動進程的挑戰。家庭照顧者、大學兼任教師、醫師、社工、非典派遣者皆有工作繁忙且四散各地不易組織的困境。第九章提及雖家總第五屆開始有照顧者參與理監事，但以「退役」者為主，「現任」照顧者往往因照顧負荷根本難以現身、發聲。尤其若加入工會有可能被校方／院方／資方指認而面臨不續聘的威脅。勞動者在第一線面對服務對象（病人、案主、學生或家屬）、或家庭照顧者面臨照顧倫理與生涯維繫的抉擇時，往往被迫夾在工作倫理、專業品質、與勞動權益間的兩難。障權運動也同樣面臨願意站出來爭取權益者，卻在社區日常生活受到邊緣化的威脅，均侷限運動擴展動能。吳紹文在第十八章〈從農業改革到農民參政〉中即明確點出新農所面對的困境。

第五，各專業內部的不同世代，有可能制度性的代表不同階級利益或不同意識型態典範而彼此之間產生矛盾，運動內部暗藏不可迴避的世代性議題。18歲公民權運動在爭取青少年自主參與決策的權力，而受到的阻礙之一就來自中老年世代對青少年的不信任。同一專業內部也有不同的階級利益，例如社工、醫師及大學老師，均有在社福機構、醫院、或校方擔任管理階級者，各自組成以重視專業成長與服務品質的學會／公會，但與基層工會所捍衛的勞動權益不同，因此可能在專業內部對資淺、年輕世代的現身、結社及發聲造成壓力。醫師在是否納入《勞基法》的辯論中，醫院經營者透過醫師公會的會員身分主張這樣會增加經營成本並造成人力短缺、並強調醫師是責任制、與醫院是夥伴而不是僱傭關係。類似論述也出現在社工師公會、專業協會所推舉的政治代言人、或機構管理階層，與社工工會的論戰。總之，不同世代的倡議工作者的運動經歷可能因此產生不同的政治判斷和策略運用。

王增勇在第三章〈社聯工作室的運動角色〉中以八年的斷代史，分析1990年這群民間社福工作者成立社聯工作室到1998年正式解散前的政治參與歷史，讓讀者看見解嚴後的社工，面對剛成形的代議民主政治，所做的組織和倡議訴求。社聯工作室催生的福利聯盟團體，奠定了許多當代重要的社福倡議組織基礎，其中「家庭照顧者關懷總會」的運動也收錄在本書第九章，甚具歷史傳承意味。而社聯工作室當年培育的許多重要幹部，在2000年後的社會福利發展也扮演了關鍵角色，例如成為不分區立委，並且與年輕的社福／社工世代在社福政策上有精彩的對話。不同世代的基進社工／運動者，面對迥異的社會結構，則是選擇不同的倡議形式。社聯工作室的時代，是臺灣社會福利體制在政治剛民主化的新動能下，選擇體制外的倡議路線。但臺灣經歷過去20年以民營化為主的建制手段後，社福組織與基層社工在政府大量委託法定服務的過程中，則面臨委外契約中模糊的勞雇定位等體制衝突與矛盾。在這歷史變遷脈絡下，第四章接續爬梳在社福民營化的時代，基進社工為何選擇籌組工會及如何進行組織性的發聲，以作為抗爭與倡議運動的手段。

第六，不同運動團體間對目標、論述、路線、與策略、甚至人際網絡與歷史遺緒等爭議，也可能成為削弱動員能量或互相牽制的阻力。例如不同類型工會對運動目標或達成手段的爭議（例如第四章社工工會前身的路線辯論），典型與非典型勞工／專任與專案教師、兼職教師，本勞與外勞因不同種族利益而難以互相理解與團結等。更有甚者，公務機關的約聘僱社工不共享公務人員的薪資與福利，甚至無法成為工會成員之問題。但政府相當多服務卻需仰仗這些約聘僱社工執行，此矛盾凸顯了社工團結抗爭的另一個困境。同志與婦女團體對是否鞏固婚家體制的路線爭議，照顧者團體與婦女團體對服務或現金給付的優先順序有不同主張，性別與階級的交織不夠緊密，例如身穿白袍的醫生在第十四章的論述中是爭取勞動權益者，但在第七章中不願意讓更多助產士進入或讓孕婦自主參與生產決策者也是醫生，這在在都可能造成兩人三腳互相牽制的後果。

最後，運動或許可影響立法，可是法律往往只是最低規範，真正的改革不能僅止於此。運動組織的物質資源如人力與經費有限，又很難持續監督法律的落實（例如托育定價的執行、無障礙空間是否改善、雇主是否違反《勞基法》）。此外，運動或許有面對國家機器的經驗與策略，但如何抵抗資本與專業霸權（例如讓勞工敢請育嬰假、讓醫界願意尊重助產士與女性生產自主權），如何真正落實法律保障，是第五章著力的焦點。陳昭如（2013）也指出《民法》修正方向強調以中性化或自由協商來取代以夫以父為主的精神，限制了扭轉性別左右日常生活不平等的空間。總之，如何全面提升社會意識以助落實法律，絕對是社福運動動能能否持續的關鍵。

回顧近20年來的社會福利運動，無論在議題構框、組織形式、行動策略、劇碼展演，均隨政治經濟變遷而轉變，本章盡力嘗試捕捉這些運動歷程的演變與特徵，彰顯社會福利運動在性別、性傾向、階級、認同政治的交織性。例如公約審查與行無礙使用不同的策略工具倡議同一套平等論述；家務移工與障礙者從曾經的衝突到漸漸可以設身處地的對話。本書希望讓讀者透過運動的歷史紀實，看見個人與組織的能動性、與政治經濟結構的辯證過程。社會福利運動在制度化的進程中的確累積了許多有效與政府打交道的策略，政治的干擾效果也因國家民主化而大幅降低。不過，如何持續鬆綁照顧責任與婚家體制對性別平等造成的壓迫，防守或鬆動密不通風的政商資本網絡過度侵蝕生活與擠壓社會權，以及和整裝成軍的保守價值對抗，無疑是未來的新挑戰。

夾在這保守價值的社會、等待共識的國家、與壟斷的資本三股勢力中，社會福利運動團體的文化倡議論述、動員策略的主體性和能量強度就格外顯得重要。社會改革本來就是一條漫長且蜿蜒的道路，在抵達成功之前，外在威脅的壓力、運動內部的異質性、路線之差異，以及如何在有限資源下拓展更多的支持者，都將是社會福利運動當下與未來，必須正視而需要突破的關鍵課題。

參考文獻

王淑英、張盈堃，2000，〈多元文化與托育服務：政體中心觀點的探討〉。頁309-340，收入蕭新煌、林國明編，《台灣的社會福利運動》。臺北：巨流。

王金壽，2014，〈臺灣環境運動的法律動員：從三件環境相關判決談起〉。《臺灣政治學刊》18(1): 1-72。

何明修，2017，〈介於抗爭與協商：勞工運動在臺灣的經濟社會學意涵〉。頁125-158，收入李宗榮、林宗弘編，《未竟的奇蹟：轉型中的臺灣經濟與社會》。臺北：中央研究院社會學研究所。

——，2011，〈導論：探索臺灣的運動社會〉。頁1-35，收入何明修、林秀幸編，《社會運動的年代：晚近二十年來的台灣行動主義》。臺北：群學。

——，2003，〈工廠內的階級團結：連結石化工人的工作現場與集體行動〉。《臺灣社會學》6: 1-59。

何明修、林秀幸編，2011，《社會運動的年代：晚近二十年來的台灣行動主義》。臺北：群學。

何明修、蕭新煌，2006，《臺灣全志　卷九　社會志　社會運動篇》。南投：國史館臺灣文獻館。

吳介民、范雲、顧爾德編，2014，《秩序繽紛的年代：1990-2010》。臺北：左岸文化。

吳介民、黃秀如、顧爾德、范雲，2014，〈導言：為下一輪民主盛事而寫〉。頁6-23，收入吳介民、范雲、顧爾德編，《秩序繽紛的年代：1990-2010》。臺北：左岸文化。

官曉薇，2011，〈臺灣反墮胎運動與人工流產法論述〉。頁215-257，收入何明修、林秀幸編，《社會運動的年代：晚近二十年來的台灣行動主義》。臺北：群學。

邱毓斌，2014，〈當工運的制度惰性遭遇全球化〉。頁115-133，收入吳介民、范雲、顧爾德編，《秩序繽紛的年代：1990-2010》。臺北：左岸文化。

——，2011，〈自主工運組織策略的歷史侷限〉。頁83-129，收入何明修、林秀幸編，《社會運動的年代：晚近二十年來的台灣行動主義》。臺北：群學。

范雲，2014，〈靜默中耕耘細節的婦運革命〉。頁133-154，收入吳介民、范雲、顧爾德編，《秩序繽紛的年代：1990-2010》。臺北：左岸文化。

——，2000，〈從政治人到階級人：台灣政治轉型過程中的工運領導〉。頁177-230，收入蕭新煌、林國明編，《台灣的社會福利運動》。臺北：巨流。

財政部，稅務小常識國民租稅負擔（https://www.etax.nat.gov.tw/etwmain/web/ETW118W/CON/417/5792586571079918315?tagCode=%EF%BC%9B，取用日期：2018年5月10日）。

張恒豪，2011，〈障礙者權利運動的策略與組織變遷〉。頁129-171，收入何明修、林秀幸編，《社會運動的年代：晚近二十年來的台灣行動主義》。臺北：群學。

許維德，2011，〈台灣「社會運動研究」的歷史考察：以學位論文及相關著作為核心的初步嘗試〉。頁450-519，收入何明修、林秀幸編，《社會運動的年代：晚近二十年來的台灣行動主義》。臺北：群學。

陳昭如，2013，〈還是不平等——婦運修法改造父權家庭的困境與未竟之業〉。《女學學誌：婦女與性別研究》33: 119-170。

黃煌雄、呂溪木、趙昌平，2002，《我國社會福利制度總體檢調查報告》。臺北：監察院。

劉侑學、王舒芸、吳明儒，2016，〈拓邊社會福利：2016臺灣社會福利學會年會的嘗試與實踐〉。《人文與社會科學簡訊》18(1): 136-143。

劉梅君，2014，〈被綁架的世代—教育與職業的漩渦〉。《社區發展季刊》146: 33-52。

蕭新煌，1989，《臺灣未來的趨勢》。臺北：社會大學文教基金會。

蕭新煌、林國明編，2000，《台灣的社會福利運動》。臺北：巨流。

蕭新煌、孫志慧，2000，〈一九八〇年代以來台灣社會福利運動的發展：演變與傳承〉。頁33-70，收入蕭新煌、林國明編，《台灣的社會福利運動》。臺北：巨流。

蕭遠，2011，〈網際網路如何影響社會運動中的動員結構與組織型態？——以台北野草莓學運為個案研究〉，《台灣民主季刊》8(3): 45-85。

顧忠華，2003，〈社會運動的「機構化」：兼論非營利組織在公民社會中的角色〉。頁1-28，收入張茂桂、鄭永年編，《兩岸社會運動分析》。臺北：新自然主義。

Iris Marion Young著、陳雅馨譯，2017，《正義與差異政治》。臺北：商周出版。（Iris Marion Young 2011, Justice and the Politics of Difference. USA: Oxford University Press.）

Delgado, Richard. 1989. "Storytelling for Oppositionist and Others: A Plea for Narrative." *Michigan Law Review* 87: 2411-2441.

Esping-Andersen, G. 2009. *The Incomplete Revolution: Adapting to Women's New Role*. Cambridge: Polity.

Hsiao, Hsin-huang Michael. 2016. "Taiwan Elections: Significance and Implications." *Orbis* 60(4): 504-514.

Hsu, Szu-chien. 2017. "The China Factor and Taiwan's Civil Society Organizations in the Sunflower Movement: The Case of the Democratic Front against the Cross-Strait Service Trade Agreement." Pp. 134-153 in *Taiwan's Social Movement under Ma Yung-jeou: From the Wild Strawberries to the Sunflowers*, edited by Dafydd Fell. London: Routledge.

Leira, A. 2006. "Parenthood change and policy reform in Scandinavia, 1970s-2000s." Pp. 27-52 in *Politicising parenthood in Scandinavia: Gender relations in welfare states*, edited by Ellingsæter, A. L.& Leira , A. Bristol: The Policy Press.

Leitner, S. 2003. "Varieties of familialism-the caring function of the family in comparative perspective." *European Societies* 5(4): 353-375.

Matsuda, Mari J. 1989. "Public Response to Racist Speech: Considering the Victim's Story." *Michigan Law Review* 87: 2320-2381.

McAdam, Doung, John McCarthy, and Mayer Zald. 1996."Introduction." Pp.1-20 in *Comparative Perspectives on Social Movements: Political Opportunities,*

Mobilizing Structures , and Cultural Framings, edited by Doung McAdam, John McCarthy , and Mayer Zald. NY: Cambridge University Press.

Morgan, K. J. 2011. "Promoting social investment through work-family policies: Which nations do it and why?" Pp. 153-179 in, *Towards a Social Investment Welfare State? Ideas, Policies and Challenges*, edited by N. Morel, B. Palier & J. Palme. NY: The Policy Press.

Porta, D. D. and M. Diani（原著），苗延威（譯）（2002）。《社會運動概論》，臺北：巨流。（Porta , Donatella della and Mario Diani.1999. *Social Movements: An Introduction*. Malden, MA ; Oxford: Blackwell Publishing）

Regini, Marino. 2000. "The Dilemmas of Labour Market Regulation." Pp.11-29 in *Why Deregulate Labour Markets*, edited by Gosta Esping-Andersen and Marino Regini. London: Oxford University Press.

Skocpol, Theda. 2003. *Diminished Democracy: From Membership to Management in American Civic Life*. Norman: University of Oklahoma Press.

第二章
臺灣第三部門發展與社會福利運動

杜承嶸
長榮大學社會工作學系助理教授
官有垣
國立中正大學社會福利學系教授
台灣第三部門學會理事長

感謝本書主編以及兩位審稿人對本章內容的指正與建議，因為有您們的付出與意見，提升了本章的品質，在此一併致謝。

壹、前言

自1987年政府宣布解嚴後，臺灣第三部門（third sector）的發展就日益蓬勃，至今仍方興未艾。根據現有法令與制度，臺灣第三部門的各類型組織，包含財團法人基金會、社會團體、工會、商會、職業團體、寺廟、教堂等各類型組織，顯示出臺灣民間自主結社活絡之狀況。由各式各樣非營利組織所構成的第三部門，是一個相當龐大的體系，而且在名詞上也有不同的稱呼。[1]儘管如此，第三部門確實是獨立存在於國家及市場之外的一股第三勢力，而公民社會也是在第三部門內得到育成與滋養，進而成長與茁壯。從1950年迄今的60年時光中，臺灣第三部門的發展是動態的，其演進常受法制環境、社會脈動與政治情勢所牽引，然而這些力量有些是顯性的、有些是隱性不易察覺的。本文將以歷史分析作為觀察切入點，探討臺灣第三部門與社會福利運動發展的連動關係。首先，將說明臺灣第三部門發展的驅力與歷史階段；其次，探討1980年代後至邁入21世紀後，第三部門與社會運動的發展進程，此階段可說是臺灣第三部門發展的活躍及快速成長期，許多社會倡議運動也多集中於此時期；最後則是結語。

貳、臺灣第三部門發展的驅力與階段

自1950年起迄今，大致有四個驅力，促成臺灣第三部門發展成現今的面貌，茲分別說明如下（杜承嶸 2012）：

第一個驅力是傳統慈善力量的發展與延伸：慈善會（charity society）存在於華人社會之歷史可謂源遠流長，其型態也是極為多元的，包括個人的行善、家族式的接濟慈善、各式宗教的救濟慈善等。慈善會可說是臺灣地方民間社會福利服務提供的社區基層單位，其傳統本質是民眾本著慈善

1 如Salamon（1992: 4-5）就曾以慈善部門（charitable sector）、獨立部門（independent sector）、志願部門（voluntary sector）、免稅部門（tax-exempt sector）、非營利部門（nonprofit sector）等名稱，討論究竟何種名詞較符合非營利組織所構成的部門樣貌，本章在行文過程中，將以「第三部門」及「非營利部門」兩個詞彙交叉運用。

濟世之心，並且基於回饋社會的理念共同結合而成，以志願助人的方式完成行善助人的過程。

第二個驅力是來自國際援助對臺灣社會發展的影響：與本土民間慈善救助力量相對的，是早期接受外資援助在臺灣從事慈善事業的宗教與世俗福利機構，這兩股力量在臺灣救助及福利事業上的發展，受政經環境演變的交互作用而形成政府以外福利事業的另一個圖像。例如1957年在臺灣成立的「臺灣基督教福利會」（Taiwan Christian Services）、1964年由美國資金援助成立之「臺灣基督教兒童福利基金會」（即今日「臺灣兒童暨家庭扶助基金會〔TFCF〕之前身）等組織，均可謂外來國際援助非政府組織在臺灣從事救助事業之代表。

第三個驅力是自1987年政府宣布解嚴，促成了大量民間社會團體的成立：解嚴後，隨著黨禁、報禁的解除，再加上民間社會力的急速萌發，各式各樣的非營利組織紛紛成立，成為支持臺灣非營利部門發展的一股豐沛力量。

第四個驅力是來自於社會福利民營化風潮的影響：臺灣民營化的風潮則萌芽於1980年代，除受西方思潮影響之外，當時臺灣社會的政治與經濟環境邁向自由開放的聲浪與日俱增，社會福利服務需求也隨環境變遷快速增加，而政府社會服務的供給能量卻不足的狀況下，民營化變成是一種符合當時社會情境的解決策略（吳秀照等 2009）。社會服務民營化對非營利組織而言自是一個發展的契機，其可從政府部門獲得經費與其他資源的挹注，進而推廣符合組織宗旨與目標的服務或方案。

基於上述四個發展驅力，作者為了分析與觀察，根據當時政治、經濟與社會條件，大致將臺灣非營利部門的演進區分成以下三個歷史分期：

一、1945至1980年的威權管制期

這段期間長達35年，除了1945至1950年這五年，陸續發生臺灣光復、二二八事變、國共內戰等政權移轉事件，臺灣政經環境陷入風雨飄搖的局勢。然自1949年國民政府撤退來臺後，建立了一黨獨大的威權國家治理模

式，由於當時處於戒嚴及動員戡亂時期，所有的社會、政治、經濟環境的塑造與調控，皆掌握在執政黨與政府的手中，因此民間結社自然是被壓抑的。因此，這個階段的統治政權，對社會的發展採取控制與安撫手段。一方面，嚴格限制公民集會結社的權利，民間社會無法從基層自我組織，並尋求積極發展；另一方面，則透過恩庇侍從關係吸納與收編地方菁英，並以恩惠利益的交換來強化既有的人情關係取向之社會關係模式，可以說國家機器掌握並限定社會組織的演進與變遷（陳東升 2009：247）。就此觀之，非營利部門在此段時期，實難有合法且寬廣的運作空間。

二、1981至2000年的民間力量勃興期

與第一階段相較，此一階段所經歷的時間較短，但在這20年的光景中臺灣的社會與政治結構面臨了巨大的變遷。在政治局勢上，從1986年隨著民主進步黨（簡稱民進黨）成立、解除戒嚴、國會全面改選等政治事件陸續發生，象徵臺灣正式邁向民主化，最後在2000年達成有史以來的首次政黨輪替（朱雲漢 2004；孫煒 2009）。其中，1987年宣告解嚴是很關鍵的里程碑，也為後續的民間社會力量興起，開啟一個社會發展的新時代。以公民社會觀點來看，公民社會的發展是臺灣推展民主化不可或缺的要素之一，而作為代表公民社會主體——非營利組織的快速成長，已是鞏固民主化的主要層面之一。1986年民進黨創建後，有些非營利組織在社會抗爭與社會運動中，與當時在野的民進黨形成結盟關係，合力在政策過程中表達社會改革的訴求，迫使當時的中國國民黨（簡稱國民黨）執政當局必須正視且調整相關的政策（Aspalter 2002，引自孫煒 2009：49）。因此臺灣在1980年代後期開始，一連串的社會運動，如消費者保護運動、勞工運動、農民運動、婦女運動、原住民運動、農民運動、環保運動等，為了擺脫既有的規制與政府的威權，紛紛提出各種社會改革訴求，因而促成了各種型式的非營利組織興起，豐富了臺灣公民社會的基本內涵。

三、2001年迄今的多元發展時期

在1990年代初期，非營利部門的發展與當時的政黨政治有著密切的連結。在1993至2000年首次政黨輪替前，許多價值倡議型的非營利組織雖與執政當局保持距離，但也開始走向體制內的溫和倡議路線，不似昔日以街頭遊行抗爭作為訴求手段；而服務提供型的非營利組織，也在此時從政府各部門獲得較多的資源補助，開啟了所謂的社會服務委外的時代，並致力增進提供社會服務的各項能力。但自2000年後，臺灣非營利部門與政府的關係產生了質變，勞工、社福、環保等三類的價值倡議型的非營利組織，對執政後的民進黨政府漸漸感到失望，反倒是提倡婦女、人權、及原住民等權益的非營利組織與政府維持較良善的關係，這些組織中的負責人甚至入閣，成為政策過程的參與者（蕭新煌 2009：41）。不過，在此期間，服務提供型的非營利組織，與執政黨尚能保持友好、平順的關係，而其關係基礎正是來自於福利服務的契約外包持續的進展。

參、第三部門發展與社會運動

誠如上節所述，在1981至2000年這段期間，臺灣經歷了前所未有的社會與政治環境變遷。國家主導社會發展的威權體制，逐漸被時勢發展所衝擊，進而有1987年的解嚴及1991年動員戡亂時期的終止，在這段期間反對運動實乃推動臺灣民主化的重要推手，而被壓抑甚久的社會部門也在民主化過程中逐漸發展與壯大，成為一股與國家抗衡的自主力量，而這股力量也促使臺灣進入社會學者吳介民等（2010：7）所稱的——「華人社會歷史上首度的民主開放盛世」。而整個1980年代，也是臺灣社會運動的發端期，引發各種人權議題討論與倡導領域的蓬勃發展。此時的非營利部門也在社會力的帶領下，展現出結社革命般的數量成長，以及組織型態的轉變與多元化發展。

一、解嚴前後社會運動與第三部門的發展

根據李丁讚、吳介民（2008）對臺灣社會運動歷史的審視，認為1980年成立的自主性民間非營利組織——「消費者文教基金會」，開啟了臺灣組織化社會運動及公民社會倡議表達的先河。之後1982年「婦女新知雜誌社」及「自然生態保育協會」成立，1984年又有「臺灣勞工法律支援會」和「臺灣人權促進會」接續設立；1986年則有彰化鹿港的反杜邦遊行。而1980-1999年風起雲湧的社會運動大致可分三個時期，如表2-1所示：

表2-1　1980-1999年的臺灣新興社會運動

解嚴前 已出現之社會運動	解嚴前後 出現之社會運動	解嚴後至1999年 出現之社會運動
•消費者運動（1980-） •反污染自力救濟運動（1980-） •生態保育運動（1981-） •婦女運動（1982-） •原住民人權運動（1983-） •學生運動（1986-） •新約教會抗議運動（1986-）	•勞工運動 •農民運動 •教師人權運動 •殘障及福利弱勢團體抗議運動 •老兵權利自救運動 •政治受刑人人權運動 •外省人返鄉運動	•臺灣人返鄉運動（1988-） •反核電運動（1988-） •客家母語文化運動（1988-） •教育改革運動（1988-） •無住屋者團結組織（1989-） •民間司法改革運動（1990-） •同志運動（1990-） •社區營造運動（1994-） •媒體自主運動（1995-） •網路運動（1995-） •醫療人權運動（1997-） •妓權運動（1997-） •拆遷戶運動（1997-） •社區大學運動（1998-）

資料來源：蕭新煌等（1995：130）；許維德（2011：481）。

表2-1將臺灣1980-1999年的社會運動以解嚴作為切割點，做了三個發展階段的劃分。從表中可得知，臺灣社會運動的關懷核心從解嚴前的消費

者權益保障運動與為環境保護而興起的反污染自力救濟，到解嚴前後勞工、農民等弱勢階級的權益爭取，最後一個階段更是百家爭鳴，社會運動領域擴及了臺灣的各個生活領域與群體，包含居住權利、醫療人權、司法改革、社區營造、教育改革等。社會大眾對生活周遭的各項議題關切到達前所未有的高峰，這幾乎是解嚴前無法想像的畫面。

臺灣解嚴前後社會運動的出現，泰半是被迫害者的自力救濟，聚集走上街頭以行動表示抗議，如被資本家剝削的勞工、受公害所苦的居民、或是不被國家政策所照顧的農民等，是早期社會運動舞臺上的主角。這群弱勢族群是無助且悲情的，走上街頭是表達他們訴求以及伸張權利所不得不採行的手段，同時也正因為他們的悲情無處控訴，很容易獲得媒體的採訪報導，引起一般社會大眾的注目與關切，進而形成一股風潮，並把動員的力量持續擴散，讓社會運動的影響力達到最大（何明修 2005）。此階段，社會運動訴求的對象通常是國家，希望政府迫於壓力，調整政策以做出因應。然則，依靠熱情而起的社會運動，通常在抗爭行動舉辦時達到最高峰，活動一結束，不但群眾會散去，相關的訴求也很容易因不再被媒體及閱聽大眾所注意，而逐漸被淡忘，導致社會運動的成效大打折扣。因此，以激情式的社會運動生命週期來看，其最後命運不外乎煙消瓦解、勉力支撐、或必須面對「組織化」（或稱之為「機構化」或「制度化」）及專業化的歷程。社會運動的組織化指的是社會運動由抗爭轉變為正式的組織；而專業化則是指開始由專業的工作人員主導及策劃（張恒豪 2011）。以臺灣的狀況來看，許多環保運動通常是由單一事件引發，也曾短暫組成「自救會」，這種性質的團體，通常不具有正式組織的型態，其生命週期起於聚集群眾時，而在抗爭疲軟或事件和解後便宣告解散與落幕；很有可能事件並未真正結束，但民眾參與感急速下降，形成短發型的社會運動。

解嚴後的社會運動，不再是受壓迫者的悲情抗議，逐漸轉往更廣泛多元的宗旨目標訴求，如司法改革、教育改革等，此類訴求不是幾次遊行就可一蹴可及，必須有組織、有規劃地進行倡議，此時社會運動就必須要有長期埋鍋造飯的準備，而組織化則是必須選擇的道路。社會運動組織化及專業化後，其存在的意義不再只是發起街頭遊行及抗爭，必須面臨組織經營和發展的各項挑戰，包含管理職工及志工、籌措營運財源及永續經營等問題（顧忠華 2003）。因此，社會運動在組織化後，其角色功能有從臨時組成的「社會運動團體」逐漸轉向成「非營利組織」的發展趨勢。

事實上，各種社會運動團體組織化後，催生各式各樣的非營利組織，如解嚴前的臺灣環保運動，就產生了如「環境品質文教基金會」（1984）、「新環境基金會」（1985），還有許多縣市級的「公害防治協會」，而解嚴後臺灣民間環保組織在1998年就已經超過了300個（何明修 2000）。解嚴後期的社會改革，譬如小至媒體自主、社區營造，大至教育改革與司法改革，都由正式的非營利組織發起，而不再是非正式社會運動團體隨機發起。社會運動理論家Jenkins（1983，引自顧忠華 2003）的研究則指出，中央集權且階層分明的組織，無論在資源取得和持續動員上，都較分權式、非正式的組織來得有效率。

整個1980至2000年中，臺灣社會運動發展經歷了狂飆期及黃金時期，不但讓壓抑許久的民間活力綻放而出，更促成許多民間團體的成立與發展，使臺灣的民間社會開始因非營利部門的茁壯，成為可與國家統治機器對立的自主力量，也讓臺灣公民社會的發展，有了初步的基礎，使臺灣除了政治民主為華人社會的典範外，第三部門的發展成就也居於翹楚的領先地位。

二、福利服務組織的倡議與專業化

在1960至1980年代，臺灣福利服務型的非營利組織，主要扮演政府在福利提供上的補充角色，在功能上仍侷限在傳統慈善的救助工作。而當時本土新成立的非營利組織數量相當稀少，仍處於萌芽階段，所提供的福利方案是被動的因應社會需求，未能負起倡導性工作與改變社會的責任（蕭新煌 2003；邱瑜瑾 2009）。自1987年解嚴後，社會抗爭運動部分被政治抗爭所吸納，一部分則轉向社會福利相關訴求運動，參與社會福利政策的規劃研擬與立法及服務方案的提供。例如：1987年智障者家長要求制訂《特殊教育法施行細則》，醞釀街頭抗爭，而導致1989年「啟智協會」的改組與「心路基金會」的成立；1989年的「殘障福利法修法行動委員會」轉型成為「殘障聯盟」；1990年為了《兒童福利法》修法而組成「兒童福利聯盟」；1993年《老人福利法》修法與老年年金的推動而組成「老人福利推動聯盟」（林萬億 2005：13）。為了促使社會立法能有成效，許多社會福利運動團體，組成各式各樣的推動聯盟，最後更「組織化」成立持續運作的非營利組織，而這些組織至今仍在社會政策場域相當活躍，扮演舉足輕重的角色。

事實上，臺灣在社會力剛解放的年代，由於先前威權統治時期的國家重點發展計畫，在追求國家經濟成長與資本積累，無暇顧及攸關全國人民福祉的相關社會福利，使得民主化初期，社會福利相關的社會運動揭竿而起，紛紛走上街頭，以遊行抗議的形式提醒國家機器，莫忘保障與照顧民眾福祉，這樣的風潮，某種程度與當時的反對運動結合，並形成自主的社會團體組織，運用媒體的力量推動了許多成功的社會福利政策與立法（成果請見表2-2）。表中所呈現的各項成果，背後均有相關的民間社會福利組織進行倡議，1993年由民間社福團體籌備召開的民間社會福利會議，促使政府隨之於1994年召開第一次全國社會福利會議，並將之視為彙集各界對社會福利意見的重要管道，在1998年、2002年及2006年都陸續召開此會議。而在重大的社會立法成果上，主要集中在老人、殘障、婦女、兒童及青少年等五類社會福利權益，這也就是1990年代以來民間團體倡議社會福利運動的具體成果展現（蕭新煌、林國明編 2000）。

對照1990年代以前的社會福利發展停滯時期，1990年代豐富的社會立法，不僅法規內容保障的對象與福利涵蓋範圍增加，也有積極性的預防保護措施出現，使社會政策不再空有口號，更有實質的執行成效。無怪乎監察委員黃煌雄等（2002）曾稱此一階段是臺灣社會福利立法的「黃金十年」；但林萬億（2004）則持另一種觀點，他認為此時期的社會政策仍缺乏宏觀的思維，原本社會福利體系仍是漏洞百出，包括各類社會保險未整合、社會津貼片段、社會服務提供的基層架構未建構完整、社會立法繁多但執行不力、各種新興問題未獲適時回應等，故其稱之為「失控的十年」。不管是黃金十年或失控十年的評論，牽涉到評估面向及對福利體系想像的差異，自然不容易產生定論，不過其中有一個現象卻值得關切，亦即在社會政策的牽引，及國外福利多元主義風潮的影響下，臺灣的社會福利，不再是由政府獨攬責任，民間福利服務組織在此時期，亦累積了豐沛的專業能量，提供各項福利服務。

上文雖提及民間社福組織對社會福利立法的推動有所貢獻，但這些組織是具有全國知名度的非營利組織、多在大臺北地區、聘有專業人員經營，以及熟悉媒體宣傳的專業公關人員，自然能在政策場域中發揮影響力。而這樣的圖像並無法完全代表臺灣非營利部門，若我們將臺灣的第三部門粗略分類為兩大類：服務型與倡導型，以組織數量而言，二者無法相提並論，前者佔絕對多數，而後者則甚為有限。Hsiao與Kuan（2016）就針對臺灣公民社會組織數目進行推估與分類（不包括職業團體、工會、商會、宗教團體等組織）如表2-3所示，可看出服務型組織總數約佔90%（43,510）、而倡議型組織僅約佔10%（4,835）。根據官有垣和蕭新煌等人從2002年以來的臺灣非營利組織相關議題的調查研究（官有垣 2002、2005、2006、2009；蕭新煌 2004；官有垣、杜承嶸 2003、2005、2008、2009）發現，約有八成受訪的各類非營利組織表示，未曾在非營利組織對公共政策與為特定團體進行倡議行動，僅有二成的受訪非營利組織表示曾經有過，顯示在國內的非營利組織普遍較少從事倡議。反之，在貼近社會大眾的一般生活領域，包括提供各式各樣的社會服務或新知散播等教育功能的展現上，較多發揮。

表2-2　1990年代社會福利運動重要立法成果

社會政策與重大施政計畫	重要社會立法
1. 第一屆民間社會福利會議（1993） 2. 第一次全國社會福利會議（1994） 3. 行政院通過「社會福利政策綱領」（1994） 4. 推動社會福利社區化實施要點（1996） 5. 推動社會福利民營化實施要點（1997） 6. 第二次全國社會福利會議（1998） 7. 行政院成立社會福利推動小組（1998） 8. 老人長期照護三年實驗計畫（1998）	1. 社區發展工作綱要（1991） 2. 就業服務法（1993） 3. 全民健康保險法（1994） 4. 兒童及少年性交易防治條例（1995） 5. 老年農民福利津貼暫行條例（1995） 6. 性侵害犯罪防治法（1997） 7. 社會工作師法（1997） 8. 身心障礙者保護法（1997） 9. 家庭暴力防治法（1998） 10. 老年農民福利津貼暫行條例修正（1998） 11. 公益彩券發行條例（1999） 12. 特殊境遇婦女家庭扶助條例（2000）

資料來源：修改自林萬億（2005）。

表2-3　臺灣各類公民社會組織數量一覽表（2013）

<table>
<tr><th></th><th colspan="2">服務型</th><th colspan="2">倡導型</th><th>合計</th></tr>
<tr><td rowspan="3">社會團體（協會）</td><td>全國性</td><td>地方性</td><td>全國性</td><td>地方性</td><td rowspan="3">42,345</td></tr>
<tr><td>13,338</td><td>24,772</td><td>1,482</td><td>2,753</td></tr>
<tr><td colspan="2">（38,110）</td><td colspan="2">（4,235）</td></tr>
<tr><td rowspan="3">財團法人（基金會）</td><td>全國性</td><td>地方性</td><td>全國性</td><td>地方性</td><td rowspan="3">6,000</td></tr>
<tr><td>1,890</td><td>3,510</td><td>210</td><td>390</td></tr>
<tr><td colspan="2">（5,400）</td><td colspan="2">（600）</td></tr>
<tr><td rowspan="2">合計</td><td>15,228</td><td>28,282</td><td>1,692</td><td>3,143</td><td rowspan="2">48,345</td></tr>
<tr><td colspan="2">（43,510）</td><td colspan="2">（4,835）</td></tr>
</table>

資料來源：Hsiao & Kuan（2016: 255）；各組織數目來自於：1. 內政部，內政統計年報（http://sowf.moi.gov.tw/stat/year/list.htm，取用日期：2014年12月24日），以及2. 作者的推估。

三、邁入21世紀後的發展

臺灣經歷20世紀末期的非營利部門繽紛的發展，這一階段的非營利部門有邁向成熟及穩定的趨勢。不但民間結社的風潮仍未停歇，在成立的組織類型上，也呈現多元發展的局面。至於非營利組織類型，除了社團法人的各類社會團體及財團法人型式的基金會外，福利服務型與倡導型的組織也並存發展，而臺灣本土性國際援外組織的援助範圍與規模也都擴大了，這些都是臺灣非營利部門發展熱絡的具體特徵。然而臺灣在1999年及2009年分別遭逢地震及嚴重風災，重創臺灣中部與南部某些地理區域，在救災與重建過程中，非營利組織扮演了很重要的角色，不但為災民重整家園更協助他們自立重生，同時促發社區產業及社會企業的興起。

因此，依據本文所提之促成臺灣非營利部門發展的四個驅力、及三個歷史分期的分析觀察，臺灣的第三部門在60年的發展中，可隱約看出有兩次的轉型。第一次轉型乃從解嚴前的慈善救濟為主的發展方向，轉變成解嚴後百家爭鳴的局面，不但組織數量增加，也開始參與政治倡導、議題設定等政策過程，可說是從「慈善」邁向「公民權」（from charity to citizenship）的公民社會養成的培育階段（Wang 2007）。而此一階段延續至2000年，不但臺灣政治持續民主化、經濟發展亦相當熱絡，臺灣非營利組織藉由各項社會運動的推展，爭取了不少倡導活動的舞臺，同時也有能力成為國際援助服務的輸出國，許多非營利組織在國際參與上也有突出的表現。

第二次轉型則是自2000年以降，在組織運作上不但更為制度化，如依法申請登記或立案，同時過往的社會運動也由非正式的團體開始機構化，變成符合法律規範的社團法人或財團法人性質的非營利組織（顧忠華2003）。另外，隨著社區總體營造風潮的興起，草根性的社區型非營利組織也應運而生。再者，許多非營利組織為了競逐有限的資源，紛紛往產業化方向邁進，以圖增加更多的收益來源，如社會企業的應運而生，因而形成臺灣非營利部門的另一次轉型（Kuan and Wang 2010; Twu 2010）。

總結臺灣二次世界大戰後非營利部門的發展進程，是以慈善救濟為始、社會運動的公民權爭取為繼、到今天的多元發展局面。60年的歷史演進中，參雜許多時勢發展的因素，各項政經、社會與法制環境的變遷，均影響著非營利部門的發展。在過去戒嚴時代，政治體制並不允許民間自發結社，因此非營利部門的發展是被壓抑的，只有以慈善為名的組織，由於對國家統治不構成威脅，得以在當時的環境中生存。國際救援組織來臺進行人道救援，也是因國民政府遷臺後無力回應社會需求，及冷戰時期政治上的結盟關係，待臺灣經濟成長了，又因臺、美斷交之故，外援組織逐步退出臺灣，但其所移植進來的現代社會工作概念，啟發了臺灣本土福利服務組織開創專業工作模式。及至解嚴前後，政治反對運動及社會運動的推波助瀾，導致政治體制邁向民主化，被壓制許久的社會力獲得舒展，各類非營利組織有如雨後春筍般逐一冒出頭，逐步奠定了今日第三部門發展的面貌。

儘管第三部門中的公民社會組織，過去半世紀以來逐步邁向多元化的成熟發展，但仍是以提供社會服務為主，不過在社會改革過程中，倡議型組織的運作自有其不可或缺的重要性。蕭新煌與官有垣（2016）在探討後威權時代臺灣的公民社會組織發展時，提及倡導型民間組織與民主化歷程的辯證關係，以歷史分期來看，在1980年代是「崛起」，1990年代是「制度化」時期，2000至2008年是「沉寂」，但2008至2016年則是「再生」期。就此分期觀之，邁入21世紀後的前八年，因是臺灣民主政治史上首次的政黨輪替，社會運動團體過去與威權時期黨外運動曾是盟友關係，故對民進黨政府有很多的期待，此一階段社會運動邁入盤整與觀察期。雖說如此，但據王興中（2012：215）的觀察指出：「大約2005年以後，也有些新生代的人權運動突起，例如樂生療養院拆遷引發的『樂生青年運動』、由反對《農村再生條例》而起的新農民運動等……」，也透露出社會運動並未真正沉寂，有關人權與土地議題的倡議行動逐漸興起。但當時民進黨執政八年，未能兌現過去對社會改革的承諾，使得原有的期待落空轉而失望，政治上發生第二次政黨輪替，臺灣社會運動的進程邁入另一個重生的階段。國民黨重新執政後，在內政作為以經濟發展為口號進行某些制度的變革，但因其政策受益者偏向企業資本家，或以建設為名忽視社會價值與文化保存，因而再度激發了社運團體上街頭的風潮，如2010年「拯救臺灣農地與農業運動」（於當年7月有「還我土地正義，停止土地徵收！」夜宿凱道活動集結）、2012年的「反媒體壟斷運動」，以及歷年開展持續進行的「反核運動」。

到了2013年有三場大型的社會運動（如表2-4）都涉及人權議題與價值，其中洪仲丘案揭露軍中人權議題，萬人凱道送仲丘的白衫軍運動聲勢浩大，逼使行政院成立軍事冤案申訴委員會，接受社會各界對歷年冤案重啟調查的訴求，並主動過濾過去軍事審判疑義案件；此外，亦成功推動修正《軍事審判法》，在非戰爭時期，軍法部分回歸正常司法程序審理。苗栗大埔案則與土地正義及居住權相關，是一起苗栗竹南大埔里居民反對政府區段徵收與強制拆遷房屋的抗爭事件，在抗爭過程中，不斷吸引更多公民團體與社會大眾的奧援與支持，活動過程甚至出現「今天拆大埔，明天拆政府」的精神標語，展現了公民社會與政府不義作為相對抗的力量，最後此案進入司法程序，於2014年經臺中高等行政法院更一審宣判，判決拆遷戶勝訴定案。至於多元成家運動，爭取的是婚姻平權，是高度具有價值導向辯證的議題，在人權與傳統價值間有許多思考與拉扯，爭取平權的團體也與主張維持傳統家庭組成價值的護家團體，進行多回合互別苗頭的倡議活動，到了2016年12月《民法》修正草案已增訂「同性婚約，由雙方當事人自行訂定」條文，並獲立法院初審通過，之後的修法過程將有待觀察。但在2017年5月24日，司法院公布大法官釋字第748號，宣布現行《民法》未保障同性婚姻自由及平等權已屬違憲，行政與立法機關需在兩年內完成相關法律之修正或制定，以達成同性婚姻自由之平等保護；兩年後若未修法完成，同性伴侶將直接適用現行《民法》加以保障同性婚姻的自由平等。這樣的結果為多年來婚姻平權運動的倡導，帶來了實質的戰果。

表2-4　2013年三大社會運動概略

	洪仲丘案	苗栗大埔案	多元成家案
相關訴求	軍中人權，及軍事檢察署是否具專屬管轄權等	反對政府區段徵收與強制拆除房屋的抗爭事件	婚姻制度、伴侶制度、家屬制度
支持基礎	議題導向	議題導向	價值導向
集結組織	「公民1985行動聯盟」	「苗栗大埔自救會」、「捍衛苗栗青年聯盟」、「守護苗栗大聯盟」、「臺灣農村陣線」	「臺灣伴侶權推動聯盟」、「下一代幸福聯盟」
集結型態	「萬人凱道送仲丘」	「大埔強拆民宅事件滿月重返凱道」行動	「為下一代幸福讚出來」活動、「300人排字活動」

資料來源：修改自王順民，2013，關於2013年諸多社會運動的初步考察（http://www.sunnyswa.org.tw/index.php/timenews/view/709，取用日期：2014年9月28日）。

此外，對2008年重新執政的國民黨政府而言，過度「傾中」的兩岸關係政策，更為其主政期間埋下了引爆社會運動對抗的火苗。率先登場的是2008年的「野草莓運動」，事件發生緣由乃當時中國海協會會長陳雲林訪臺進行第二次江陳會談期間，警政單位以粗暴的驅離、沒收、禁制、拘捕等手段，對付表達不同意見的民眾，此一對基本人權之侵犯行為，觸發全臺灣大學學生、教授及社會人士發動靜坐抗議運動。抗議行動主要參與者為學生，號召大眾於行政院前、自由廣場、全臺各地及校園，以靜坐及示威遊行方式，表達抗議行政濫權、侵犯人權、《集會遊行法》違憲等訴求。這場社運僅是開端，2014年3月因國民黨立院黨團欲將《海峽兩岸服務貿易協議》強渡關山進行初審通過，導致社會大眾對黑箱服貿的一連串質疑，隔日引發了「318學運」（又稱太陽花運動），大學生與公民團體共同發起佔領立法院的社會運動事件。這場立法院佔領行動持續二十餘天，場外社會大眾給予力量與支援，而在各大學校園也有相對應的活動予以呼應，可算是近年來規模及影響盛大的一場社會運動。在社會福利領域，也有許多團體與個人於場外舉辦公民論壇，討論服貿若獲通過可能引起的公共服務商品化和財團化、醫療及長期照顧體系的不公平對待等爭議（黃盈豪 2014）。這場學運影響深遠，也直接或間接地讓國民黨接連在2014年底的九合一選舉，以及2016年初的總統／立委選舉兵敗如山倒，同時喪失執政權及立法院最大黨的政治優勢。

政權更迭有時，但根植於公民社會土壤所開枝散葉的各類社會運動並不會有偃旗息鼓之日，攸關公民生活的政策與法規也隨時在變革或演化。國家作為一個追求自我利益的政治實體，在治理過程中若缺少制衡的對立力量，公民的權利無形中常會被犧牲與侵犯，公民社會的壯大可以避免國家勢力的無限制膨脹，而公民採取社會運動來進行抗爭、訴求與守衛，即便邁入21世紀仍是不可或缺的社會改革手段。

肆、結語

西方學界常以公民社會及社會運動觀點來檢視第三部門的發展及其與政府的互動關係（Smith and Gronbjerg 2006），他們將公民社會視為有別於市場與國家的獨立場域，代表一股民間自由結社的力量；社會運動觀點更強調政治活動與倡議團體角色的重要性。基本上，社會運動提供了組織與政治機制，將私人關切事項轉化為公共議題，期使政策倡導目標得以達成。以廣義的社會運動觀點來看政府與第三部門間的關係，有極其重要特質，亦即兩者間是衝突性的關係，社會運動的目的在迫使政府改變現有的政策。過去臺灣的民間社會飽受壓抑，解嚴後民間社會的結社風潮頓時應運而生，在過去30年來，我們也可從中觀察到各式各樣的社會運動與第三部門的非營利組織合作，不但成功翻轉威權體制的束縛，在社會福利議題的改革與倡導上，亦發揮了該有的角色與功能。但是這些社會運動所帶來的戰果，必須爬梳與回顧，以便讓社會大眾更清楚社會運動在公民政治參與過程中的重要性。進入21世紀後，即使社會運動曾進入沉寂，但經歷沉潛盤整後，臺灣社會運動的議題與類別卻更加豐富且多元，本書的後續專章將分別就醫療福利、勞動權益、社會照顧的廣泛層面（生、育、障礙者到家庭照顧者）、公民權運動、生態與分配正義等類型的各類社會運動的戰事、戰術與戰果進行介紹，以作為回顧自世紀之交以來的社會運動紀實與檢視。

參考文獻

內政部，內政統計年報（http://sowf.moi.gov.tw/stat/year/list.htm，取用日期：2014年12月24日）。

王順民，2013，關於2013年諸多社會運動的初步考察（http://www.sunnyswa.org.tw/index.php/timenews/view/709，取用日期：2014年9月28日）。

王興中，2012，〈書寫臺灣人權運動史：普世人權的本土歷程〉。《臺灣人權學刊》1(3): 205-219。

李丁讚、吳介民，2008，〈公民社會的概念史考察〉。頁393-446，收入謝國雄編，《群學爭鳴：臺灣社會學發展史1945-2005》。臺北：群學。

朱雲漢，2004，〈臺灣民主發展的困境與挑戰〉。《臺灣民主季刊》1: 143-162。

杜承嶸，2012，《臺灣非營利部門發展歷史考察：政府/非營利組織互動關係的探討》。嘉義：國立中正大學社會福利研究所博士論文。

何明修，2005，《社會運動概論》。臺北：三民。

——，2000，〈環境運動與反對運動〉。《臺灣史料研究》16: 73-93。

林萬億，2005，〈1990年代以來臺灣社會福利發展的回顧與展望〉。《社區發展季刊》 109: 12-35。

——，2004，〈九〇年代以來臺灣社會福利的回顧與前瞻：全球化與在地化〉。論文發表於「第二屆民間社會福利研討會~臺灣的社會福利發展：全球化vs. 在地化學術研討會」，臺北：臺灣大學社會工作學系，2004年9月25日。

吳秀照、高迪理、王篤強，2009，《臺灣政經轉型下之制度變遷－子計畫二：社會福利民營化下福利服務輸送之變遷》。行政院國科會專題研究計畫成果報告。

吳介民、黃秀如、顧爾德、范雲，2010，〈為下一輪民主盛事而寫〉。頁4-18，收入王金壽等合著，《秩序繽紛的年代：走向下一輪民主盛世》。臺北：左岸。

邱瑜瑾，2009，〈非營利組織與社會福利服務〉。頁319-342，收入蕭新煌、官有垣、陸宛蘋編，《非營利部門：組織與運作》。臺北：巨流。
官有垣，2009，《臺灣非營利部門的調查研究：範圍及其重要面向》。行政院國科會專題研究計畫成果報告。
官有垣、杜承嶸，2009，〈臺灣民間社會團體的組織特質、自主性、創導與影響力之研究〉。《行政暨政策學報》49: 1-38。
——，2008，〈臺灣南部民間社會組織的自主、創導、與對社會的影響：社團法人與財團法人之比較〉。《社區發展季刊》122: 6-28。
——，2005，〈臺灣南部地區慈善會的自主性、創導性及對社會的影響〉。《社區發展季刊》109: 339-353。
——，2003，〈臺灣非政府組織與公民社會發展之探析：以南部民間社會團體為案例〉。頁27-32，收入林德昌編，《臺灣非政府組織與國際社會參與》。高雄：國立中山大學國際非政府組織研究中心。
官有垣，2006，《臺灣與香港第三部門現況的比較研究：以福利服務類非營利組織為探索對象》。行政院國科會專題研究計畫成果報告。
——，2005，《臺灣地區民間團體的調查研究：組織特質、自主性、社會參與及影響力》。行政院國科會專題研究計畫成果報告。
——，2002，《臺灣南部七縣市民間社會組織的功能與影響之研究》。行政院國科會專題研究計畫成果報告。
孫煒，2009，〈兩千年政黨輪替之後政府與非營利組織關係的分析架構：民主化研究途徑〉。《東吳政治學報》27(2): 47-86。
黃盈豪，2014，社工為什麼該反服貿！（https://goo.gl/2S2yzU，取用日期：2017年3月24日）。
黃煌雄、趙昌平、呂溪木，2002，《我國社會福利制度總體檢調查報告》。臺北：監察院。
陳東升，2009，〈臺灣社會組織原則的轉換：衝突或自然演化〉。《長庚人文學報》2(2): 247-274。
許維德，2011，〈臺灣「社會運動研究」的歷史考察：以學位論文及相關著作作為核心的初步嘗試〉。頁449-519，收入何明修、林秀幸編，《社會運動的年代：晚近二十年來的臺灣行動主義》。臺北：群學。

張恒豪，2011，〈障礙者權利運動的策略與組織變遷〉。頁129-170，收入何明修、林秀幸編，《社會運動的年代：晚近二十年來的臺灣行動主義》。臺北：群學。

蕭新煌、官有垣，2016，〈後威權時代臺灣的公民社會組織之發展〉。論文發表於「2016『營造第三部門的友善環境』學術研討會」，臺北：政治大學，2016年10月1日。

蕭新煌，2009，〈非營利部門在臺灣的發展特色〉。頁35-45，收入蕭新煌、官有垣、陸宛蘋編，《非營利部門：組織與運作》。臺北：巨流。

——，2004，〈臺灣的非政府組織民主轉型與民主治理〉。《臺灣民主季刊》1(1): 65-84。

——，2003，〈基金會在臺灣的發展歷史、現況與未來展望〉。頁13-22，收入官有垣等編，《臺灣的基金會在社會變遷下之發展》。臺北：洪建全基金會。

蕭新煌、林國明編，2000，《臺灣的社會福利運動》。臺北：巨流。

蕭新煌、黃世明、翁仕杰，1995，〈百年來臺灣社會力的沈浮與轉型〉。頁110-149，收入臺灣研究基金會編，《百年來的臺灣》。臺北：前衛。

顧忠華，2003，〈社會運動的「機構化」：兼論非營利組織在公民社會中的角色〉。頁1-28，收入張茂桂、鄭永年編，《兩岸社會運動分析》。臺北：新自然主義。

Aspalter, Christian. 2002. *Democration and Welfare State Development in Taiwan*. VT: Ashgate Pub Ltd.

Hsiao, Hsin-Huang and Kuan, Yu-Yuan. 2016. “The Development of Civil Society Organizations in Post-Authoritarian Taiwan: 1988-2014.” Pp.253-267 in *Routledge Handbook of Contemporary Taiwan*, edited by Gunter Schubert. London and New York: Routledge.

Jenkins, J. Craig. 1983. “Resource Mobilization Theory and the Study of Social Movement.” *Annual Review of Sociology* 9: 527-553.

Kuan, Yu-Yuan and Wang, Shu-Twu. 2010. “The Impact of Public Authorities on the Development of Social Enterprises in Taiwan.” *Journal of Public Affairs*

Review 11(1): 1-21.

Salamon, Lester., M.. 1992. *America's Nonprofit Sector: A Prime*. New York: The Foundation Center.

Smith, Steven Rathgeb, and Gronbjerg, Kirsten. A.. 2006. "Scope and Theory of Government-Nonprofit Relations." Pp. 221-242 in *The Non-profit Sector: A Research Handbook*, edited by Walter W.Powell & Richard Steinberg. New Haven: Yale University Press.

Twu, Ruey-Der. 2010." The Growth and Transfomation of the Nonprofit Sector in Taiwan." *Journal of Public Affairs Review* 11(1): 23-46.

Wang, Frank. T. Y.. 2007. "From Charity to Citizenship NPOs in Taiwan." *Asia Pacific Journal of Social Work and Development* 17(1): 53-68.

第三章
解嚴後社會工作者的政治參與：社聯工作室的運動角色

王增勇
國立政治大學社會工作研究所教授

本文的完成感謝曾經參與社聯工作室的夥伴們，這段我們共享的美好記憶。另，本文部分修改、擷取自王增勇（2016）〈解嚴後台灣社會工作者的政治參與：在社福運動歷史中消失的社聯工作室〉。《台灣社會研究季刊》105: 103-152。

壹、前言

解嚴後的臺灣，有一群民間社福工作者從1990年底自發成立核心幹部組織，叫做「社會福利團體聯合工作室」（簡稱社聯工作室或社聯），作為運作與決策的核心；1991年以「社會福利聯誼會」的名義，廣邀社福團體加入；1992年正式向內政部立案登記成為「社團法人現代社會福利協會」，具備向政府申請補助的資格；最後在1996年社聯工作室與其他進行政策倡議的社運團體合併成立「社會立法運動聯盟」（簡稱社法聯，也就是現在公民監督國會聯盟的前身），社聯將立法倡導的工作移交給社法聯；後來，老人福利推動聯盟（簡稱老盟）與身心障礙聯盟（簡稱障盟）已然運作成熟，社聯工作室的角色逐漸被社法聯與這兩個主要的全國性社福倡議組織取代，因此1998年「現代社會福利協會」向內政部申請解散，[1]正式走入歷史。在解嚴後臺灣社會政治權力結構快速重組之際的短短八年間，社聯的這群社會工作者，在尚存的白色恐怖氣氛下，用自己工作之餘的閒暇時間，推動諸多改革。

存在不久的社聯是社工集體自主學習的政治行動，其所發展的工作方法幾乎囊括社工政治參與的各種類型，從設定公共政策議題（批判軍公教福利國家論述）、議題倡議（1992年社會權）、立法倡導（監督立法院預算審查）、行政監督（召開記者會批評政策、與政府官員協商、召開全國社會福利會議）、參與選舉（提出選舉共同政見並為候選人站臺、拍攝社福紀錄片《有福共享》）、培育草根組織（定期舉辦讀書會、成立「老人福利推動聯盟」與「家庭照顧者關懷總會」）。作為社聯的成員，我深刻認知到社聯是我作為社工的政治意識啟蒙者：一方面慶幸自己躬逢其盛，可以經驗到直接服務與政策倡議彼此相互為用的暢快；另一方面，對當前社工教育仍低度政治化的現況感到不滿。這使得社工無法從政策倡議上推

1 文中「社聯工作室的階段性任務完成，因此結束」的說法主要是依據曹愛蘭的訪談，但我個人認為社聯工作室解散的主要原因有二，一是政治結構上的政黨輪替釋放更多資源與機會給社福運動，許多社聯工作室成員被吸納到國家體制內，社聯成員面對體制內的資源態度不一，要採取一致的抗爭立場越來越困難。

進結構性的改變，因而在直接服務上遭遇挫折與困境，處於找不到出路的苦悶，落入習得無助的崩熬狀態。因此我覺得，這段臺灣社工政治化的社運歷史，值得記錄與理解，更應該置回臺灣社會發展的脈絡中，重新詮釋這段短短八年的社聯工作室歷史。

書寫臺灣基進社工的歷史，是本文的起點！不同世代的基進社工，面對不同的社會結構，但，看見彼此的存在，本身就深具意義。社聯存在的時代，是臺灣社會福利體制在政治民主化的新動能下積極建立之初，社福組織與社工有機會選擇體制外的倡議路線。而當代臺灣社會福利體制，在經歷20年以民營化作為建制的主要手段後，社福組織與社工因政府委託被大量納入國家體制。在社福民營化的時代中，經歷此一體制衝突與矛盾的部分社工，仍會選擇抗爭與運動作為回應。但是，這些投入社會抗爭的社工，往往不曾知道，上個世代的社工，也曾對剛解嚴的臺灣社會政治結構自主集結與行動。這種世代間經驗傳承的斷層，造成集體失憶，嚴重阻礙臺灣基進社工認同與經驗的傳承。本文的目的就是想從一個社聯的成員出發，透過書寫社聯工作室的歷史來彌補這段的空白，記錄臺灣社工參與社會運動的歷史。

這項研究以三種方式搜集資料：文本分析、焦點團體訪談與深度訪談。本文分析的資料以1991-1996年由社聯工作室發行的刊物《社聯通訊》為主，首先從中整理出社聯工作室的重要大事記錄；社聯工作室的幹部中共有八人參與三次2014年12月至2015年2月舉辦的「社聯歷史回顧」焦點團體，針對參與者個人的社聯工作室參與經驗進行分享，其中參與最深的曹愛蘭、陳俊良與陳明里分別參與兩次。焦點團體後，再針對參與較深的成員進行個別深度訪談，以釐清更多細節。

貳、社聯的時代背景

1990年12月18日社聯工作室正式成立，主要發起人是投身智障者服務的臺北市智障者家長協會弘愛發展中心主任曹愛蘭、服務肢體障礙的伊甸基金會執行長陳俊良、及臺灣大學社會學系教授林萬億。這三個人分別代表智障者家長運動、肢體障礙者運動、與學術三方的結合，為社聯提供跨領域的合作與互補。被社聯成員尊稱為「林老師」的臺大教授林萬億在社聯的實質參與不多，但因他在民進黨的智囊角色，會不定時提供社聯政治局勢的判斷，對社聯的運作有關鍵影響。林萬億（1994）從新馬克思主義的社會衝突觀點出發，批判國民黨的福利政策是以鞏固政權為目的，受益者不是弱勢族群，而是統治階層的軍公教人員，因此是不公不義的福利體制，因而提出以社會權為基礎的社會民主式福利國家作為願景。林萬億的觀點在當時以國民黨主導的社福界，極具挑戰性與顛覆性，透過社聯的運作，林萬億的福利觀成為社聯，甚至後來民進黨的重要福利論述基礎。

針對這段歷史的定位，張恒豪（2011）曾將1987到1990年的障礙權利運動稱為「結盟與制度化」的階段，但社聯的成立代表那時的結盟與制度化不僅發生在殘障團體間，社福工作者同時展開其他社福領域團體的培育與串連，而這正是社聯成立的重要背景。社聯工作室的靈魂人物——人稱「曹姐」與「陳哥」的曹愛蘭與陳俊良，在「團結才有力量」的信念下，曹愛蘭帶領的智障者家長運動、與陳俊良所帶領的肢體障礙者運動，透過障盟加以整合，想把障礙運動的組織經驗進一步推進到其他社福領域，因此社聯不只針對障礙運動，更想集結所有社福族群。

曹愛蘭，在美國讀特殊教育碩士返臺後，1979年先擔任臺大醫院兒童心理衛生中心研究員，1980年與張培士、賴美智三人共同創辦第一兒童發展中心，並擔任主任。曹愛蘭的政治啟蒙早在其於海外讀書時期，就與黨外人士多有聯絡，是民進黨的發起黨員。曹愛蘭的黨外關係提供了社聯在學習發展社工參與政治上重要的政治視野及人際網絡，例如民進黨立委以及其他社運組織，如環保運動、勞工運動等。在早期民進黨被視為壞人的年代，曹愛蘭的黨外背景與她的社福工作往往是不相容的。在社聯工作期間，我曾經聽她分享過：一位智障者家長聽說曹愛蘭是民進黨員時，很堅定地說：「不是！一定不是！曹愛蘭是好人，她怎麼會是民進黨？！」當時這件事被當成笑話，但也充分反應社福與政治的區隔：一個關心政治並涉入政治的個人，無可避免被捲入政治結構的敵對與分化，如同民進黨被國民黨政府建構為「壞人」的汙名，而社會福利被視為只有好人集結的純淨空間，沒有骯髒政治的涉入。

張恒豪（2011）分析臺灣障礙運動的發展就指出，解嚴前1982-1983年楓橋事件是關鍵。第一兒童發展中心要成立的日間照顧中心因楓橋社區抗爭而無法進駐，曹愛蘭開始集結智障者家長，動員500名家長連署請願，要求政府修改《特殊教育法》，爭取智障兒童的受教權，自此開啟了智障者家長一連串的組織集結行動。楓橋事件不僅催生了智障者家長的集體意識與後續的家長組織；從社工專業的發展來看，楓橋事件直接造成社福機構工作者內部的專業服務路線與倡議路線衝突。主張基進倡議路線的曹愛蘭，透過服務接觸並組織家長，當楓橋事件發生時，正是組織工作者催化家長集體意識的最佳時機，將個別社區抗爭事件深化成為智障兒童受教權利被剝奪的結構性問題，因此產生國內第一件智障者家長上街頭的抗議行動。

值得注意的是，家長上街頭抗爭的對象不是反對機構進駐的楓橋社區居民，而是應該保障所有國民受教權利的國家，也是因為這種智障者家長對自身社會處境集體意識的發展，促成後續智障者家長運動的蓬勃發展。但是曹愛蘭將第一兒童發展中心的家長組織上街頭抗爭的行動，引發機構內部專業路線的衝突，最後導致曹愛蘭與以宗景宜為主的家長會脫離第一基金會，在1987年另組心路基金會。之後曹愛蘭再以心路為基地，分頭在各地組織家長協會，最後在1992年成立「智障者家長總會」作為全國性智障者家長對外發言的代表組織。因此，當1990年社聯成立的時候，曹愛蘭的職務是臺北市智障者家長協會弘愛服務中心的主任，領導著楓橋事件催生的智障者家長運動。曹愛蘭經由楓橋事件經驗所累積發展的「基層服務＋行動集結＋組織發展＋立法倡議」等四個構面，這個模式並非線性，而是相互支持的循環體系，工作者將個人透過共同議題的行動，集結成組織，再透過組織向上提出立法促成社會改變；或透過立法議題向下進行個人動員，藉以強化組織對立法的倡議代表性，這樣的社福運動模式也成為後來智總、障盟、社聯、老盟等組織的基本操作架構。

人稱「陳哥」的陳俊良，是劉俠最重要的工作夥伴。1982年劉俠榮獲國家文藝獎，以獎金成立伊甸基金會，陳俊良以基督徒的使命感與熱誠，一直是劉俠的左右手，伊甸基金會的主要執行者。伊甸，以身心障礙者為主體，在臺灣尚未解嚴時成立，扮演身心障礙者權益倡議的主要推手。由於劉俠本身就是重度障礙者，因此伊甸的服務不同於專業主導的社福組織，更注重身心障礙者的發聲與權益。劉俠本身的高知名度，不僅讓伊甸獲得社會大眾的捐款支持，發展成為頗有基礎的社福組織，更提供伊甸在倡議時所需要的社會道德象徵。受訪的社聯成員都一致強調劉俠的精神領袖地位，曹愛蘭認為劉俠為社福運動勾勒出的願景，凝聚了當時的社工：「劉姐長期以來是我們這一群人的精神領袖，就是她心目中希望的理想國，那個比較美好的未來，是我們一直往前走一個很重要的動力。……就是說所有這些身心障礙者，所有現在受苦的這些人，都應該得到有尊嚴的生活。」同時，劉俠所代表的理想與道德也將這些工作者凝聚在一起，社聯成員簡明山說：「劉姐撐起了我們社福運動的團結力量，對，道德正當性。」另一位社聯成員陳明里則說，劉俠對外是「一股正義的力量」。

劉俠成立的伊甸基金會挑戰當時臺灣社會盛行「殘等於廢」的文化霸權，1987年臺北市開始規劃捷運之初，伊甸推動捷運的無障礙，參與的陳明里回想當時政府官員對伊甸的倡議嗤之以鼻：「被吐槽，說要花20億」，「他們覺得還要多花那個錢，你們為什麼不待在家裡就好！」若不是當初這群身心障礙工作者勇敢面對官員的冷嘲熱諷，堅持站出來發聲，或許臺北捷運就不會是現在無障礙的樣貌。為了挑戰社會對身心障礙者的限制，許多社福組織開始串連。陳俊良與陽光基金會的陳明里，在導航基金會率先挑戰大學聯考的病殘限制。因公傷導致嚴重顏面損傷的陳明里就說：「像我就不能當老師，因為『儀容不端莊』。對！然後大腿上五塊錢的疤痕不能當警察，我就笑說他又不要選模特兒，那這些女警褲子穿起來不就看不到了，你怕他什麼？他的技能又不是疤痕就能夠妨礙到他。」為了衝撞立委候選人的學歷限制，凸顯學歷構成障礙者政治參與的阻礙，1989年小學未畢業的劉俠宣布參選立委。對社福運動而言，重點是這些倡議經驗讓身心障礙組織開始一起工作，並且發現串連起來發聲，弱勢者才會有力量，這些經驗對陳俊良而言，是重要的「醞釀」，而促發障礙運動進入正式結盟的導火線，是「愛國獎券停止發行事件」。

1988年當時臺灣省主席邱創煥因為國內六合彩賭風盛行，連發行多年的愛國獎券也淪為賭博的工具，因此臨時決定要停止發行，致使數以萬計以賣彩券為生的身心障礙者一夕之間失去生計，缺乏溝通與配套措施的粗暴作為，引發障礙者與障礙團體極大的憤怒。1989年1月19日伊甸聯合其他40多個障礙團體舉行「一一九、拉警報；快伸手，救殘胞」遊行示威：「伊甸的肢體殘障就開始做復康巴士，就是無障礙的問題。然後正好彩券被臨停發送，一一九拉警報正好兩股力量就匯流了。上街頭，那時候一一九、拉緊報，助殘胞、過好年。」（陳俊良），從社福運動的發展而言，愛國獎券事件直接促成曹愛蘭與陳俊良兩人所代表智障者家長運動、與肢體障礙者運動這兩個障礙者運動的結盟。

愛國獎券事件促使障礙團體第一次上街頭，當時剛解嚴仍有白色恐怖陰影的時候，社聯成員這個行動，迫使當時障礙運動的領導者面臨「街頭運動」的抉擇，劉俠的態度，至為關鍵。劉俠雖然是身心障礙者，但出身中產階級外省家庭、一生從事寫作，這些長期與劉俠工作的社福夥伴，主觀上認為，劉俠不會認同上街頭的運動路線，也認為劉俠的文人特質，會讓她不願與政治掛勾。劉俠的「不上街頭」與「不接觸政治」，對這群社福運動者無疑是政治參與上很大的侷限，愛國獎券事件讓劉俠與她的夥伴必須面對他們之間對運動路線可能存在的差異。很意外的是，劉俠居然支持！陳俊良對劉俠願意上街頭感到十分詫異，他回想當時說：「那一次拉警報，是第一次上街頭啦！那就覺得奇怪，劉俠竟然願意上街頭，才會從那裡有一個濫觴就這樣開展過來。（作者：那個年頭要上街頭是很難的？）主客觀上都有限制啦！身障者你要上街頭真的是沒有那麼簡單！我們是從愛國獎券的事情之後，開始要修殘障福利法了嘛！那時候意識到根本就是如果你連這一批人的就業問題都沒有辦法，你沒有立法去解決是不可能的事情。就是因為這一些就業的問題是非常深刻的體驗，連政府一夜之間就把彩券收掉，就任憑這些人（自生自滅）……。」

開始推動立法後，障礙團體開始接觸政治人物與政黨，陳俊良事後回顧，劉俠的政治態度肇因於劉俠爸爸也曾經是政治的受迫害者，「劉姐願意找反對黨的這條路，也是我們非常……surprised的事情啦！因為她的背景也是外省的第二代嘛！後來我們才了解原來她老爸也是被……照理講應該是有辦法做到將軍的也是被做掉了。」陳明里則認為劉俠面對政治的轉變，是基於人與人之間的互惠，而不是政黨派系的考量：「因為民進黨在成立那段時間（1986年9月28日），我們在街頭都已經……因為要合縱聯合嘛，就已經開始……那時候殘盟要成立的時候，劉姐說：好，我們要開始跟各個政黨要溝通、要去拜會，然後有人挺我們修法，這些人挺我們修法嘛！劉姐說我們也應該要回報人家、去幫人家站臺，所以我們才開始有參與政治的行動。」這段經驗有趣的是，陳俊良與陳明里這兩位與劉俠密切工作的夥伴，對劉俠政治態度的暗地揣測與無法直接對質。這突顯出在剛解嚴的臺灣社會，對政治參與通常是陌生與恐懼的，即使是這群因身心障礙者權益而一起工作的夥伴，面對投入政治，仍會因對方的省籍與階級揣測彼此的立場，而無法直接討論，這更凸顯當時投入社會運動的工作者要能一起工作，所需跨越的社會區隔與障礙。

遊行之後，伊甸結合73個障礙團體成立「殘障福利法修正行動委員會」，即為障盟的前身，[2]但顯然這群社福運動者並不滿足於障礙運動的成就，更進一步想要將此模式推廣到其他社福領域。因此，社聯就是以障盟為基礎，擴大其他領域（兒童、少年、老人與婦女）所形成的社會福利聯盟性組織。這個擴大結盟，不僅是這群社福工作者主觀的決定，更是回應客觀上臺灣解嚴後選舉政治正形成的代議政治下，社福政策需要代表「福利使用者」發言的整合力量。社聯的成立，就在於組成可以代表各種社福使用者的全國性組織投入立法院的運作，推動符合弱勢族群需求的立法。「社聯」這個名詞是這群社福工作者到香港參訪時，取自香港社會福利聯合協會的經驗。陳俊良如此描述社聯的成立背景：「殘盟的經驗長出來以後，發現臺灣的社會福利不是只有殘障福利，它還有幾個重要的其他領域才共組成社會福利，所以才會覺得說立法的層次，你一定要有一個完整的這五大領域（身心障礙、兒童、少年、婦女、老人）的社會福利，所以才

2 1990年成立的身心障礙聯盟是身心障礙者一連串爭取權利過程所產生的正式組織，也代表著障礙運動進入正式結盟的時期（張恒豪 2011）。

會把殘盟往上走，……應該叫『社盟』啦！可是後來參考香港社聯，所以就叫社聯。」

參、社聯工作室的發展

一、社聯的理念與招募成員

當初為何成立社聯？曹愛蘭說：「大家都知道，對社會的弱勢者而言，唯一的力量，就是團結，團結才有力量，那你如何團結？就是從個人變成團體嘛！然後團體變成聯盟，然後聯盟要能夠有效的運作，那個聯盟一定要有一些組織的有效領導，那要組織有效的領導，分成兩個層面：一個層面就是說協助各個組織擴充會員，然後健全組織，讓組織更有向心力；另外一層就是說，要有一些各組織的重要幹部，要去把他們要推動社會進步的策略跟知識，整理成一些可用的資料。」曹愛蘭的理念正是1960年代基變社會工作在美國實踐的福利權運動，表達對社會福利制度控制貧民的不滿，並倡議運用社區組織方法來協助案主發聲（Piven and Cloward 1971），重視受壓迫者的意識覺醒與集體行動（Rogowski 2008）。只是曹愛蘭從第一兒童中心的經驗意識到，在個別的社福組織要做這樣的工作，容易受到傳統助人工作者的質疑，如果組織決策階層無法支持政治參與，這樣的工作必然受到侷限，因此需要創造專門從事倡議的社福聯盟性倡議組織。

曹愛蘭與陳俊良是用什麼理念來招募與凝聚社聯的幹部呢？曹愛蘭定位社聯是社福組織幹部的培訓基地，因此鎖定的是各個社福團體的核心幹部：「社聯工作室其實是每一個組織的重要幹部，那個重要幹部怎麼來的？撿來的……有意願、有potential（潛力），而且願意學習的人就會被撿來，那麼撿來後，我們會從幹部訓練，我們會開很多幹部訓練的會議嘛！然後會從各別團體裡頭去……有人就會去……，對不對？像陳哥就會把伊甸裡頭的人撿過來啊，就是大概會去找人。那些人如果他沒有意願他就不會進來，因為我們都是用下班的時間，那些都是義務的，也沒有車馬費，所以願意來的人，他就進來，就變成幹部了。」

曹愛蘭用「撿」來形容這個招募的過程是有意思的。「撿」，表示這些人是曹姐與陳哥從社福團體挑選出來的，曹姐與陳哥並沒有權力要求被選中的人一定要參與；「撿」也同時代表被挑中的人參與是義務性質的，沒有太多誘因吸引人來參與，因此受邀請的幹部必須是自願的，社聯成員就是在曹姐與陳哥從所接觸的社福團體中「撿回來」所組成的。曹愛蘭強調除了有意願「參與」之外，社聯幹部必須有意願「學習」，這裡的學習就是從各自服務的領域中重新認識臺灣的社會福利，看見整體結構性問題的「基進化過程」。

但是「撿回來」的背後還有一種無奈，就是雖然曹姐與陳哥希望可以在五大領域的主要社福團體中，找到核心幹部來加以培訓，但有意願、肯學習、有膽識站在政府對立面的社工，畢竟是少數，無法盡如他們的期待。這些組織以障礙團體為主，包括：陽光基金會的謝東儒、高永興、陳明里、林金梅；智障者家長總會系統（包括臺北市智障者家長協會與育成基金會）的蕭裕菁、張佳慧、陳芳珮、林惠芳、孫一信；身心障礙聯盟的簡明山、王榮璋、柯怡君；長期擔任聾人手語翻譯的林惠真。另外為了拓展其他領域的倡議組織，從事青少年工作的導航基金會吳玉琴、老人工作領域的紅心字會王增勇、以及從事兒童福利的北縣家扶中心郭耀東。還有一些幹部是大學生就參與：黃淑芬是以實習生名義參與社聯工作室，之後更成為社聯工作室的專職工作人員，擔任民進黨不分區立委辦公室法案助理；王嘉蕙是中正大學社福系畢業，之後在新臺灣基金會擔任林萬億老師的研究助理，而成為社聯工作室的幹部；還有非社工科系的吳明季與孫一信，也是從大學參與社聯工作室之後就投入社福工作。

二、社聯工作室的集體認同

是什麼讓這群社工願意利用下班時間投入社聯的活動？社聯的集體認同是什麼？這個問題可以分成社聯工作室「如何看社會福利」，以及「如何期待社福工作者」兩個不同但相關的問題來討論。

社聯工作室對外發行的《社聯通訊》裡，最常看見的標語就是「福利不是德政」（社會福利團體聯合工作室 1991：3），背後反應的是以社會權為基礎的普及式福利國家。這個觀點在1991年6月21日社會福利團體聯誼會成立大會上，林萬億的專題演講〈福利國家的抉擇〉中有清楚的說明：「福利國家的基本概念，指的是這個社會裡的每一個國民都有權利分享這個國家及社會提供的最基本生活條件」（社會福利團體聯合工作室 1991：2）。社會權的概念是1992年國民大會修憲時民進黨與社聯的主要訴求（林萬億 1991），在此概念下，人民與國家的權利義務被重新框架，所有臺灣社會中的人都被賦予相同平等的「國民」身分，因此挑戰了國民黨以軍公教為主、將人民以各種身分加以區分的階層化福利體制。對國民黨福利制度的批判，同樣反應在《社聯通訊》中一篇曹愛蘭（1991）文章的標題上：〈繳同樣的稅，享受不同的福利〉——也就是說，在福利國家的理想上，國家應該建立普及式的福利制度，而不是針對特定對象的殘補式福利。

在推動福利國家的願景時，社聯同時也在召喚不一樣的社福工作者，在1992年社聯幹部成長營讀書會閱讀材料的編輯報告中，一開頭就說出社聯對當時社會工作者的批評：「長久以來，我國的社會工作界，大多數社會工作者對政治都抱持相當冷漠的態度」（社會福利團體聯合工作室 1992：6）；但「事實上，從社會現實面來看，政治是最具影響力的因素，你有多少政治實力，往往左右公共政策制訂的過程與結果，這是現實，也是事實。」因此，面對民主化的臺灣社會，社會工作者要學習發揮政治影響力，要培力人民參與政治。這樣的培力概念也反映在曹愛蘭在《社聯通訊》（1993：2-3）的文章標題：〈請幫助人民擁有力量之社工員政治參與的實例〉，以美國紐約社工參與市議員為例，說明社工如何運用社區工作方法經營選民服務，展現社工是可以有政治影響力。1993年社聯在北中南舉辦座談會，題目就是〈我們要成為怎樣的社福工作者〉，希望號召社會工作者學習參與政治，喚起對政治的熱情，為民主化的臺灣公民社會培育一群有理想也有實踐力的社會工作者。

肆、社聯工作室的政治參與方法

社聯工作室強調社工參與政治的重要性，在八年中發展出行政監督、預算監督與組織催生等工作方法，以下以行政監督與組織催生為例說明。

一、行政監督：「社會福利策進會」與「全國社會福利會議」

解嚴後，民間要求政府擴大辦理社會福利的呼聲日高，政府卻朝向委託民營的方向，而且當時內政部並不是建立一套公平招標評比的制度作為委託民營的管理機制，而是打算將委辦的老人福利經費交由政府捐資二億五千萬成立的公法人「社會福利策進會」來辦理。在1989年時，內政部開始規劃成立《示範性中等收入老人自費扶養機構五年計畫》，準備逐年編列預算：七億三千萬購地、二億五千萬捐助成立財團法人社福策進基金會、建築費三億、設備費一億六千萬、籌備費九百萬，合計十四億多。最可議的是，董事會由行政院指派六名政府機關代表及七名捐助機關推薦的專家學者共同組成（甯育華 1991）。這樣一來，董事會成員的代表性完全沒有經過任何形式的民主程序，成員不是行政院官員，就是內政部認為聽話的專家學者；加上董事得無限期連選連任，將掌握極大的權力。如此一來，這筆納稅人繳交的福利經費如何分配與使用，將不受到當時即將全面改選的國會監督。

1991年5月29日消息見報，民間團體為之譁然，社聯籌備一週即於1991年6月5日串連11個民間團體召開「搶救二億五千萬老人福利經費」記者會（見圖3-1），表明內政部成立「社會福利促進會」於法不合、且有規避民意監督之嫌，一致反對設立；認為政府預算應結合現有民間社團，輔導提供各項服務。只有民間社會福利團體，因平時經驗的累積，才真正了解各種社會福利的需求。

記者會後，時任內政部長吳伯雄立即安排與曹愛蘭與陳俊良會面，一方面表示，「政府捐資成立公法人」在其他部會是常見的做法，行之有年，內政部並不是第一個；另一方面，吳伯雄也表示願意撥兩席董事給社聯，作為懷柔之用。我印象最深刻的是，曹愛蘭在會面後回到社聯分享時的氣憤，當她以一個女性進入以男性為主的官僚場域，吳伯雄不稱她的職銜與名字反而稱她為「曹妹妹」，讓她感到極度不受尊重，認為是對女性的貶抑。後來，曹愛蘭與陳俊良於1993年受內政部聘為社福策進基金會監察人，社聯兩度向監察院陳情，控訴社會福利策進會有「濫用有限福利資源、規避民意機關監督之嫌」；後來立法院於1994年將三億多建築費預算保留，改為補助地方政府設立社區老人服務設施之用，並要求內政部下年度不得再編列相關預算。因此，社會福利策進會在社聯強力反對下，無疾而終。曹愛蘭與陳俊良在終結自費扶養機構計畫之後，辭去監察人工作。

圖3-1　「搶救二億五千萬老人福利經費」聯合記者會於臺大校友會館

從右到左依序為王增勇、陳俊良、劉俠、曹愛蘭。

資料來源：感謝曹愛蘭提供並同意本文使用。

社聯更擔心的是，社會福利策進會不僅只執行政府福利預算，可能會成為未來各級政府委託民營辦理社會福利的主責單位。在那時全面民主化的氛圍下，內政部這樣的規劃，被認為是政府官員自肥，成立偽民間組織為自己安插退休後的職務，並將所有民間社福組織納入另一個監督機制中。這個歷史事件改變了我們目前普遍認為「臺灣福利民營化是受到西方新自由主義影響」的看法！它反映的是：臺灣政府在推動福利民營化初期，政府所想像的「民間」，不是有彈性與活力的民間社福組織，而是由政府自行成立的基金會來掌控與管理，以避免當時正隨著民主政治選舉而發展的國會監督。這絕對不是西方新自由主義的觀點，反而是另一種大政府威權思維的複製與延伸；是政府官僚體系面對全面湧現的民主浪潮的一種自我保護機制。如果當初成立了社會福利策進會，目前主導臺灣福利服務輸送的委託民營制度或許將完全改觀，形成民間組織之上還有「政府」的威權型態。

社聯透過記者會，以社會輿論的壓力監督政府行政，是常見的運動策略。但很快地社聯發現，因臺灣政府體制中社會福利行政的層級太低、中央政府沒有社會福利政策的決策核心、且社福預算分列在各個部會，因此這樣的行政監督效果有限。換句話說，光監督「行政院內政部社會司」這個二級幕僚單位，不足以對社會福利造成制度性的改變，監督的層級必須放在行政院。社聯先在1993年10月16-17日獨立舉辦「民間社會福利會議」，提出對臺灣社福政策的批判，當時適逢民進黨以「老人年金」作為縣市長選舉的政策訴求，引發社會各界對臺灣社福體制究竟要走向普及式或殘補式的激辯。在面對民間訴求的壓力下，行政院在1994年6月27-28日舉辦第一次的「全國社會福利會議」，討論重大社福政策，並宣示後續推動方針；四年後，於1998年舉行第二次「全國社會福利會議」，達成在行政院下設置「社會福利委員會」的決議，同時也明文立法通過，成為政府諮詢與聽取民間社福組織建言的正式管道。自此之後，民間監督行政的管道不再僅有記者會，「行政院社會福利委員會」成為許多重大福利政策的決策諮詢機制。當然，這些委員會多半仍屬諮詢性質，委員又多是政府聘任，自主性仍然有限，實際發揮多少行政監督效果仍值得商榷。社福運動者大量進入政府諮詢委員會機制，到底是運動的實質進展、還是逐步被收編的消音過程，值得社福運動者進一步反省。

二、立法倡導與組織催生：以老盟為例

社聯將障盟的模式推動到其他社福領域的成功案例是老盟的成立，從這個角度來看，社聯要推動其他四大領域成立聯盟的目標，其實只在老人福利有具體成果。我想這也是為何當我訪問曹愛蘭時，她回應「很汗顏，社聯不是很成功」的原因，以下以老盟作為組織催生的說明。

1992年2月17日內政部完成《老人福利法》修正草案，其中包括老人年金、社區照顧等重要的老人福利措施。但後來在行政院長郝柏村的主導下，這些制度性福利措施都被刪除，改以「三代同堂」家庭倫理意識型態的政策作為修法主軸。民間團體與學者在失望之餘，1993年初社聯幹部（林萬億、曹愛蘭、王增勇）決定結合學者專家（呂寶靜、沈淑芳、黃春長）組成「老人福利法修法小組」，研擬民間版的《老人福利法修法》草案。當《老人福利法》修正草案完成之後，1993年5月19日社聯假臺大校友會館舉辦座談會，邀請全國各地老人團體代表300人左右與會發表意見。草案中強調照顧老人是國家、社會、家庭共同責任，老人享受福利乃權利而非施捨或德政。由於與會之老人團體代表反應熱烈，會中一致通過成立全國老人福利聯盟，推動草案的立法通過，1993年10月5日「老人福利推動聯盟」在臺大校友會館舉行成立大會。面對立法院逐漸成為政治權力核心的新結構，這個「草擬法案-動員-組織-推動立法」的運動策略，成為當時社福團體的操作模式。日益成形的全國性社福倡議組織，後來也成為政府部門在擬定政策時的重要諮詢對象，構成臺灣目前福利政策的決策結構延續至今。

但是，這些倡議組織的代表性如何經過民主程序的檢驗？倡議組織的領導人在政府發言時，代表誰在發言？這些當時由社聯催生出的倡議組織，是否仍延續社聯精神無私地持續催生新的倡議組織，抑或反而成為新倡議組織誕生的絆腳石？經歷四分之一個世紀後，這些問題已成為此時臺灣社福運動能否再度活化的關鍵問題。

伍、結語：社聯的歷史意義

社聯工作室的歷史，反駁了一般人認為社工是社會運動缺席者的看法。解嚴後，社工並未缺席，甚至曾透過成立社聯工作室，嘗試集體自主學習政治實踐。這段歷史是臺灣基進社工的重要記憶，催生了現有社福倡議團體和發展，也影響社福運動與政黨政治的互動關係。臺灣社運中不是沒有社工的身影，而是不同於一般示威抗議的社運形式，有自己推動社會運動的方式，只是這些政治參與累積的實務知識，沒有被記錄與傳承，成為歷史集體記憶。

社聯的行動源自於左翼學者、當時的黨外民主運動者、社福組織幹部間的合作，以國民黨黨國體制為批判對象、北歐社會民主福利國家為願景的福利論述，作為組織的集體認同，凝聚了當時社工的理想與力量，發揮關鍵效果，為後續20年的社福運動奠定了動員／組織／立法的運動路線。在臺灣政治解嚴邁向民主的轉型期，社聯提供了社工專業學習參與政治的互助空間。當時社聯成員對民主的想像，不是停留在一人一票的選舉而已，而是弱勢群體可以透過共同理解集體處境而凝聚、發聲與行動。面對以立法院為民主運作中心的新政治生態，社聯提供不同倡議組織與政黨協商、合作，甚至角力的平台，對內協助社工學習與掌握參與政治的能力，對外影響行政與立法部門的決策。

1994、1998年行政院接連召開全國社會福利會議聽取各方意見，並於1998年在行政院成立社福委員會，成為社工／福界定期提供建言的管道，這些措施都使得社工／福界從原來無法參與政策制訂的體制外，變成有固定政策參與管道的體制內狀態。無論是體制內外，社聯都接受選舉政治的民主原則，及選舉制度所建構的代議政治。面對代議政治可能帶來的政治疏離，社聯期待透過成立不同福利族群的初級團體作為政治參與的管道，因此草根有活力的社團組織，是社聯在當時推動公民社會的重要民主想像，而社工，則是組織福利族群的關鍵角色。

在福利論述上，社聯以北歐福利國家為想像的左翼福利觀點，反駁了當時國民黨及其御用學者以結構功能論出發，認為福利是經濟發展後，協助無法適應社會的個人所產生的社會需要；而從新馬克思主義的衝突論批判國民黨利用社會福利來鞏固政治權力的社會控制功能，並批判國民黨福利政策高度階層化人民的統治手段。[3] 與當時黨外民主力量的合作，形成社福運動長期與民進黨合作的傳統。隨著1994年陳水扁當選臺北市長、2000年當選總統，民進黨在地方與中央的執政，釋放諸多資源，並吸納許多社聯當初的幹部進入政府體制內。臺灣解嚴後短短20年內，社聯儼然成為當下內閣閣員、立法委員、國會助理與社福倡議組織領袖的搖籃。這些人才的培育及養成並非一蹴即成，社聯提供了當時對政治極其陌生的民間社工／福工作者一個自主學習、集體串連與動員的平台，從中透過多元的政治參與路徑，並致力推動臺灣成為福利國家。

社聯作為催生社福倡議組織的搖籃，奠定以民主代議政治為基礎的運動策略及社福運動立法化的路線，至今仍是臺灣社福運動的主要模式。可惜的是，即使臺灣選舉政治已成為常態，隨著社聯的消失與專責社福倡議組織的成立，社工政治實踐的知識並未普遍成為社工的基本知能，臺灣社工界依舊呈現高度去政治化的狀態。社聯工作室所想像的對政治參與有熱情的社工，終究仍是遙遠的夢想；參與政治，對於當代社工而言，仍是陌生和疏離的領域。

3　在當時提出這類觀點的福利學者，主要有林萬億（1994）與傅立葉（1994）。

參考文獻

社會福利團體聯合工作室，1993，《社聯通訊》11: 2-3。

——，1991，《社聯通訊》1: 3。

林萬億，1994，《福利國家：歷史比較的分析》。臺北：巨流。

——，1991，〈社會權與社會福利〉。《社聯通訊》4: 7-8。

曹愛蘭，1991，〈繳同樣的稅，享受不同的福利〉。《社聯通訊》3: 2-3。

張恒豪，2011，〈障礙者權利運動的策略與組織變遷：提供服務作為社會運動的手段？〉。頁129-169，收入於何明修、林秀幸編，《社會運動的年代：晚近二十年來的臺灣行動主義》。臺北：群學。

甯育華，1991，〈財團法人社會福利策進會將成立〉。中央日報，第2版，5月29日。

傅立葉，1994，〈臺灣社會福利體系的階層化效果初探〉。頁285-310，收入於伊慶春編，《臺灣社會的民眾意向：社會科學的分析》。臺北：中央研究院中山人文社會科學研究所。

Piven, Fox F., and Cloward, Richard A.. 1971. *Regulating the Poor: The Functions of Public Welfare*. New York: Vintage.

Rogowski, Steve. 2008. "Social Work with Children and Families: Towards a Radical/Critical Practice." *Practice: Social Work in Action* 20(1): 17-28.

第四章
新世代基進社工的參與和回應：工會時代

周孟謙
獨立記者

這篇文章之所以得以問世，要感謝全臺社會工作人員職業工會的無私相助，特別是新皓與志南，不只分享經驗，還有珍貴的情感支持。也謝謝本書編輯與舒芸老師給予的修改建議，讓原本無序的敘事漸次有了系統。最後，感謝每一位願意受訪的前行者與繼路人，是因為你們勇於走出框架，且無懼於提起責任，今時今日的社會工作者社群，於是有了勞動意識的茁灼火苗。

壹、緣起

2017年3月初，社聯[1]背景出身的民進黨不分區立委吳玉琴，偕同臺灣社會福利總盟等社福團體代表，召開「社福團體特性與《勞基法》的衝突與解套記者會」。[2]會中直陳，2016年修訂通過的《勞基法》對於勞工工時上限的限制，與休、例假的相關規定（一例一休新制），嚴重衝擊社福團體在兒少、老殘、婦女等弱勢照護領域的人力調度與人事成本；其具體訴求為希望勞動部放寬社福工作從業人員的工時上限、尊重社會福利事業在工作現場的人力調配需求。

圖4-1　吳玉琴記者會

資料來源：苦勞網。

1　全名為社聯工作室，是1990年代由民間社福工作者成立的組織。王增勇在本書第三章〈解嚴後社會工作者的政治參與：社聯工作室的運動角色〉中所述：「在解嚴後臺灣社會政治權力結構快速重組之際的短短八年間，社聯的這群社會工作者，在尚存的白色恐怖氣氛下，用自己工作之餘的閒暇時間，推動諸多改革。」

2　李仁龍，2017，〈勞基法與社福法扞格 吳玉琴盼政府助解決〉。臺灣時報，http://www.taiwantimes.com.tw/ncon.php?num=10047page=ncon.php，3月3日。

時隔數日，包括臺北、新北、桃園、高雄、花蓮等地的社會工作人員職業工會（以下簡稱社工工會）隨即於3月9日召開聯合記者會，反對將社福產業勞工特殊化。數月後的五一大遊行，社工工會這一隊走得熱熱鬧鬧。「充實社福預算，不要弱弱相殘」、「國家要有責任感，社工不是責任制」的口號，聲嘶力竭地喊出十餘年的壓抑、忍耐與憤怒。同月，花蓮社工職業工會成立，拿下東臺灣一個工會據點。2017年下半年，各地工會持續活躍在社福政策針貶、社工勞動權益倡議與各區域勞資協商上，有遙遠的戰線也有地方的近身肉搏，郭志南——高雄市社工工會的祕書長說：「從勞動者集體現身的觀點來說，今年是社工工會元年。」

「社工工會元年」的宣稱，也許未必為整個社工群體所同意，然而零散的個體開始從「勞工」的身分認同出發，進而誕生集體的行動，確實對於社會工作者來說，是一新章。回顧社工參與臺灣近代社會運動的歷史，會發現廣義的「社會工作者」在運動位置上，出現與前輩不同的策略與選擇；今昔對比，「社工」在社會實踐上的困境也完全不同。我長期以非營利組織與民間社福機構為採訪田野，觀察到如是變化，開始嘗試追索社工勞權運動發展的歷史，以及這段且戰、且行、且探詢的旅程，如何開闢出新的與社會對話的立足點。

當我們訂下這樣的母題：「新世代基進社工的參與和回應：工會時代」，需得先回答一個框架設定的問題——為什麼是組工會？在臺灣，除了社工專協、社工師聯會、醫務社工協會等，目前尚有許多以協會或學會為名的社工團體組織，也都具有一定程度的活躍性。但本章選擇以勞動者身分集體現身的新世代社工運動者為主軸，思考他們為何選擇這樣的位置自行其路，當下的臺灣社會，這群在社會福利安全網最前線穿梭綴補之人，他們面對的挑戰有何不同？又經歷何質變而至今日處境？從如是提問出發，本文透過深入訪談社工基層工會的組織工作者、第一線社工與前工會時代——漂流社工與社工工會籌備小組時期的核心幹部，以2017年作為一個切取的節點，往前追索路徑，嘗試梳理近20年來臺灣社福政策流變與社會工作者勞動位置兩相牽引而促成之身分位移，期能勾勒今日基層社工身處的環境與他們回應時代挑戰的行動，也記錄其人投身的姿勢。

貳、助人者的工作現場

一、劇變社會中的助人工作者

鄭天睿在《社會工作者勞動權益的覺醒與行動～以社工籌組工會為例》中，如此描述：

> 社工工會籌備小組的成立，肇因於社會工作者所面臨的多種不同勞動權益問題。現今臺灣社會所存在之社會工作者相關組織，大多著眼於社會工作專業發展、社會工作教育宣導以及社會工作專業制度之建立。這些組織並非全無進行社會工作者勞動權益之發聲，但在當前社會工作發展脈絡下，勞動權益之倡導，並非目前諸多社工組織之首要工作。然而，如果社會工作者的勞動權益條件不被保障，要讓專業工作蓬勃發展？有鑑於此，社會工作有需要以倡議、服務，致力於社會工作者勞動權益組織之必要性，並且與當前諸多社會工作組織合縱連橫，裨益社會工作之發展。……（中略）除了上述因素之外，尚有組織成員之音。過去臺灣社會所存在之社會工作者組織，其成員組成以專家學者為絕對多數。其成立過程鮮少為實務基層社會工作者，組織運作之過程也較少實務基層社會工作者之參與，殊為可惜。（鄭天睿2011：15-16）

先回到當下的勞動現場來看，是什麼樣的「勞動權益問題」，緊箍在實務基層社會工作者的身上？

烏瑪（化名）是婦女團體的保護性社工，年資超過15年。她說，「過去十年來，家暴與兒少安置的案子成長的速度，每一年都以倍數計。一開始我覺得這個爬升的幅度隔幾年就會緩下來耶，妳知道，就是某種（社會）轉型的過度之類的？然後一年一年過去，案量只有增加沒有變少，但我同期的社工倒是一個一個離開。新人進來我總是對他們要負擔這麼大的工作量感到不安……。」

烏瑪的辦公室裡有十餘名從事兒少、婦女保護性社工，以平均一人身上有100個個案來計算，這個不過20坪大小的空間裡，就有1,000個女人與小孩的待援處境，如果再加上同樣需要協助的相對人／加害人，每個社工身上綁著幾百人的各種狀況。烏瑪說，在她剛入行的那幾年，每一個經手過的個案她都詳細記得，服務時間長的就變成朋友，「社工與個案之間有真誠的關懷，後來個案量一直變高，行政業務也壓上來，有時候還要做專案，服務的質量其實是下降的。」

圖4-2　2017年，反勞基法修惡，社會工作者揹著自身處境走上街頭

資料來源：陳保穎攝影。

二、年年增長的案量，緩慢爬升的人力

家庭暴力通報案件（包含警政、醫院與司法、113專線等管道）的案量，從2005年的66,080件，成長到2017年度的137,148件，[3]兒少保護通報

3　引自衛生福利部「家庭暴力事件通報案件統計」，於資料中同時顯示，在2014年通報案件有顯著下降，乃因「兒少保護」案件自2014年起另為明確定義家庭暴力範

事件則由10,722件，增長到59,912件（衛生福利部統計處 2018）。這些統計數字，還不包括婦女服務與安置業務、低收入戶家庭支持、早療、特殊境遇家庭與獨居老人關懷等，乃至於近年來因應人口老化而開展的長照業務。然而，根據衛福部的統計資料，自2005年至2017年，廣義的社會工作專職人員（包含公、私部門之社工員、社工師、督導與非社工員之專職）的增幅，僅從3,686人成長為15,000人（衛生福利部統計處 2018）（見圖4-3）。[4]

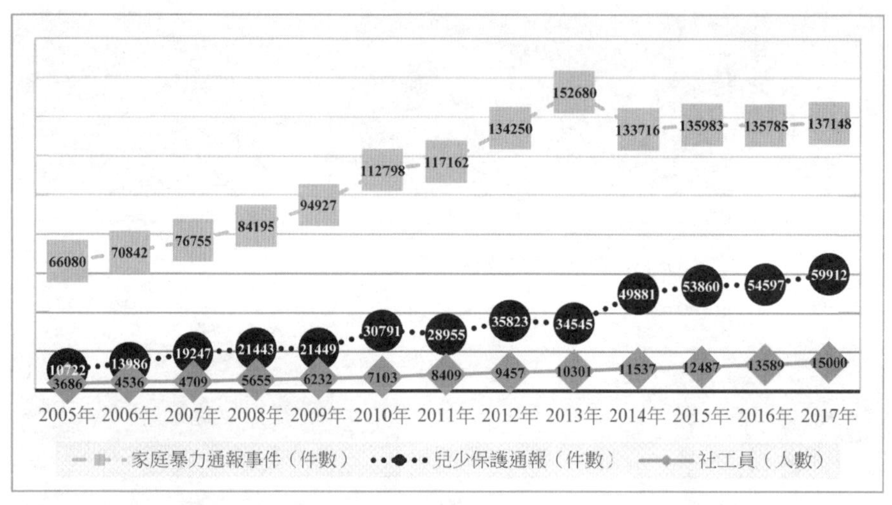

圖4-3　家暴通報事件、兒少保護通報事件與社工員人數成長幅度

資料來源：本文作者自製。

上述統計資料中，以2017年來說，狹義的具有社工執照的人數為10,479人，雖然接獲通報未必開案，但在一確定開案的案件中，承接的社工所需服務或工作的對象，經常都是複數的，這種現象在保護性業務上尤為明顯。而在現行分區通報的規劃上，民間組織承攬政府外包的保護性業

圍，將「陌生人」與「四親等以外之家庭成員」排除在外。

4　引自衛生福利部「社工專職人數統計」。此統計內含社工員與非社工員之人數，於2017年，兩者比例為7：3。（社工10,497人與非社工之社會工作專職4,503人）；於2011年始有兩者之分項統計，當年度之兩者比例為8.5：1.5。

務，通報進來就是得想辦法接，在筆者的訪談經驗中，也有在大型社福基金會中工作的社工，表示她在職七年，身上從來沒有少於50案。誇張的高案量，有時是因為承接標案的機構有面對發案方（各級公部門）的「達標」壓力；有時則是助人組織在淑世情懷中自我剝削的結果。

三、低薪、過勞與壓力

不合理的案量、過長的工時，在最直接的勞動條件上，亦不能有所彌補。賴宏昇於2014年發表於《社區發展季刊》的〈社會工作專業人員薪資保障問題之探討〉引用數據指出：

> 根據中華社會福利聯合勸募協會「社會福利服務方案補助作業手冊」對於薪資方面的規範，補助年薪上限為：專案執行人員新臺幣364,500元（每月平均約30,375元），專業人員405,000元（每月平均約33,750元），專業督導人員472,500元（每月平均約39,375元）。

賴宏昇（2014）並在文中將社工是否屬於低薪工作分為「絕對薪資」與「相對薪資」兩個原則來檢視，並主張，雖然社工的薪資並未低於國內低收入戶家庭所得之標準，但在與國內經常性薪資與平均薪資相較之下，仍屬於低薪工作。[5]

以上數據，大致與社工工會最新的普查若符其節。這份由全臺各個社會工作人員職業工會在2018年的調查，名為「2018臺灣社會工作服務產業勞動調查」，針對社會工作者社群廣發問卷，在薪資調查的部分，最後回收1,815份有效問卷，結果顯示約有67.6%的民間社工薪資區段落在

5　內文提到：「……（前略）經常性薪資為38,061元，較上月增加0.29%，年增1.55%；4月薪資平均為42,361元，較上月減少0.82%，年增1.60%。若以前述研究或是聯合勸募協會補助標準當中所得到的社工員平均每月薪資進行比較，則發現確實低於經常性薪資或平均薪資。故符合低薪工作的第二項原則。」

30,000～34,999元之區段，而更有超過九成以上的受僱者薪資不超過40,000元（臺北市社會工作人員職業工會 2018），[6]見表4-1。

表4-1　2018年全臺社會工作人員薪資調查

實領薪資

整體有效問卷：1815份
民間有效問卷：1389份

	整體		民間	
薪資	百分比	累積百分比	百分比	累積百分比
20,001-24,999	0.2%	1.5%	1.3%	1.6%
25,000-29,999	1.3%	15.2%	16.3%	17.9%
30,000-34,999	13.7%	61.4%	49.7%	67.6%
35,000-39,999	46.3%	85.6%	23.3%	90.9%
40,000-44,999	24.1%	93.7%	6.0%	97.0%
45,000-49,999	8.2%	97.5%	1.9%	98.9%
50,000-59,999	2.0%	99.5%	0.9%	99.98%
60,000以上	0.5%	100.0%	0.2%	100.0%

資料來源：臺北市社會工作人員職業工會。

在機構無法或不願額外支出人事費用的情況下，專案人事費用經常被承攬契約的人事經費決定，中大型的民間機構雖然也有募款能力，然而募款所得若經「指定用途」，往往也不會流到人事聘僱費用來；「專款專用」的概念形成一個弔詭的結果：許多機構縱使在財報上可見年年有千萬甚至是上億的結餘，卻未必能將資源投入改善社工的勞動條件。

而比起惡劣的勞動條件更沉重的，尚有每當悲慘的社會事件發生，亟需情緒出口的社會大眾，每每將前線社工責為失了手的人、掉了球的人。2016年5月，臺中霧峰一名少年自13歲起獨居，未被社會局安置，臺中市

6　這份調查報告公布於2018年6月19日，首先發布於臺北市社會工作人員職業工會的臉書頁面：https://ppt.cc/ff6srx。此普查由包括雙北、桃園、高雄、花蓮、彰化等工會與臺南、臺中、南投等工會籌備小組共同完成，並為貫穿2018年度之重要活動「社福業的五十道陰影」系列講座之其中一項工作。

議員段緯宇在市府質詢時，痛批社工失職「像死人，比殭屍還要殭屍」，[7]民代的反應，只是全體社會焦慮的再現。

參、角色質變與困局：社福產業化與公益慈善的道德光環

1987年，臺灣解嚴，人民結社的自由也一夕解編。人民團體如雨後春筍般紛然而立，至民選政府出現後，回應民間需求與社會結構變遷，大幅增加社福預算，並逐年將原本屬於政府應提供的弱勢照護與服務，以外包的形式轉移予民間機構執行。直至今日，「社福產業」蔚然成形。日趨科層化的分工，將助人者往前線、往服務末端推移，民間組織成為協助政府運輸資源的血管，產業中的勞工就像是末梢神經的紅血球，在被零件化、機械化的過程中，社會工作者遂成為產業鏈中的一個被動角色。

另一方面，在社福民營化後，社會工作者面臨的還是一個被機構與政府「夾殺」的處境。民間機構承攬政府外包的福利政策，名義上是社工的雇主，但在面對勞動現場的各種問題時，往往遁身於與政府議定的標案內容，傾向於拒絕「認領」雇主的身分（周孟謙 2017a）。[8]政府的角色質變為採購服務者，花錢購買服務了事，僅視非營利組織為下游廠商。

一個受僱於民間機構的社工，有機會在他的身分上，集各種非典型勞動的弱勢於一身，例如，跟著專案期程走的定期契約、派遣勞務，或缺乏職災評估的高風險業務。社福機構定位自己在「幫政府的忙」，而政府認定社福機構中勞資之爭議概交由《勞基法》適法處理，發予一筆委辦費便表明不再插手（周孟謙 2017b），社會工作者在勞動現場的困難，遂成了政府與機構互踢的皮球，每當勞資爭議事件再起，機構叫屈，政府也逕自袖手，兩相交織為一無出口的困局，將基層助人工作者籠罩其中。

7　地方中心，2016，〈少年獨居3年 議員段緯宇：社工像死人，比殭屍還要殭屍〉。東森新聞，https://www.ettoday.net/news/20160525/704333.htm，5月25日。

8　本文引用周孟謙所著〈社福凜冬將至，「總額勻支制」是解方？〉一文，該文節錄勵馨基金會代表的發言，與愛盲基金會2017年11月募款信，信中直陳機構與組織內工作者「根本不是勞資關係」，反映民間社福機構經營者的心態。

若每一種權益運動，皆蓄能於一個懸而待決的問題，自身的勞動權益處境，遂成為新生代的社會工作運動者不得不凝視、也最具有切身利益的主題。

社福組織與民間團體的財源困窘，或即使有穩定募款收入、卻掣肘於捐款用途而無法流用經費到改善勞動條件，固然是社工低薪的主要原因，然而其與一般營利事業單位最大的差異，還在於從事公益與慈善的道德光環，往往會掩蓋內部治理的真實困境。

組織經營者要「夥伴」共體時艱，政府要社會工作者將工作當成是「做功德」[9]來做心念上的正向轉化，但所有發生在工作現場的過勞、低薪與生死存亡壓力，在此緊密交織的結構中未見解方。近20年來，社會工作運動者在自身勞動位置劣化與社福民營化所帶來之結構夾殺中，某種程度上弱化了其能動的基礎，也改變了社工運動者反思與質疑的方向。本章節即在嘗試指認在此質變中，惡化社工勞動處境的結構為何：在外，有社福業務產業化、社福民營化所帶來的環境改變；於內，社工在謀求生計中疲於奔命；最後，社會工作者的勞工身分被模糊，架空了勞工步入勞資關係談判的位階。上述的每一個環節，或許都不見惡意，也各有前因、立基與情衷，從結果論，卻一步步將社會工作者的勞動處境，推向困境。

肆、從孤魂野鬼，到團結社群

一、天災之後的棄子：漂流社工時期

社工社群的勞動意識啟蒙，在1999年，有了覺醒的契機。

以1999年為界，作為社工勞權運動的一個起點，在那一年，發生了影響臺灣社會甚鉅的九二一大地震。天災後，兩百多名社工湧入南投重災區工作。2002年，南投縣政府將原本委辦予民間機構的重建中心業務，收回

9　「功德說」源自於衛福部正式啟用「長照1966專線」之致詞內容。相關新聞可參見吳亮儀，2017，〈賴揆「功德說」惹議 衛福部長滅火「照服員明年將加薪」〉。自由時報，http://news.ltn.com.tw/news/politics/breakingnews/2263505，11月24日。

到鄉公所承辦，將近百餘名災區現場的社工一夕之間失業。漂流社工時期的組織者，同時也是社工工會籌備小組核心幹部的黃盈豪說：「那是我（們）第一次感到那麼強的危機感，就是，原來社工的工作是可以說沒有就沒有，毫無保障的。」

民間機構可以全身而退、撤場了事，這些第一線助人工作者的工作權益卻就此落空。這樣的衝擊，成為如今社工工會的前期蓄積。在這起事件之後，中部地區的社工集結起來，成立了名為「漂流社工」的組織。在方昱的《反思性社會工作：「漂流社工」的社區實踐與社工教育》中如此描述當時的景況：

> 1999年臺灣集集大地震，一群從事災後重建的社工自許為「漂流社工」；他們發行電子報、舉辦漂流社工營、出版臺灣第一本專門探討社工議題的紙本刊物；他們擁有許多實務工作者與社工系師生的讀者，並成為許多論文及研究所考題所關注的現象。身為臺灣農村、原住民部落與社會工作教育的實務工作者，他們經歷都市與農村發言位置與工作視野的差異；作為社會工作反思的力量，他們嘗試社工實踐方法的可能性，並提出社工教育改變的急迫性與外部壓力（方昱 2010）。

黃盈豪說，漂流社工起初更像一個支持團體，但也有意識地想喚起社群內的勞動者自覺：「對社工來說，服務於公務體系、甚至被公務體系納編，是相對來說比較有保障的出路，在學校、在職場上，都鼓勵大家往這個方向走，久而久之，社工這個職業就有『類公務員』的性格，但是，如果社會工作本質上是應該要帶來改變，對別人、對社會的正面積極影響，那這種方向是不是一個行動者最好的位置？」

早期社工界的保守氛圍與對勞動權益的陌生，甚至是對這個議題的戒慎與敵意，漂流社工在社群內的拓土行動緩步當車，也接收來自四面八方的各色回應，黃盈豪說，「也有老師批評我們是狗吠火車。」黃回憶道，「我們用很多化名去發電子報，這樣看起來就好像很多人。也因為是匿名的，在封閉的社工圈裡提供一種安全感，很快引起基層社工的共鳴，大家透過電子報交流經驗、說出很多現場的故事。」

2000年到2007年，長達七年的歲月，這群被體制無視、被社福產業當成免洗工具拋棄的助人工作者，在基層彼此串聯，做組織、辦活動，甚至成立出版社。除了漂流社工之外，臺灣各地開始長出其他基層社工的連結網絡：類社工、社工師法受害者聯盟、安貧樂道助人部落、中部精神科社工月會、臺灣社會工作實務發展協會、高雄縣社會工作人員協會等，這些社工網絡彼此之間也建立了聯繫，從2005年開始，每年都會舉辦一次「普渡營」來作為交流的園地。「我們每年辦『漂流社工普渡營』，因為我們覺得自己就像是孤魂野鬼一樣，時候到了就要普渡一下；也找理念比較相近、比較能接受開放觀念的學者、行動者來當『助念團』。」

橫向串聯之外，這群初初醒覺的社會工作者，也嘗試往縱向深化論述；成立出版社，則是在社工界普遍保守的敵意環境中試圖掌握詮釋權，黃盈豪說，「我們幾個人各自拿一點錢出來，鎖定基層勞工的視角和位置，當做出版主軸，以社工勞動權益當做主題，很正式地、很正面地去對社群談勞動權益到底是什麼？這對社工來說一直是非常陌生的，學院的訓練不鼓勵我們去談這個事情。」

二、社工工會籌備小組的誕生

漂流社工用緩長的時間，最終長成一個基層社工的運動，也將一直缺席於「助人工作」現場的勞動意識，從稀薄貧瘠的土壤裡慢慢催生。2007年9月底，黃盈豪等人開始覺得組工會是下一件應該採取的行動，他對社群發了一封公開信，廣邀有志者齊聚一堂，討論更進一步的組織行動，這場會議，後來被記憶為社工工會運動中的「插旗聚」：[10]

……（前略）我們每個人跟「社會工作」都有著不同的承諾與糾

10 這份文件當時以私人信件形式通訊流傳，相關資料可參考：https://ppt.cc/f7gN4x

> 纏，對我來說，因為九二一地震有機會用社工的身分在基層社區從事社區發展，讓這不只是一份工作，過程中不斷經歷和思索的是實務工作反省和愈來愈清楚的社工倡權運動路線。這幾年來在各種社工的場合，慢慢地認識了大家，也愈來愈清晰地感受到大家對於基層社工組織、勞動權益議題的關心。但是在各個不同的團體和不同的位置上，也看清社工社群的各持己見和分崩離析，有的是既得利益、有的是毫無勞動權意識、有的是別有用心，更多的是人跟人的糾葛和內耗，讓好幾年前有籌組基層社工組織、甚至社工工會的想法拖到現在仍無具體的成果。
>
> 今年7月底到8月初，我參加了勞陣辦的社工勞動權益高雄和臺北兩場座談。在高雄與高雄社工協會的幾個朋友會面，對於高雄組了自己的協會感覺到他們的生命力，在臺北場那天接觸了受害人聯盟，當下覺得該醞釀行動了，該是可以插旗子組社工工會的時候了，順勢邀各路人馬9月底出來談「旗該怎麼插」或是有沒有可能有一個社工工會籌備行動小組之類的團隊出現。依社群內外的情勢來看，是該好好地為社工工會行動了。一個由社工社群內部自發的力量與串連，可能考慮學界、實務界、既有社工各方勢力的行動路線。

也在這場會議之後，社工的勞權運動，正式轉進社工工會籌備小組的年代。

（一）路線辯論

在每一種不同型態的運動中，路線與策略的思辨恆常存在。漂流社工時期如此，一位不願具名但曾參與其中的受訪者表示，2007年的插旗聚，也並非是一個集體共識的決定。「有些人覺得組工會的時間還沒到，認為應該做組織與基層串聯，再做得更久一點；貿然把人力、資源投入到組工會的行動上，只會消耗掉現有的積累。」於是有人往前轉進，有人默默離席，到了社工籌備小組時期，也依然如此。

社工工會籌備小組的成員，包含了基層社工與社運工作者，也有彼時仍在學的研究生。從漂流社工到社工工會籌備小組花了七年的時間醞釀，從籌備小組到第一個正式成立的桃園社工工會，又走了將近四年。他們在制度內提問，在制度外游擊，黃盈豪說，「我覺得我們花了非常大的力氣學習和思考，怎麼樣找到一條社工可以走的路。」

臺灣的《勞基法》很複雜，嚴格的限制下卻各開許多詮釋的空間，光是要弄懂《工會法》和勞動法規，就讓這些從零學起的社工人跋涉很長的路途。籌備小組多方和工會團體接觸，從不同的組織上尋思各種結合的可能，黃盈豪提到：「我們甚至考慮過成立一個助人者勞動組合，就是把廣義的社會工作助人者一起組織起來，比如說社工會需要工會，醫護也會需要啊，NGO其他的倡議者也會需要，在這種情勢下，我們不應該力量分散，應該集體面對。那時候我們和北部一些團體都有定期聚會，思考怎麼樣把大家綁在一起來爭取勞動權益。」

集體面對，是勞工運動最浪漫積極的一個想像。然而在現實中，這件事極其不容易，因為每一個不同的職業和位置，在勞動現場各有其細緻細微的利益差別。社工後來還是決定走自己的路。

鄭天睿是當時的另一名核心幹部，他在離開實務現場回到學校唸書後，透過學姐的介紹開始參與籌備小組的運作。他回憶，「當時一直有強度很高的辯論，關於社工工會到底該走向哪一個方向。組織內，有人覺得應該先做勞教，協助社工了解勞動法規，有人認為應該做倡議、打議題，有人認為應該直接就進入實戰了。」談及過往，鄭天睿，這個現為立法提案助理的前組織者，語氣參雜懷念與失落，「這會回歸到，到底工會該不該當一個代言人的角色？工會（的想像）是什麼？很希望當事人自己有能量出來，也很希望有很扎實的民眾基礎，現在想來覺得有點遺憾，我們好像沒有整理出一個方向。」

有一派成員認為應該盡快組織，開始打勞動現場的肉搏戰，另一派則不急著進入工會運作的想像，而更想持續對社群發話。前者認為，基層工作現場的情勢險峻；後者則相信，要改變社工人對自己位置的認識，整體環境的改變才更加可能，黃盈豪說，「你要把社工拉在一起很難，尤其用工會的方式，我們那時候常跑校園，跟年輕學生說什麼是勞動權益、社工現在的處境是什麼，想讓他們知道的是，組工會是一條可以走的路。」

團體中存在的異質性，在非剛性的組織架構中，自會不停被提起辯論。這些辯論會釐清一些方向，也有可能磨耗掉一些能量，帶來一些人，也帶走一些人。

（二）實務工作與現實阻礙

2008年5月1日，在持續的價值爭論與路徑取向思索中，社工工會籌備小組凝聚了足夠的共識，向勞委會（現升格為勞動部）提出籌組「全國社會工作者總工會」的申請，但被勞委會以兩點理由拒絕：其一，自然人不能直接組成「總工會」，總工會只能是基層工會的結合；其二，部分發起人服務於公務與教育機關，依法規無法加入工會。黃盈豪說，「還有更根本的！我們發現在勞委會的產職業分類表裡面，根本找不到一種分類，叫做社會工作者。後來，我們花了很多時間，都在和相關部會溝通這件事情。」

自然人不能組成總工會，而需得從地方工會組起，是法規技術層面的問題，事實上，臺灣直到2011年《工會法》修正後，才允許結合了「相關產業內勞工」為一權益法人共同組織工會，在此之前，臺灣勞權運動，概只有廠場工會（企業工會）及職業工會的想像（蔡志杰 2014）。而公務與教育機關的約聘僱社工不能加入工會，也同時說明了社工在當時欲團結抗爭的困境：在勞動身分上，這些受僱於公務機關卻不享有公務人員薪資與福利的約聘僱社工，甚至不被允許成為組織工會的發起人。身分的差異，使得民間機構社工的蓄力顯得更為必要，然而，民間機構社工往往苦於強度與案量俱高、工作也沒有保障的勞動現場，無法脫身，即使想方設法把人拉來了，需得從勞動意識與自身處境的認識帶起，黃盈豪說：「因為這些關於自己勞動身分的認同，學校老師都不會教。」

社工工會籌備小組持續推動社工社群對於自身權益的認識，同時，透過網路串聯連署，積極推動社工全面適用《勞基法》。2008年年底，當時的勞委會發函給各大社會團體，徵詢對於「社會團體工作者一體適用勞動基準法」的意見，社工籌備小組回應予「一人一信發"勞"騷！請支持社會工作者納入勞基法！」的行動。[11]2009年3月，勞委會公告社會團體僱用人員適用《勞基法》、同年5月正式生效，「社工是勞工」的真實意義於焉有了法律基礎。

多數運動組織都曾經歷價值的辯論，再次從後來的發展往前回看，不論是漂流社工，或是社工工會籌備小組，最終是將一群人凝聚起來，卻發散往各處開花結果：發散可以是一種策略，也可能是無法調和而不得不各自登山的決定。其中一部分的人繼續往組織工會這個方向努力，一部分的人重回校園、或轉進議事殿堂，或只是回到原本的社會工作者角色上，持續為自己相信的價值而努力。下一次併發爆炸性的前進，仍待事件契機；對於社工勞權運動來說，下個契機，是2010年的「曹小妹事件」。

伍、荒漠中長出奇花異草

一、423社工大集結

2010年，「攜子自殺」案件在新聞版面頻繁出現，社會氛圍緊張。4月中，一名曹姓女童向學校發出求援訊號，指出母親已買好木炭，有意自殺，因逢清明連假，社工接獲通報後，曾前往曹家訪查，見無人回應隨即離去，待鄰人察覺有異報警，母女已氣絕多日，一瞬之間，整個社會的憤怒情緒與創傷失落竟爾轉向社工，時任東海大學社工系系主任彭懷真在接受媒體專訪[12]時，指責社工「救援態度太不積極」、「疏失太嚴重了！這是無法彌補的錯誤！」、「社工人員應該全年無休」、「沒遇到當事人，竟貼張公告了事，警覺性太低，專業度不足」。

陳惠萍是桃園市社工職業工會的理事長，當時已是執業多年的社工，

11 原文亦可見：http://www.coolloud.org.tw/node/35703

12 喻文玟、江良誠，2010，〈彭懷真：社工疏失太嚴重了〉。聯合報，https://ppt.cc/faaEvx，4月19日。

正從事高風險的保護型業務，她說：「我沒有想過，會被自己本科系的老師說社工不專業。」當時的輿論激烈地分為兩派。實務社工界反彈非常大，認為彭懷真與工作現場脫節，無視社工在沒有公權力傍身的狀況下，所能做的處置極其有限，要求彭懷真為失言道歉；[13]另一方面，媒體則繼續追咬究責，批判社工不知反省，有錯還不能被檢討。江宜樺也站在內政部長的角色質疑「社工人員或警察在處理時沒有更加警覺」，[14]好像整個社會都同意社工有錯、是社工害死兩條人命。

陳惠萍當時寫下〈419才是社工日〉這篇文章，[15]文中提問使人心痛：如果連生存都困難，至少把尊嚴留給我。長達十數年蓄積的、實務界與學界的認知差距，助人工作身分與勞動者困境的衝突，此時終於來到臨爆點。4月19日，彭懷真受訪發言；4月23日，社工工會籌備小組召集全國社工，至內政部門口抗議。會後的社工工會籌備小組抗議內政部卸責新聞稿，具體、明確說出社工多年在實務現場的處境。[16]

---

13 喻文玟、張弘昌、陳秋雲、江良誠，2010，〈批評社工引反彈 彭懷真辭東海社工系主任〉。聯合報，http://blog.udn.com/giveman/3965331，4月22日。

14 慶正，2010，〈曹姓母女燒炭自殺 江宜樺：通報系統不夠嚴謹〉。今日新聞，https://www.nownews.com/news/20100420/725022，4月20日。

15 本文經多次轉載，原出處部落格已關閉。引用自：https://enews.url.com.tw/swerunion/57683

16 當天新聞稿全文可見：http://swerunion.blogspot.tw/2010/04/0423.html

圖4-4　社工工會籌備小組時期。2010年4月23日，於內政部抗議政府對於曹小妹事件帶頭卸責

資料來源：新聞資料。

二、花色各異，合擊並進

在籌組全國社工總工會遭拒後，社工籌備小組成員決定分散前往地方。2011年6月，桃園市社工人員職業工會正式成立。7月，臺北市社工工會緊接在後。2017年，臺灣在這支社工勞動運動脈絡底下成立的基層工會，共計有新北、臺北、桃園、高雄、花蓮、彰化，另有臺中市社會福利產業工會籌備小組與臺南社工工會籌備小組同在運行中，勞動意識的荒漠之中已有綠蔭百花。

在臺灣，職業工會一般被認為比較接近「（掛）勞健保工會」，不會主動碰觸議題，或積極介入協助處理勞資爭議。但在歷史脈絡下四散成立各地的基層工會，有其現實考量。而事實上，上述幾個在社工勞權運動下長出來的工會，都是把職業工會當成產業工會在運作。

陳惠萍談到桃園社工工會的前期，她說：「曹小妹事件之後，我自己覺得，身在第一線工作現場，好需要同儕支持，所以一開始比較像是讀書會或是俱樂部的形式，然後才慢慢開始思考，如何解決社工工作現場的困難。對我來說，工會是一個很好的平台，讓工作者去問、去想，我的位置是什麼？我的勞動權益是什麼？什麼東西是我可以開口要的，什麼是雇主應該要給我的。」在陳惠萍接任理事長後，桃園社工工會也開始介入勞資談判與協商的現場，在議題上更加激進表態。2017年，NPOst年會上，陳新皓以桃園社工工會理事的身分發表一篇短講：「工會是夥伴，不是敵人」，[17]將對話與未來可能協作的對象，從社群基層工作者本身拉高到社福組織／雇主，某種程度上，也是在社工的勞動困境中將國家／政府長期缺席的角色重新納回；相較於社福團體爭取《勞基法》解套、網開一面，要求機構正視僱傭關係，攜手並進，或許才是更面向現實的姿態。

另一方面，高雄社工工會則是較為不同的路線。高雄社工工會的理事長廖貽得，提到高雄這一線成立的背景，則更在各種勞動現場的衝突中。2014年，高雄市發生小草協會回捐事件（周孟謙 2014）。「回捐」是社工界不成文的陋習，也是許多專業社工心中的痛，在這起事件中，最令基層社工憤怒的，是拒絕回捐的社工在離職後還被主管告上法院、索討本就屬於他的薪資；該協會的主事者，甚至公開發言：「社工都有自主性，勞動條件不合意絕對可以有所選擇」，也質問社工：「再比較一般勞動市場，要領三萬二的薪資需要有多少本事？」此言一出，又是野火燎原（楊沛綺 2014）。

高雄市社工工會祕書長郭志南說，「當時先是在批踢踢的社工版看到小草的事情，覺得太誇張了，為什麼機構要求回捐還可以這麼理直氣壯呢？回捐就是薪資不全額給付，就是不樂之捐，把政府標案擬定要給基層社工的薪資奪走，還要羞辱社工不值那個價，這件事情讓我們覺得不能忍

---

17 林郁倫，2017，〈社福民營化造成的社工悲歌，工會理事陳新皓：「工會是夥伴，不是敵人」〉。NPOst公益交流站，http://npost.tw/archives/38467，11月1日。

受。」一群在高雄執業的社工遂串聯起來協助小草回捐事件當事人。到了2016年，臺北市社工工會的幹部南下與他們會談，「聽說有其他人準備在高雄把工會先登記起來，但卻不一定是會為社工勞動權益服務的，我們就想，與其落入不能信任的人手中，那我們自己來做。」

總是議題把人聚集一起，或許正因如此，高雄社工工會在2016年正式成立後，對議題的反應速度很快，也長出與其他夥伴不太相同的發展策略。譬如，高雄市社工工會製作議題毛巾，[18]郭志南說，「我們做了800條，已經全部賣光了。後來香港的社工夥伴有再製作異色版。」某種程度上，兩地社工處境也差堪相擬。郭志南說，黃巾起義的議題操作，是嘗試在各種資訊流變的速度這麼快的現代社會中，把情感、情緒在物質界保留下來，透過這樣的方式，讓這個議題以及隨附其上的思辨與價值持續地存在。

這是一個在閃燃之後留存火種的嘗試：始於情感動員，但不止步於此。2018年，包含臺北、新北與彰化、花蓮、高雄社工工會以及南投、臺南與臺中等三個正在籌備中的工會，共同舉辦為期超過半年的全臺系列講座：「社福業的五十道陰影」，[19]各地的組織者，在共同議題的串聯動力上，展現出較其他產業更強的動能。

社工基層職業工會成立至今，雖則行動路線與策略保留差異，與社福組織／雇主／政府的關係，似乎也還有一種摸索嘗試的姿態，但整體來說，「社工工會」宛如一個各自活躍卻又合而為一的大型產業工會，對於議題與政策的回應，快速準確，面對《勞基法》在社福產業積累的奇規陋習，回應的姿態也日益嫻熟。在集結、動員與掌握議題、回應議題的能力上，這群新生代的社工運動者，被艱困的環境煉成一股非常強大的能量，而今竄於各地，開花結果。

---

18 此議題毛巾「社工有這麼累嗎」係根據2017年3月初社福團體代表召開「社福團體特性與勞基法的衝突與解套記者會」的會後專訪內容，詳見：http://npost.tw/archives/32420

19 活動頁面詳見：https://www.facebook.com/events/1768814183183558/

陸、結語：新世代組織者的困境

一路看下來，社工勞權運動，幾次捲動與併發閃燃一樣的火花，都是趁議題而起。然而，在社工勞權運動發展了將近20年的今時今日，縱有各地火星不息，整體的社工勞動條件卻未見提升。黃盈豪說，「其實你仔細一想，為數這麼大量的專業助人工作者，薪水這麼低、勞動條件惡劣到這個地步，本身是非常奇怪的事。」黃盈豪現在是花蓮社工工會理事，除了是早年漂流社工的組織成員、社工工會籌備小組的核心幹部，他也協助催生包括臺北、花蓮等社工工會。整個臺灣社工勞權運動發展的歷史，他大致都有參與。他說，「在整個社工的養成訓練裡，不會教育工作者去反思勞動權益的問題。」

鄭天睿則是提到另外一個結構性的困境：「社工很容易被議題困住，或是他的工作壓力和現實條件真的讓他無法繼續（參與），這個運動要捲人進來一直是很難的。我自己的觀察，社工勞權運動一直是起起伏伏，有高峰也有極低潮，高點通常是和事件連結在一起，但人留不住，會消耗，往往是捲一批人，然後又離開了。可是社工界、這個運動，其實經不起這樣的消耗。」

此外，社工勞動權益，與一般勞工的處境，最大的差異癥結，事實上，還在於機構這個角色。目前轉進立法機構，鄭天睿認為在不同位置上也能為了這個議題努力，他以一個前組織者的身分說出他對於現狀的觀察：「衝突理論下的社工已經在臺灣消失了，幾乎是不存在，我覺得，社工工會在實踐運動策略上，必須要釐清和雇主（機構）的關係到底是什麼？社工要掙脫那個不能跟雇主對抗的框架，不然沒有辦法真的幫助到會員。」

鄭天睿形容，現在談社工勞權議題，如果是跟著機構罵政府，常常都有一種「打在棉花上的感覺」。事實上，機構與社工工會的關係，張力很強但卻又往往曖昧難分：當勞資爭議發生時，工會／勞方與資方會瞬間對立起來，然而在存在著「非典型僱傭關係」的社福組織與民間團體，在「夥伴」的稱謂下，在一起為社會公益、為弱勢服務的理念中，勞資之間的權力不對等不容易被察覺。社工爭勞權的對象到底應該是誰？機構到底是社工面對不合理社福政策的同路者，還是應該被改革的結構？這些問題，行動者們看似還在尋找答案，而政府、機構與基層勞動者的聚合、離散、對峙或拉扯平衡，也如有機物般變化不止。

「社福產業基層工作者」在2017年對政策與代表資方的社福機構的回應和動能，也是將近30年來臺灣社福民營化的一隅風景。2017年底，若干社福團體向衛福部提案，希望將政府補助社福組織的人事預算，變更為總額分配制。[20]工會認為這個修法方向可能造成整體社工薪資更往低薪流動（全臺社工工會 2017），11月6日，各地社工工會動員北上，在衛福部會議中各自發言，最新的結果是暫時擋下此案。[21]

社工社群裡的氛圍確實正在改變，被工作現場的困難推著必須團結起來發聲的人，正在做出改變。訪談過程中，數位受訪對象不約而同、以相異的語彙表達了相仿的心願：「我們希望工會的存在，能讓新血社工看到希望、看到這裡有一條可行的道路。」當助人工作者在社會經濟階層往下流動，其勞工身分認同漸而往前擠兌其他身分認同的排序，甚至與其助人工作的本質時而產生衝突，勞動權益相關議題遂成為他們不得不面對、拾起、擇定的全新戰鬥位置。「社工組工會」，既是前塵積累蓄發，也是現下的突圍求生；「社工是勞工」，短短五個字的意涵，社會工作者花了將近20年來「認」。

20 林良齊，2017，〈勵馨提「總額制」盼政府給機構多點彈性〉。聯合報，https://udn.com/news/story/7266/2800995，11月6日。

21 相關過程與結果，請見衛生福利部會後新聞稿：https://www.mohw.gov.tw/cp-16-38366-1.html

圖4-5　2018年五一大遊行

社會工作者舉著反映自身勞動困境的標語走上街頭。

資料來源：陳保穎攝影。

參考文獻

方昱，2010，〈反思性社會工作：「漂流社工」的社區實踐與社工教育〉，《東吳社會工作學報》21: 83-100。

全臺社工工會，2017，衛福部黑箱修惡補助要點 社工薪資挪很大新聞稿（https://www.civilmedia.tw/archives/70141，取用日期：2017年12月20日）。

周孟謙，2017a，社福凜冬將至，「總額勻支制」是解方？（https://opinion.udn.com/opinion/story/10510/2860040，取用日期：2018年4月3日）。

——，2017b，血汗社福——伊甸基金會復康巴士勞資爭議案（http://npost.tw/archives/32388，取用日期：2017年12月20日）。

——，2014，社工員是可拋式電池？——談社工回捐薪資與非營利工作者處遇（http://www.coolloud.org.tw/node/79491，取用日期：2017年12月20日）。

楊沛綺，2014，回應7/20〈自由廣場〉談強迫社工回捐薪資一文（https://ppt.cc/flVNUx，取用日期：2017年12月25日）。

臺北市社會工作人員職業工會，2018，2018臺灣社會工作服務產業勞動調查（https://ppt.cc/ff6srx，取用日期：2018年6月8日）。

衛生福利部統計處，2018，社會福利統計（https://dep.mohw.gov.tw/DOS/np-2961-113.html，取用日期：2018年6月8日）。

蔡志杰，2014，產業工會組織經驗初探（上）：在企業工會的經驗之外（https://www.coolloud.org.tw/node/80187，取用日期：2017年12月25日）。

鄭天睿，2011，《社會工作者勞動權益的覺醒與行動~以社工籌組工會為例》。臺北：實踐大學社會工作學系碩士論文。

賴宏昇，2014，〈社會工作專業人員薪資保障問題之探討〉。《社區發展季刊》147: 225-226。

第二篇

未竟的民主：隱形身分的再現與平等實踐

第五章
臺灣的性別運動與變動中親密關係樣貌

沈秀華
國立清華大學社會學研究所副教授

本文是奠基於長期以來許多婦運、性別運動者的努力，很榮幸自己也在這個行列裡與大家一起工作。

壹、前言

2018年的悶熱初夏，臺灣社會接連發生幾起男對女情殺、性暴力案件，引起極大關注與討論。有人呼籲情感、性別教育的急迫性，但也有不少聲音以受害女性「也有問題」或甚至就是問題所在，歸因男性的暴力。在#MeToo反性騷擾與性侵犯運動聲浪中，臺灣女人對身體與性自主權的展示，仍常被解釋為招惹男性暴力的共犯因素，受害女性反成為被檢討的對象，厭女言論充斥在臺灣社會中。

與此同時，出自於反對臺灣社會長期所累積的性別平等運動成果的力量，持續在集結。他們立即的目標是要反對同性婚姻法制化以及校園內的性別平等教育的推進，核心目的是要鞏固傳統性別關係，與以其所建立的一夫一妻異性戀婚姻家庭的體制與文化。針對自2016年來最新一波的婚姻平權運動，[1]尤其是在2017年5月24日，司法院大法官解釋第748號出爐，宣告現行《民法》未保障同性別者締結婚姻的權利為違憲後，反對力量的立即運動策略，是將人權與性別平等教育權作為公民表決議題，以及要直接參與選舉、影響政策。反對性平力量在2018年發起三個公投案。提出《民法》中有關婚姻的規定只能保留適用於異性戀伴侶，同性婚姻只能以《民法》以外的專章形式來規範，以及不應在國民教育中依「性別平等教育法施行細則」實施同志教育。此外，他們也推出候選人，要在2018年底以公投綁地方大選，更全面性地動員，反制多元性別平等運動。

21世紀第二個十年後期的臺灣社會，因親密關係文化與體制變化所牽動的社會圖像，正處於：性別平等倡議經過多年努力有所累積，見證臺灣社會親密關係越呈現多元、自由的樣貌；不過在原有的規範漸漸鬆綁的同時，一些堅持異性戀父權價值優先的個人或組織力量，也積極動員集結，希望能阻擋親密關係型態與內容，越加走向多元、不受他們所相信的價值所規範，尤其是有關女人與性少數群體的性愛實踐。從虛擬網路世界到實體社群動員，很容易看到這種因為對親密關係、性別平等走向有不同價

1 請見本書第六章林實芳所寫有關臺灣同性婚姻法制化運動的詳細歷程。

值，所產生的衝突與對峙。

著名社會學者Anthony Giddens（1992）在其著作《親密關係的轉變》（*The Transformation of Intimacy*）一書中指出，性別關係的轉變是促成西方社會中親密關係轉變的關鍵力量。西方工業化過程，先有少數女性受惠於家庭背景，有機會接受教育與就業，她們在經濟及社會生活上取得獨立，也對性別不平等經驗及現象越發難於忍受。自18世紀末以來，以女性為主的一些思想家與行動者，對男女、性別不平等的現象做出論述，也倡議要求改變（Anderson & Zinsser 1988; Mill 1988; Wollstonecraft 1792; Woolf 1929），其中親密關係作為女人主要的社會關係，婚姻及家庭作為女人的主要生活場域，更是許多女性主義者積極想改變的對象。父權主義對女人在親密關係中的身體、性、勞動、及經濟資源的控制，以及異性戀霸權下對多元性實踐及認同的排除否認，都是女性主義運動在親密關係領域想積極改變的面向。女人與性別少數作為個人與群體，對性別壓迫的自我覺醒，進一步提出多元性別平等論述，以及對相關文化與政策法令的倡議改變，是促成當代親密關係與性別關係，能走向打破異性戀父權體制、開創多元平等的力量來源（Giddens 1992; Jamieson 1997; Seidman 1993）。

1990年代解嚴後的臺灣社會，在政治體制及社會風氣更加自由的情況下，民間組織蓬勃成長，性別運動就是其中重要的社會力量（包括婦女運動及性多元運動）。1990年婦女新知基金會[2]（the Awakening Foundation）（簡稱婦女新知）所發起的「民間團體《民法》親屬編修正委員會」，開啟了長達20多年有關婚姻家庭法令的修法，將在親密關係主要場域的婚姻、家庭中以父權、夫權為中心的法令，修改為男女平等的原則。同樣是1990年代起，有關親密關係中女人的性騷擾及性暴力經驗、女人的身體自主、性解放，都開啟很受關注的社會文化論述戰及立法倡議，《家庭暴力防治法》及「妨害性自主罪章」是其中的修法成果，相關修法也持續推動中。與女性主義論述息息相關的同志運動，也在1990年後興起。同志團體與同志運動成為臺灣性別運動中很活動力的部分，並且在2017年5月大法

2　婦女新知基金會網站，詳見：http://www.awakening.org.tw/chhtml/index.asp

官釋憲，宣布禁止同志婚姻是違憲後，某種內容的婚姻平權總算有望在臺灣實現。

從1990年代起，經過一波又一波的社會及立法倡議，規範臺灣親密關係的國家法律體制，從異性戀父權、夫權為優先，逐漸轉變為以自由主義的平等、自由價值為核心的男女平等原則（陳昭如 2010）。女人的身體、性自主受法律條文某程度的承認及保障。異性戀作為婚姻與家庭體制的核心價值也受到挑戰；同性婚姻、家庭的制度性保障成為可能。透過法律與政策上的改變，開展出人們，尤其是女人與性別少數群體，日常親密關係生活上的多元實踐可能空間。在這篇文章中，我希望從探討臺灣性別平等運動，尤其是透過法律、政策上的倡議，對婚姻與家庭體制所產生的影響，來說明以女性主義為核心的性別平等運動，是形塑當代臺灣社會親密關係樣貌的關鍵力量，並且由此點出親密關係圖像的轉變會進一步帶動、引起其他社會面向的變動；說明親密關係是公共、政治事務，非個人私密議題。

本文從法律、政策的轉變來討論，並不是主張只有這類策略與改變是重要的。法律、政策上的轉變，相對是較容易被辨識出來，這是選擇從這些面向來討論的主要原因。雖然菁英式的文化論述常很難在短時間內普遍深入地影響社會，但是不可否認地，任何修法或立法運動所帶動的，同時也是一場又一場相關的文化論述運動。

深受異性戀父權、夫權優先的臺灣社會，雖然沒想過要女人或相信女人能撐起半邊天。但以女人與性別少數群體所組織發起的臺灣性別平等運動，卻不只是撐起半邊天，還是撐起整片從改變「私領域」，進而改變「公領域」的權力秩序，轉變國家體制與社會文化對女人與性別少數群體的不友善性。也正是這股力量，已逐漸對臺灣社會產生深刻影響，因而質疑、反對這些改變的各方力量，才會在這幾年積極動員，推進反對性別平等運動。

在臺灣，與婚姻家庭有關的性別平等運動是由許多團體及個人共同努力而來。不過因為與婚姻家庭相關的法律、政策倡議，常由婦女新知基金會主責串聯倡議或深入參與其中，因而本文所討論的議題與所引用的資料，會與該基金會有密切關聯。[3]另外，雖然此文聚焦在討論被定位為「私領域」親密關係相關倡議，但如女性主義所主張，公私領域劃分本就是個假議題，如《性別工作平等法》[4]的制定及實施，對婚姻家庭體制與關係的影響是可見的，此文沒有討論其他性別倡議議題，不代表它們不相關或不重要。

貳、臺灣親密關係組成樣貌

2016年下半年起，臺灣的婚姻平權運動引起了國內外的關注，社會上擁護婚姻平權方與反對方激烈對立；至2016年12月25日，以修改《民法》來合法化同性婚姻的民間版法案經過立法院一審，等待進一步的協商。相關的大法官釋憲案在2017年3月開過辯論庭，同年5月底宣布禁止同志婚姻違憲。從婚姻平權運動的積極動員性與爭議性，可看出規範臺灣親密關係的體制與實踐正處於顯著變動中。異性戀婚姻與家庭作為唯一合法保障的親密關係制度，正受到極大的挑戰，而且異性戀婚姻體制內部，在組成結構與形式上都經歷許多的變化。

根據臺灣政府內政部統計（內政部 2017），[5]2017年臺灣的粗結婚率（即當年結婚對數與總人口數之比率）為5.84%，相較於1981年的9.29%，30多年間減少了4%。2017年臺灣粗離婚率（即當年離婚對數與當年總人口數之比率）為2.31%，相較於1981年的0.83%，增加1.48%。2017年25-44歲間的臺灣成年人口中，已婚及同居人口佔38.8%，沒有進入婚姻者佔54.8%，若加上離婚及喪偶者，這年齡群中的整體單身人口率為61%。異性戀婚姻作為一個權利與資源分配的體制及生活安排方式，對臺灣人的吸引力顯著減少中，並且進入婚姻的年齡也呈現往後推延的趨勢。2017年

3　婦女新知運動史料資料庫，詳見：http://www.record.awakening.org.tw

4　自婦女新知基金會在1987年組成草案研擬小組開始，至2001年底三讀通過、2002年實施，共經歷了14年的立法倡議，後又經幾次修法，如育嬰假、家庭照顧假、生理假、育嬰留職停薪津貼、產檢假等都在此法中制定規範。

5　詳見：《中華民國105年內政性別統計分析專輯》，pp.26-34（https://www.moi.gov.tw/files/site_node_file/7431/105年內政性別統計分析專輯.pdf）。

臺灣平均初婚年齡，男性是32.4歲，女性是30歲，與1971年相比，當時臺灣男性平均初婚年齡為28.2歲，女性為22.2歲，女性的初婚年齡增加了7.8歲，大於男性所增加的4.2歲。若再對照平均離婚率的分布，2000年15歲以上人口平均離婚率是4.24%，其中男性是4.03%，女性是4.45%，到2017年，平均離婚率增為8.39%（單親家庭增加），其中男性是8.06%，女性是8.72%。根據以上數據，進入異性戀婚姻體制，逐漸成為臺灣男女人生中的一個選項，而非必然；其中歷年來臺灣女性延後進入、不進入，或離開異性戀婚姻制度的增加趨勢，都要比臺灣男性顯著。同時，在性別自主論述下，非婚姻內的性關係及同居現象都有增加（楊靜利 2004）。若與過去臺灣女性被要求的性貞節、處女情結相比，當代臺灣女性在性實踐上的變化也相當顯著。總體而言，相較於臺灣男性，臺灣女性對進入、留在異性戀婚姻體制內要更有保留。

表5-1　15歲以上人口婚姻狀況，1971-2017年

項目／年	粗結婚率%	粗離婚率%	平均離婚率%	平均離婚率（男）%	平均離婚率（女）%	平均初婚年齡（男）	平均初婚年齡（女）	20-44歲間有偶率%	20-44歲間沒進入婚姻率%
2017	5.84	2.31	8.39	8.06	8.72	32.4	30	38.8	54.8
2000	8.19	2.37	4.24	4.03	4.45	30.3	26.1	40.4	54.2
1981	9.29	0.83	1.15	1.18	1.12	27.6	24.0	-	-
1971	7.2	0.36	0.7	-	-	28.2	22.2	-	-

資料來源：本文作者自製整理。

臺灣人與外國人的跨國婚姻，尤其是臺灣男人與東南亞或中國女人的配對，已為臺灣親密關係圖像中的重要一環（夏曉娟 2002）。2003年時，臺灣與中國及東南亞的結婚對數佔當年總結婚對數的32.86%，為歷年中最高，目前是呈現下降趨勢（內政部 2017）。[6]跨國族所組成的婚姻及家庭，

6　詳見：《中華民國105年內政性別統計分析專輯》，pp. 31-33（https://www.moi.gov.

是當代臺灣親密關係人口組成結構變化的重要現象。因為臺灣社會存有基於國族、族群的刻板印象與偏見，導致跨國族所組成的家庭經驗歧視；凸顯臺灣社會存在某種主流適當婚姻與家庭的想像，以此想像邊緣化其他類型家庭。跨文化家庭的親密權與公民權也成為重要的社會倡議議題。

在家庭組成形式及人數上，也發生變化。大家庭退位，核心家庭（nuclear family）成為最穩定的臺灣家庭型態，不過因為小孩與老人照顧需要，在生命不同階段，與父母同住仍相當普遍（簡文芸、伊慶春 2001）。儘管三代或四代同堂的家庭仍是一個穩定組成形式，但生育率的變化，也影響臺灣家庭組成趨向少子女化及老齡化。臺灣的生育大都在異性戀婚姻狀況內發生。2007年，95.5%的生育都是婚生子女，婚姻與生育的高度連結，使得結婚率的下降及晚婚，會帶動第一次生育年齡的延後以及生育率的下降。2016年，第一次生育女性的平均年齡是30.74歲，而30歲以上的第一次生育女性就佔所有第一次生育女性的58.3%，相較於2007年，增加了21.3%。表示臺灣女性推延生育的情況持續增加。而2016年臺灣平均生育率是1.17（內政部 2017）。已有相當長一段時間，臺灣的生育率是全世界最低的國家之一，也因此人口老化所引起的勞動力與照顧問題已被視為臺灣社會的危機問題。衛生福利部甚至在2017年4月宣布成立「少子化辦公室」，「關心」女人的生殖功能，以期能提升生育率，不過在成立五個月後，因無法提出具體政策辦法，就停止運作。

自1980年代中期起，臺灣婚姻、家庭的維持形式也產生變化。在臺灣經濟結構轉變下，許多產業在1980年代中後期起外移中國及東南亞，因而帶動許多臺灣投資者、專業工作者到這些國家長期工作居住，他們許多是已婚男人，他們的配偶及小孩往往因為孩子教育、其他生活考量而留在臺灣，長期跨國分居模式成為臺灣婚姻、家庭的常態模式之一（Shen 2005, 2014）。

當臺灣婚姻家庭在組成人口結構及形式都經歷相當變化的情況下，相對沒有變動的是其中的性別分工。根據內政部《100年婦女生活狀況調

---

tw/files/site_node_file/7431/105年內政性別統計分析專輯.pdf）。

查》，[7]詢問15-64歲女性承擔家庭照顧的實況，發現若家中有未滿12歲需被照顧的小孩時，有89.23%的女性表示自己需參與照顧；若家中有12-64歲身心障礙者需照顧時，有80.77%的女性需參與照顧；若家中有65歲以上老人需照顧時，77%的女性表示自己需參與照顧。根據這份調查，臺灣女性每天平均需花5.97～6.4小時照顧家人。照顧是親密關係很重要的一部分，在臺灣又是個高度由女性勞動付出的現象。[8]也因為臺灣女性仍承擔大量的照顧責任，她們的就業及經濟獨立性就無法穩定，也會在職場及家庭照顧間奔波，有蠟燭兩頭燒的過勞困境。

Andew J. Cherlin（2004）以去制度化（deinstitutionalization）一概念來描述20世紀美國婚姻轉變的趨勢。他發現原來用以指導人們在婚姻體制中行為的社會規範（social norms），有明顯的弱化，因而不同形式的親密關係得於浮現、興起。如20世紀美國社會中的同居現象增加及同性婚姻興起，都是該時代美國婚姻體制的去制度化現象的表現。根據Cherlin（2004）的觀點，從以上所呈現的臺灣親密關係組成樣貌，以及本文所將討論的去父權與夫權的修法、立法倡議，我觀察當代臺灣婚姻及家庭制度也有去制度化的現象。第一，異性戀父權作為臺灣婚姻及家庭的體制價值及規範，雖仍非常強勢但有弱化的現象：法律中的異性戀父權及夫權中心弱化，趨向以男女平等為價值（這部分將在後文有詳細討論），同性性愛關係公開化，並可能獲得（某程度）制度性的保障。第二，婚姻必然性的弱化：婚姻逐漸成為臺灣人的生活選擇而非必然；不管是否有進入婚姻體制，在晚婚、離婚、以及沒有進入婚姻[9]比例增加下，單身（包含與人同住或獨居）是許多臺灣成年人共同經驗的生活型態、甚至可能是認同所在；其中臺灣女性與婚姻體制產生鬆動的現象更是顯著。第三，從人口結構、文化背景、及運作模式來看，婚姻家庭組成形式同質性的弱化：單親家庭、同性家庭及同居家庭的增加、跨國婚姻興起、跨國分居家庭的常態

---

7 詳見：https://dep.mohw.gov.tw/DOS/cp-1769-3597-113.html

8 例如根據主計總處2013年《婦女婚育與就業調查》，2013年家中有以下3歲以下小孩的家庭，其中40%是由祖父母幫忙照顧。

9 本文不使用「未婚」一詞，因為未婚代表著婚姻的必然性。

化、與家庭成員少女子化及老化。

當代臺灣婚姻家庭去制度化的同時，我們觀察到其中的傳統性別想像及性別分工，仍深刻影響臺灣人日常關係的安排與互動，婚姻體制對臺灣女人仍有相當大的制約性。同時，如同Cherlin（2004）所觀察，20世紀的美國婚姻雖有去制度化現象，但不代表婚姻制度就變得不重要。從象徵及實質意義上，進入婚姻者在臺灣社會仍享有優越身分的象徵，已婚身分也有所附於的制度性及文化性紅利。如從婚姻平權運動與通姦罪的存在，可看出婚姻作為身分與保障制度在臺灣社會的重要性。

以上討論說明當代臺灣親密關係的轉變，是個不均質、甚至存在相互競爭、衝突的現象。而性別平等運動，一方面以改變不平等、倡議多元為價值，成為促成婚姻家庭體制去制度化趨勢的關鍵因素；另一方面，因去制度化原來價值與規範、甚至以新價值再制度化的改革過程所引發集結的社會恐懼與抗拒力量，以及因為性別平等運動無能更廣化與深化其社會影響性下，也將強化不同親密關係形式與其所代表的價值之間的緊張性。以下我將從性別平等運動所關注的議題、使用的運動策略以及社會影響性，討論在臺灣婚姻家庭去制度化與再制度化過程中，所呈現的親密關係樣貌，以及性平倡議所能面對的問題與努力的空間。

參、性別平等倡議與親密關係

西方女性主義的發展是以女人在受教權、參政權、就業權、經濟權等的不平等開展倡議。後來在經歷如黑人女性主義、第三世界女性主義、酷兒女性主義等內部論述挑戰，女性主義由相對窄化的西方白人、中產階級女人中心，漸轉為強調與族群、國族、階級、性取向等交織性的性別不平等、性別多元論述。就像西方及其他社會，臺灣性別運動也是以男女二元論述、改變女人不平等處境的婦女運動為組織、為目標作為開始，隨著本地及國際上女性主義論述的發展，臺灣性別運動也帶入交織性的視野，階級、族群同志、多元性別實作及認同也成為運動中的重要議題。

整體而言，在企圖推動親密關係轉向平等、多元的過程中，臺灣的婦女團體及其他性別團體，除了致力於學術與社會大眾輿論的多元性別論述，以及性平教育的建制化外，針對父權價值為核心的法制革新是主要倡議目標，尤其是環繞在有關婚姻及家庭體制相關的法律改革。這些倡議的對象往往是針對政府，要求主政者透過修法與立法，改變法律與政策中的傳統男尊女卑、夫權獨大、男主外女主內的性別分工邏輯與價值，致力讓女人在異性戀婚姻、家庭中能受平等保障，在就業權、身體、性自主權上能受肯認。也透過解構現有婚姻家庭制度作為異性戀霸權核心，倡議婚姻平權、伴侶權益（李元貞 2014；林芳玫 2008；范雲 2003；劉毓秀 1995）。

一、去制度化倡議：《民法》親屬編修正運動

臺灣婚姻、家庭等親密關係的法律規範來源主要是「《民法》親屬編」，這個法律是1930年制定於中國，1949年中國國民黨在國共內戰失利來到臺灣後，將此法移到臺灣來實施。當時法令制定的社會脈絡是中國社會，並不符合臺灣的社會情境，而且該法在臺灣實施很長一段時間後，一直未隨著社會變動進行修改，無法反應時代的變遷。雖然1985年，國民黨政府有曾主導過「《民法》親屬編」的第一次修正，不過整體而言該法並沒跳脫傳統夫權、父權為先的立法原則，異性戀婚姻體制成為國家壓迫女性最直接的工具（劉毓秀 1995）。因此從1980年代起，當臺灣婦女運動開始較有組織性的發展後，推動《民法》修正就成為他們著力的重點。

婦女新知串連其團體長期推動《民法》修正運動，透過立法遊說、社會倡議與釋憲訴訟雙管齊下的策略，逐步廢除法律中所規定的冠夫姓、從夫居、夫妻財產由夫管理、子女從父姓、隨父居、離婚子女監護權歸夫家等規定，並推動家事法院的改革（尤美女、鄧佳蕙 2001；尤美女 2000；王曉丹 2006；李元貞 2014；楊芳婉 2001）。婦團所主導的《民法》親屬編修改，自1985年起，迄今經歷14次修正，是個漫長的修法運動過程。在理念上，婦團強調男女在人格、社會及經濟上的平等主體性；運動策略上則包括：自擬《民法》相關修正草案、立法院遊說、釋憲運動、媒體論述

及造勢、培力志工、收集案例、深入社區宣導相關法案及理念。

（一）1985-1990年代初期：跨團體聯盟、擬定草案、社會動員

1982年婦女新知雜誌社（婦女新知基金會前身）成立，開始刊載法律專欄，透過實質案例與故事，探討女人在婚姻家庭中的處境問題，提倡性別平權概念。其中也針對1985年國民黨所主導的第一次《民法》修改過程，未能落實男女平等與子女利益的保護原則提出批判。規範婚姻家庭的《民法》親屬編，成為剛在臺灣發展出的婦運團體與個人首要改革對象。1987年婦女新知基金會成立。1990年，婦女新知、台北市晚晴婦女協會、[10]台北律師公會婦女問題研究委員會及其他民間團體、律師、法官及學者共同組成「民間團體《民法》親屬編修正委員會」，開啟跨團體及結合個人的民間《民法》親屬編修正運動。

1993年婦團自己擬出「新晴版《民法》親屬編修正草案」。[11]因為當時一般民眾的法律知識及性別權益意識不普及，對修改《民法》的意義並不了解。因此，同年起，婦團開始在各地共同舉辦各種會議及組成親屬編修法種子隊，透過公聽會、講座、記者會、街頭、社區宣講等方式，提升社會對此議題的關注及法案的能見度；也在1994年婦女節前夕發起「牽手出頭天，修法總動員」萬人聯署要求修改《民法》活動（晚晴、婦女新知1994）。

隨後婦女新知在1994年4月成立《民法》諮詢熱線，招募並培訓志工法律知識，讓志工透過電話，提供婦女個案諮詢服務，也透過個案的累積與諮詢經驗，為修法內容提供實質的案例經驗。為了能深入社會倡議，婦女新知的《民法》諮詢熱線志工們，成立「女人修法大隊」，到社區從事《民法》修法宣導工作（新知工作室 1994）。2001年時又組織了「婆婆媽媽修法劇團」，志工們藉由行動劇與心理劇等親近的方式，將對一般民眾較艱澀的《民法》問題，以及家庭中的性別權力，以戲劇方式，到各地

10 台北市晚晴婦女協會網站，詳見：http://warmlife.iwomenweb.org.tw

11 婦女新知基金會及台北市晚晴婦女協會所擬的《民法》修正法案。

巡迴表演。一方面達到宣導修法的目的，讓人們更容易了解與自身相關的各項《民法》法律問題，同時透過到各地方，了解收集當地女人的相關問題，作為後續修法的參考（新知工作室 2001）。

這段期間《民法》修正運動的主要倡議策略是：跨團體及個人的聯盟結集、自提草案、以各式社會動員（包括成立新的運動媒介，如《民法》熱線服務、種子隊、劇團），向大眾宣傳修法的意義及介紹草案。這些策略都是透過喚起社會支持，對政府的立法、行政部門施壓，要他們啟動相關修法，並透過民間團體的自擬草案，希望影響修法方向及內容。這過程，在參與運動的個人與團體的互相集結、支持下，婦運在組織規模與倡議能力上都在學習中成長。同時，為了爭取社會大眾對修法的支持，所推出一系列向民眾動員的論述與活動，也讓參與的志工、社會大眾（尤其是女人），有機會透過《民法》所存在的問題，了解社會中存在的不平等現象，開展性別意識紮根臺灣社會的工作。

（二）1990年代中期至今：釋憲、立法遊說、法條逐漸修改

釋憲是婦團推動《民法》修改過程中，很重要的運動策略之一。[12]透過提出釋憲，進而要求立法院依據釋憲決議進行修法（當然前提是，釋憲結果是有利婦團倡議方向），是當年《民法》修正倡議能持續推動的重要原因。如1994年婦女新知與謝啟大立法委員、羅瑩雪律師共同推動釋憲運動，針對《民法》第1089條，關於「父母對未成年子女權利之行使意思不一致時，由父行使之」違反《憲法》第7條男女平等原則，因而促使大法官作成釋字第365號解釋，宣告父權條款違憲，進而促成法務部後來三階段的修改《民法》親屬編。當時釋憲的成功也讓婦團接連發起系列「還我財產權」釋憲運動。[13]利用釋憲所開展出的相對有利政治空間，婦團也在1995年將「新晴版《民法》親屬編修正草案」送入立法院，並組織「婆婆

12 婦運與性平團體透過釋憲策略所累積的運動經驗，至今仍深刻影響當今的性平運動，如引起廣泛社會大眾關注，相關婚姻平權運動的大法官第748號解釋就是一例。

13 分別就民法親屬編施行法為配合聯合財產所有權之修正設有特別規定及夫妻住所聲請大法官會議解釋。

媽媽遊說團」實際監督修法工作的進行。

1996年大法官作成釋字第410號解釋，宣告夫妻財產不溯及既往的規定違憲，婦團遊說立法院通過《民法》親屬編部分條文修正案，廢除子女監護權歸夫所有等父權條款，增訂夫妻財產制溯及既往之規定；1998年，釋字第452號宣告妻從夫居規定違憲，釋字第457號解釋宣告退輔會排除出嫁女兒繼耕權的規定違憲。[14]夫妻財產制的修正歷經11年，終於在2002年6月三讀通過，並在同月經總統公布正式施行。全面廢除聯合財產制，改為婚前財產與婚後財產，而夫妻財產中的所有權、使用權、收益權及處分權也自始定為分別所有。此外，該次修法增加了「自由處分金」的規定，夫妻於家庭生活費之外，可協議一定額數，供夫或妻自由處分，用於肯定從事家事勞動的價值（尤美女 2002）。婚姻財產權的修改，尤其提供女人更有經濟獨立性來決定留在或離開婚姻。

婦團了解法律的改變很重要，但需要有性別友善的司法體制來執法。為了在家庭、親密關係事務上有性別友善的審判制度，婦女新知於1993年呼籲制定《家事審判法》，也在1997年呼籲成立家事法院。為了能推動這些主張，婦女新知以組織「婆婆媽媽法院觀察團」監督司法，也在1999年發表法院觀察報告，借指出法官可能有的性別盲點，強調性別友善司法制度建立的重要性。1999年婦女新知與台北市晚晴婦女協會繼續合作，共同成立「家事事件法研擬小組」，經過長期遊說推法，《家事事件法》及家事法庭終於在2012年公布實施（婦女新知基金會、台北市晚晴婦女協會聯合聲明稿 2012）。[15]至今針對《家事事件法》中的問題持續有相關修法小組的運作。

此外，2001年起，婦女新知與一群單親媽媽、繼親爸爸與爭取從母姓的子女組成「監護權媽咪聯盟」，提出《民法》第1059條子女姓氏修正

---

14 不過，釋憲運動也非盡如人意，1995 年大法官釋字第372號解釋就宣告不堪同居之虐待判例合憲。

15 〈婦女新知基金會、台北市晚晴婦女協會聯合聲明稿：家事事件法三讀通辛苦立法十寒暑，家事法院一步〉，2011年12月12日。詳見：https://www.awakening.org.tw/topic/2216

條文，聯手推動「驕傲從母姓」運動。倡議上透過投書與提案修正《民法》，加上透過新興傳媒臉書粉絲頁等，倡導大眾尊重多元家庭與多元姓氏，亦持續監督與關注法官如何判決未成年母姓的案件與態度。2007年《民法》修正通過，子女姓氏修改為由父母書面約定。但是這次修正僅是將姓氏的權力還給父母雙方，沒有積極肯定成年及未成年子女對自身姓氏的決定權，而且在新法規定下，單親家庭爭取改姓的過程極度不易。所以，婦女新知持續推動第二波子女姓氏修正運動，在2010年通過修正。規定成年子女可以自主改姓，不需要父母的同意；父母對未成年子女的改姓，若無法達成協議，則由法院依子女的利益來裁定。[16]

圖5-1　2016年5月5日，高雄市婦女新知協會、婦女新知基金會聯合記者會：姓不姓由你？母親節看「從母姓」

資料來源：婦女新知基金會。

16 〈民法1059條修法週年檢視&國人約定子女姓氏之態度調查 婦女新知基金會 母親節記者會〉，2011年5月7日，詳見：shttps://www.awakening.org.tw/topic/2173

而婚姻平權推法運動在1986年祁家威要求與一同性男人公證結婚後，引起社會注意，也開啟祁家威漫長的各種以訴訟、抗爭來爭取同性婚姻之路。婦女新知基金會作為婦女團體，長期以來的倡議以改變婚姻體制對女人的壓迫與限制為工作重點，在董監事與工作人員以多元性別作為運動理念的情況下，婦女新知在2006年組成「多元家庭討論小組」。該小組研習各國婚姻平權法案，企圖從修法重新定義婚姻體制及家庭組成的精神與內容，主張擴大《民法》承認同性婚姻，並且提出任何性取向都適用的伴侶法及多元家庭主張。從組讀書小組研習各國法案，到提出同性婚姻與其他形式的伴侶保障制度等主張，奠定了婦女新知基金會以婦女團體身分，能打破因為認同政治所可能有的限制，深入參與臺灣的婚姻平權運動，與其他同志團體共同推動同性婚姻運動。後來由該小組擴編成立的「台灣伴侶權益推動聯盟」於2012年正式登記立案，並在同年9月提出臺灣多元家庭法制化第一波的《民法》修正草案（包括伴侶制度、多人家屬制度及收養制度），以修改《民法》承認同性婚姻的婚姻平權草案也在2016年通過立法院一讀，但在立法及行政部門不願推動，社會上有反對動員下，該法案沒能往前推展。不過，2016年下半年另一波的婚姻平權倡議掀起極大的社會動員力，由同志運動及婦女團體所組成的婚姻平權大平台，[17]與台灣伴侶權益推動聯盟[18]是這波運動的主要推動者。至2017年大法官釋憲宣布禁止同志婚姻違憲的進展下，臺灣婚姻制度作為異性戀婚姻體制將可能被打破。

從1980年代至今有關婚姻家庭體制的漫長修正過程，不僅有些法令已經過多次修改或正經歷修改，所參與婦運及性別運動工作者，也橫跨兩到三個世代。在這個修法過程，改變的不僅是參與的團體及個人在性／別平等實踐路上的不斷學習與反思，也是將父權、夫權等價值從相關法令條文

17 2016年起所推動婚姻平權修法過程，幾個主要團體所成立的工作聯盟，包括同志諮詢熱線協會、同志家庭權益促進會、婦女新知基金會、及同志人權法案遊說聯盟，活動網頁詳見：http://equallove.tw

18 該聯盟始於婦女新知有關研讀各國同志婚姻等相關法案的讀書會，後獨立、成立運作，以推動同性婚姻、伴侶制度、家屬制度的修正法案為運動內容，活動網站詳見：https://tapcpr.wordpress.com

中去制度化，改以自由主義的自由平等價值來重新制度化的過程。在去制度化與再制度化相關法令的過程與成果中，建立與保障了臺灣社會能有實踐多元、平等親密關係的基本空間。相較於修法前，修法後的臺灣女人在婚姻中的經濟權、小孩撫養權、個體獨立性等都有法律上的保障，尤其在這些保障下，會讓離婚成為女人處於不理想婚姻狀態時的可能選項。本文前面討論點出，歷年來臺灣女性的離婚率持續增加，說明修法後對臺灣女人所開創出的，去制度化婚姻體制空間。此外，長期以來的修法與立法倡議，也可能啟發人們追求更多元、自由的親密關係，進而推動更進一步的法令與文化改革，如婚姻平權、伴侶制度、多元家屬制度、廢除通姦罪等倡議。

不過，從研究與實務上普遍發現，強調性別平等的《民法》修正，許多時候是無法對日常不平等的性別關係有立即影響，如臺灣大部分人至今仍從夫居、從父姓等。原因除了有執法過程欠缺性別意識外，對強調以中性化或自由協商來取代過去以父以夫為大精神的《民法》修正方向，是否能確實改變性別作為左右我們日常生活不平等的來源（陳昭如 2013），以及改變婚姻作為親密關係模式中相對「優勢」的制度，是很保留的。當法令條文已「平等化」關係，讓人們產生相應對的權利感，但當具體實施上卻無法兌現時，我認為反而會產生相對「剝奪感」，對制度本身產生質疑或甚至抗拒。臺灣女人對受修正後的《民法》所規範的婚姻制度，可能會產生這類似情感與認知，尤其是在有機會受高等教育、透過就業尋得經濟獨立，而且持續受性別平等運動論述的影響下，法令上雖已相對平等的婚姻制度，卻無法吸引許多臺灣女人進入婚姻。

二、法律改變作為去制度化的有限性

法律的平等只是保障人們權益的最低門檻，透過法律保障，來實踐平等多元親密關係的空間是必要的，但卻無法確保平等性與多元性能夠落實。其中文化或其他價值觀是阻礙多元關係實踐的重要因素。如子女姓氏在法律上雖已可變更為由父母共同協商而決定，但在父權為先的文化及社會氛圍下，自由協商往往等同於以父權為先（陳昭如 2013）。根據內政部統計，從2007年5月修法至2016年所有出生嬰兒中，95.35%都是從父姓，從母姓的只有4.41%，而從父姓的結果大都是由父母雙方約定而來（內政部 2017）。[19]又根據臺灣財政部統計，2016年女性聲請拋棄繼承遺產的比率為56.4%，遠高於男性的43.6%（財政部統計處 2017：16）；贈遺稅的申報人中，男性是61.5%，女性是38.5%，臺灣家庭財產的傳承仍普遍是傳子不傳女，或女兒分配到較少比率（財政部統計處 2017：17）。[20]說明在父權文化仍有相當大的影響下，以自由協商為平等基礎的立法、執法精神，在許多方面還是以父權為先，無法有效保障平等親密關係。

另外，臺灣漢人女性在家族祭祀儀式上的主體正當性仍很難被接受，就連在2015年，臺灣大法官針對僅有男性才有資格擔任祭祀公業派下員[21]所做的釋字第728號解釋，更是反應不只民間社會，司法執法上仍有很深的性別歧視。而漢人家族實作上，有未出嫁的女兒不能進入祖先宗祠以享祭祀，必須透過冥婚尋找夫家或是姑娘廟來另覓祭祀的傳統，這些傳統深深影響女性需要以異性戀婚姻身分生活在家族中的壓力。

多年來婦團對禮俗、傳統中的性別歧視現象，也多所倡議，希望改變女性在家族關係中的地位。婦女新知在2003年舉辦「從『孤娘』廟談祭祀的性別文化」清明節記者會，要求政府檢視習俗文化中的性別歧視。在2006年舉行「婚喪儀式性別檢視研討會」，邀請學校老師及社會教育基層人員參加研習、發展教案。2007年任教於東華大學的蕭昭君老師經過多年的爭取，成為蕭家宗祠第一位女性主祭，她的倡議爭取過程也記錄在臺灣

19 這期間由父母雙方約定小孩姓氏的，95.24%是從父姓，從母性者只佔1.67%。詳見：《中華民國105年內政性別統計分析專輯》，pp. 117-118（https://www.moi.gov.tw/files/site_node_file/7431/105年內政性別統計分析專輯.pdf）。

20 詳見：《105年度財政性別統計分析》（http://www.mof.gov.tw/File/Attach/75476/File_10707.pdf）。

21 祭祀公業本為昔日由設立人捐助財產，以祭祀祖先或其他享祀人為目的之團體，而具血緣關係且依所訂規約的標準選任出子孫為代表參與該財產的決策及使用收益者，即為派下員。即便大法官在釋憲文尾提到，祭祀公業條例獨厚男性的規定，應依CEDAW做出調整，但是過半數的大法官仍以法律及規約沒有違反《憲法》性別平等的保障，而宣告合憲。

性別平等教育協會製作的《女生向前走－牽手催生女主祭》紀錄片。2009年，婦女新知也在清明節舉辦「嫁出祭難返 未嫁葬難歸—推動性別平等的祭祀文化」記者會，同年也舉辦「女兒不如長孫？！－我們要性別平等的祭祀官制度！」記者會。2010年婦女新知繼續督促民政局重視所執行及管轄業務中的性別歧視禮俗，同時參與內政部喪葬禮儀就改進專案小組，透過直接與政府負責單位的倡議，希望能從制度設計上加入多元性別平等概念及儀式。2014年底，婦女新知再次於臉書粉絲頁上發起「初一回娘家打卡，無禁無忌，大吉大利！」運動，邀請大家身體力行女男平等，引起媒體關注並且協助宣傳。

這些運動在文化及制度上多少讓既有父權慣習受到質疑，但在缺少長期持續的倡議策略下，性別運動對以父權為價值又深刻影響婚姻、家庭生活的文化習俗的影響仍相當有限，傳統性別想像的文化習俗仍深刻影響許多臺灣人的親密關係。而且雖然臺灣性別運動倡議長期致力的法律改變，也累積許多成果，但司法體系的性別敏感性仍有許多需要改進的空間。如上述在從母姓或其他面向，法律修改與現實執行的差異，除了歸因於文化因素外，相關執法人員的性別觀念也會影響民眾使用法律的結果。這也是2017年司法國是會議，性別相關的法律人或性別團體要求將性別正義帶入司法改革的議程的原因。[22]

三、去制度化過程的爭議議題與倡議機會

透過社會變動以及持續的性別平等運動，婚姻家庭去制度化過程有些議題，引發相當的社會反對聲音，也造成改變的困難性；當然，若從倡議的角度來看，這些議題之所以有如此高的爭議性，也代表社會觀念與文化仍存有很不同的想像，也是性平運動所需要持續積極經營努力的部分。

---

22 余曉函，2017，〈司改國是會議將登場，婦團盼性別正義〉。中央社，http: // www.cna.com.tw/news/asoc/201708110081-1.aspx，8月11日。

（一）《刑法》通姦罪

臺灣是世界上少數仍以《刑法》懲罰婚外性的國家。《刑法》第239條規定：「有配偶者而與人通姦者，處一年以上有期徒刑，其相姦者亦同。」通姦罪在《刑法》法條上是男、女皆罰，看似性別平等，但臺灣社會對於男性婚外情的相對容忍，女性若對其配偶提出告訴，依告訴不可分原則，效力及於另一涉案者，不少女性會在第一審辯論終結前依法律所允許，對其配偶撤回告訴，但因為刑事訴訟法第239條但書，撤回效力並不及第三者，就造成一些女人以第三者身分繼續被告訴。而且臺灣社會對女人的性自主，尤其是對女人婚外情的不容忍，讓男人在對女人提出通姦罪的告訴上，較可能採取不原諒的態度。因而《刑法》通姦罪的存在，讓女人不管作為第三者或元配，都比男人更容易被定罪（徐昌錦 2006），成為阻礙或打壓女人情感與性自主的制度。

臺灣婦女團體內部對於是否推動廢除通姦刑事罪一直存有爭議，以致於大部分婦團對此議題不公開表達意見。反對廢除方認為，此法對目前在經濟與婚姻中處於弱勢的女性仍有保障可能，尤其在離婚協商上，可以此法「威脅」，讓男方願意在經濟上多「補償」其配偶。對有經濟能力的中產或上層家庭，尤其在外遇方會顧及公共名譽的考量下，通姦罪確實有可能是元配經濟協商的「武器」，但對許多勞動階層或經濟狀況不好的婚姻，元配既沒有經濟能力去提告訴，外遇方也很可能沒多餘的財產可分配給其配偶。通姦罪讓法律成為個人威脅的工具，在以男人外遇為多的狀況下，也是資產階級婚姻內女性的工具（在女性收入增高、外遇率增高的趨勢下，也會成為男人的工具）。贊成廢除通姦罪，則以情感自主及此法對女人的相對高比例的懲罰為由，其中婦女新知基金會是唯一長期倡議廢除通姦罪的團體。自1990年代起婦女新知基金會就開始討論此法存廢問題，2007年起，婦女新知針對廢除《刑法》通姦罪舉辦多場組織內部討論，及以婦女溝通平台方式，試圖說服其他婦團能支持廢除此法，並透過媒體論述希望取得社會支持。

2013年婦女新知基金會與尤美女立委聯合召開記者會，正式要透過立法遊說廢除《刑法》通姦罪，得到許多包括法律人的連署支持，並在同年

4月通過立法院一讀，不過此法的廢除在政府長期以社會共識不足為由，無法獲得進一步進展。倒是近年來婦團內部，對廢除此法相較於過去已較有共識。2017年的司法國是會議第五分組會議，通過廢除通姦罪的決議；不過法務部在回應司法國是會議決議中，完全不提此廢除通姦罪的決議，可看出政府對廢除通姦仍持不作為的態度。並且，臺灣社會在通姦罪已存在的前提下，加上專偶浪漫愛忠貞要求及女性在婚姻中相對弱勢的處境，許多人對廢除通姦罪存有不小程度的抗拒性。此外，近年來在反對平等多元親密關係力量興起後，廢除通姦罪的倡議往往被汙名化為提倡「雜交」、「亂性」。通姦刑事罪的存在，讓婚姻繼續成為仲裁臺灣人，「好」的性、「壞」的性，「好」的情感、「壞」的感情，與「好女人」、「壞女人」的分類汙名。以《刑法》來懲罰婚外性，不僅強化專偶婚姻制的神聖性，也強化婚姻體制的制度性特權。廢除通姦罪，以回歸民事來處理性、情感的多元關係，還是一條長期的倡議之路。

圖5-2 2013年3月19日，婦女新知基金會、尤美女委員辦公室聯合記者會：廢除刑法通姦罪：大老婆抓姦，破財被告又傷心，通姦罪懲罰了誰？

資料來源：婦女新知基金會。

（二）同性家庭權與性平教育權

雖然經過2017年司法院大法官解釋第748號釋憲，同性婚姻將以某種立法形式與內容成為可能，不過因為該釋憲仍將最後修法權留給政府的行政與立法機關，在反對方的強力反對同性伴侶養育小孩的適當性下，同志的婚姻權與家庭權的平權運動，仍將會是一個高度政治性議題。同時，反對方所積極動員的，還包括反對義務教育中的性教育與同志教育的實施，這將會剝奪往後世代在正式教育管道中的性與性平教育權利。為了因應反對性平教育力量的急速集結（尤其是2018年的公投案），由婦女新知基金會發起，聯合長期推動性平教育的台灣性別平等教育協會，與推動同志教育的台灣同志諮詢熱線協會，在2017春天開始籌備、尋找資源，在2018年5月正式成立「性別平等教育大平台」[23]的跨團體組織，希望以跨團體的力量，一起為性平教育權把關。

（三）親密關係中的暴力問題

《家庭暴力防治法》及《刑法》「妨害性自主罪章」在1990年代後期陸續實施後，讓親密關係中的暴力問題化與法制化，加上後來透過《性別平等教育法》所推動校園內的性別平等委員會，以除了一般司法管道外，學校也可以積極調查處理校園內的性騷擾與性暴力問題。也許這是為何自2017年起全球許多國家發生一波又一波的#MeToo運動時，臺灣國內相對較沒有引起大的回應。這不是說臺灣社會不存在性暴力問題，從這幾年來幾件高度爭議的性騷案與侵案的發生，可以看出性暴力仍是我們社會中的大問題。只是透過過去相關法令制度的建立，我們已有些基礎行政管道，在日常生活中處理相關問題，因而讓性暴力問題在臺灣沒有成為被悶住的熱鍋，一爆發就不可收拾，尤其如#MeToo運動在其他地方，常引起要求建立性暴力申訴制度的訴求。不過性暴力在臺灣仍是個普遍的問題，但#MeToo運動又沒有在臺灣引起跟進下，尤其是職場內的性別騷擾與歧視，也反應

23 性別平等教育大平台的臉書網頁：https://www.facebook.com/pg/twgeec/about/?ref=page_internal

臺灣社會仍然沒有建立起足夠友善的支持系統與文化，讓相關受害人覺得能站出來公開他們的經驗，而不會再次受傷害，能得到公平的法律與文化上回應。

在異性戀脈絡下的男對女的性騷擾與性侵害發生中，臺灣社會與司法體系往往要求女人要擔起抗拒與舉證暴力的責任，不符合社會對女性陰柔想像的女性當事人，常常被高度檢視與指責。因而，一些關注此議題的婦女團體如現代婦女基金會、勵馨基金會以及婦女新知基金會，都提出要將目前以要求受害當事人，要能舉證自己曾積極反抗來證實其受害經驗的"no model"，改為被指控的加害方，要能舉證自己的性行動是有得到對方積極同意的"yes model"。婦女新知基金會更在2017年起，透過密集的組織內部討論，擬出初步法條，進一步與司法界、學界、婦團的內部討論與溝通，接下來也計畫與社會大眾說明修法用意，計畫持續走向提出法條草案，進行國會修法遊說。

（四）單身權益

臺灣性別平等運動在親密關係的倡議上，如本文所討論，大都環繞婚姻體制及由此所組成的家庭中的性別權益議題。但臺灣是個婚姻已不再是人們生活的必然選擇與狀態，甚至沒在婚姻狀況中的伴侶或獨身狀態的人，已高於在婚姻狀況的比率。如何確認任何性取向、性別的人，不會因為自外於婚姻體制而不受保障是很重要的議題，但也是我觀察目前國內性別團體在倡議上相對沒著力的缺口。

單身絕非只是個暫時性身分，但卻時常要面對歧視、汙名。[24]單身所面臨的問題不僅是結婚與不結婚而已，尤其是單身女性要面對家庭內以及職場上的性別不平等，當女性被期待要負擔多數照顧工作時，單身女兒很

---

24 順應著少子女化的趨勢，鼓勵女性婚育這幾年成為政府重要施政方向之一。在臺灣，除了有各縣市舉辦未婚聯誼活動，以及發放生育津貼等措施；還有政治人物將不結婚的女性比喻成「國安危機」，仍將生育視為女性天職，不管政府或文化裡都有認為單身是問題、是需要消除的現象，進而以公共及社區資源要替單身者舉辦聯誼，將單身視為過渡的狀態及身分。

可能因為被認為不需負擔自己的家庭，而被期待要負起照顧年老父母，也可能因此中斷就業，進而影響自身的經濟安全。此外，臺灣社會普遍認為單身身分就是沒有親密伴侶，因而不在婚姻體制內的人的親密關係、性實踐、性認同，同時面對被汙名化與隱而不見的雙重性，他們的親密權在法律及文化層面上，都沒有被積極承認及保障。

因而，從法律層面如制定適用任何性取向的伴侶法，以制度保障不想或無法進入婚姻體制的伴侶關係就很重要。但追根究柢的做法，應該是要將公民權及福利保障與婚姻體制做切割（如生殖科技使用不以已婚姻身分為條件），承認親密關係建立及組成形式的多元性。雖然，過去婦女新知基金會與伴侶盟所提出的伴侶制度或多人家屬制度等主張，在近年來遭受反對婚姻平權團體的汙名，使得在推法或論述上的倡議空間都非常受限，但這也代表這些議題需要更大力的努力，是新運動議題開發的機會，更是打開多元親密關係圖像，需要面對的倡議。

（五）男性性平運動的急切性

女性主義論述所主導的性平運動，在臺灣已對女人與其他性別少數群體，開創出有別於主流父權的制度與文化想像，讓性別弱勢群體能夠有實踐多元親密關係的空間。不幸的是，在性別友善空間被撐大的同時，我們也看到不少生理男性，因為女性主義運動興起，對自已身為男人而享有的父權紅利的受損，感到威脅與憤怒，盡而強化其厭女情結與行動。親密關係的工作常是被劃為女人的工作，長期來，在推向多元、平等的親密關係變動運動中，男人是缺席的。現在，男人不只是在多元平等親密關係推動的運動中缺席。而且，不少男人因為面對在個人親密關係中的「失權感」，而彼此動員，凡而成為反對多元的力量。

以女性主義為基礎的男性運動，在一些社會已有幾十年的歷史，在臺灣，以性平為理念的男性運動發展卻幾乎沒有。親密關係是建立人的互動關係上，不管同性、異性或其親密關係型態，居人口組成一半的生理男性的理念與行動，絕對是影響親密關係走向的關鍵。因而，要建立多元平等的親密關係文化與制度，以性平為理念的男性運動的推展是必要的。

肆、討論

本章偏重從修法策略來討論有關性／別運動與平等親密關係間的關係，無意以此代表臺灣還有許多婦女團體及性別團體，長年從不同面向、議題切入，倡議性別平等的努力。但單從相關修法歷程，可看到我們當代親密關係若能往較多元及尊重的方向推動，是因為長期以來許多婦女、性別團體以及其中個人，以解構異性戀父權、夫權優先的性別平等運動所累積而成。

透過女性主義倡議，女人在異性戀婚姻家庭關係中的保障，已逐漸透過將原來支配婚姻家庭的父權價值從法律層次去制度化。《民法》修正是開拓親密關係中個人之所以能較平等協商的關鍵結構性資源及空間，沒有這些原以父權為價值的法令改變，民主協商就不可能。但協商的民主性單靠有些友善的法律是不足夠。異性戀父權邏輯仍支配我們的國家法令及其他政經體制，司法界在執法時的性別敏感度仍十分有限，讓法條及執法間產生落差。經濟、文化中的父權、夫權優先價值仍然深入臺灣社會日常生活的實作，不易撼動。大部分的臺灣（異性戀）男性將自己置身於性別平等運動之外，甚至因為權力受損，進而抗拒女性主義運動與論述。

從性別平等運動來看臺灣的婚姻家庭體制，一方面，體制中仍然存在相當僵化的某些性別秩序，以及社會反抗力量，這使得臺灣婚姻家庭還是個相對保守的體制。另一方面，因為異性戀婚姻體制仍受國家及文化的優先肯認，也有性別平等運動所開創出的已婚女性在婚姻中的保障空間，婚姻就成為是個社會保障的機制。這些糾結結構就形成女人進入異性戀婚姻，既受壓迫又受某些保障的現象。

此外，透過女性主義倡議，許多臺灣女性、性少數（尤其是年輕一代）在蓬勃的性別平等運動論述及性別平等建制化過程中，建立起他們的性別主體與性別平等權利觀（sense of rights to gender equality），進而期待自己在親密關係、在職涯發展上能得到更平等的對待。由此也就不難想像，為何一些女性延遲於或不進入婚姻體制。性平論述及運動讓她們更有性平權利意識，但婚姻家庭體制的去父權化深度又仍推展有限，這使得許多尤其是經濟上相對獨立的女性，會對異性戀婚姻對其親密關係與職場發展的可能負面影響更為警覺，也對進入婚姻體制更為謹慎及遲疑。

親密關係是受宏觀與微觀、個人與個人間的交織動力所形塑。從本章的討論，可發現當代臺灣親密關係的圖像，在婚姻家庭體制的去制度化及再制度化之間，呈現多方腳本相互交織競爭、衝突的不均質發展，而性別平等運動是影響結構的關鍵。要使臺灣社會的親密關係更走向多元、平等，性別平等運動除了從法律著手外，從性別、階級、族群等交織性切入的社會文化倡議，是非常重要的議程。並且除了從內部改變婚姻體制及以婚姻所建立的家庭外，如何讓親密關係的想像及實踐，不再與婚姻綑綁在一起，是臺灣性別運動極需開發耕耘，但也會面臨很大反對力量的倡議領域。

參考文獻

內政部，2017，《中華民國105年內政性別統計分析專輯》。臺北：內政部（https://www.moi.gov.tw/files/site_node_file/7431/105年內政性別統計分析專輯.pdf）。

——，2012，《100年婦女生活狀況調查》。臺北：內政部。

王曉丹，2006，〈臺灣親屬法的女性主義法學發展－以夫妻財產為例〉。《中正法學集刊》21:1-36。

尤美女、鄧家蕙，2001，〈我們需要一個公平合理的夫妻財產制〉。《律師雜誌》257: 3-4。

尤美女，2005，〈從婦女團體的《民法》親屬編修法運動談女性主義法學的本土實踐〉。《律師雜誌》313: 73-82。

——，2002，〈民法親屬編夫妻財產制暨其他施行法修正內容概述〉。《婦女新知通訊》241: 1-9。

——，2000，〈民法親屬篇修法運動與台灣婦女人權之發展〉。頁105-115，收入《1999台灣女權報告》。臺北：婦女新知基金會。

李元貞，2014，《眾女成城》（上下兩集）。臺北：女書文化。

林芳玫，2008，〈政府與婦女團體的關係及其轉變：以臺灣為例探討婦女運動與性別主流化〉《國家與社會》5: 159-203。

范雲，2003，〈政治轉型過程中的婦女運動：以運動者及其生命傳記背景為核心的分析取向〉。《臺灣社會學》5: 133-149。

財政部統計處，2017，《105年度財政性別統計分析》（http://www.mof.gov.tw/File/Attach/75476/File_10707.pdf）。

夏曉娟，2002。《流離尋岸：資本國際畫下的「外籍新娘」現象》。臺北：臺灣社會研究叢刊。

徐昌錦，2006，《通姦除罪化：案例研究與實證分析》。臺北：五南。

陳昭如，2013，〈還是不平等——婦運修法改造父權家庭的困境與未竟之業〉。《女學學誌：婦女與性別研究》33: 119-170。

——，2010，〈婚姻作為法律上的異性戀父權與特權〉。《女學學誌：婦女與性別研究》27: 113-199。

晚晴、婦女新知，1994，〈牽手出頭天 修法總動員 修正民親屬編萬人大連署連署書〉。《婦女新知通訊》142: 29-30。

楊芳婉，2001，〈民法親屬編夫妻財產制修正之回顧與前瞻〉。《律師雜誌》257: 15-43。

楊靜利，2004，〈同居的生育意涵與同居人數估計〉。《臺灣社會學刊》32: 189-213。

新知工作室，2001，〈募款餐會部分——專案部分〉。《婦女新知通訊》224、225: 3-4。

——，1994，〈女人幫助女人——民法諮詢熱線的意義與成果〉。《婦女新知通訊》151：3。

簡文吟、伊慶春，2001，〈臺灣家庭的動態發展：結構分裂與重組〉。《人口學刊》23: 1-47。

劉毓秀，1995，〈男人的法律，男人的"國""家"，及其蛻變的契機：以《民法》親屬編及其修正為例〉。《臺灣社會研究季刊》20: 103-150。

Anderson, Bonnie. S., & Zinsser, Judith. P. 1988. *A History of Their Own: Women in Europe from Prehistory to the Present*. New York: Harper & Row.

Cherlin, Andrew J. 2004. "The Deinstitutionalization of American Marriage." *Journal of Marriage and Family* 66 (4): 848-861.

Giddens, Anthony. 1992. *The Transformation of Intimacy: Sexuality, Love and Eroticism in Modern Societies*. Cambridge: Polity.

Jamieson, Lynn. 1997. *Intimacy: Personal Relationship in Modern Societies*. Cambridge: Polity.

Mill, Stuart John. 1988. *The Subjection of Women*. Cambridge, MA: Hackett Publishing Company.

Shen, Hsiu-hua. 2014. "Stay in Marriage across the Taiwan Strait: Gender, Migration, and Transnational Family."Pp. 262-284 in *Marriage and Family in Cosmopolitan China*, edited by Deborah Davis and Sara Friedman. CA: Stanford University Press.

——. 2005. "'The First Taiwanese Wives' and 'the Chinese Mistresses': The International Division of Labour in Familial and Intimate Relations across the Taiwan Strait." *Global Networks* 5(4): 419-437.

Seidman, Steven. 1991. Romantic Longings: Love in American, 1830-1980. London: Routledge

Wollstonecraft, Mary. 1792. *A Vindication of the Rights of Woman: with Strictures on Political and Moral Subjects*.

Woolf, Virgin. 1929. *A Room of One's Own*. New York: Harcourt, Brace and Company.

第六章
桃花爛漫始抬眸：臺灣同性婚姻法制化運動

林實芳
國立臺灣大學法律學系博士生
婦女新知基金會董事
維虹法律事務所律師

本文完成感謝包含但不限婚姻平權大平台等各團體於議題的推進，特別感謝婚姻平權大平台、婦女新知基金會、台灣同志諮詢熱線協會、台灣同志家庭權益促進會等工作夥伴提供資料及接受諮詢。本文初稿發表於2017年台灣女學會年會，感謝指導教授陳昭如，吳嘉苓、王兆慶、王舒芸、劉晏齊與所有與會者提供的寶貴意見。作者並受惠於兩位匿名審查人的評論意見。亦感謝劉侑學等細心協助校對。惟文中若有錯漏之處，一切文責概由作者自負。

壹、前言

2017年5月24日，司法院釋字第748號解釋出爐，宣告現行《民法》未保障同性別者締結婚姻，違反《憲法》保障婚姻自由及平等權之意旨。要求政府二年內立法，否則期滿時，同性別之二人即可依《民法》至戶政事務所登記結婚。確立臺灣同性婚姻法制化運動的重大里程碑，明確宣告性傾向歧視屬於憲法平等保障範圍，政府也擔負在期限內完成同性婚姻法制化的責任。本文所討論的同性婚姻法制化運動，只是同志運動眾多議題之一，但也是重要的一步。縱觀臺灣同志運動歷程，「去汙名」與「被看見」的兩大主軸常於各種議題中揉合出現（簡家欣 1997：5），運動發展早期較側重對抗歧視的「去汙名」路線，同性婚姻合法化的「被看見」路線，則是在整體同志運動發展後期，才慢慢從附隨的議題伏流，一躍成為舞臺上的主角。

圖6-1　2017年5月24日司法院釋字第748號解釋公布時群眾集會照片

資料來源：婚姻平權大平台。

分析臺灣同婚運動，無法割裂性別運動發展。Waaldijk（2000）研究西歐各國爭取同性婚姻歷程，發現各國常先處理同性性行為去刑罰化，繼而建立針對性別、性傾向的反歧視法制，再給予同居伴侶法律保障，同性婚姻法制則常是運動成果積累過程較後期的發展。[1] 臺灣因為法律歷史機受偶然，自1895年刑法即不處罰非強制之同性性行為；1999年《刑法》修正後，同性及異性的性侵害也已一視同仁（林實芳 2008：86-93）。2004年《性別平等教育法》、2007年《就業服務法》、2008年《性別工作平等法》（婦女新知基金會 2012：46-47、99-100）、2017年《長期照顧服務法》都有禁止性傾向歧視的明文。[2] 2007年《家庭暴力防治法》中也明文納入對於同居伴侶的保障（陳昭如 2010：139）。《人工生殖法》雖然僅限不孕的「夫妻」方可使用，但《民法》的收養制度並不排除單身收養。婦運過去對《民法》親屬編中夫、妻地位不平等的挑戰及趨向性別中立化的修法運動（陳昭如 2005），雖然尚未徹底挑戰婚姻作為異性戀霸權及特權的地位（陳昭如 2010：153-154），但已經為同婚法制化運動大致鋪平性別相異或相同之二人，皆可以平等適用《民法》規定的障礙。

臺灣因為婦運過去在立法場域所獲得的性別平等倡議成果，一直係東亞各國中對於性別平等較為友善的國家，也是東亞地區最有可能達成同性婚姻法制化的國家之一。楊婉瑩（2006：69）曾分析臺灣1990年代以來的性別法案推動歷程，分析推法結果、歷時、難易的關係，區分性別法案運

1　此一說法出自Waaldijk（2000）早期觀察西歐同性婚姻法制化的分析，但也可以再行思考選用哪些「法制指標」的適當性。也許單身收養或是女性單身使用人工生殖法制的承認係更重要的法制指標，如西班牙、英國的英格蘭、蘇格蘭地區等，都是先承認單身收養及使用人工生殖，讓社會看見同志收養、生育子女的家庭現實，才在法制上正式承認同性婚姻。或是不少歐洲國家在人工生殖的相關法制上，原本就不限於婚姻中夫妻，而是單身、或長久穩定關係者，即可使用，歐洲法制比較可參Präg與Mills（2017）。另特別提醒，早期西歐國家就算承認同性婚姻的法制化，同性婚姻配偶及子女的關係並不當然與異性婚姻一致，參見Waaldijk（2005）。

2　特別說明「性傾向」明文雖始於2004年《性別平等教育法》，但性別歧視本就包含性傾向歧視，所以其實1947年《憲法》第7條保障不分性別平等權、1992年《憲法增修條文》第10條明定消除性別歧視、促進兩性實質平等、1992年《就業服務法》第5條、2002年《兩性工作平等法》禁止性別歧視，都已是消除性別歧視的法源。2002年臺北市兩性工作平等委員會已有針對性傾向歧視申訴成立之案例，2004年「性傾向」明文入法，只是將實務案例明確化而已。

動為競爭性多元主義、統合多元主義、以及自由統合主義三種模式。[3] 同婚運動在不同草案階段，也有不同的團體合作模式與政府關係的差異。再加上原本在前一階段已獲成功的《性別平等教育法》，也因為同婚的反制運動（counter movement）[4] 興起而重新被捲入，值得反思當初較容易推動的「自由統合主義」立法歷程，是否也對現在同婚運動面臨的反制運動帶來影響。臺灣同性婚姻法制化運動曾經在2012、2013年有過一波重要的立法推進，但功敗垂成。[5] 因此，本文試圖詢問臺灣同婚運動為何在2016、2017年獲得此一階段性的成功，和之前的運動階段比起來承繼什麼樣的遺緒？又遭遇什麼樣的反制？2016年時的政治、法律機會結構[6] 是否不同？

---

3 楊婉瑩（2006）分析臺灣1990年代以來的性別立法，從國家與社會團體的關係，分析不同權力結構模組中的政策領域環境、制度安排、團體結盟與代表性等變項。競爭性多元主義指不同性質團體競爭激烈、政府部門間對立不一致、團體與國家關係較為衝突時，推法難度較高，如《性別工作平等法》。統合多元主義則是有複數有主從關係的團體，政府部門間是分配權責，團體以非正式管道參與立法歷程，如《家庭暴力防治法》。自由統合主義則是複數團體代表融入政府委員會形成共識、政府又是單一部門窗口、團體與國家又採取積極制度性合作，推法歷程就會最為快速且順利，如《性別平等教育法》。

4 Meyer與Staggenborg（1996）重新與政治機會結構理論對話，提出一般被認為是反撲的保守行動，其實也是一種反制的社會運動。運動與反制運動間不但會互相借鏡運動策略，也會競逐並創造彼此面對的政治機會結構。臺灣同婚運動以及反對同婚運動間，很適合以反制運動理論加以觀察。陳昭如（2014）也提醒如果只單純把真愛聯盟運動或是守護家庭運動的支持者反智化，也可能使同婚運動者在情感動員下，忽略運動論述本身的可能盲點。

5 簡至潔（2012：195）認為此時的運動突破係因為「台灣伴侶權益推動聯盟」（下稱「伴侶盟」）提出「多元成家」法案：首先，成功整合婦女團體與同志團體的不同關心，擺脫婚姻權伴侶權二擇一的困境。其次，以三套法案在爭取婚姻權的同時，仍保持批判婚姻的運動立場。第三，具體提出可供社會討論的伴侶法草案。許秀雯則也特別標示伴侶盟此時的推法運動為「多元家庭」運動，標誌其與過去婦女運動相關但獨特的開創性（Hsu 2015: 154-156）。不過其間提到的團體組合後續2016年運動時也有變動，加上伴侶盟也自許為對政治人物保持比婦運更高的自主性（Hsu 2015: 156），也揭示婚權運動不同時期中團體與國家關係的不同情形，詳下2012年間同婚運動的討論。

6 社會運動理論常以政治機會結構的改變分析社會運動的消長，Ellen Ann Anderson（2004）則進一步分析美國同志運動的法律動員，提出法律機會結構概念，來解釋Lambda Legal等組織同志人權訴訟運動的個案選擇、訴訟過程及立法策略，以及最後的結果。臺灣同婚運動歷經2012年及2016年的政黨輪替，立法及司法策略的交織，亦可以政治及法律之機會結構轉變加以分析。

運動本身又有什麼樣的構框（framing）[7] 改變或是路徑的轉變？釋憲後未竟的運動困境又為何？

本文分析同婚運動立法歷程中國家與社會團體的關係後發現，強大反制運動興起的影響下，同婚運動也出現構框改變（從「多元成家」到「婚姻平權」）及擴大團體合作與路徑多元化（從主要在立法到司法、立法併行）的現象，加上政治、法律機會結構的轉變（立法院從藍綠對抗變成世代差異、司法院大法官組成改變），整體運動戰線目標集中、動員變廣，也使得2016、2017年同婚運動呈現沛然難禦的運動能量。但是強大的反制運動也形成新的利益團體鬥爭情勢，加上政府機關內部的意見不一致，接下來的立法歷程應該會在憲法解釋所設定的可預見框架下進行，但仍存有隱憂，如何不讓「子女最佳利益」成為反對同性婚姻成立父母子女關係的藉口，持續檢討獨尊婚姻內生殖與特權的婚姻至高主義（marital supremacy），[8] 或許是將來同婚法制化後性別運動仍需繼續努力的方向。

貳、衝波潛伏大江中：1995年至2010年的同性婚姻討論

1995年因為婦運《民法》親屬編修法的法律動員，同性婚姻議題也曾短暫浮上發聲。在此之前，同志個人向政府去函或請願要求結婚或公開舉行婚禮等，都曾零星出現於媒體報導，但仍少見以團體進行要求法制改變的法律動員行動（林實芳 2008：183-188）。1995年婦女節，婦女新知基金會（下稱婦女新知）與晚晴協會正式合作完成的「新晴版民法親屬編修

---

7 Snow等人（1986）為能夠更細緻看見微觀動員與運動參與的結構，提出構框調整取徑（frame alignment process）理論，分析特定的社會運動使用何種價值或說法，以何種構框（framing）來喚起參與者的運動意識及進行運動動員的行動。同婚運動在2012年與2016年的運動目標相同，但2012年與2016年時社會溝通主要使用的運動口號及構框，卻有因應各自的社會時勢及反制運動策略而有所轉變，很適合以構框理論進行分析。

8 Mayeri（2015）使用婚姻至高主義（marital supremacy）指稱在法律制度中，特別給予婚姻制度排他性的特權地位，而在法制上排斥、貶抑非婚家庭及婚姻外生殖的情況，如司法院釋字第647號解釋認為婚內贈與免稅之婚姻特權合憲。目前臺灣法律中因為婚姻關係或配偶地位而來的婚姻特權，可參照陳昭如（2010）整理附表，但婚姻特權及婚姻至高主義是否有其必要及正當性，值得運動反思。

正草案」送入立法院（婦女新知基金會 2012：143-145）。但當時即有作為婦運同盟的女同志為文反思，該草案是否只處理男女不平等，但並未處理《民法》中看不見同志的問題（魚玄阿璣 1995a）。同志團體後續組成「促進同性戀人權小組」，於6月趁勢召開記者會，訴求應以《民法》或特別法保障同性婚姻（倪家珍 1997：133-134）。惟此時同運團體因內部運動能量不足，該「促進同性戀人權小組」（及後續的「同性戀人權連線」）於10月間即已解散（魚玄阿璣 1995b），同性婚姻議題仍暫停在發聲倡議，未成為優先的同志運動動員議題。1995年後，各運動組織主要積極努力爭取去除對同志的汙名和人權侵害等議題，雖有零星記者會倡議同志也需婚姻制度的平等保護，但同性婚姻議題未有太多實質進展（林實芳 2013：37-38）。[9]

2006年，因為性傾向反歧視條款立法院修法討論熱烈進行，同性婚姻法制化的草案也第一次在立法院被短暫提出。2004年因為台灣性別平等教育協會、婦女新知、台北市女性權益促進會、台灣婦女團體全國聯合會、台灣女性學會、台灣同志諮詢熱線協會（下稱熱線）等團體協助葉永鋕案，《性別平等教育法》明確把「性傾向」及「性別特質」等字句入法（婦女新知基金會 2012：99-100）。熱線人權小組再於2006年間積極進行立法遊說，希望讓「性傾向」等字詞也能明確在《就業服務法》出現。透過友善立委的提案與立法院公聽會，輿論也傾向認為尊重同志及促進性別平等是進步價值，應保障同志工作權。[10] 蕭美琴委員辦公室也趁此聲勢，2006年提出《同性婚姻法》草案。但因該草案條文內容由蕭美琴委員辦公室主擬，參考當時少數已通過同性婚姻合法化的國家之條文，未能進行細

9 2001年雖有法務部《人權保障基本法》草案及嗣後2003年經總統府人權諮詢小組修改後的《人權基本法》整合版草案提及同婚，但僅是架構宣示性條文，較難謂實質的立法進展。

10 當時《就業服務法》順利通過委員會初審後，在新聞上也可以看見此一階段性的成功，引來宗教背景反制運動的「尊重生命大聯盟」動員抗議（林實芳 2008：139）。性別運動團體和反制宗教團體關於同志權益議題在立法場域相互的動員，也可以看見Meyer與Staggenborg（1996）所說，運動與反制運動會互相參考對方運動策略的「互動劇碼」（tactical repertoires）重覆上演。

緻的法律動員，[11] 在程序委員會即遭封殺。

對比《同性婚姻法》草案在立法院的短暫提出，運動團體也試圖彼此結盟，在內部進行更細緻的制度討論和立法研擬。2005年，新知邀請團體及專家學者成立「多元家庭小組」，討論挑戰婚姻霸權、看見多元家庭，準備研擬不分性傾向的《同居伴侶法》草案以保障同居、同志等非婚家庭的需求（黃嘉韻、曾昭媛 2006）。新知也分別於2006年舉辦「破解傳統家庭差別待遇：多元家庭的修法觀點」、2008年舉辦「親密想像、多元未來：同居伴侶法之修法方針」的團體溝通平台會議，邀請其他團體及友善立委，討論關於多元家庭的其他立法可能（林實芳 2013：39-40）。[12] 2009年新知擴大此一多元家庭小組，參與團體正式組成伴侶盟，[13] 研擬修法草案，也透過電影巡迴、故事收集、擴大律師連署結盟等方式，進行更多元的動員及倡議活動。2011年間，伴侶盟內部完成包含同性婚姻、伴侶、家屬之《民法》修正案的「多元成家」條文研擬（Hsu 2015），正式對外舉行記者會並對合作團體展開全國巡迴說明會。2012年伴侶盟也積極利用總統、立委選舉的政治機會，積極進行遊說及承諾簽署運動，獲得包括蔡英文總統候選人在內對於不分同異性都可使用的伴侶制之承諾支持；同年，伴侶盟正式立案（簡至潔 2012：194-195），也引領2013年多元成

11 如當時《同性婚姻法》草案中的結婚年齡與《民法》異性婚姻的結婚年齡並不一致，恐不符合《憲法》平等原則。

12 本人作為新知的民法熱線志工及參與修法運動的法律人，曾參加新知此兩次的團體溝通平台會議和多元成家小組的內部讀書會。嗣後也因為參與多元成家小組，參與後續伴侶盟的成立及2011年伴侶盟內部多元成家《民法》草案的起草及團體討論。也任伴侶盟律師團一員，協助2011年性別平等教育協會的教師控告真愛聯盟詆毀教師手冊內容之訴訟。惟2012年2月起本人因接任新知秘書長，淡出伴侶盟，續以新知秘書長身分參與立法院的《民法》修正案公聽會及運動。2016年則係以新知董事之身分，參與婚姻平權大平台與尤美女委員辦公室的2016年版《民法》修正案起草及討論。婚姻平權大平台係於2016年底，由共同工作的熱線、同志家庭權益促進會（下稱同家會）、新知、同志法案遊說聯盟、酷摩沙獎、基本書坊等團體共同組成，積極進行同婚運動的立法遊說及社會溝通。

13 伴侶盟在2009年成立時，團體成員包括新知、熱線、同家會、同志同光長老教會、女同志拉拉手協會、台北市女性權益促進會等。後來2012年正式立案時，伴侶盟的理監事成員則分別來自新知、熱線、同光、青少年性別文教會等團體的個人及其他個人會員。新知、熱線、同家會並未以團體身分加入伴侶盟，而是嗣後於2016年與前註之其他團體共同組成婚姻平權大平台。

家法案之立法運動動員。

參、疑是桃花初破浪：2011年至2014年的反制運動動員

臺灣民眾對同志議題的支持度，隨性別平等教育推行與社會變遷，明顯上升，但仍有相當的世代差異。據中央研究院社會變遷調查，臺灣民眾支持同性婚姻的比率，已經從1991年的11.4%，大幅攀升到2012年的52.5%，以及2015年的54.2%，穩定上升。[14] 交叉比對受調查者的教育程度、性別、年齡、宗教等，更可發現高教育程度者比低教育程度者、女性比男性、越年輕的世代比年長的世代更支持同性婚姻，有基督教（含基督新教及天主教）信仰者明顯比其他信仰者不支持等現象。但越年輕的世代中，不同教育程度影響支持的比例逐漸減少。[15] 此現象應與前述臺灣在2000年代各式性別立法的蓬勃發展有關，特別是2004年《性別平等教育法》正式通過，目前20至25歲正好是國小、國中等義務教育階段開始接受性別平等教育的世代。同性婚姻法制化運動在2012年後的發展，可以說是順勢而起。

不過性別運動的成功，也促使原本處在優勢既得利益者位置的反制運動，因受到威脅而崛起。Meyer和Staggenborg（1996）認為當運動獲得初步成功、威脅到既存利益、反制運動方又存在有精英結盟的現象與贊助者時，反制運動即可能趁勢興起。2011年的真愛聯盟反制運動，主要戰場即是《性別平等教育法》的反性傾向歧視保障，以及在《性別平等教育法施

14 參見瞿海源（1999）、章英華等（2013）、傅仰止等（2016）臺灣社會變遷基本調查計畫執行報告。1991年以後其他年份的調查，並未問及同性婚姻的問題，故無從比較。另2009年宗教組的社會變遷調查雖然也有問及對同性戀的態度，但其問題較類似世界價值觀調查中詢問的「同志寬容度」，問題為：「同性成年人之間（男人與男人，女人與女人）的性關係呢？」選項則為：「一定不對、大部分時候都是不對的、只有在某些時候是不對的、完全沒有不對、無法選擇」，回答某些時候不對及完全沒有不對的比例為26.9%，參見傅仰止、杜素豪（2016）。臺灣社會對於同志友善度或是同性婚姻議題支持與否的黃金交叉，推測應出現在2010年代初期。

15 農夫，2017，〈誰支持同性婚姻？從出生世代與教育程度觀察〉。白經濟TalkEcon，https://talkecon.com/homosexual_social_change/，2月7日。

行細則》中被提及的「同志教育」。楊婉瑩（2006）指出《性別平等教育法》的立法歷時較短，2001年教育部內部草案完成後，2004年即正式立法通過。與之前民間主導提出草案的修法路徑不同，係行政單位積極動員國家行政資源，委託教育部內之性別平等委員會草擬法案，運動團體及國家行政機關處於良好共同協力關係的「自由統合主義」立法模式。期間舉辦的多場焦點座談及公聽會的參與人員多是教師，立法過程也未存在明顯對立的其他利益團體，未引起媒體、家長或是反制運動的注意與抗爭，立法過程較早期的其他性別立法更為快速順利。楊婉瑩（2006：70）研究中更有不少訪談者樂觀表示，民間團體進入政府委員會，可以更「借力使力」、「用像《性別平等教育法》的立法方式才是正辦。」

但也可能因此埋下反制運動和保守勢力，容易循相同行政途徑快速回防的隱憂。性別平等教育及同志議題在教學現場的落實，本身就必須挑戰既有觀念較保守、不瞭解同志的中年世代教師的性別意識覺醒，[16] 加上性別平等教育的融入要求或是外掛時數，也會影響學校內本來品格教育或是家庭教育對教學時數及內容的話語權。2011年具有宗教背景的「真愛聯盟」集結家長等群眾及律師、財團主的力量向民意代表及政府機關施壓，成功更改國民中小學九年一貫課程綱要性別平等教育重大議題當中關於「性取向」的能力指標（婦女新知基金會 2012：110）。因為真愛聯盟猛烈攻擊《性別好好教》、《我們可以這樣教性別》、《認識同志》三本教師手冊，要求修改對包括同志、同居等非婚「多元家庭」[17] 的包容，教育部將三本教師手冊從網路下架，《性別好好教》、《我們可以這樣教性

16 李淑菁（2011：74-76）指出性別平等教育落實在學校場域時，常常面臨學校裡既有行政結構仍然很父權、多數教師本身性別概念偏向形式平等、又與女性主義脫勾等困境，各校實際落實情況不一，十分仰賴第一線基層教師的性別意識。且性別平等教育論述中，同性戀議題常常被隱形，教師本身因為其年齡、性別、宗教背景的影響，有許多對同志的誤解及汙名。甚至李淑菁訪談中就有教師認為，「兩性教育」被改為「性別教育」就是在「推同志」，造成「學生性別混淆」，十分不滿。

17 本來在這波被攻擊的性別平等教材中，「多元家庭」此一概念是指涉一切單親、繼親、隔代教養、新移民、未婚同居的家庭等，但在真愛聯盟運動宣傳中，「多元家庭」被限縮指為是「男男婚、女女婚、性愛分離伴侶等」家庭，關注的構框焦點被移到同性婚姻及同居等非婚家庭，可以看出護家反制運動本身的「婚姻至高主義」傾向，嗣後亦影響婚權運動構框朝此傾斜。

別》的內容也被要求修改（王儷靜 2013）。反制運動也試圖派出專家學者加入教育部性別教育委員會影響政策，《性別平等教育法》在通過七年後，遭遇自稱來自基層家長及社會大眾的強大反制運動。

真愛聯盟運動的「反多元成家」構框及組織動員，也係之後同婚反制運動的操兵策略預演。Fetner（2008: 122-128）研究美國同婚運動與宗教右派保守組織的互動，指出雙方在構框、資源動員、組織、情感動員、運動策略都會互相增強、互動，也會進一步引起社會大眾對議題的熱度及關心。2011年興起的真愛聯盟運動、2013的守護家庭運動，雖然原本係以基督宗教為中心，但在運動構框上成功擴張汙名男同志的「恐病」及針對未成年人的「恐性」語言，動員社會上廣大對於同志較欠缺了解且持反對態度的中年世代，對同志的汙名也透過社交媒體重新流竄。但真愛聯盟運動也因為重新激起同志族群的動員情感，擴大性平教育及同婚議題在社會上的討論熱度及可見度。

2012年間，同婚議題也隨同志個案現身結婚的回應行動，達到聲勢的高峰。六月，男同志敬學及阿瑋向戶政要求結婚登記遭拒，提出訴願及行政訴訟，並難得獲得臺北高等行政法院法官准許引入友善的專家鑑定證人出具意見書，法官也考慮停止訴訟、聲請大法官釋憲。[18] 八月，同家會的成員，美瑜與雅婷，也在昭慧法師的主持下，舉辦女同志佛化婚禮，獲得國內外媒體好評報導（陳悅萱 2012）。

立法院中同婚法制化運動也達成歷史上的新成就。尤美女立委為聲援敬學案行政訴訟，2012年12月於司法及法制委員會召開公聽會，[19] 同婚法

18 這並不是同志運動者首次透過司法途徑爭取同婚權益，2000年已有祁家威個人的多次叩關行動。但敬學本身作為公關專業的背景優勢，以及此時社會討論同婚議題的媒體關注熱度較高，遇到的行政法院法官較為開放友善等因素，都讓敬學案獲得更佳的媒體聲量與討論。惟後來敬學在諸多考量下自行撤回訴訟，使得釋憲案未成案。

19 之前同性婚姻議題雖然也曾經在立法院的公聽會被討論，但都只是立法委員個人舉辦的公聽會，僅有委員會層級舉辦的公聽會才會被正式載入《立法院公報》。另外因為立法院議事規則規定，必須有相關的法案正在委員會審議，委員會才可以召開公聽會。尤美女委員詢問伴侶盟，但伴侶盟表示尚不願提早將草案送進立法院，尤美女委員辦公室為召開公聽會，因此自行在2012年底提案一個僅有簡單三條的《民法》同性婚姻修正案版本送入立法院。

案達成史上首次進入委員會的里程碑。公聽會除討論同性婚姻的法制化，也兼及對同居等非婚家庭的保障，也有基進地質疑婚家體制必要性的運動團體出席（立法院公報 2012：313-335），議題仍有眾聲喧嘩、友善討論的空間。對比2013年守護家庭反制運動興起後，立法院公聽會發言變得壁壘分明。因為反制運動發言係極化地完全拒絕同志進入婚姻，支持同志的運動團體也只能更為防衛性地捍衛既有《民法》婚姻體制，而難以挑戰婚姻至高主義。[20]

不過2013年伴侶盟公布其《民法》的三合一草案，遭到反制運動成功動員壓制其「多元成家」的構框，同性婚姻運動在立法場域陷入泥淖。2013年9月伴侶盟透過每週公布的52位明星連署暖身，[21] 以及在凱道辦桌的創意造勢活動，正式公布包含「婚姻平權」、「伴侶制度」及「多人家屬」三套法案的「多元成家」《民法》修正草案，也讓「多元成家」成為此時同婚運動的代稱。但草案中伴侶及多人家屬部分，馬上被臺灣宗教團體愛護家庭大聯盟（下稱護家盟）打為亂倫、多P合法化，真正目的是要「性解放、濫交、雜交」（任秀妍 2014：21），其實是「同志性解放」法案（林永頌、施淑貞 2014：16）。或許是因為同時推三套法案的戰線過廣，加上真愛聯盟2011年運動中就已成功操練的「反多元家庭」構框發酵，反制運動成功壓制「多元成家」構框，與伴侶盟合作的鄭麗君委員最後也僅提案使同性婚姻合法化的《民法》修正案，伴侶制度和多人家屬部分草案從未提案進入立法院。

雖然如此，伴侶制度及多人家屬草案卻成為護家盟等反制運動團體主要的攻擊焦點。護家盟的陳情電話動員，成功癱瘓曾經支持或對同志表示友善的立法委員辦公室。反制運動人海戰術對立委的電話施壓相當成功，使得許多民意代表視多元成家議題為燙手山芋。就連伴侶盟同性婚姻草案

20 此種情形也曾經在加拿大國會審議同性婚姻法案時出現，參見：Young and Boyd（2006）。

21 參見：「伴侶盟百萬連署每周大明星」粉絲專頁：https://www.facebook.com/weallsupporttapcprdraft。因為有許多演藝經紀工作人員積極協助伴侶盟，擔任志工或理事，成功動員許多演藝人員發聲支持運動。

中把「男女、夫妻、父母」等法條用語，全部一一改為中性的「雙方、配偶、雙親」的立法方式，都被反制運動重新構框為「『無父無母、無夫無妻、男女不分』的民法」（林永頌、施淑貞 2014：13，引號為筆者所加），成功動員社會對於家庭制度被改變或消滅的焦慮。同年11月19日，立委鄭麗君召開同性婚姻公聽會，雖然會中護家盟代表任秀妍律師關於收養子女的失言（「不是自己生的孩子怎麼會愛他」）引來社會反感，但雙方連立法院中僅有同婚法案等的基礎事實及「恐性」、「恐病」的同志汙名都無法溝通，[22] 對立態勢已然形成。

本來與統獨立場無關的同婚議題，卻在立法院呈現藍綠對決的態勢。2013年11月30日護家盟舉辦的凱道遊行成功展現動員實力，許多中國國民黨（下稱國民黨）籍立委在2014年的地方選舉前，樂意積極表態反對多元成家法案。公聽會中國民黨團邀請之專家亦多發言傾向反對多元成家。立法院第八屆委員中國民黨籍立委仍為優勢多數，同婚法案雖然於2014年底在委員會進行法案詢答，但隨後即因出席人數不足的程序議題遭封殺。法務部代表也從2012年底公聽會尚表示對同性婚姻法制化樂觀其成（立法院公報 2012：335），到2014年見風轉舵表示：社會對此議題尚有重大歧見、同志家庭不符子女最佳利益、《民法》不承認同性婚姻並不違憲（立法院公報 2014：297）。反制運動熟練地進行立法場域的法律動員，封殺同婚議題在立法院取得進一步發展；同婚運動只好改變運動構框、求取策略路徑的多元化，以等待政治機會改變的再起機會。

---

22 如林永頌、施淑貞（2014）在《全國律師》之文章，引用美國備受爭議的社會學家Regnerus之研究，表示同性戀婚姻的子女更常被父母或是兒童照顧者不當性接觸或性侵害。但2013年美國最高法院在審理United States v. Windsor案時，美國社會學會及美國心理學會等都已出具法庭之友意見書，嚴厲指責Regnerus研究違反研究倫理且內容錯誤（Perrin et al. 2013、李怡青 2014）。但美國2013年的學術討論，並未讓臺灣2013年及2014年反制運動的運動者，重新檢討其引用資料的學術信度及效度。另外2015年Cheng和Powell重新利用Regnerus文章中所使用的資料，進行基礎的統計除誤及符合研究目的的資料界定，得出與Regnerus原本研究完全不同的結果，統計分析發現：同性伴侶家庭教養之子女，與一般異性伴侶家庭教養之子女沒有差異（Cheng and Powell 2015）。由此亦可看到美國社會學界透過參與最高法院訴訟及學術生產進行運動辯論，以及臺灣反制運動與美國反制運動論述資料的高度互通性。

2014年6月，曾任大法官的許玉秀鑑於當時司法院大法官動能低落，[23]失去大法官活化《憲法》條文及作為憲法基本人權捍衛者的角色，因此舉辦民間之憲法模擬法庭。除遵循《大法官審理案件法》，邀請社運團體參與言詞辯論，更引進國際憲法訴訟常有的法庭之友意見書程序，增加民間團體參與的機會。首屆題目就是同性婚姻。[24]模擬大法官們經言詞辯論及審理後，判決現行《民法》未保障同性婚姻違憲，應給予同性伴侶依《民法》結婚並收養子女之權利，並將判決理由書全文刊載於《法學雜誌》（不著撰人 2014），亦可視為運動並行立法、司法途徑的前哨準備。

肆、桃花渡水出山中：2015年後的新政治法律機會結構

2014年同婚議題受藍綠對立影響，多數立委選擇不表態。面對此一中央立法路線的沉默僵局，同志運動團體試圖重啟司法訴訟路線及進行地方政府動員。伴侶盟在七夕前夕號召同志伴侶集團向戶政登記結婚，其中三對女同志伴侶的訴願案，即是後來司法院釋字第748號解釋臺北市政府聲請釋憲的原因案件。祁家威也另外經伴侶盟協助提起釋憲聲請。另外，同家會也針對女同志伴侶一方生下子女，但他方伴侶無法共同取得親權的法律困境，提起訴訟，[25]預計在敗訴後提出釋憲聲請。同家會更透過案件的協調會議及社工訪視等程序機會，進一步擴展同志團體與收養媒合機構等團體的合作關係，發展《兒童及少年權益保障法》及同志家庭收養的議題。

---

23 馬英九政府時期的司法院大法官會議，每年僅做出個位數至十餘件解釋，且極少對重要人權案件表示意見，也影響前述敬學案當事人釋憲的選擇。

24 伴侶盟雖有受邀，但未以團體方式參與。支持同婚方的訴訟代理人，係由莊喬汝律師（司法院釋字第748號解釋祁家威案訴訟代理人）、李晏榕律師（同家會女同志家長收養案訴訟代理人）、及我共同擔任。本來亦曾透過同家會邀請黃惠偵導演以生長在同志家庭的子女身分出席現身說法，不過後來因為程序原因未能通過聲請，黃惠偵導演亦在其紀錄片書中表示遺憾（2017：219-220）。

25 歐洲許多國家在承認同性婚姻前，都認為此種法律上單親不符合子女最佳利益，而先承認同性家長收養其伴侶孩子的權利（Waaldijk 2000）。但同家會截至2017年底，這些同志家長提起的收養認可聲請，都尚未獲得臺灣法院的肯認，在司法院釋字第748號解釋公布後依然如此，臺灣司法實務的保守態度可見一斑。

2014年地方選舉，是否對同志友善也成為運動及反制運動評比候選人的項目。高雄市、臺北市、臺中市長當選人，選戰中都較對手更支持同志權益，而遭到基督教媒體及護家運動團體的反推薦。[26] 不過國民黨地方首長選舉大敗帶來藍綠板塊鬆動，2015年地方政府層級也開啟同性伴侶註記的政治宣示風潮。此三市也陸續於2015年5月、6月、10月，因為運動團體遊說及友善議員提案，開啟地方戶政之同性伴侶註記制度（張宏誠 2016：184-186）。地方政府首長履行友善同志政見且獲正面回響，也釋出友善同志政見可以對選舉有利的風向，對2016年中央選舉的候選人表態奠下良好基礎。雖然戶政註記未給予任何實質法律保障權利，但不少同志仍進行註記。或許前述男女同志「去汙名」／「被看見」的不同處境，使得女同志更積極參與能被法律看見的伴侶註記。只是此種給予雞肋小惠的短線政策，實際上並未改善同性伴侶的法律權利處境，不但成為司法寬宥行政並非不作為的藉口，[27] 更埋下將來同婚法制如何轉銜的隱憂。

總統及立委選舉的預備年2015年，不管是同志運動或是反制運動都積極利用選舉，推出立委候選人進行造勢。2014年318反服貿運動及地方選舉後的藍綠板塊位移，開創更多青年族群參與政治的機會，綠黨及社民黨合作的「綠黨社會民主黨聯盟」（下稱綠社盟）就推出六位公開出櫃的同志立委候選人。[28] 最後綠社盟得到30萬8,106張政黨票，得票率2.5%，排名第六。時代力量黨候選人也全部簽署支持同婚意向書，取得73萬1,461張政黨票，達到6.1%，突破5%門檻，獲得兩席全國不分區立委席次。與此同時，反制運動的政治動員實力，也透過選舉及公投操作展現無遺。2015年9月，僅有基督宗教教徒才可以入黨的「信心希望聯盟」（下稱信望盟）

26 參見：下一代幸福聯盟，〈2014年底九合一選舉各縣市長候選人之性解放議題態度比一比〉，https://taiwanfamily.com/2014election；蔡宜倩，2014，〈縣市長候選人對家庭議題態度整理〉。基督教論壇報，http://www.cdn.org.tw/News.aspx?key=514，11月27日。

27 參見：臺北高等行政法院104年度訴字第81號判決。

28 六位公開出櫃的立委候選人包括：不分區許秀雯，臺北市第七選舉區呂欣潔、臺北市第八選舉區苗博雅、新北市第四選舉區賈伯楷、臺南市第四選舉區楊智達、宜蘭縣選舉區吳紹文。

成立，政策主張係守護家庭及品格教育，11月20日發起反對多元成家《民法》修正案的公投連署，[29] 在2016年1月12日（選舉日前四天）成功將18萬份公投連署書送交中選會，結合公投募集與選舉活動的政治動員技巧十分高明。且短時間內成立的政黨，也正式拿下20萬6,629張政黨票，計1.7%，全國第八，參與政治實力不可小覷。

更引人注目的是總統候選人蔡英文也操作「婚姻平權」作為選舉議題。2015年10月，蔡英文競選團隊推出「彩虹小物，點亮臺灣」[30] 活動，販賣彩虹悠遊卡及一卡通進行小額募款，文案及廣告影片明確表達支持同志權益及同志成家。活動開始15分鐘，1萬8千份回饋品即完售，顯示選民的熱烈支持，也引起媒體正面報導。10月31日同志遊行當天，蔡英文更進一步釋出影片明確表態：「在愛之前，大家都是平等的。我是蔡英文，我支持婚姻平權。」[31] 2013年的「多元成家」構框，更明確被置換為「婚姻平權」構框。政治人物有意識縮小戰略目標，用更安全的語言，減少反制運動攻擊。蔡英文嗣後順利當選總統，民主進步黨（下稱民進黨）也在2016年立法委員選舉獲得國會的68個席次（佔六成），進入完全執政。加上時代力量黨也成功達到組成黨團門檻，第九屆立法院呈現有利同婚的新政治機會結構。雖然行政首長的表態仍然保守，[32] 但是嗣後的政治機會結構以及社會輿論氛圍，仍使2016年立法院同婚法案審議進度加速推進。運動戰線也已經位移，議題焦點已不再係「是否」應該要給予同性伴侶法律保障，而是應該給予「什麼」保障。

---

29 其公投主文為：「民法親屬編〔婚姻〕、〔父母子女〕、〔監護〕與〔家〕四章中，涉及夫妻、血緣、與人倫關係的規定，未經公投通過不得修法？」並未提及任何同性婚姻或多元成家的字眼，題目要求《民法》未經公投皆不得修法，不但背離性別運動修法歷史經驗，也過於廣泛而不具法律合理性。但也可看出反制運動利用既有教會及家長組織的紮實動員能力，題目構框或概念是否合法、合理，並不影響其動員。不過因為其主文不符法律明確性且非一案一事項，嗣後並未通過公投審議委員會（下稱投審會）的審查，2016年2月23日遭駁回。但公投法中投審會可審議公投主文的設計，民主正當性尚有爭議，公投法2017年修法後也已廢除投審會。

30 活動頁面：http://donate.iing.tw/equality/

31 影片頁面：https://www.facebook.com/tsaiingwen/videos/10152991551061065/

32 如新任法務部長邱太三接受尤美女委員質詢，表示修《民法》太複雜，支持另立非民法婚姻的《同性伴侶法》（立法院公報 2016：502-503）。

運動團體也利用新政治機會結構，持續進行社會造勢。2016年4月間，尤美女委員辦公室也重新邀集同家會、熱線、新知等團體[33]重啟對於同性婚姻《民法》修正案的討論。既檢討2013年反制運動「反多元成家」的構框攻勢，另外也希望進一步細緻化關於同志家庭父母子女關係的法制安排與個案討論，[34]轉化並回應反制運動中對於「守護家庭」及「下一代幸福」的構框。同年5月，伴侶盟也延續前述2013年的明星策略，由張惠妹經紀人陳鎮川號召，舉辦「愛最大」演唱會，營餘將捐給伴侶盟進行婚姻平權倡議活動，門票也於開賣一分鐘內完售。

司法院大法官的提名審議，先為同婚法制化開啟立法院之正式討論。9月，蔡英文政府公布七名新司法院大法官提名名單；10月中，立法院進行大法官被提名人同意案的審查。立法院審查詢答中，許志雄、黃瑞明、詹森林等大法官被提名人皆明確表示支持同性婚姻議題，即先引起一波媒體的報導關注。嗣後七名大法官提名者皆獲通過，此一新的司法院大法官會議組成，比前屆大法官更為積極地做出各種人權解釋，法律機會結構已改變。其後的社會悲劇事件，更直接引爆輿論，要求政府回應。10月中旬，臺大法籍教授畢安生自殺。畢安生與其同性伴侶曾敬超相守35年，但卻對癌末的曾無醫療同意權，曾過世後也無法繼承兩人同住房屋。具體而微提醒社會大眾，同志伴侶被排除在《民法》婚姻制度之外的苦痛，電影藝文界和輿論開始傳出同情的聲音。國民黨立委許毓仁更在公視〈有話好說〉談話節目中，指出蔡英文政府以彩虹小物獲取選票，但直至目前毫無行動，令人懷疑民進黨落實政見的誠意。並表示他將尋求連署，提出同性婚姻。10月24日，搶在許毓仁提案前，民進黨立委先聯合召開記者會，表示將會支持婚姻平權。時代力量黨團10月28日提出其微調2013年伴侶盟版的《民法》修正案及新提出的《家事事件法》修正案版本；許毓仁提出與內容與2013年伴侶盟版同性婚姻部分相同的《民法》修正案；尤美女委員

33 嗣後這些團體也成為「婚姻平權大平台」的基礎成員。

34 2016年5月17日，尤美女辦公室先與團體、家事法學者、同志家庭家長們進行內部座談會交換意見，後續由團體和家事法學者共同擬出2016年版的新《民法》修正草案，邀請各地同志家庭家長參與，進行中、南、東部巡迴座談。

則是提出2016年與團體新討論的《民法》修正案版本，三案皆交付委員會討論。因為許毓仁委員提案，許多國民黨委員也加入連署支持，打破2013年同婚議題藍綠對決的藩籬，全院113席立委計有55位立委分別參與各草案的連署，[35] 一時聲勢大振。

圖6-2　2016年10月26日民間團體記者會要求儘速通過同性婚姻《民法》修正案

資料來源：婚姻平權大平台。

同婚法案順利獲得連署的聲勢，不意外地亦刺激反制運動的動員。護家反制運動2016年11月16、17日連續購買四大報的頭版廣告，反對同婚《民法》修正案。11月17日尤美女委員排審《民法》修正案，護家運動亦動員大量民眾包圍立院會場抗議，國民黨總召廖國棟立委也協助進行議事杯葛。場內僵持不下，晚間方由國民黨籍召委許淑華委員提出先不進行實

35 尤美女委員版有48位委員連署，許毓仁委員版有17位委員連署，彼此之間有部分名單交疊。時代力量黨版係由黨團提出，不需個別委員連署。

質審查，再召開兩場公聽會的妥協方案。獲此結果的護家運動歡呼禱告解散群眾；當天同運團體並未動員群眾到場，但會後記者會悲憤落淚，也點燃同運支持者的網路聲量和動員意志。11月24日及28日立院分別召開兩場公聽會，與2013、2014年公聽會類似，場內對立並無溝通空間，場外雙方則開始進行短期、高密集的動員競賽。12月3日，下福盟提出「反修民法972，婚姻家庭全民決定」的口號，動員10萬人上凱道反對《民法》修法。[36] 隔週12月10日世界人權日，「婚姻平權大平台」也舉辦凱道音樂會，訴求「生命不再逝去」，邀請香港出櫃藝人何韻詩壓軸演出，動員25萬人上街，為立院審議造勢。12月26日，伴隨雙方運動的場外動員，立法院司法法制委員會正式進行同性婚姻《民法》修正案的條文審議，達成史上第一次同婚法案在立法院通過委員會初審之成就。

圖6-3　2016年12月10日凱道音樂會

資料來源：婚姻平權大平台。

---

36 此一活動同時另有中部及南部場，人員並沒有都往北部凱道集結，所以上凱道的人數較2013年11月30日要少。不過值得注意的是，南部的高雄場更是喊出「拒修民法，不立專法。回歸安定，共拼經濟。」連專法保障也拒絕，也可見守護家庭運動團體內部異質性，也影響其運動整合之力道。

面對運動與反制運動的高強度動員競爭，民進黨政府不管在行政或立法都展現出「搓圓仔」的政治態度。雖然蔡英文總統選舉時喊出「婚姻平權」口號，但法務部長立法院詢答卻是主張另立非婚姻的《同性伴侶法》。同志運動者既引述總統的「平權」政見，也援引司法院在立院詢答支持尤美女版《民法》草案之意見，拒絕被次等化的隔離專法。「婚姻平權」的主構框外，「反專法」的次構框亦成為戰線。[37] 立法院民進黨團面對法務部及司法院機關意見不一致和運動團體的動員競賽，試圖提出「同性婚姻專章」（蔡易餘委員版草案）調停，但反制運動並不領情。嗣後總統府又試圖分別與雙方團體會談，但僅表示希望促成溝通平台，無具體推進立法的意思。政府拒絕決斷、兩面討好，雙方又都沒有推動政治局勢改變的決定性政治動員力量，立法場域只能無止盡的拖延。

立法僵持嗣後係因2015年的司法釋憲案件，打開機會。司法院大法官書記處於2016年2月公告前述祁家威及臺北市政府聲請案，將於3月24日召開言詞辯論。[38] 司法院公布之爭點整理，特別詢問當事人及鑑定人[39] 另立《同性伴侶法》是否違憲，也係回應前述「反專法」之次構框爭議。

---

37 「反專法」的口號法律上並不精確，但其主要召喚的就是同志族群不被「平等」對待的歷史經驗和傷痕。臺灣社會沒有如美國般黑白議題的隔離經驗，可是美國法院判決文字頻繁地被運動者使用，如集資刊登支持同婚報紙廣告「法律白話文」團隊的「法律不能為偏見服務」口號，就出自美國法院判決，詳見：https://plainlaw.me/法律不能為偏見服務，媒體也是/。相較於此，臺灣本身在日本時代具有的日本內地人及臺灣本島人間，因為戶籍、戶口制度的區隔，導致臺日通婚無法被法律承認的歷史經驗，雖然更是族群平等及婚姻的交織議題，但並未成為運動中呼召的經驗論述，重西方法律經驗而輕臺灣法律經驗的現象值得反思。

38 伴侶盟的許秀雯律師、莊喬汝律師、潘天慶律師擔任祁家威的訴訟代理人，臺北市政府由廖元豪教授及法制局長袁秀慧律師擔任訴訟代理人。政府機關則由法務部長邱太三出席言詞辯論。但臺北市政府原因案件的方敏、林于立、呂欣潔、陳凌、梁宗慧、朱姵諠等六位女同志當事人，卻未被司法院大法官傳喚，使得言詞辯論當天只有祁家威以男同志當事人身分到庭，並成為媒體焦點，女同志生命經驗故事又缺席。

39 此次六位鑑定人係：臺灣大學法律學系教授張文貞（留美）、政治大學法律學系教授劉宏恩（留美）、政治大學法律學系教授陳惠馨（留德）、警察大學法律學系教授鄧學仁（留日）、政治大學法律學系教授陳愛娥（留德）、中興大學法律學系教授李惠宗（留德）。美國最高法院判決中對於司法界限的討論、或是德國非婚姻、準婚姻型的妥協型立法例也成為討論的重點，但並未有臺灣自身婚姻法律規範系譜或是同志史的觀照。

婚姻平權大平台作為未於程序上參與訴訟的外部團體，向LGBT社群募集面對各種法律排除的生命敘事，以「法庭之友意見書」[40]送大法官。婚姻平權大平台也特地邀請導演黃惠偵[41]及作家瞿欣怡（2015），[42]提供其生命分享的藝術創作給大法官參考。原因無他，因為大法官也是受正規法學教育、受臺灣文化型塑的法律人和平均60歲以上的資深世代。如果他們生命中沒有曾經與LGBT族群有過真正的交會，有極高的可能是對同志不了解，且認為同志就等於愛滋、自殺，對同志懷有恐懼症的世代（張宏誠 2006）。同婚立法運動的法律動員，不管立法院歷次的公聽會、記者會，或是釋憲及行政訴訟的過程，運動者一直試圖帶入LGBT族群的敘事和生命經驗。紮根女性主義法學及批判種族理論的「法律敘事運動」（legal narratology movement），就特別把「說故事」當做法學方法，書寫受壓迫者的經驗敘事，促使觀者反省法律中結構性的壓迫（Delgado 1989;

---

40 法庭之友意見書（amici curiae）制度，係由非政府組織、專業團體或學者向憲法法院提出法庭之友意見，作為法院審理參考，國際比較憲法訴訟實務上相當普遍。但因我國《大法官審理案件法》未明文承認，因此大法官書記處新聞稿表示係以接受民眾陳情意見之名義，列為大法官審理之參考資料。婚姻平權大平台邀請包含前述2014年參與模擬憲法法庭的各領域專家學者，如法學者、司法官、社工、心理學者、臨床心理師、精神科醫師、性別所、政治學者、基層教師、同志家庭等，撰寫法庭之友意見書，補充法學專業以外之專業領域研究或同志真實生活樣貌。婚姻平權大平台收集之法庭之友意見書，詳見：https://drive.google.com/drive/folders/0B3VCSlNa6ze7ZEFJejh0SnNCV0k。反制運動也同樣發起送連署書或意見書給法院的動員活動。據黃虹霞大法官在〈部分不同意見書〉中指出，此次大法官收到超過200份的法庭之友意見或陳情書，其中四分之三來自反制運動。不過就理由書的結果而言，支持方精神科醫師的法庭之友意見書內容所提到的國際學會意見和研究報告被理由書的附註大量引用，但就連黃虹霞大法官的〈部分不同意見書〉或是吳陳鐶大法官的〈不同意見書〉中，都沒有再出現任何反制運動常見的同志愛滋迷思或同志不適任父母之內容。司法途徑雖然常被批評為精英決定，但司法途徑對憲法權利論述的要求，或許還是可以某程度制衡「恐性」及「恐病」的同志汙名論述。

41 黃惠偵導演的母親為陽剛外表的女同志，作為同志家庭成長的子女，黃惠偵一直積極協助立法院記者會、公聽會的現身分享。其紀錄片《日常對話》2016年獲得金馬獎觀眾票選最佳紀錄片，2017年獲得柏林影展泰迪熊獎最佳紀錄片，得獎致詞中也不忘提到臺灣的同婚運動。《日常對話》2017年4月釋憲期間正式在臺灣上映，亦有不錯票房，也以電影開啟社會上對於老年女同志母親及同志家庭的進一步了解。

42 瞿欣怡係女同志，2013年6月，其女友檢查出罹患乳癌，她面對醫療及法院體系對同性配偶的不友善，又在家附近的公園遇到守護家庭運動者發送傳單反對同性婚姻，心中大慟。故寫下陪病日記，述說女同志配偶的生活故事。

Matsuda 1989）。延伸而來的「同志敘事」（gay narratives），也是用LGBT社群的生命經驗敘事，重新批判性地思考既有法制度與社會建構，對LGBT族群長久以來的排除與壓迫（Eskridge 1994）。同婚運動也正是在法律動員中，透過訴訟當事人的告白、紀錄片、日記、生命故事集等各種形式，對立法者、大法官，以及廣大社會群眾娓娓道來。只有看見過去的歧視與傷害，才有可能重新正視憲法實質平等的要求，針砭、改變、轉化現在排除及歧視的不正義法律制度。

司法院釋字第748號解釋的正面結果，為同婚法制化運動奠下重要里程碑。2017年5月24日，司法院大法官罕見地同時發布英文新聞稿、召開記者會，《民法》婚姻制度不應排除同性伴侶，宣示不分同性、異性伴侶同享「婚姻自由的平等保護」。雖然大法官因為司法自制原則，對於立法形式開放由立法決定，但至少已實質排除婚姻以外的各種準婚姻或是類婚姻的同性伴侶制度。社運法律動員到底要採取司法途徑或是立法途徑，一直是社會運動學界爭論的議題。Rosenberg（2008）主張法院是捕蠅紙，認為美國同婚運動採取司法途徑耗費過多資源；又因為法院抗多數決特性，雖然勝訴也引起更多社會反挫。不過McCann（1994）反駁，社會運動係持續過程，訴訟勝利長遠來看可以促使個人、組織、制度、整體社會的改變。Epp（1998）也指出，以黑人民權運動為例，因弱勢族群政治資源相對缺乏，難以透過立法改變制度，司法途徑成功可積極改善整體黑人族群處境。張宏誠（2014）也分析南非憲法法院Fourie判決，認為憲法平等權違憲審查已有對於社會少數族群的權利保障預設，也預言承認同志平等權利的憲法判決，將成為開始社會溝通的重要環節。大法官此次確實透過解釋憲法，確立了婚姻不應排除同性伴侶之原則，但因《大法官審理案件法》需要大法官總額三分之二之出席，及出席人三分之二同意，方得通過解釋的超高門檻，相互妥協下使得同婚運動又回到政治角力的立法院。

同婚運動在此兩年過渡期間，面臨動員力道削減的尷尬情況。釋憲後同婚運動支持者認為運動已獲成功，動員動能快速消散；相較之下自覺吞下挫敗的反制運動，卻燃起動員的火焰，積極投入2018年地方選舉，試圖發起公投。運動此消彼長，強力反制運動的夾擊下，重視政治動員實力的立法場域停滯不前。司法院釋字第748號解釋埋下兩年空窗期的未決議題，同性伴侶兩年間到底可否登記結婚？若發生侵害同性伴侶權利之事件，又該如何救濟？臺北高等行政法院主動在釋憲後，重新對因為進行釋憲而停止訴訟的三對女同志登記結婚事件，再開審判。[43] 但三件行政訴訟一審結果都令人遺憾，同志配偶還是無法結婚。[44] 兩年空窗期中已進行同性伴侶註記，但未能登記結婚之同志配偶一方過世，他方配偶之剩餘財產分配、繼承、社會保險等，也只能將來再透過司法途徑救濟。

釋憲的成功，未必能夠與運動目標的達成直接劃上等號。[45] 目前同性婚姻也面臨欠缺法規保障的兩年空窗期，大法官解釋看似有利，實際上同志希望登記結婚的權利保障反而被延宕、遇到瓶頸。大法官立法形式上體諒立法者形成自由，也造成運動中「反專法」的次構框必須與反制運動回到政治實力動員的拚搏。但政治實力的算計和角力，常常不是弱勢族群能夠佔得優勢之處。加上司法院釋字第748號解釋對於婚姻至高主義的強調，把婚姻制度視為「穩定社會之磐石」（理由書第13段），界定婚姻係「親密性及排他性之永久結合關係」（解釋文），對於將來推動同居制度、不分同異性兼用的伴侶制度、單身女性人工生殖、或是廢除《刑法》通姦罪等婦運一直以來推動的議題，恐怕都增加倡議難度。

43 因為祁家威本身只是為運動提出結婚登記，釋憲後並未再申請登記。這也是社會運動採取司法途徑的困難之一，個案故事常會被放大檢視。雖然臺灣大法官審理案件法規定抽象法規審查，但個案本身故事是否值得同情，仍會影響法官心證和案件結果。比較美國2013年的United States v. Windsor（570 U.S. 744）和2015年的Obergefell v. Hodges案（576 U.S. _），當事人都可說是「完美」的個案，此與美國同婚司法運動係有意挑選案例的策略有關。但若嗣後當事人情感生變或有其他情況，當事人利益和運動利益發生衝突時，運動團體即面臨運動倫理難題。

44 方敏、林于立案及呂欣潔、陳凌案之判決，雖然確認目前《民法》違憲，撤銷原處分，但也表示法院無法命戶政機關為結婚登記。梁宗慧、朱姵諠案判決則認為行政處分結果不可分，全面敗訴。參見：臺北高等行政法院104年度訴字第81號、第83號、第84號判決。

45 如1990年代司法院釋字第365號、第452號解釋修法期限反而打亂婦女團體的修法運動腳步，諸如分居、同居等訴求都被擱置至今（韓欣芸 2014）。

伍、代結論：同婚運動的未來展望

臺灣性別運動窮則變下，透過各種草根動員、立法運動、行政參與、司法訴訟的多元策略，持續爭取婚姻家庭法律體制的改革，同性婚姻法制化運動亦可以看見類似影響之軌跡。1995年間，因為社會上同志仍面對強大的愛滋汙名和現身議題，同性婚姻只是作為《民法》親屬編修正時一併檢討《民法》異性戀中心、看不見同志的附隨議題，同運組織者也尚無資源積極投入。隨著同志運動「去汙名」、反歧視路線運動的茁壯，2006年同性婚姻再度伴隨著工作場所與學校的反歧視法立法運動浮出檯面，但同運本身尚未有餘力進行認真的法律動員，而成曇花一現。

臺灣社會對於同性婚姻議題的意向轉折，隨著2000年代各式性別立法落實至教育及工作場域的實踐，在進入2010年代開花結果。可是性別運動的成功，也使得反制運動應勢而生。當初《性別平等教育法》透過政府機關和民間團體高度協力完成立法的「自由統合主義立法模式」，因原本父權及缺乏女性主義啟蒙的學校行政體系和保守家長的圍攻，面臨危機。同運團體受到反制運動的刺激，也更敢於訴求「被看見」的同婚司法及立法路線運動。2013年的多元成家運動，部分也是承接婦運內部《民法》親屬編修法對婚家體制的反省與改造。守護家庭運動則延續前述反制性平教育的「反多元成家」構框，結合反同、恐性、守護婚家，封殺婦運與同運結盟的同性婚姻立法運動。同婚運動團體也只好更積極地轉向將案件帶往法院，蟄伏等待法律機會結構轉變的時機。

同婚運動團體面對反制運動的強力動員，轉化「多元成家」構框至「婚姻平權」構框，總統候選人蔡英文也在競選活動中使用「婚姻平權」字句，並成功吸引人氣。2016年臺灣總統選舉政黨輪替，民進黨也成為立法院最大黨，司法院大法官的組成也引入新血，行政、立法、司法一時都呈現較2013年樂觀的機會結構。畢安生老師的悲劇事件和國民黨立委的響應，更進一步打破多元成家運動時藍綠對決的態勢。但守護家庭反制運動亦快速掌握選舉操兵及利用公投、罷免等手段強化政治動員的策略，使得立法場域陷入運動及反制運動雙方都不斷相互競爭政治動員能力的消耗戰，成為僵局。幸好之前運動團體擴大多元路徑至司法場域的投資獲得回報，司法院大法官以釋字第748號解釋正式宣告《民法》未保障同性配偶結婚權利違反憲法，立法機關應於二年內通過符合「婚姻自由之平等保障」的制度。但對於二年空窗期，還有「反專法」次構框並未被司法決斷，同婚運動和守護家庭反制運動仍然都必須回到立法場域，進行下一波的爭鬥。

同性婚姻法制化運動仍然是現在進行式。承認同性婚姻，讓婚姻不再限於一夫一妻，可以是夫夫或妻妻，可能有助於改變婚姻關係中配偶間的不對等權力關係，打破男女不平等的性別角色與分工，是邁出朝向婚姻平等的重要一步。但是，平等成家所要爭取的平等，不只是同志群體是否得以進入婚姻而已，而是在仍然不平等的社會現實及家父長制的幽靈之下，如何能夠透過平等成家的法律改革，真正改變女性弱勢及不平等的現實處境。目前同性婚姻釋憲運動的成功，其實某程度反而鞏固婚姻至高主義的幽靈。但或許正需要在完成同婚運動後，運動和社會大眾也才會有機會排除對性傾向的汙名和煙霧，真正來重新反省婚姻特權的合理性。

參考文獻

《立法院公報》，2016，〈委員會紀錄〉105(43): 435-512。

——，2014，〈委員會紀錄〉103(64): 265-322。

——，2012，〈委員會紀錄〉102(3): 313-353。

不著撰人，2014，〈模擬憲法法庭公報：模憲字第2號判決〉。《臺灣法學雜誌》253: 91-145。

王儷靜，2013，〈「真愛大解密：真愛聯盟訴訟案始末說明座談會」紀實〉。《婦研縱橫》98: 104-117。

任秀妍，2014，〈法律可以違反自然及公序良俗嗎？反對伴侶盟有關婚姻平權、伴侶法、多元成家等法案之理由〉，《全國律師》18(10): 18-22。

李怡青，2014，〈同性戀者的親密關係與家庭功能之剖析〉。《女學學誌》35: 123-145。

李淑菁，2011，〈性別教育的論述角力：教師的詮釋與想像〉。《教育與社會研究》22: 39-92。

林永頌、施淑貞，2014，〈是性別平權？還是瓦解婚姻家庭制度？檢視多元成家三法案〉。《全國律師》18(1): 13-17。

林實芳，2013，〈婦運與同運的有志「異」「同」：以婦女新知基金會的倡議歷史為例〉。《婦研縱橫》99: 32-41。

——，2008，《百年對對，只恨看不見：臺灣法律夾縫下的女女親密關係》。臺北：臺灣大學法律學研究所碩士論文。

倪家珍，1997，〈九零年代同性戀論述與運動主體在臺灣〉。頁125-148，收入何春蕤編，《性／別研究的新視野：第一屆四性研討會論文集》。臺北：元尊文化。

婦女新知基金會編，2012，《女權火，不止息：臺灣婦女運動剪影公民影音教材教師手冊》。臺北：婦女新知基金會。

張宏誠，2016，〈此起彼落的白晝煙火：臺、日兩國同性伴侶註記制度之比較〉。《月旦法學雜誌》255: 155-186。

——，2014，〈同性伴侶以司法途徑主張婚姻平等保障之可能性初探：南非憲法法院Minister of Home Affairs and Another v. Fourie and Another 一案判決之借鏡〉。《月旦法學雜誌》224: 57-92。

——，2006，〈法律人的同性戀恐懼症：從「晶晶同志書庫」案簡評及其聲請釋憲的現實考量〉。《司法改革雜誌》60: 24-38。

章英華、杜素豪、廖培珊，2013，《臺灣社會變遷基本調查計畫2012第六期第三次調查計畫執行報告》。臺北：中央研究院人文社會科學研究中心調查研究專題中心學術調查研究資料庫。

陳昭如，2014，〈反制運動作為契機：性別平等教育法十週年的新出發〉。《性別平等教育季刊》69: 63-71。

——，2010，〈婚姻作為法律上的異性戀父權與特權〉。《女學學誌》27: 113-199。

——，2005，〈『重組』家庭：從父系家庭到中性的新夥伴關係？〉。頁807-827，收入蘇永欽編，《部門憲法》。臺北：元照。

陳悅萱，2012，〈落在凡塵的美麗彩虹：佛化婚禮紀事〉。《弘誓》119: 6-13。

魚玄阿璣，1995a，〈結婚權與不結婚權〉。《婦女新知》153: 13-15。

——，1995b，〈攜手之前，分離，有其必要〉。《婦女新知》161: 16-18。

傅仰止、杜素豪，2016，《臺灣社會變遷基本調查計畫2009第五期第五次調查計畫執行報告》。臺北：中央研究院人文社會科學研究中心調查研究專題中心學術調查研究資料庫。

傅仰止、章英華、杜素豪、廖培珊，2016，《臺灣社會變遷基本調查計畫2015第七期第一次調查計畫執行報告》。臺北：中央研究院人文社會科學研究中心調查研究專題中心學術調查研究資料庫。

黃惠偵，2017，《我和我的T媽媽》。臺北：遠流。

黃嘉韻、曾昭媛，2006，〈婚姻與家庭的多元想像：從「斷背山」談同居伴侶法〉。《婦女新知通訊》278: 44-46。

楊婉瑩，2006，〈臺灣性別法案推法歷程的比較分析〉。《政治科學論叢》29: 49-82。

韓欣芸，2014，《逃家‧離家：同居義務的女性主義法律史考察》。臺北：臺灣大學法律學研究所碩士論文。

瞿欣怡，2015，《說好一起老》。臺北：寶瓶文化。

瞿海源，1999，《臺灣社會變遷基本調查計畫1991第二期第二次調查計畫執行報告》。臺北：中央研究院人文社會科學研究中心調查研究專題中心學術調查研究資料庫。

簡至潔，2012，〈從「同性婚姻」到「多元家庭」：朝向親密關係民主化的立法運動〉。《臺灣人權學刊》1(3): 187-201。

簡家欣，1997，《喚出女同志：九〇年代臺灣女同志的論述形構與運動集結》。臺北：臺灣大學社會學研究所碩士論文。

Anderson, E. A. 2004. *Out of the Closets and into the Courts: Legal Opportunity Structure and Gay Rights Litigation*. Ann Arbor: University of Michigan Press.

Cheng, Simon, and Powell, Brian. 2015. "Measurement, Methods, and Divergent Patterns: Reassessing the Effects of Same-sex Parents." *Social Science Research* 52: 615-626.

Delgado, Richard. 1989. "Storytelling for Oppositionist and Others: A Plea for Narrative." *Michigan Law Review* 87: 2411-2441.

Epp, Charles R. 1998. *The Rights Revolution: Lawyers, Activists, and Supreme Courts in Comparative Perspective*. Chicago: University of Chicago Press.

Eskridge, William N. Jr. 1994. "Gaylegal Narratives." *Stanford Law Review* 46: 607-646.

Eskridge, William N. Jr. 2013. "Blacklash Politics: How Constitutional Litigation Has Advanced Marriage Equality in the United States." *Boston University Law Review* 93: 275-324.

Fetner, Tina. 2008. *How the Religious Right Shaped Lesbian and Gay Activism*. Minneapolis: University of Minnesota Press.

Hsu, Victoria Hsiu-wen. 2015. "Colors of Rainbow, Shades of Family: The Road to Marriage Equality and Democratization of Intimacy in Taiwan." *Georgetown Journal of International Affairs* 16(2): 154-164.

Marks, Gary and Doug McAdam. 1999. "On the Relationship of Political

Opportunity Structure to the Form of Collective Action: the Case of the European Union." Pp. 97-111 in *Social Movements in a Globalizing World*, edited by Donatella della Porta et al. London: Macmillan.

Matsuda, Mari J. 1989. "Public Response to Racist Speech: Considering the Victim's Story." *Michigan Law Review* 87: 2320-2381.

Mayeri, Serena. 2015. "Marital Supremacy and the Constitution of the Nonmarital Family." *California Law Review* 103: 1277-1352.

McCann, Michael. 1994. *Rights at Work: Pay Equity Reform and the Politics of Legal Mobilization*. Chicago: University of Chicago Press.

Meyer, David S. and Suzanne Staggenborg. 1996. "Movements, Countermovements, and the Structure of Political Opportunity" *American Journal of Sociology* 101(6): 1628-1660.

Perrin, Andrew J., Cohen, Philip N., and Neal Caren. 2013. "Are Children of Parents Who Had Same-sex Relationships Disadvantaged? A ScientificcEvaluation of the No-differences Hypothesis." *Journal of Gay and Lesbian Mental Health* 17(3): 327-336.

Präg, Patrick and Melinda C. Mills . 2017. "Assisted Reproductive Technology in Europe: Usage and Regulation in the Context of Cross-Border Reproductive Care." in *Childlessness in Europe: Contexts, Causes, and Consequences. Demographic Research Monographs*, edited by Kreyenfeld M. and Konietzka D. Berlin: Springer.

Rosenberg, Gerald. 2008. *The Hollow Hope: Can Court Bring About Social Change?* Chicago: The University of Chicago Press.

Snow, David A. et al. 1986. "Frame Alignment Processes, Micromobilization, and Movement Participation." *American Sociological Review* 51(4): 464-481.

Waaldijk, Kees, 2005. *More or Less Together: Levels of Legal Consequences of Marriage, Cohabitation and Registered Partnership for Different-sex and Same-sex Partners: A Comparative Study of Nine European Countries*. Paris: INED.

Waaldijk, Kees. 2000. “Civil Developments: Patterns of Reform in the Legal Position of Same-sex Partners in Europe.” *Canadian journal of family law* 17(1): 62-88.

Young, Claire and Susan Boyd. 2006. “Losing the Feminist Voice? Debates on The Legal Recognition of Same Sex Partnerships in Canada.” *Feminist Legal Studies* 14(2): 213-240.

第七章
挑戰權威知識：臺灣的生產改革運動

謝新誼
美國加州大學舊金山分校醫學史博士生
吳嘉苓
國立臺灣大學社會學系教授

本文的完成首先感謝生產改革行動聯盟以及婦女新知夥伴們在生育議題上的持續耕耘。資料搜集的部分，特別感謝婦女新知基金會慷慨提供各方面資料、郭素珍與高美玲協助聯繫取得助產學界相關資訊。本文初稿發表於2016台灣社會福利學會年會，感謝蕭新煌、王舒芸與所有與會者提供的寶貴建議，作者亦受惠於兩位匿名審查人的評論意見，以及劉侑學、諶淑婷、黃昱翔細心協助校對與建議，均此致謝。然而文中若有錯漏之處，一切文責概由作者自負。

壹、前言

社會福利運動與權威知識（authoritative knowledge）體系的關係是什麼？涉及挑戰主流專業的改革行動，常會採取哪些策略？社運團體又該如何建立自己的可信度？這些是理解當今病患權益運動、婦女健康運動、同志健康運動發展的重要問題。過去病患權益運動研究，側重資源分配不均、醫病關係不對等，及歧視污名等議題（吳嘉苓 2000）。然而，由於這些改革運動往往涉及醫學、公衛、甚至資訊科技、司法等專門知識，近年來的研究也力圖挖掘運動路徑中與權威知識的關係。一方面，對抗運動涉及對專門知識的批判，也不時面對菁英知識階層的駁斥與反彈（見Brown et al. 2010的回顧）；另一方面，同情受害者的流行病學專家（Brown 1987；林宜平 2006），參與社運團體的臨床醫師（林文源 2014；陳信行 2016；Epstein 1996），甚至建立另類體系的醫療專業人員（曾凡慈 2015；Hess 2007），都可能成為積極參與行動的成員，重新詮釋、建立有助於改革議程的知識。因此，相較於其他領域的社會福利運動，理解醫療相關的改革運動，特別需要探討與權威知識搏鬥的歷程。

生產改革運動經常問題化主流醫療體系、並提出另類方案，是理解改革團體如何挑戰權威知識的絕佳案例。自1960年代以來，國際上的生產改革運動常與婦女健康運動結合，批評過度醫療化、提出以女性為主體的另類生產體制。這些行動往往指陳主流醫學知識的盲點，或倡議女性經驗的重要性（相關文獻評述，見吳嘉苓 2001）。然而，近期的研究也提出，生產改革團體與科學知識的關係，已更趨複雜（Allsop et al. 2004; Akrich et al. 2014; Rabeharisoa et al. 2014）。面對爭議的醫療措施，生產改革團體常透過建立實證醫學、創立新的研究設計、援引國際指引、結合民間調查研究成果與相關文獻等策略，發展更具證據力的政策依據，倡議新型態的健康治理。因此，生產改革行動並不只是批判醫療化，也常涉及改良科學、知識創新。本文接續這波國際生產改革運動的討論，分析臺灣的發展。

臺灣的生產體制發展相當極端：助產人員的接生比例全球最低，多元的生產模式十分欠缺，剖腹產率20年來都超過三分之一，名列世界前茅。

面對生產制度的問題，臺灣自1990年代起陸續出現生產改革行動，粗略可分為三批行動者（Wu 2017）。第一批是助產界，她們關切自身的工作權受排擠，展開振興助產地位的專業計畫。第二批是女性主義社群，她們抨擊生產過度醫療化，直指產科醫師主導的生產制度，存在多重缺失。助產界與婦女團體曾分別提出多種改革倡議，包括人性化生產、溫柔生產、友善生產等目標與願景。這些倡議均期待臺灣能建立一個以產婦為中心的生產照護環境，適當地使用助產資源與科技，支持產婦的需求，讓她們充分發揮自己的能力，達到良好的生產結果。這些倡議少數已有進展，但大部分在缺乏相關政策下，仍窒礙難行。

圖7-1　生動盟第一次正式會議

資料來源：生動盟提供。

第三批則是由生產婦女發起的改革行動。臺灣從1990年代開始，出現一批選擇體制外另類生產方式的婦女，透過國際母乳會等組織，形成資訊與資源分享的網絡。[1] 近幾年來，新生代孕產婦更透過部落格、網路分享平台、及社交媒體的經驗分享，展開新型的串連方式。例如，由長期推廣

1　有關1990-2000年代居家分娩婦女的網絡串連，見吳嘉苓、黃于玲（2002）。

溫柔生產、也曾是咖啡店經營者徐書慧所創辦的社群網站「最溫柔的相遇——溫柔生產（友善生產）」社團，是臺灣目前交流多元友善生產資訊和生產經驗的重要平台。[2]

婦女新知基金會（簡稱婦女新知）及生產改革行動聯盟（簡稱生動盟）近年來逐步串連這三批異質領域的成員。婦女新知於2013年開始積極倡議生產改革，由時任培力部主任陳玫儀組織議題劇場「生不由已」，透過各處巡演深化公民對生育自主議題的理解，並數度以記者會和議題倡議的方式，提出改革方向。為延續且拓展婦女新知過去倡議行動的影響力，並希望擴大結盟對象，生動盟在2014年9月正式成立，目前固定開會的成員約有15人，除了婦女新知及「生不由已」的部分成員外、亦招募了在民間創立溫柔生產討論會的徐書慧、在生產議題提出諸多倡議的作家諶淑婷、拍攝「祝我好孕」的紀錄片導演陳育青、蘇鈺婷，媒體工作者邱宜君、NGO工作者汪育如、支持溫柔生產理念的醫師與助產師，以及醫護產與社會學的學界人士等（見圖7-1）。後來由於陳玫儀轉任「親子共學」執行祕書長，生產改革的主力也逐漸從婦女新知轉移到生動盟。由以上三類異質領域共同組成的生動盟，全為女性成員，幾乎都歷經生產或參與陪伴生產的經驗，成立三年以來也有五位年輕成員懷孕生產。生動盟在議題構框上的一大特色，是從女性主體經驗出發，而這些理解來自於成員所專精的助產與產科學理、社會人文對於生產的分析，以及自己的生育經歷。集結這些多重的知識基礎，生動盟意圖重新理解產婦在孕產期間遭遇的問題與煩惱，避免個人式的歸因，訴求社會制度的改革，進而改善臺灣的生產環境。生動盟的主要行動，包括透過社群網站討論生產議題，舉辦生產議題相關的討論會與座談，針對生產改革提出政策建言等。

本文選取婦女新知與生動盟近年來的三項改革訴求「助產師與產科醫師共照制度」、「生產計畫書的實踐」及「產科臨床指引的建立」，剖析生產改革團體、醫療專業與國家的關係。這三項改革訴求過去已在學術研

2 「最溫柔的相遇——溫柔生產（友善生產）」社團創立於2014年，截至2017年7月已有2,376位成員，請參見：https://www.facebook.com/groups/463636870422595/

究與實務界多有討論，婦女新知與生動盟則分別於2013、2014與2015年以召開記者會的形式，要求政府與醫界針對現有醫療體制的缺失提出政策主張，也各造成不同的結果。這三項訴求分別涉及生產的人力組成、醫用溝通，以及臨床措施，直指生產品質的核心面向，因此亦很適合我們分析改革團體挑戰權威知識的案例。本文兩位作者都是生動盟成員，參與這三項訴求的調查採訪及行動方案，並以此參與歷程、檔案資料及相關行動者的非正式訪談，作為主要分析資料。

貳、邊緣化的共同照護制度

在2013年母親節前夕，婦女新知與立法委員林淑芬聯合召開「尊重女性生育主體，多元友善生育制度不可少！」記者會。近20年來，臺灣助產學界與女性主義社群已多次提出臺灣缺乏「助產模式」，並以歐美紐澳等以助產師為主要接生人力的國際趨勢，批判臺灣以醫院醫師為主的生產模式過於單一。記者會上引言的全職媽媽、學界人士及立法委員，也屢屢結合國際趨勢和個人不同生產經驗，相互理解生產的煩惱，擴充彼此的生產知識，反思醫療制度的不足之處。記者會同時指出，臺灣政府雖因應少子化推出許多鼓勵生育的政策，卻未正視女性在孕產過程面臨的困境，包括未能普及友善多元的生育資源，及產科人力短缺，嚴重影響孕產照顧品質。[3]

婦女新知及立法委員辦公室呼籲，如果要處理產科人力不足的問題，助產師可以作為孕產人力的最佳支援，因此衛生福利部（簡稱衛福部）應深入了解取得助產師資格、卻未執業登記的人力使用狀況（婦女新知基金會 2013）。[4] 同時，記者會中也提出，應盡速修改法令，積極促使助產人

3　記者會於2013年5月9日舉辦。與會者包含時任婦女新知培力部主任的陳玫儀、陽明大學衛生福利研究所教授梁莉芳（婦女新知董事）、臺灣大學社會學系教授吳嘉苓、臺灣大學法律學系教授陳昭如、立法委員林淑芬、林世嘉、尤美女和田秋堇。

4　根據證照登記資料，截至2013年為止臺灣雖有500多人取得助產師資格，實際領有執業登記的卻只有4人（婦女新知基金會 2013）。

力進入醫療機構。[5]與會者提出，國家所屬醫院應率先建置以助產師為主的生產照護制度，或推動醫師與助產師共同照護模式（簡稱共照模式）（婦女新知基金會 2013）。這次記者會的多項訴求，後續也由林淑芬委員在立法院社會福利及衛生環境委員會提出。[6]

過去以助產界為主的團體，曾多次針對助產人力未受重用而提出諸多訴求，但是政府在這次記者會之後，首度以「試辦新創的生產模式」回應，堪稱改革的新進展。衛福部交由「附屬醫療及社會福利機構管理會」（前身為行政院衛生署醫院管理委員會，簡稱醫管會）籌畫，提出《友善多元溫柔生產醫院試辦計畫》（簡稱《試辦計畫》）。[7]《試辦計畫》提出在醫院推行「助產師和婦產科醫師共同照護的模式」，增加女性多元的生產選擇，並鼓勵降低對低風險產婦過度的醫療介入（包括禁食、剃毛、灌腸、接受持續性的胎心音監測、睡在臨時推床上等預防性醫療行為、正式生產時的會陰切開、人工破水、真空吸引及剖腹產等措施）（行政院衛生署醫院管理委員會 2013）。政府公告《試辦計畫》後，共有林口長庚醫院、臺中榮民總醫院（簡稱中榮）、彰化基督教醫院二林分院、衛福部桃園醫院（簡稱部桃醫院）、臺中及豐原醫院等六家醫院參與，其中僅有衛福部桃園醫院為政府所屬的公立醫院（衛生福利部附屬醫療及社會福利機構管理會 2014）。第一年的試辦經費來自醫療發展基金，補助這六家醫院行政、人事和教育訓練，每家醫院補助上限250萬元（行政院衛生署醫院管理委員會 2013）。[8]《試辦計畫》於2014年1月1日至2014年12月31日止，為期一年。

---

5 臺灣的《助產人員法》明文規範助產師的工作內容包含接生、產前及產後檢查、保健及生育指導等業務。

6 立法委員林淑芬及劉建國於社會福利及衛生環境委員會第19次會議提出臨時動議。

7 衛福部附屬醫療及社會福利機構管理會相關業務職掌請參見：http://www.hso.mohw.gov.tw/

8 詳細預算編列包含每家參與醫院一年行政費用12萬元；人事費用獎助醫師及助產師（士）一年每人24萬（每家醫院最多二位醫師、最多六位助產師〔士〕）；教育訓練費36萬；印刷費補助10萬。經費來源之醫療發展基金，來自菸品健康福利捐，獎勵範圍含括醫療品質、資源及人力的提升。資料來源：http://www.rootlaw.com.tw/LawContent.aspx?LawID=A040170030010600-0970307，取用日期：2016年3月10日。

生動盟為了解共照模式的運作狀況，陸續參訪五家執行醫院，總的來說，國家在缺乏完備的制度設計下，僅以短期單一計畫推行，很難具體落實共照模式。[9]首先，在醫師主導的醫院推行共照制度，產科醫療專業與醫院管理階層的支持，甚為關鍵。例如，在《試辦計畫》推動期間，部桃醫院產科主任和中榮護理部主任都積極支持，使助產師具有較高的能動性與醫護人員共同照護孕產婦，提升產前教育的品質，也大幅降低非必要的醫療介入比例（衛生福利部附屬醫療及社會福利機構管理會 n.d.）。特別是部桃醫院作為衛福部直接管轄的公立醫院，是後續宣傳推動友善生產及共照模式時的典範案例。[10]然而，比照其餘同樣隸屬衛福部之公立醫院，政府卻未積極要求共同投入推廣共照模式。

其次，《試辦計畫》期限僅一年，而且如果扣除經費撥用等行政流程時間在內，實際在醫療現場執行的時間只有短短六個月。然而，從懷孕到生產需要十個月的時間，這還不加上產後訪視等等時程。半年的時間，無法讓助產師（士）和產科醫師完整參與孕產程照護。根據參與《試辦計畫》的助產師（士）表示，許多目前照護的孕婦到了實際生產的時候，試辦計畫早已終止，屆時助產師是否續聘仍未知；或是有些慕名而來、預計要懷孕的女性朋友，等到她們懷孕之際，計畫可能已經結束（謝新誼 2016）。

正由於《試辦計畫》本身的不足，醫院主事者的意願就更為重要。例如，其中一間執行《試辦計畫》的私人醫療院所，其執行成果並不如預期。在非正式的交流中，生動盟發現該院所對溫柔生產的實踐僅停留在衛教宣傳單，並未真正落實共同照護模式。其中負責的一位醫師以「西堤牛排」比喻，強調該醫院因經費限制加上高風險產婦較多，照護人力有限，僅能在健保體制下提供一般標準化的醫療服務。

9　生動盟在中部地區實際僅走訪臺中榮總產科，但是中部執行的其餘兩家醫院（彰化二林基督教醫院及部立豐原醫院）均派參與計畫的產科部護理人員前往臺中榮總，交流計畫試辦心得。

10　部立桃園醫院作為政府推廣共照模式的典範公立醫院，不僅是生動盟長期觀察的結果，亦可參閱衛福部公開刊物的專題報導（黃倩茹 2015）。

在計畫尾聲之際，各種非正式管道傳出消息表示，《試辦計畫》未必會持續進行；同時，衛福部原定在期滿前邀請婦女團體、婦產科醫界與助產學界等共同討論是否續辦的評核會議，亦未如期舉行。因此，生動盟於2015年4月再度聯繫林淑芬委員，由民間發動，開啟《試辦計畫》的成果討論，包含計畫執行狀況、後續動向、與權責歸屬。本次會議旨在督促政府持續推動共照模式的制度化，因此訴求對象為衛福部下與生產及婦女健康照護相關的各單位。在權責歸屬的部分，生動盟質疑與孕產制度和母嬰健康治理最相關的單位應為衛福部照護司或醫事司，但衛福部為何遷就經費來源，將共照制度交由業務性質無關的醫管會負責，使改革難以與孕產制度的其他面向擴大連結。在本次協調會上，各部會代表僅能透過醫院自行提供的成果報告書來了解計畫執行情況，顯示推廣共照模式的路上，醫學專業具備高度自主性，政府較難進行實質監督。醫事司代表也直言，政府難以介入私立醫院的醫療模式。但是生動盟質疑，衛福部僅標舉部立桃園醫院作為典範樣板，並未提出如何擴大其餘部立醫院參與《試辦計畫》。同時，主流婦產科醫界對新興生產模式的消極、甚至反彈的態度，與會政府代表也沒有任何對策。

當時協調會上衛福部代表口頭答應會延續《試辦計畫》，但直到2015年底仍無聲無息。因此生動盟於2015年12月12日助產師節舉辦記者會「共照、麥走，邁走：還我友善多元生產方案！」（見圖7-2）。記者會指出政府治理的矛盾：「衛福部一方面肯定《試辦計畫》成效超乎預期目標，另一方面卻未擴大推廣成效良好的共照模式。」[11] 面對民間持續的質疑，衛福部醫管會副執行長吳文正接受媒體採訪回應：「計畫的滿意度甚高，將持續辦理，只是仍在研擬試辦公告」。[12] 即便衛福部允諾2016年將續辦，這表示《試辦計畫》在2015年空窗停擺、2016年僅剩部桃醫院一家承辦，

---

11 衛生福利部附屬醫療及社會福利機構管理會公布的〈103 年度截至 12 月底止醫療發展基金執行狀況表〉中明文顯示《試辦計畫》之「產婦或家屬對相關醫療服務之整體滿意度達 96%（目標：80%以上）」。資料來源：http://www.hso.mohw.gov.tw/sso/mdf103.pdf，取用日期：2016年2月27日。

12 陳雨鑫，2015，〈友善生產試辦 叫好卻難擴大 助產師進醫院 明年縮水續辦〉。聯合報，A7版，12月13日。

經費仍隔了將近半年才撥款。一年辦理、一年停擺，《試辦計畫》無法銜接，這對於共照模式的制度化甚為不利。2017年，衛福部正式成立少子化對策辦公室，曾是蔡英文政府首任衛生福利部部長的林奏延再度提出「重啟產科醫師及助產師共照制度」為政策目標之一，卻沒有提出具體措施（林奏延 2017）。

《試辦計畫》看似已經中斷，卻生產出了共同照護的實證資料，成為生產改革的有力證據。過去臺灣對共同照護的倡議，主要立基國際的實證研究，缺乏臺灣在地經驗，直到《試辦計畫》的推行，讓助產師（士）重返醫院，才驗證了共同照護模式的醫療品質與安全。根據六家執行醫院的成果報告，《試辦計畫》中接受友善多元溫柔生產模式的產婦及家屬，對共照模式的整體滿意度高達96%，遠遠高於原先評估基準的80%；同時大量減少了非必要的醫療侵入行為（衛生福利部附屬醫療及社會福利機構管理會 2014）。在立法院2017年召開的「改善少子化政策方向」公聽會上，生動盟成員邱宜君便以《試辦計畫》的成果，作為民間訴求共同照護模式的佐證（邱宜君 2017）。

圖7-2　「還我友善多元生產方案」記者會

資料來源：生動盟提供。

參、爭議中的生產計畫書

自1980年代以來，生產計畫書（the written birth plan）經常在國際的生產運動中，扮演促進醫護產溝通的平台角色。生產計畫書最早在美國發跡，源自於回應過度醫療化的生產環境，在生產醫療化程度較高的國家中，生產計畫書的一大功能便是希望協助婦女及產家表達生產的願景與價值，釐清孕產婦對各項醫療介入措施的意願，而不僅是知情同意與否（Kitzinger 1992）。計畫書並沒有制式規格，可能涵蓋眾多面向，例如對生產場所、緊急轉診機構、各種醫療介入的意願、及遭遇緊急狀況時期望的處理措施等（World Health Organization 1985, 2006）。

歷經30餘年的發展，在生產計畫書逐漸制度化的同時，卻也衍生出難以消弭的爭議。許多研究支持生產計畫書對孕產過程的正面影響（Brown and Lumley 1998; Kuo et al. 2010）；但亦有研究反省在高度醫療化的臨床實作上，制度化的生產計畫書對產婦的助益不大，甚至強化醫護產家間的關係張力（Jones et al. 1998; Whitford and Hillan 1998）。生產改革者強調要避免生產計畫書淪為形式，則應參考實證醫學研究成果來修正臨床常規，改善過度醫療化的生產環境（Lothian 2006）。Kaufman（2007）將生產計畫書區分為制式的「醫院型」，以及真正協助婦女與醫護產專業決策的「討論型」，後者才是生產改革的目標。

臺灣的助產學社群甚早就倡議生產計畫書的理念，最初是直接在一些醫院推行。自2000年中期開始，助產學社群藉承接公部門的研究計畫案，在數間醫院公開招募有參與意願的婦女，比較使用生產計畫書對生產經驗和醫護產關係的影響（郭素珍 2006；Kuo et al. 2010）。而後，臺灣的陪產員組織「臺灣溫柔生產推廣協會」，於2010年邀請長期推動生產教育的物理治療師Penny Simkin來臺講學，生產計畫書亦是Simkin分享的要點之一（Simkin n.d.；臺灣溫柔生產推廣協會 2010）。助產及陪產學社群在臨床和專業領域上的積極推廣，使生產計畫書更廣為人知。

繼助產學專業社群的推廣開始，生產計畫書成為後續改革的重點項目之一。2014年母親節前夕，臺灣推動生產改革的民間行動者以婦女新知為中心發起「母親不服從運動」，透過公開向社會大眾募集「生產計畫書」，介紹生產計畫書的正面影響：「目的是促進孕／產婦表達自己對生產的期望，在充分的資訊交流下能夠參與生產決策，並且增強孕／產婦與醫師、醫護及助產人員的溝通與合作」（婦女新知基金會 2014a）。臺灣的民間團體和助產學社群都已注意到西方國家倡議生產計畫書時面臨的問題，同時有鑑於臺灣生產環境的過度醫療化，倡議團體皆主張擬定計畫書需長時間的審慎討論、多方參與。婦女新知的行動，亦強調生產計畫書可作為產婦對臺灣生產過程普遍高度醫療介入的意見表達（婦女新知基金會2014b）。

婦女新知先蒐集民間使用生產計畫書範例，藉由產婦積極使用的情境，提出多樣的使用經驗。同時，這些個別案例中，也有被婦產科醫師拒絕的情況。因此，這項蒐集生產計畫書的經驗，不只有倡議的主張，也要求制度性的改革。國際上有許多生產計畫書範例可供一般民眾參考，例如美國由非營利組織美國妊娠協會（The American Pregnancy Association）製作，英國則是國家主導、由國家健康服務體系（National Health Service，簡稱NHS）提供範本。這些生產計畫書建制化的國際趨勢，也成為婦女新知推動政策的重要參考。

向民間婦女招募生產計畫書後，婦女新知即和立法委員林淑芬及尤美女合作召開「拒絕過度醫療化，給我生產計畫書」記者會，呼籲政府和醫學專業應重視生產計畫書，以保障女性的健康權利，並提出以下訴求：「醫院主動提供生產計畫書範本，積極與孕／產婦溝通生產需求；衛福部應在三個月內調查及公布使用生產計畫書的友善醫院」（婦女新知基金會2014c）。

政府迅速回應民間對生產計畫書的訴求，鼓勵婦產科醫學專業將生產計畫書納入臨床常規。時任衛生福利部醫事司副司長王宗曦針對婦女新知的記者會表示：「為了讓孕產婦安心生產，因此願意將『生產計畫書』納入『孕婦手冊』，讓醫護人員與產婦能進行更多溝通，預計年底公布使用計畫書的友善醫院」。[13]衛福部不僅邀請婦產科醫學會共同研擬一套生產計

13 戴德蔓，2014，〈衛福部：孕婦手冊擬納生產計畫〉。大紀元，綜合版，5月10日。

畫書，亦主動轉發不同版本給醫界參考，要求醫院應提供生產計畫範本。對比生產改革運動的其他議題，政府對生產計畫書最為積極，可能是因該議題與醫病溝通和互動比較相關，而且涉及的專業醫學知識門檻較低。

對此發展，婦產科醫學會卻罕見地召開記者會，批評生產計畫書的倡議干預了醫療專業。婦產科醫學會祕書長黃閔照主張，醫師本來就會跟孕婦溝通生產方式，並質疑生產計畫書僅是形式化的工具，且恐增加醫療糾紛；對於是否取消臺灣現行常用的仰躺床上、雙腳架高姿勢，改採趴姿或蹲姿，或拒絕醫護人員以產鉗、壓肚子等介入分娩的意見，婦產科醫學會則強調，這些醫療介入乃經過專業評估後的必要措施。[14]

面對婦產科醫學會的反對聲浪，民間倡議者亦以婦女新知為平台，澄清專業團體對生產改革的一些誤解，並強調此刻在臺灣提倡生產計畫書的重要意義。婦女新知指出，因為生產計畫書並非干預醫師專業，也反對生產計畫書變成制式化的評鑑資料，而是期望生產計畫書可以成為協助民眾進行生產的準備工作，建立與醫護專業進行深入溝通的機制。記者會後，婦產科醫學會內部仍制定了生產計畫書的範本，放置在網站上供外界參考，之後也成為衛福部官網的版本。[15]

生產計畫書的議題受到國家和專業團體相對的重視，是臺灣生產改革運動中少數能見度甚高、討論熱烈的議題（林雅娟 2014；一個月無法跟家人吃飯的婦產科醫師 2015；陳鈺萍 2016）。然而，醫學會的範本較以條列式的選項呈現，較類似Kaufman（2007）分類中的「醫院型」生產計畫書，與當初生產改革團體所倡議的「討論型」生產計畫書相去甚遠；新興的倡議看似已獲採用，但實際上對倡議目標——建立更平等的醫用關係

---

14 臺灣婦產科醫學會並未公開發布本次記者會新聞稿，相關報導請見郭佳容，2014，〈生產計劃納入常規 醫界、婦團意見分歧〉。中國時報，http://www.chinatimes.com/realtimenews/20140724004275-260405，7月24日；張博亭，2014，〈醫轟生產計畫書「干預接生」〉。蘋果日報，http://www.appledaily.com.tw/appledaily/article/headline/20140725/35979960/，7月25日。

15 衛福部國民健康署，2017，醫療機構生產計畫書（範本）（https://www.hpa.gov.tw/Pages/List.aspx?nodeid=1334，取用日期：2017年9月24日）；臺灣婦產科醫學會，2017，《會員參考資料》生產計畫書範例（http://www.taog.org.tw/member/MBContent.asp?id=398，取用日期：2017年9月24日）。

——助益仍十分有限。

肆、難產的本土產科臨床指引

如果說「共照模式」是結合產科人力與臨床措施的制度創立，而「生產計畫書」是架接一般女性和產科專業的溝通工具；那麼，「建立產科臨床指引」則直指主流產科醫學未能充分實踐其經常主張的「實證醫學」（evidence-based medicine）的缺失。自1980年代興起的實證醫學，早年來自醫界自己的反思：同行行醫的做法差異甚大，需要堅實的證據以提供最符合病人安全的措施（Timmermans and Berg 2003）。「實證醫學」是國際上許多生產措施變革的基礎，新的研究證據出爐後，政府或醫界可據此訂立新的「臨床指引」（clinical guideline）。其後，國家、醫療管理階層與保險業者，也可能為了資源分配的效率，或管控醫師行為與醫療費用，施行標準化（standardization）措施。有些病患權益運動也要求以實證醫學來確立診斷治療的方式，促成病患權益。這種「標準化」臨床措施的動力，已逐漸發展成促進醫療品質的基本配備。

針對懷孕生產的照護品質，許多國家會透過實證資料的精進，以提出臨床指引的方式，確保醫護產人員及相關決策者能據此改善照護孕產婦的措施。英國國家健康與照護卓越研究院（National Institute for Clinical Excellence，簡稱NICE）自2007年就多次發表與孕產相關的臨床指引，不只作為醫療專業人員與政府決策的重要參考，也轉換成易讀的版本，提供民間參考。[16]最新版的NICE指引，就提出低風險的產婦應接受由助產士主導的生產照護，以避免不必要措施造成的併發症。臺灣熟悉的美國婦產科醫學會就經常出版最新臨床指引；[17]日本產科婦人科學會及產婦人科醫會自2008年開始提出臨床指引，每三年更新一次，2014年的版本更高達400

16 相關內容詳見：http://www.nice.org.uk/guidance/conditions-and-diseases/fertility--pregnancy-and-childbirth/intrapartum-care

17 相關內容詳見：http://www.acog.org/Search?Keyword=guideline&Sources=13e4733a-b119-4752-81f9-c5a7d4e6ae08

多頁（日本產科婦人科學會、日本產婦人科醫會 2014）。

除了國家與專業組織根據最新資料建立臨床指引，譬如國際組織如國際衛生組織（World Health Organization，簡稱WHO）、實證醫學資料庫如考科藍圖書館（The Cochrane Library），或是民間團體如「促進改善產科服務聯盟」（The Coalition for Improving Maternity Services，簡稱CIMS），也都發展出有關懷孕照護的指引與建議，[18]例如法國的生產改革組織CIANE針對高比例的會陰切開術，促使法國婦產科醫學會提出臨床指引（Akrich et al. 2014）。

臺灣目前並沒有本地的產科臨床指引。臺灣現存許多不符合國際普遍認可的生產照護措施，政府或醫界卻仍未推出臨床指引來促發產科改革。然而，衛生署或改制後的衛福部，過去十年來早已透過各種委託計畫，建立本地的實證資料，亦整理目前國際上相關臨床做法的共識，甚至對照產科醫師現有的做法。政府於2006年起，陸續委託產科及助產學界，進行本土化的生產模式研究計畫，[19]以臺大醫學系婦產科所執行的委託研究案為例，當時不只號召臺大醫院產科的資深教授與年輕醫師，亦邀請助產界、護理界及女性主義學者參與研究設計，是臺灣難得匯集醫護產人員的努力。其中幾位成員，後來也都是生動盟成員，藉著參與研究計畫的經驗，訴求將學術研究具體落實為生產改革的資源。各委託研究案皆希望建立本土生產模式的實證數據，以改善現行的生產體制，但多年來卻沒有轉換成具體措施。生動盟認為，若要全方位改革主流產科，就應由醫界自己建立臨床指引，督促醫界同行改變。

生動盟在2015年5月以「孕產婦照護缺乏臨床指引，女人白受十大苦刑」為主題，與立委尤美女共同召開記者會，並邀請支持改革過度醫療化生產模式的婦產科醫師與助產師代表出席，共同呼籲政府應致力建立孕產

18 CIMS 2014年的指引請見：http://www.motherfriendly.org/eac

19 包括由曾任助產學會理事長的郭素珍教授所執行的「婦女親善生產實驗計畫」（2006年1月至2007年12月），臺大醫學系婦產科所執行的「發展本土化之友善生產模式及其成效評估研究」（2011年1月至2014年5月，李建南醫師為主持人），及臺灣周產期醫學會所執行的「發展本土化之友善生產模式及其成效評估研究」（2011年到2014年，許德耀醫師為主持人）。

婦健康照護的臨床指引，藉此全面推動友善生產模式。過去婦女健康運動及助產學界已經多次提出，臺灣主流生產照護仍在實施許多國際上已揚棄的做法，而這次的行動則著眼於「建立臨床指引」，來帶動更全面的改變。過去有關實證醫學的搜集與臨床指引的討論，多在醫護產界內部進行，或由國家督促建立，這是第一次由民間團體提出質疑，並要求政府積極處理無法施行臨床指引的根本原因。

生動盟在記者會上引用臺大婦產科李建南醫師的調查研究，提出本地醫師的施作狀況及改變的可能性。[20]這份調查研究含括臺灣273位產科醫師的意見，足以顯現出理念與實務上出現的落差。首先，國際上已有些具共識的產科措施，本地醫師在理念上也認同，但仍有相當比例的醫師不打算取消實證醫學上認為不恰當的臨床行為，例如常規性灌腸、剃毛、禁食、點滴給予、人工破水。現今大多醫師都同意該取消這些產科常見的措施，也同意納入臨床指引，然而，在這份調查中，約有三成的醫師不建議取消灌腸、常規待產剃毛、常規執行點滴等，於是生動盟質問：「臺灣的臨床模式如果與實證醫學不相符，政府與醫界應如何面對？醫護界遇到什麼樣困難，為何這些不合宜措施仍如此常見、難以改變？應給予何種資源來改善？」

其次，有些國際上實施已久的產科措施，也獲得臺灣不少醫師認同，卻一直未普遍落實，包括待產期間執行非藥物性減痛措施（例如運用多種姿勢的改變、使用產球，運用放鬆模式、呼吸技巧、聆聽音樂與適度撫觸技巧等），以及延遲用力（子宮頸全開時不立即用力，直到產婦有用力的衝動時才用力）。然而，即使有八成左右的受訪醫師同意加入臨床指引，但目前僅有44%的醫師執行非藥物減痛、32%執行延遲用力。為何醫師無法執行他們有意願的新興措施？是人力不足、資源不夠、或對相關做法不夠熟悉？政府與醫界應如何促進這些友善生產的措施？

第三，部分產科措施在國際上已有實證醫學支持與臨床共識，臺灣的

20 計畫總主持人李建南，《發展本土化之友善生產模式及其成效評估研究》。行政院衛生署國民健康局委託研究；國立臺灣大學醫學院醫學系（婦產科）於2011年至2014年間執行。

生產改革運動，包含助產學界、婦女新知及生動盟在內，也多次提出相關建議，但醫界仍然缺乏共識。例如國內外文獻都提出「直立式生產」（亦即採用坐姿、站立、蹲姿、跪姿等姿勢用力）比躺姿的品質更好，而同意與反對納入指引的醫師各約一半，但目前僅不到10%的醫師採取此措施。再者，是否例行性採用「會陰切開術」，也爭議多時。這次臨床指引所提出取消常規執行會陰切開，除非有適應症的情況下才進行的建議，雖早已是國際上普遍的臨床原則，卻仍有43%的受訪醫師不同意。針對這類臺灣醫師意見與國內外實證醫學文獻不相符的情況，是否透露出第一線醫師施行上遭遇困難？政府與產科界應如何介入與解決？

當天記者會上，衛福部派出來自醫事司、照護司、國民健康署的代表到場回應，但這些人對各單位正在進行什麼相關計畫、有何計畫目的、及婦產科醫師從事接生等資訊，都不甚清楚。面對立委尤美女詢問「何時訂定完整的孕產婦健康照護臨床指引」，政府代表竟答非所問，混淆了「臨床指引」、「孕婦健康手冊」和「生產計畫書」，顯示他們對「臨床指引」缺乏正確理解。在尤美女的要求下，醫事司副司長黃純英點頭答應將開會討論，並邀請婦女參與、廣納民間意見，但之後卻沒有進一步的行動。記者會後，我們也非正式地詢問婦產科醫學會相關人員，對建立臨床指引的看法。一位受訪醫師表示，國際上的做法可作為參考，但醫界仍有「多做多錯」的疑慮，怕引起同行反彈。另一位受訪醫師則認為，臺灣並沒有如英國、美國、日本等國成熟進步，因此尚無法自行建立臨床指引。

有關剪會陰、壓肚子、打催生針、躺著生等等臺灣實施的醫療常規，是婦女新知與生動盟關注的核心議題，期待藉由臨床指引的提出，具體探討這些做法到底有什麼根據，是不是非做不可。生動盟透過2015年初曾舉辦「畫寫生」行動，徵求女性畫出她們的生產經驗與感受，發現一些女性因為經歷不友善的生產過程而留下身心創傷；即便沒有實際生過小孩的一般大眾，對於生產的想像也是充滿疼痛與恐懼。[21]生動盟也認為，這些實

21 「畫寫生」募集活動請參見生動盟臉書專頁：https://www.facebook.com/BirthReformAllianceTW/photos/a.477056669113999.1073741827.477021212450878/482562411896758/?type=3&theater

證醫學已提出不必要例行實施的措施，是影響臺灣孕產婦經驗的重要因素之一，因此倡議讓實證資料能夠在臺灣妥善運用。2015年母親節前夕，適逢衛福部有意修訂新版孕婦健康手冊的時機，生動盟遂將臨床指引的建立焦點轉向政府，希望政府能支持提供更好的孕產婦照護的價值，擔任中介的監督角色，督促醫界建立臨床指引。

當初委託研究案的政府單位，如果未能持續督促醫學會建立臨床指引，這些委託報告就無法轉換成行動。而委託案進行過程中，醫界透過研討與討論所能帶動的共識努力，也無法落實。婦產科醫學會目前也未能積極將研究成果，轉換成由醫學會來建立臨床指引的動力。建立臨床指引牽涉到醫療知識，相關政府單位均認為不宜過度介入醫療專業，偏好以主事醫師與醫學會的意見為主。如果醫學會不重視實證醫學對同行技能的精進，只擔心建立臨床指引會增加同行的麻煩，那麼，在政府與民間團體都難以形成壓力的情況下，臨床指引可能會繼續缺席。

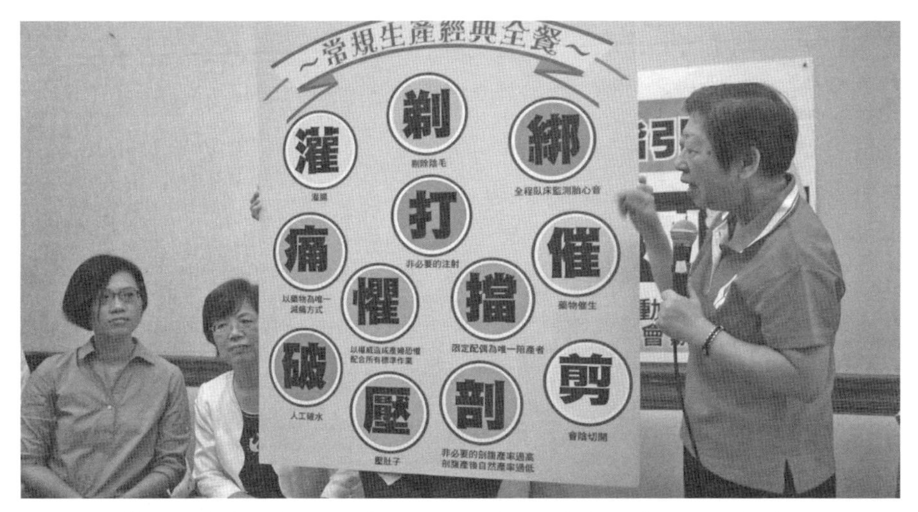

圖7-3　「拒絕生產全餐！許臺灣媽媽一個溫柔的母難日」記者會

資料來源：生動盟提供。

伍、結論

本文分析近年來三項改革生產體制的倡議——建立「助產師與產科醫師共照制度」、推廣「生產計畫書」、及公布「產科臨床指引」。表8-1歸納出改革團體所採用的行動策略、訴求、理念價值及可信度的建立。生動盟和婦女新知的行動策略主要以生產相關的各類實證醫學回應臺灣產科臨床實作的問題，並透過記者會與實際走訪醫療院所的方式，與立委、醫界及政府單位商討制度性的改革。這些倡議都涉及挑戰權威知識，而隨著議題內容的差異，民間訴求的對象分別針對國家及專業團體。「共同照護」是在醫療機構內推動制度改革，主要針對具有公權力的衛福部，牽涉人力經費等各資源的再分配。[22]至於「生產計畫書」和「臨床指引」的建立，則同時訴求政府和醫學專業，當訴求無法透過專業自律達成時，民間則同時呼籲國家投入治理，修改制度或制定誘因，確保專業內部的狀況及回應，以推動生產改革。

22 共同照護模式的一大要素是在既有的醫院編制下增聘助產人力，然而，面對經費與人力各項緊縮的醫療環境限制，以及讓助產師重返醫院體制內與否，醫界內部尚存爭議，因此現階段生動盟選擇鎖定國家為訴求對象，透過公部門投入資源作為誘因，讓醫院願意嘗試推動共同照護模式。

表7-1　三項臺灣民間發動的生產改革倡議

<table>
<tr><th colspan="2"></th><th>助產師與產科醫師共照制度</th><th>生產計畫書的實踐</th><th>產科臨床指引的建立</th></tr>
<tr><td colspan="2" rowspan="2">價值預設</td><td>推廣多元生產模式</td><td>生產應平等溝通、以孕產婦為主體</td><td>臨床措施應以促進孕產婦權益為目標；研究的民主化與公共性</td></tr>
<tr><td colspan="3">改革過度醫療化的生產體制</td></tr>
<tr><td rowspan="2">訴求</td><td>國家</td><td>建立助產師和產科醫師共同照護制度。立法使助產人力進入醫療機構、輔導民間助產所與轉診機制</td><td>提倡生產計畫書的普及化；進行生產計畫書使用率的調查</td><td>督促醫界或直接由政府建立孕產婦健康照護的臨床指引；政府委託計畫應成為制定公共政策時重要資源</td></tr>
<tr><td>專業團體</td><td>在臨床工作上落實共同照護模式</td><td>呼籲醫院主動提供生產計畫書範本，積極與孕產婦溝通生產需求</td><td>檢討臺灣生產臨床實作與國際知識之落差；建立臺灣版本的臨床指引</td></tr>
<tr><td colspan="2">行動策略</td><td>立法遊說、媒體曝光、醫院訪查</td><td>網路民眾動員、媒體曝光</td><td>提出改革方向、媒體曝光</td></tr>
<tr><td colspan="2">可信度建立</td><td>將女性經驗知識、在地多元實踐成果與國際產科知識結合，以建立評鑑指標，產生新興在地知識</td><td>將女性經驗知識與國際產科知識結合</td><td>指出國際產科知識與在地產科臨床實作間的落差</td></tr>
</table>

面對議題所具備的權威知識門檻，婦女新知與生動盟透過不同策略，建立民間倡議團體的可信度，並進一步打開新的知識空間。三項改革議題都強調與國際產科知識接軌：共照制度提出國際趨勢、生產計畫書源自於西方產科的實作、而臨床指引更是國際上實證醫學的基本功。然而，婦女新知與生動盟不只援引國際知識來增強文化資本或政治效力，更在過程中開展出新的知識、鋪陳新的證據基礎。共照制度實施的指標統計，創出了臺灣過去少有的臨床資料（過去少數的研究請見鍾聿琳等 1998），具體顯示共照模式侵入性醫療措施較少，婦女的滿意度較高。生產計畫書也促發

婦產科醫學會提出示範版本，可惜的是內容與改革團體的訴求相去甚遠，反映出運動倡議的困境。臨床指引的訴求，使改革團體認真解讀原已束之高閣的委託計畫書，充分利用醫學界現有的調查研究成果，與公共政策連結。即使這項行動目前尚未引發具體改革，生動盟掌握臺灣產科臨床措施的現況面貌，強而有力的證據資料將是未來進一步行動的基礎。

在改革層面上，資源重組及挑戰權威的程度，相當程度影響了改革的成果。「生產計畫書」可能因為形式簡易，由醫學會定奪最終版本，較不會挑戰醫學權威，因而受到政府的正面回應。「共照模式」不僅是理念推廣，更涉及眾多組織架構及資源的重分配，執行上格外困難。「臨床指引」大多為國家與醫療專業的領域，即使民間團體要求，衛福部仍傾向尊重專業，因此，若專業社群尚未建立以「在地指引」作為核心價值的共識，那麼仍難以撼動醫界既有的常規措施。統整來說，共照模式由醫師策劃但未能確實制度化、生產計畫書由醫學會制定官方版本、臨床指引僅為醫界的研究案，這都顯示政府十分看重醫學專業團體的意見，而制度實際運作也經常取決於產科醫學專業的立場，形勢上不利於民間團體挑戰醫學權威知識。

臺灣生產治理仍是由產科醫學主導掌控，然而從婦女新知與生動盟所提出的三項主張來看，民間改革團體能深入了解產科知識發展，以促進孕產婦健康作為核心價值來評估權威知識，且提出相關具體改善對策。來自民間的獻策與聲音，應例行性地成為政府與專業團體諮詢行動方案的對象，透過多元的改革辯論與政策制定，而非僅全然仰賴醫界的治理模式，才能導出貼近婦女多元需求的生產制度。政府部門不該僅零星地回應民間的要求，而該考量建立以生產改革為目標的專責單位，提出生產改革白皮書與全面規劃。產科醫學的自發措施，需要內部的民主化，政府可透過落實委託案促進新指引的誕生。當然，民間生產改革團體必須持續壯大，方更能推動政府與醫界的生產改革。

參考文獻

一個月無法跟家人吃飯的婦產科醫師，2015，一個婦產科醫師的告白：請尊重專業，別再撲殺全臺僅剩800人的我們。（https://buzzorange.com/2015/05/26/doctor-who-cant-eat-with-family-for-one-month/，取用日期：2017年7月27日）。

日本產科婦人科學會、日本產婦人科醫會，2014，《產婦人科診療ガイドライン——婦人科外來編2014》。東京：日本產婦人科學會事務所。

行政院衛生署醫院管理委員會，2013，《友善多元溫馨生產醫院試辦計畫》。行政院衛生署醫院管理委員會。

吳嘉苓，2001，〈空間、規訓與生產政治〉。《臺大社會學刊》29：1-58。

——，2000，〈臺灣病患權益運動初探〉。頁389-432，收入蕭新煌、林國明主編，《臺灣的社會福利運動》。臺北：巨流。

吳嘉苓、黃于玲，2002，〈順從、偷渡、發聲與出走，臺灣『病患』的行動分析〉，《臺灣社會學》3: 73-117。

林文源，2014，《看不見的行動能力：從行動者網絡到位移理論》。臺北：中央研究院社會學研究所。

林宜平，2006，〈女人與水：由性別觀點分析RCA健康相關研究〉。《女學學誌》21: 185-212。

林奏延，2017，翻轉少子化的臺灣（https://udn.com/news/story/7339/2434078，取用日期：2017年7月27日）。

林雅娟，2014，用「專業」說服人，而非用「權威」說服人！（http://opinion.cw.com.tw/blog/profile/52/article/1697，取用日期：2016年10月25日）。

邱宜君，2017，全職媽媽的心聲：請讓臺灣女性擁有更好的助產共照制度（http://www.appledaily.com.tw/realtimenews/article/new/20170504/1111233/，取用日期：2017年7月27日）。

郭素珍，2006，《婦女接受臨床實務評估與改進》。衛生署九十四年度研究補助計畫。

陳信行，2016，《看見不潔之物：工業社會中知識權威的文化實作》。臺北：

臺灣社會研究雜誌社。

陳鈺萍，2016，生產計畫書，（https://www.facebook.com/MoniChen/posts/10208479464773207，取用日期：2016年10月25日）。

曾凡慈，2015，〈兒童過動症的在地興起與專業技能網絡的變遷〉。《科技醫療與社會》21: 15-76。

婦女新知基金會，2014a，婦女新知基金會針對「生產計畫書」之聲明（http://www.awakening.org.tw/chhtml/topics_dtl.asp?id=444&qtagword，取用日期：2016年10月25日）。

——，2014b，母親不服從運動：秀出妳的生產計畫書（http://www.awakening.org.tw/chhtml/epaper_view.asp?id=173，取用日期：2016年10月25日）。

——，2014c，拒絕過度醫療化，給我生產計畫書（http://www.tygh.mohw.gov.tw/?aid=302&pid=0&page_name=detail&iid=343，取用日期：2016年10月25日）。

——，2013，尊重女性生育主體，多元友善生育制度不可少！，婦女新知基金會、林淑芬委員辦公室2013母親節聯合記者會會後新聞稿（http://www.awakening.org.tw/chhtml/topics_dtl.asp?id=374&qtagword，取用日期：2016年2月27日）。

黃倩茹，2015，〈友善多元溫柔生產醫院-衛生福利部桃園醫院〉。《衛福》4: 34-37。

臺灣溫柔生產推廣協會，2010，臺灣陪產員課程研習會（http://www.xn--1uv25mw0fma.tw/edm01.php?TNO=9，取用日期：2017年1月3日）。

衛生福利部附屬醫療及社會福利機構管理會，2014，友善多元溫柔生產醫院試辦計畫起跑記者會（http://www.mohw.gov.tw/cp-3206-21448-1.html，取用日期：2017年7月19日）。

——，n.d.，103年度截至12月底止醫療發展基金執行狀況表（http://www.hso.mohw.gov.tw/sso/mdf103.pdf，取用日期：2017年7月19日）。

鍾聿琳、黃俊喨、劉達麗、洪麗嬌、吳玲娟，1998，〈一個產科健康照顧模式之初探〉。《護理雜誌》45(4): 33-49。

謝新誼，2016，友善多元溫馨生產醫院試辦計畫是圓滿結局或曇花一現？（https://www.facebook.com/BirthReformAllianceTW/posts/691404514345879:0，取用日期：2017年9月18日）。

Akrich, Madeleine, Marire Leane, Celia Roberts, and João Arriscado Nunes. 2014. "Practising Childbirth Activism: a Politics of Evidence." *BioSocieties* 9(2): 129-152.

Allsop, Judith, Kathryn Jones, and Rob Baggott. 2004. "Health Consumer Groups in the UK: a New Social Movement?" *Sociology of Health and Illness* 26(6): 737-756.

Brown, Phil. 1987. "Popular Epidemiology: Community Response to Toxic Waste Induced Disease in Woburn Massachusetts." *Science, Technology & Human Values* 12:76-85.

Brown, Phil, Crystal Adams, Rachel Morello-Frosch, Laura Senier, and Ruth Simpson. 2010. "Health Social Movements: History, Current Work, and Future Directions." Pp.380-394 in *Handbook of Medical Sociology, 6th edition*, eds. Chloe E. Bird, Peter Conrad, Allen M. Fremont, and Stefan Timmermans. Nashville: Vanderbilt University Press.

Brown, Stephanie J, Judith Lumley. 1998. "Communication and decision-making in labour: do birth plans make a difference?" *Health Expectations* 1(2): 106-116.

Epstein, Steven. 1996. *Impure Science: AIDS, Activism, and Politics of Knowledge*. Berkeley: University of California Press.

Hess, David. 2007. *Alternative Pathways in Science and Industry: Activism, Innovation, and the Environment in an Era of Globalization*. Cambridge: The MIT Press.

Jones, Michael Hugh, S Barik, HH Mangune, P Jones, SJ Gregory, and JE Spring Jones. 1998. "Do birth plans adversely affect the outcome of labour?" *British Journal of Midwifery* 6(1): 38-41.

Kaufman, Tamara. 2007. "Evolution of the Birth Plan." *J Perinat Educ*. 16(3): 47-52.

Kitzinger, Sheila. 1992. “Sheila Kitzinger’s Letter from England: Birth Plans.” *Birth* 19: 36-37.

Kuo, Su-Chen, Kuan-Chia Lin, Chi-Ho Hsu, Cherng-Chia Yang, Min-Yu Chang, Chien-Ming Tsao, and Lie-Chu Lin. 2010. “Evaluation of the Effects of a Birth Plan on Taiwanese Women’s Childbirth Experiences, Control and Expectations Fulfilment: A Randomized Controlled Trial.” *International Journal of Nursing Studies* 47: 806-814.

Lothian, Jones. 2006. “Birth Plans: the Good, the Bad, and the Future.” *Journal of Obstetric, Gynecologic, and Neonatal Nursing* 35, 295-303.

Rabeharisoa, Vololona, Riago Moreira, and Madeleine Akrich. 2014. “Evidence-based Activism: Patients’, Users’ and Activists’ Groups in Knowledge Society.” *BioSoceities* 9(2): 111-128.

Simkin, Penny. n.d. “The Win-Win Birth Plan.” http://lovingthemotherdoulasupport.weebly.com/uploads/1/9/7/1/19713461/the_winwin_birth_plan.pdf (Date visited: Jan 3, 2017).

Timmermans S, Berg M.. 2003. *The Gold Standard: The Challenge of Evidence-based Medicine and Standardization in Health Care*. Philadelphia: Temple University Press.

Whitford, H.M., Hillan, E.M.. 1998. “Women’s Perception of Birth Plans.” *Midwifery* 14: 248-253.

World Health Organization. 2006. “Birth and Emergency Preparedness in Antenatal Care.” http://www.who.int/reproductivehealth/publications/maternal_perinatal_health/emergency_preparedness_antenatal_care.pdf (Date visited: Oct 22, 2016).

——. 1985. “Appropriate Technology for Birth.” *Lancet* 24; 2 (8452):436-7.

Wu, Chia-Ling. 2017. “The Childbirth Reform Movement in Taiwan, 1995-2016.” 《アジア ジェンダー文化学研究》1: 99-112.

第八章
托育擴張之路：論述、托盟與行政官僚的共舞

王兆慶
國立中正大學社會福利學系博士生
托育政策催生聯盟發言人
王舒芸
國立中正大學社會福利學系副教授
臺灣社會福利學會第12屆祕書長

本文感謝受訪者的慷慨分享，以及托盟團體夥伴的交流討論。初稿曾於中正大學社福系專題報告中發表，十分感謝兩位匿名評論人悉心指正，同時感謝本書兩位匿名審查委員提供的專業建議與具體指正，作者受益良多。並感謝本書主編與責任編輯劉侑學在觀點討論與校對上的細心協助，若文中仍有疏漏或錯誤，由作者自負全責。

壹、前言

晚近東亞諸國為挽救下滑的生育率、減輕家庭的照顧負擔，紛紛推出幼兒托育政策（Peng and Wong 2010）；王舒芸（2014）也指出，臺灣開始以「工作福利」的政策邏輯擴充托育服務、支持女性就業，出現政府分擔家庭育兒責任的跡象。2008年，中央政府針對0-2歲使用托育服務的幼兒家庭每月發放3,000元補助。2011年，《兒童及少年福利與權益保障法》（簡稱《兒權法》）修法，納入居家式托育的收退費規定，保母費用依法受政府管制。同年，《幼兒教育及照顧法》立法，明列公、私幼之外正式出現第三類非營利幼兒園（簡稱非營園）。2013年，臺中市政府自行加碼0-2歲托育補助，使用定價托育服務的家庭每月可領補助達6,000元。2014年，中央編列四年17億元於各地增設非營園。2016年，臺北市加碼托育補助、新北市次年也宣布跟進，中央的非營園預算則擴張到四年62億元。立法行動、預算投入，從中央到地方，一波接著一波。托育政策何以有此轉折？什麼因素可以解釋臺灣晚近的發展？不同的政治、社會行動者，如何影響國家制度的變遷？改變的結果為何，運動進程又受到什麼挑戰？

學術文獻中常用「去家庭化」（de-familialization）與「去市場化」（de-marketization）這兩個概念捕捉托育服務擴張的不同意涵（Ochiai 2009）。托育政策的「去家庭化」特別指提高幼兒接受正式（formal）托育服務的涵蓋率，也就是政策要旨必須是增加服務供給（service in-kind provision），而不是給予在家照顧幼兒者現金津貼（Estévez-Abe and Naldini 2016）。但有學者提醒，國家提升托育涵蓋率的方法有二：一是利用政府補助，減輕幼兒家庭使用私人托育服務的經濟負擔；二是擴大公共提供的托育服務，例如增加公共幼兒園的數量，而後者較有嚴格意義的「去市場化」作用（Estévez-Abe and Kim 2014）。

從臺灣2017年的現況來看，嬰幼兒托育補助一再加碼、收費管制日益嚴格、非營園預算大增，似乎出現「去家庭化」、「去市場化」的徵兆。然而王淑英、孫嫚薇（2003）分析，過去臺灣因家庭主義的母職觀念、政府傾向殘補福利、托育過度市場化，加上政黨與婦女運動也未予關注，導致公共托育可謂低度發展。本文於焉好奇：在此種路徑條件與歷史遺緒下，是哪些行動者、運用何種策略才萌生出轉變的歷史機遇？又是什麼因素產生某些矛盾的非意圖後果，致使王舒芸（2014）批判，臺灣並未完全脫離家庭主義及自由市場邏輯？

本文以「0-2歲保母托育補助及定價」政策、「2-6歲非營利幼兒園」政策，作為分析托育政策變遷的例證。研究以歷史檔案分析為主，並輔以作者參與民間運動團體「托育政策催生聯盟」（簡稱托盟）[1] 期間（2008-2017）對倡議策略和相關委員會的參與觀察。對於實施加碼托育補助之臺中市、臺北市，與推動非營園的教育部高階決策官員，另以訪談作為分析資料。期以不同的資料來源交叉檢證，解釋政策如何因各方行動者的互動而發生轉變。[2]

貳、托育政策為何擴張？OECD國家經驗

早期研究社會政策源起的文獻，多以經濟發展作為福利擴張核心要素，但社會經濟變遷未必直接導致政策回應，故社會抗爭論假設，社會政策是國家為保有政權才設計的控制工具（Fraser 1984）；權力資源論主張，工會運動、左翼政黨力量強大，福利才越趨擴張（Korpi 1978; Shalev 1983）；國家中心論認為，憲政與政治制度、立法程序、官僚體制，才是解釋福利國家發展的重要因素（Castles 1985; Skocpol and Amenta 1986）。

1　托盟目前由臺灣勞工陣線、臺灣家長教育聯盟、臺灣女人連線、全國教保產業工會、彭婉如基金會、婦女新知基金會等團體所組成。作者並因此曾任臺中市、臺北市的托育管理委員會委員。

2　臺灣學齡前兒童幼托整合方式在2011年《幼兒教育及照顧法》立法後拍板定案，幼稚園、托兒所統稱為幼兒園，收托2-6歲幼兒，由教育部主管相關業務。0-2歲幼兒托育如保母、托嬰中心的相關法條，則另立於《兒童及少年福利與權益保障法》，歸衛福部主管。因此，本文分別以0-2及2-6歲各一項政策，作為分析案例。惟這兩大政策並非0-2歲、2-6歲的福利全貌。舉例，0-2歲另有公私協力托嬰中心（以新北市、高雄市為主）、爺奶津貼加碼補助（雲林縣），2-6歲另有公幼增班（以新北市為主）等，這些政策同樣是托育擴張的選項。惟以本文的經驗資料作為分析素材，必然受限於作者所立足的觀察位置，無法充分掌握所有托育政策分流的潛在原因，這也是本文的限制。

托育在福利國家中發展較晚，但討論經濟合作暨發展組織（OECD）會員國托育政策擴張的文獻，亦循相似脈絡而生。研究者咸認為，後工業社會以來女性勞動參與率不斷攀升，托育名額嚴重不足，甚至引發排隊現象（waiting list），是托育擴張的背景因素（Peng and Wong 2010; Bonoli 2013）。然而經濟轉型引發的需求，可能只是刺激市場回應，未必會即時帶動公共政策的大力挹注。故晚近文獻指出，促成各國托育福利政策擴張的作用力，可能來自另外幾個源頭：跨國論述、社會運動、行政官僚與政黨競爭。

一、政策論述的基底

經濟結構無法單獨影響社會政策的發展，文化條件、國家價值或意識型態亦為關鍵因素（Fraser 1984）。近年來最重要的托育政策擴張論述，是世界銀行、OECD、歐盟等國際組織力倡的「社會投資論」。社會投資論晚近於歐洲、北美、東亞的政策制定者之間已產生大量理念擴散（Peng 2014），雖然在不同國家，社會投資倡議的出發點可能略有不同——例如英國強調及早投資兒童、克服兒童貧窮（Fleckenstein 2010; Bonoli 2013），奧地利和日本特別擔憂低生育率（An 2013; Blum et al. 2014），荷蘭和韓國著眼於釋放女性勞動力的市場經濟效益（van Hooren and Becker 2012; Estévez-Abe and Naldini 2016）。但最終，國際社會的倡議方向殊途同歸，都指向托育服務量能的擴張。論述是點燃跨國托育制度轉向的重要火種，托育被賦予新的存在理由，足以重構政策討論，引發變革（Fleckenstein 2010）。

二、社會運動的爭取

工會和女性運動，是歐美文獻中影響托育政策擴張的兩大主體。Morgan（2012）分析歐洲各國托育轉型的政治驅力時指出，早在社會投資概念提出以前，法國就有公部門教師工會發動倡議，促成訓練、薪資均優的公共學前教育系統。而Naumann（2012）解釋瑞典成功創造普及公共托育的關鍵，在1950-60年代勞動力短缺，瑞典出現究竟要引進移工還是支持女性就業的爭論，最後藍領工會決定支持女性就業，力主托育擴張。

此外，瑞典1960年代起產生大量性別角色的辯論，婦女運動展開遊說及街頭抗爭，社會民主黨的女性政治人物也大舉呼應。托育因此從釋放勞動力的工具性政策，再添一層「給女性選擇自由」的解放意涵（Lundqvist 2011; Naumann 2012）。惟必須說明的是，婦女運動未必是倡議女性就業與公共托育的因子。研究指出，歐洲也出現過女性主義者大力鼓吹「母職照顧認同」和在家照顧有酬政策（Lambert 2008），丹麥婦運就因母職照顧或女性就業的內部矛盾，在托育政策上的影響力不如教師工會。另外，美國的婦運主戰場在教育、職場平權，墨西哥則在性暴力法案改革，所以這些國家的女權運動也沒有形成托育政策的倡議力量（Goss and Shames 2009）。另外Michel（2002）指出，托育涉及女人和兒童，所以托育運動的斬獲往往來自女性主義者和托育工作者的結盟——後者更長於論述「什麼對孩子是好的」。

三、行政官僚的執行動力

國家是有意識、也是相對自主於社會的行動者，基於「國家利益」而追求特定政策（林萬億 2000）。Fleckenstein（2010）就指出英國托育改革歷程中，新工黨政府之所以在撙節時期仍力推托育，其實是財政部主導的結果。因為財政部相信，托育有助於促進勞動參與，強化家庭經濟的正向循環，可以減少兒童貧窮、減少福利依賴。又以韓國、日本為例，Estévez-Abe 與Kim（2014）認為韓國0-3歲托育服務擴張速度遠比日本更快、更大膽的原因，在於韓國將托育政策執行工作從「衛生福利部」移轉到「性別平等和家庭部」，該部女性主義官僚將幼兒托育視為實現性別平等的迫切任務。反觀日本，雖然曾制定一系列天使計畫、新天使計畫，但日本福利官僚認為老人才是未來的「成長部門」，兒童則是「夕陽部門」，故厚生勞動省對幼兒托育政策興趣缺缺。

四、民主選舉下的政黨行為

Bonoli（2012）指出，托育政策成為晚近福利國家的擴張領域，是因其具備高度可見性又相對低成本，是「可負擔的建立功績」方法（affordable credit-building），有利於換取選票回報，而這是政黨推動托育政策的主要動力。如2006年奧地利社會民主黨家庭部長公開聲稱：「奧地利的家庭政策主要集中於現金福利，導致我們的生育率非常低。」於是社民黨決心擴大幼兒托育政策，一轉過去的保守主義路徑、走向社會民主模式。即便2011年金融危機都沒有改變風向，反而是傳統的家庭現金福利預算被削減（Blum et al. 2014）。又以德國為例，1998年基督教民主黨敗選後，時任祕書長的梅克爾主張敗選原因在於「城市女性選民動員不足」，故於基民黨內部設立委員會，檢討「婦女友善」的家庭政策模式，特別是讓母親可以選擇投入勞動力市場。雖然這跟基民黨的觀念和傳統大相逕庭，但是在追求選票與執政的利害考量下，托育政策成為政黨之間的競爭手段（Fleckenstein 2010）。

臺灣呢？以上文獻的見解，能否解釋帶動臺灣托育制度變遷的推力？亦或可從其他政治行動者的角度，辨認不同力量的影響？

參、臺灣正式托育服務的成就與路徑

林國明、蕭新煌（2000）指出，福利運動成功與否的判斷標準，包括是否爭取到新的權益、是否帶動結構與社會價值轉變，及運動團體正當性是否獲得接受，本文也將以這三個判準來檢視正式托育擴張的戰果。

一、0-2歲托育補助與保母收費管理

0-2歲托育的「新權益」起於2008年當時內政部兒童局（現改制為衛生福利部社會及家庭署）推出的《保母托育管理與托育費用補助實施計畫》。該計畫由行政官僚、民間婦運共同規劃，是透過行政院婦權會體制完成的第一個普及托育政策（傅立葉、王兆慶 2011），一方面發給托育家

庭每月3,000元補助，另方面則推動「社區保母系統」，以補助作為誘因引導地下保母正式化，接受政府的輔導與管理。計畫上路後，選擇加入系統成為正式保母的人數確實持續成長。[3]

2011年托盟批判政府除了發放托育補助，也必須制定收費管理基準，遏止「補多少、漲多少」的不當現象（見圖8-1）。[4] 其後，《兒權法》增訂第25條收費管理與審議機制，子法《居家式托育服務提供者登記及管理辦法》第20條並明定：「直轄市、縣（市）主管機關應……審酌轄內物價指數、當地區最近二年托育人員服務登記收費情形，依托育服務收托方式，分區訂定托育服務收退費項目及基準，並定期公告。」各縣市政府紛紛成立托育管理委員會擬定收費基準，托育補助與收費管理的基本法令架構，自此完備。

圖8-1　2011年10月托盟記者會，訴求保母管理及收退費規定入法

資料來源：托育政策催生聯盟。

3　根據社家署統計，加入系統的正式保母人數從2008年的13,624人增加到2011年的16,419人。

4　托育政策催生聯盟，2011，「保母只登記、不管理，家長不安心」記者會新聞稿（http://cpaboom.blogspot.com/2012/09/2011.html，取用日期：2017年9月14日）。

二、2-6歲非營利幼兒園的拓展

如果說0-2歲正式托育擴張最大的目標是「去家庭化」，那麼2-6歲的運動進程應是「去市場化」。基層教保人員團體向來抨擊2-6歲托育「不應以幼教券加碼的模式處理」，真正的公共化應是改善公、私托育機構的失衡問題。[5] 因此在臺灣的運動脈絡，2-6歲「新權益」特別是指創造公共屬性的服務提供者。除了公幼外，這是指當年兒童局2002年提出的「社區自治幼兒園實驗計畫」、及教育部2007年提出的「友善教保服務實驗計畫」，兩計畫皆採政府委託民間辦理的形式。2011年《幼兒教育及照顧法》立法前夕，托盟召開記者會主張2-6歲應扭轉幼托服務市場過度營利的取向，[6] 此主張後來得到立法委員林淑芬與黃淑英的支持，[7] 故成功在該法增訂第9條「非營園」條文，政府委託民間辦理公共化幼兒園的依據也自此法制化。

馬英九前總統執政後期，教育部更擘劃五年100所「推動非營利幼兒園實施方案」，由中央挹注大部分經費；2016年蔡英文總統再加碼到「四年1,000班」，[8] 2-6歲以非營園為主的托育公共化方向，至此定調。

---

5 教育及保育服務行動聯盟，2010，2010年全國托育政策建言（www.awakening.org.tw/upload/uploadfile-501.doc，取用日期：2017年9月14日）。該團體是全國教保產業工會的前身，後亦為托盟成員之一。

6 托育政策催生聯盟，2011，「平價優質公共托育，才能樂婚、願生、能養」記者會新聞稿（http://cpaboom.blogspot.com/2012/09/201101.html，取用日期：2017年9月14日）。

7 林淑芬質詢時任教育部長吳清基時說：「今天我們翻閱整本的幼兒教育及照顧法草案，都沒有看到一個條文是可以解決未來女性最核心的問題，即沉重的育兒經濟負擔……」、「民間推出兩個重要的公民共辦與民主審議的方式……希望部長可以支持，不只是協商與尊重。」黃淑英質詢教育部長時指出：「我們一直想談公共化……對於社區托育的機構、幼兒園能有公私合辦，我們又可以規範其收費等作業的機制，這才叫做公共化。」兩人的論點都有民間團體倡議的痕跡，詳見2011年4月11日立法院第七屆第七會期教育及衛環委員會第二次聯席會議記錄。

8 李欣芳、吳柏軒，2016，〈4年62億，政府要增公共幼兒園1000班〉，自由時報，http://news.ltn.com.tw/news/focus/paper/1044180，10月21日。

三、小結

若以正式托育涵蓋人數來看，保母系統托育幼兒人數從2009年的16,985人，成長到2015年的28,344人；托嬰中心的0-2歲幼兒人數則從2009年4,367人，成長到2015年17,246人。少子女化的同時，正式托育涵蓋率卻不斷提升，代表0-2歲托育服務確實發生一定程度的「去家庭化」。[9]又以官方論述來看，前教育部長蔣偉寧曾公開宣布要「將公立、私立幼兒園比例從目前三比七，調整為四比六」，[10]這是具體的「去市場化」主張。可見幼兒照顧方式的社會結構，及托育體制應然如何的官方價值，都已發生轉變，這也符合林國明、蕭新煌（2000）的第二判準。

最後，托盟從2010至2017年提出超過50次倡議論述，從降低家長經濟負擔、提升托育工作者勞動條件，到直接針砭候選人的托育政見白皮書，皆有一定程度媒體報導。而托盟召集人劉毓秀參與民進黨蔡英文總統選前的「托育、長照、婦女就業三合一照顧」政見擘劃，托盟代表也進入臺中市、臺北市的保母托育管理委員會。此亦符合運動戰果的第三個判準——正當性獲得接受，托育公共化運動在臺灣的階段性成就，應是毋庸置疑。

肆、正式托育為何擴張？論述與行動者的共舞

如國外文獻所言，少子女化的人口變遷、後工業化對女性勞動力的需求，固然對托育政策擴張有推波助瀾之力，但不足以說明制度變遷的因果關係。故以下將就三個面向分析正式托育擴張與政策變化的成因：論述的策略建構、政府思維與執行意志，以及民間、政府的互動合作。

---

9 參見社家署系統及托育人數統計（http://www.sfaa.gov.tw/SFAA/Pages/List.aspx?nodeid=516），以及衛福部統計處兒少服務統計（http://www.mohw.gov.tw/cht/DOS/Statistic.aspx?f_list_no=312&fod_list_no=4179）。

10 劉偉瑩，2013，〈非營利幼兒園，五年內增百所〉，國語日報，http://www.mdnkids.com.tw/news/?Serial_NO=86601，12月5日。

一、托盟的運動論述策略

傅立葉、王兆慶（2011）曾分析，臺灣的托育公共化運動，目的在改變社會照顧幼兒的方式，企圖將照顧服務生產部門從傳統的「家庭」（如母職自行照顧）與舊有的「市場」（如私立幼兒園），逐步移向社會民主模式的「國家」，托盟也據此界定自己的倡議路線與論述策略。

托盟的核心主張強調兩股社會價值：「性別平等」與「國家責任」。性別平等即超越「男性養家傳統」（male-breadwinner），使照顧不再只是家內、女性的事。劉毓秀（2012）的詮釋是，性別平等最為先進的北歐，無論男女都同時扮演「勞動者／照顧者」角色（citizen worker-parent），而這種理想的前提是存在普及、可靠的公共托育。托盟成員中的婦女新知基金會、臺灣女人連線、彭婉如基金會，對如何擴張公共托育的政策手段時有辯論，但終極目的乃是使幼兒照顧不再受密集母職觀念的束縛，可謂倡議性別平等價值的代表。

強調「國家責任」，則是因過去政府堅持「國家不應過度介入市場、與民爭利」（林宗弘等 2011），但政府缺席的結果是托育嚴重市場化、教保服務人員飽受剝削，所以全國教保產業工會及其前身——教保服務行動聯盟，早在參與托盟之前，就公開批判基層教保人員的低薪血汗現象。托盟對私立機構現場勞動條件的批判論述，一定程度來自工會的草根觀察。血汗服務品質堪慮、價格卻異常昂貴，造成家長的壓力與疑慮，故臺灣勞工陣線、全國家長團體聯盟也循此戰線投入托盟。[11]

但托盟的論述策略並不是單純主打上述兩股價值。正如Cohen（1985）將社會運動分為認同中心（identity-centered）與策略中心（strategy-centered），運動團體除了表達其理想，為爭取公眾的支持，也會策略性調整其訴求。

2010年父親節前夕，托盟召開記者會強烈主張——「臺灣生育率持續蟬聯世界最低……若不及時搶救，將危及社會的存續。北歐各國扭轉低生

11 2016年後改為臺灣家長教育聯盟參加托盟。

育率的成功經驗，為我們展現解決難題的一道曙光。生育率的高低，取決於國家能否『協助國民兼顧工作和育兒』。而各種措施中，唯一具有顯著效果的，就是妥善的托育制度。」[12]

「托育」和「催生」，在運動團體的策略中因此相接。妥善的「托育公共化」被界定為必須兼顧「平價、優質、普及」，這三項元素也是跨國托育研究中常見的可負擔性、品質可靠性與服務可得性（呂寶靜等2007），在媒體論述上的語詞置換。托盟對於保母、托嬰中心、幼兒園等所有學前托育領域的主張，都是依據這三元素的理路而開展，例如基於「平價」，強調保母托育補助與制定收費基準的必要；基於「優質」，主張用非營園創造教保人員合理薪資及勞動條件、維繫幼兒托育品質，而不是誘導幼兒就讀私幼；基於「普及」，所以非營園節省財政、較有推廣的潛能。

「托育催生」和「平價、優質、普及」的論述策略提出後，最強大的一次政治共振效應來自前總統馬英九。2011年5月的總統府財經會報上，總統公開表示：「少子女化是國安問題！」所以「托育政策要以『價廉、質優、離家近』為原則。」[13] 雖然馬前總統的用字遣詞和民間團體略有不同，但托盟的「撞球戰法」對於正當性論述的轉向是有效的——以少子女化為「白球」，間接撞擊性別平等與國家責任等托育政策目標，使托育公共化成為官方語言。倡議論述與總統回應的例證顯示，臺灣的總生育率持續下跌，反而成為托育公共化運動的「機會之窗」。

二、政府官僚的政策思維與治理行動

（一）保母補助、定價與地方政府理念

《兒權法》雖然要求縣市訂定保母收費基準，但王舒芸、王兆慶

---

12 托育政策催生聯盟，2010，「平價、優質托育催生行動連署開跑」記者會新聞稿（http://cpaboom.blogspot.tw/2010/08/blog-post.html，取用日期：2017年9月14日）

13 李淑華，2011，〈因應少子化，總統限月內提方案〉。中央社，http://www.cna.com.tw/news/firstnews/201105260070-1.aspx，5月26日。

（2016）指出，截至2016年底全國只有臺中、臺北等地真正訂出嚴謹的收費基準。其他縣市若不是訂得過於寬鬆，就是乾脆「自廢武功」，加註「僅供參考」字樣。

臺中、臺北之所以不同於其他縣市，願意執行法定收費基準，肇因於它們率先推出「加碼補助」政策。臺中市2013年率先加碼，並於「平價托育服務實施計畫」[14] 訂定收費管理架構；臺北市2016年跟進，以「友善托育補助實施計畫」[15] 再將管制項目予以微調。臺中、臺北的政務首長都明白表達制定收費基準、滿足家庭需求、擴大女性就業的意圖。舉例來說，臺中市社會局長呂建德在接受訪談時指出，這套政策「不只是發錢而已。事實上在我的想法，我們托育一條龍就是個regulated market……我們的argument是用價格管制，因為家長端的成本，特別0到2歲這邊3,000加3,000等於6,000，我們這邊收費13,000，你只需7,000就能送托，整個市場的餅是被做大。」臺北市社會局長許立民也說：「年輕的父母維持他們的勞動參與率……也可以創造另一邊的就業，我覺得這可能才是臺灣比較健康的方式。」「我們的主軸線很清楚，就是減輕父母的壓力，然後平價凍漲。執行面當然會遇到不同的困難，比如說保母不願意合作……但是他知道說挑戰你的核心價值沒有用，所以他們就是在執行策略上的計較。端午節人家要給他3,000塊為什麼你規定只能給2,000塊？諸如此類。但執行面上的計較，我們都願意去溝通。」

這兩個縣市因為財政能力較好，政務首長有明確的政策理念，所以發展出趨同的政策選擇。臺北市社會局長許立民也曾在議會質詢時表達落實「補助＋定價」的決心：「……社會局推出了友善托育補助政策，就是希望做到三件事情。第一件事情是『定價』……我們思考如果這些托嬰中心和保母收托能在一個合理的價格，不要隨便漲價，在定價和凍漲的狀況下，市政府補貼給家長3,000元，加上中央的補助以及過去的育兒津貼，讓家長的負擔可以在9,000元……所以『定價』、『凍漲』以及『一定的品

---

14 政策正式名稱為「臺中市育兒支持－平價托育服務實施計畫」，2012年12月27日核定公告。

15 政策正式名稱為「臺北市友善托育補助實施計畫」，2016年1月12日核定公告。

質』是市政府的策略目標」。[16]

至於這種理念的來源，社會局長許立民也在訪談中透露：「我其實還沒當局長之前，很簡單的，父母生養小孩不應該有太大的負擔。這個大概是我還沒有當局長前的價值，其他大概是很快速吸收大家（訪談者：受到很多其他的倡議團體的影響這樣？）……對。」

可以說，臺中市、臺北市的社會局，願意在政策論述與治理行動上呼應運動團體主張的「補助及定價」，是0-2歲托育公共化倡議落實的關鍵。否則徒法不足以自行，截至2016年，若只靠中央相關法規架構，居家托育收費基準得到落實的程度其實很低。[17]

（二）非營利幼兒園：中央政府的決策與治理決心

2002年《社區自治幼兒園實驗計畫》上路之初，就遭遇私立幼托業者集結反對，遲至2006年才開辦第一家高雄縣五甲社區自治幼兒園（簡瑞連2013）。後來的非營園雖明訂於《幼照法》第9條，但當時條文只委婉規定縣市政府「得」興辦非營園，法律本身並無強制力。縣市政府真正逐步興辦非營園，其實是教育部2014年起主動編列預算、要求辦理數量所致。

教育部為何採取主動？從第一家五甲社區自治幼兒園到今日的非營園，其間有一銜接的板塊——即2007年起至2012年9月，教育部成功在七縣市委託民間團體辦理10間「友善教保幼兒園」。國教司官員曾於托育公共化對策會議上明白表示：「友善園就是非營利園的前身。」「現在這種（非營利園）概念是我們10個園的經驗……共同建構起來。六年下來沒有虧損的問題……就是它有機制在運行。」[18] 換言之，友善教保的成功經驗，使教育部有擴張非營園的信心。

其次，教育部在《優質教保發展計畫》中，明白指出私立幼兒園服務水準參差不齊，公立幼兒園則是營運時間只到下午四點，不能配合家長需

---

16 參見2017年4月28日臺北市議會民政部門第7組質詢記錄。

17 關於其他縣市推動定價所面臨的困境，請見王舒芸、王兆慶（2016）的研究。

18 參見2012年12月13日婦權基金會普照小組第40次會議記錄，教育部國教司發言摘要。

求。「二者雖各有所長，卻都無法『完整』滿足孩子及父母的需要……確有尋求既能滿足家長需要而且又具幼教品質的服務類型」。[19] 這段文字明示「第三種」托育服務類型的正當性，以兼顧幼兒、家長需求。接受訪談時，教育部官員也詮釋公幼與非營園的不同之處：「縣市政府站在自己的立場，如果想要推公幼，基本上也是朝公共化的一條路，當然我們也不會反對，也不是只有唯一路徑。只是說站在本部立場，因為公幼作息基本上都是比照國小，在現階段……困難度會比較高，我們希望能兼顧家長的需求……當然會以非營利為主。」

最後，教育部《推動非營利幼兒園實施方案》以近乎遊說的語言向地方政府喊話：「非營利幼兒園與設置公立幼兒園所需經費相較，大幅減輕地方政府財政負擔」。[20] 該計畫甚至以一張成本試算表向地方政府分析，辦理一間公幼，地方每年要承擔近800萬財政成本，但非營園透過中央分攤以及約略提高家長付費，縣市自籌款每年只需要約30萬元。同樣的幼兒受益人數，地方財政壓力卻有數十倍之差。

友善教保實驗帶來的管理信心、推動「第三種」托育服務的正當性，以及顯著的財政精省效果，讓教育部成為幼兒園托育公共化的旗手。甚至一方面用財政誘因，誘導有意願推動公共化的縣市政府投入；另一方面用辦理績效與中央補助款分配連動，要求縣市有所回應。教育部官員於訪談中明白表示：「我們會檢視（縣市政府）今年度的目標值，如果沒有達標，下一年度的設施設備補助款自籌比例相對提高，以要求縣市政府落實。」可以說，教育部國教署接納托育公共化理念後，主動籌措預算，克服《幼照法》第9條對地方缺乏約束力的問題，乃是政策倡議實現的關鍵原因。

---

19 參見教育部，2014，優質教保發展計（https://www.edu.tw/News_Content.aspx?n=D33B55D537402BAA&s=7BCAECF2F7FCAC44，取用日期：2017年9月14日）。

20 參見教育部，2015，推動非營利幼兒園實施方案（www.kl.edu.tw/v7/edudata/file_down/863/推動非營利幼兒園實施方案.pdf，取用日期：2017年9月14日）。

三、政策執行：民間、政府關係的轉折與深化

（一）以民主審議調和政策反對勢力

托育公共化不是沒有反對者。在0-2歲領域，托育公共化的「反方」是地方的保母團體。臺中市政府最早加發托育補助，並規範保母必須接受「收費上限」，故最早集結起來表達不滿的也是臺中保母。2014年11月，臺中地區保母串聯其他縣市，阻擋2014年12月起《兒權法》全國施行的居家托育收費基準規定。當時媒體報導：「許多托育人員籌組『全國托育人員自救會』……集結赴立法院陳情。」、「自救會強調，托育費不應是僵化的數字，該因應家長的需求，採自主的彈性空間，由家長與托育人員協商收費。」[21]

收費基準直接攸關保母私人利益，本來就是難以弭平的衝突（王舒芸、王兆慶 2017）。然而，臺中市及臺北市的托育制度管理委員會在這種衝突中發揮了平衡作用。臺北市社會局長許立民指出：「家長我們覺得聲音比較弱……要集結不容易」，不過「托育委員會那個組成各有代表，還有專家學者，在這政策上會比較支持府方的意見……所以都還好。」

臺中市社會局長呂建德也指出：「盡可能跟民間團體、社會團體，就是保母團體跟業者之間能形成一個對話，這也是成功的一個必要因素。」而委員會機制對於「對話」是助力或阻力？臺中市高階行政官員的看法是：「你要問我說臺中市的模式好或不好？我覺得現階段如果沒有他們就慘了……因為那是個教育的過程。我第一屆的時候，把那聲音最大的抓進來當委員……果不其然這幾年之後，保母已經完全理解到底在幹嘛，他會從不同的角度去看這樣的東西。」

亦即從行政部門觀點，委員會可以讓政府與民間的多邊關係得到有效深化，最終形成各界對政策的理解、支持，此乃政策上路後順利執行的要因。從作者自身參與委員會的經驗也發現，托育公共化運動有可能透過審議機制調和各方立場，甚至逆轉倡議者與反對者間的關係。舉例來說，臺

---

21 陳文信，2014，〈保母新制將上路，自救會明赴立院陳情情〉。中國時報，http://www.chinatimes.com/realtimenews/20141112002633-260405，11月12日。

中市保母組織長期反對收費基準，強烈主張應推翻，而托盟的組織立場則是支持建立收費基準，本應水火不容，但2015年9月在委員會上，作者主動指出日托、全日托的副食品用餐次數不同，收費上限不應該都訂為每月1,000元，請社會局考慮將全日托副食品收費上限調高為每月2,000元。後來社會局採納建議，讓保母代表與作者建立基本的信任關係。這段關係更促成一次奇特的機緣，2016年12月17日臺中保母團體竟邀托盟與百位保母座談「臺中市托育人員未來的走向」，研討如何讓保母團體的訴求更有社會說服力。可說委員會深化了各界關係、降低對抗之勢，也形成政策協商的斡旋空間，[22] 此種機制對臺中、臺北0-2歲托育「補助及定價」的順利執行，功不可沒。

（二）民間、政府合作施政以擴張服務量能

在2-6歲領域，非營園也不是拋出政策承諾後，公共化就自動實現。私立業者的反對仍存在，但受訪的教育部官員認為：「目前反彈沒有像當年那麼大，應該是不贊成但也沒有辦法阻止。現在召開相關會議時，基本上所有的團體都是贊成的，如發言要反對，恐怕也站不住腳。」眼下幼兒園公共化更大的挑戰，其實是教育部自己的「數量目標」，特別是尋覓承辦團體絕非易事。

蔡英文總統上任，承諾擴張為「四年1,000班」後，中央更必須拿出對策籌措組織資源。教育部晚近提出的重要方法是「建構非營園支持及輔導措施」，實際內容為：一、設置「輔導小組」，由民間團體、學者專家組成開辦顧問團，協助新園建立前的規劃與行政作業。二、建立「法人培育團隊」，由民間團體扶植民間團體，創造共同網絡，促成更多法人、團體投入非營園的承辦行列。[23] 教育部官員於訪談中解釋：「因為我們過去接觸比較多的是教育法人，要再去開發社福法人或怎樣引起其他法人動機、

22 不可否認，這也許是因為相對於其他社會運動，托育公共化本身就具備更大的「可調和性」。

23 參見2017年1月3日行政院性平會教育小組第13次會議議程，「有關教育部擴大幼兒教保公共化政策之規劃情形」報告案。

興趣，讓他願意進來……也是我們目前的困擾。引發法人動機這一塊是我們目前比較難切入的，所以才會朝與民間團體合作。」

新措施能否化解教育部過去的焦慮，幫助托育公共化順利落實，尚無法蓋棺論定。但從「五年100所」轉變到「四年1,000班」，教育部多了借用民間之力來協助非營園擴張的思維。此種民間、政府關係的轉折與深化，未來在幼兒園公共化的效果，亦值得觀察。

伍、正式托育服務擴張運動的意涵及路徑挑戰

一、國際經驗的異與同

對比臺灣的政策發展與OECD經驗，可歸納出四點相同之處：第一、臺灣家長經濟負擔過重，再加上少子女化帶來的「國安危機」焦慮，是引導托育擴張政策辯論的重要框架。第二，年輕女性／家長的勞動參與和托育需求，不會自動轉化為公共政策變革。臺灣也是經過一段政治過程，才逐步發展出法令、制度，及相應的預算投入。這些政治過程包括——以少子女化論述點火引發辯論、以倡議動員推進政治議程、由行政官僚持續落實執行。這一點和文獻中日本、奧地利的發展符合若節。第三，若以托盟的運動策略為例，和文獻分析的「結盟」取向相似，都並非以純粹的婦運為中心，而是結合托育工作者、勞工團體、家長團體等不同屬性的主體，共同倡議。第四、行政官僚對理念的認同，是政策遭遇抵抗或障礙後，仍能持續落實執行的關鍵。

但有兩點相異之處。第一，臺灣經驗中有許多公、私跨域合作經驗，是西方文獻較少見的。從政策的起點，運動團體就藉行政院婦權會的政府、民間鑲嵌關係，介入政策形成；為了落實政策，教育部也主動尋求民間協助、建立民間網絡，期擴大非營園的服務量能；當政策遇到反彈，地方政府社會局則運用民主審議機制調和不同的聲音和社會勢力。這些政治歷程雖是西方托育文獻之所無，但對臺灣托育政策的擴大，可說是另類的解釋取徑。第二、政黨政治競爭是解釋國外托育發展的要因之一，但在臺

灣，近年主要選舉仍以藍綠為界線的情形下，政黨競爭對托育公共化的作用反而有些微妙。

在0-2歲，普發保母托育補助是2008年民進黨執政末期的成就，但並未執行收費管理。2011年《兒權法》訂定收費基準、2015年推動「建構托育管理制度實施計畫」，乃是國民黨執政時代的結果。而地方首次加碼托育補助並落實收費管理，其實是2013年臺中胡志強時期開始，林佳龍選前提出「托育一條龍」予以延伸，臺北市柯文哲再跟進。而在2-6歲，《幼照法》2011年立法條文，是民進黨立法委員提出，但並未強制規範縣市政府執行。

由此可知，本文研究的托育政策變革歷程，並不是沿著絕對的藍、綠軸線而推進。究其原因可能有二：首先，政黨確實重視托育政策的「選舉政治」功能，否則林佳龍不會在選前就提出「托育一條龍」，蔡英文也不會在選前就提出「托育、長照、女性就業三合一」。然而這種「重視」是跨黨派的，並非隨藍綠政黨界線而分化。

其次，就本文的兩項政策而言，政黨內部也並非鐵板一塊，就算同黨內，也可能行政立法不一致、中央地方不同調。例如臺中市0-2歲托育補助加碼後每月多3,000元補助，但非正式托育的阿公阿嬤、未托育的全職媽媽，卻得不到加碼。因此林佳龍的「托育一條龍」政策剛上路的時候，曾引來大批自行育兒家長的電話，後續也引發民進黨臺中市議員紛紛質疑，「為何全職爸媽不能在托育一條龍找到幸福」。[24] 而在2-6歲，民進黨執政的行政院宣布非營園「四年1,000班」後，林佳龍也數次公開建議中央政府，直接將5歲免學費補助向下延伸。[25] 這些政策立場各有歧見，代表階段性的托育公共化成果並非一個充分整合的政黨所實踐。

24 黃鐘山，2015，〈「托育一條龍」補助，議員：全職爸媽應納入〉。自由時報，http://news.ltn.com.tw/news/life/breakingnews/1306414，5月4日。

25 陳世宏，2016，〈托育一條龍多贏政策，林佳龍建議中央全面推動〉。中國時報，http://www.chinatimes.com/realtimenews/20161227003572-260407，12月27日。

二、運動路徑的競合與矛盾

不同路線的競合，仍可能是托育公共化的未來變數。在本文撰寫的時間點，托育服務擴張運動的倡議進程陷入兩個矛盾：「正式、非正式托育的模糊疆界」，及「供給端、需求端政策的混淆」。它們分別是受家庭化、市場化兩股力量影響的結果，也是托育服務擴張運動未來亟待釐清的挑戰。

（一）正式與非正式托育的模糊疆界

2012年總統大選前，時任內政部長江宜樺對媒體透露，正研議讓阿公阿嬤帶孫的家庭也可以領到托育補助。[26] 從那一年起，「親屬保母」的誕生徹底改變了臺灣保母的職訓體系及補助政策。由於只要上課就有領取補助的保母資格，阿公阿嬤（特別是阿嬤）漏夜排隊報名保母班的消息出現了，[27] 托育補助也開始被媒體暱稱為「爺奶津貼」。

「爺奶津貼」的發放仍在「保母托育管理與托育費用補助實施計畫」下，故在官方的統計數據中，該計畫的「績效」變好了，涵蓋率更高了。系統照顧的嬰幼兒人數，從「純保母」時代兩萬多名，迅速攀升至2015年近七萬名。然而熟悉內情者明白，計畫受益人數猛增，不是因為培訓了更多「正式托育」服務人力，而是「非正式托育」也被算進計畫績效。社區保母系統，其實已變質為「社區阿嬤系統」。

這是去家庭化嗎？如果用「性別平等」的標準，新手媽媽因為阿嬤的幫忙，的確可以就業。不過，阿嬤顧孫，客觀上終究是無酬或半酬勞動力，不比專業保母的勞動條件。故對阿嬤而言，此種勞動並無「女性就業」的意義（王舒芸、王品 2014）。幼兒的無酬照顧工作只是從家內青年女性，移轉到家內中老年女性身上。如果用「國家責任」的標準，政府補

---

26 蔡和穎，2012，〈祖父母受訓當保母，可領補助〉。中央社，http://www.epochtimes.com/b5/12/1/13/n3485305.htm，1月13日。

27 曾德峰，2012，〈保母班報名，漏夜排隊搶破頭〉。自由時報，http://news.ltn.com.tw/news/local/paper/627736，11月3日。

助乍見讓更多家長受惠，但阿嬤顧孫品質發生問題的時候（例如幼兒照顧發生婆媳糾紛——而不是保親糾紛），政府實際上不可能被問責。

荷蘭曾經出現類似「爺奶津貼」的政策，但基於國家財政考量，2009年刪減了這種托育福利，回歸正式托育工作導向，避免政府補助誘導家長尋求阿嬤帶孫（van Hooren and Becker 2012），臺灣卻是行政部門難以收回成命。爺奶津貼大幅擴張，已使中央的《建構托育管理制度實施計畫》很難再被視為純粹的、擴展0-2歲「正式」托育服務的政策。傅立葉（2010）指出，照顧政策「去家庭化」的意思，應該是減少個人對家庭的依賴，使照顧需求不必透過家庭內部的交換關係也可獲得保障，亦即「照顧責任從家戶中被解放的程度」。然而，目前每年編在0-2歲托育補助的10餘億預算，用於阿嬤照顧的比例持續增加，實際上無助於分攤家內照顧責任。這促成的是去家庭化、還是家庭化？已是灰色地帶。

（二）供給端與需求端政策的混淆

2016年，全國教師總工會召開記者會抨擊臺中市政府「托育一條龍」補助家長選擇私立幼兒園，只是撒錢討好民眾的政策。[28] 官方則投書回擊，如果現金是透過「補助及價格管制」的模式發放，就能保障家長以合理價格取得托育服務。一方面女性因此能重回職場，另一方面也增加了托育工作者的就業機會，故絕非單純的撒錢。官方投書的主張是：「這是多贏的結果。……當然，公托（公共托嬰中心）與非營利幼兒園也能取得這樣的效果，但是，建置的成本卻非常高，短期內根本無法解決大量的照顧需求。……若是過於強調其中一項，不免顧此失彼」（呂建德 2016）。

顯然，教師團體偏向「供給端派」（supply side），主張政府資金「應該」投入供給端，也就是直接辦理公立幼兒園（政府直接經營）或非營園（政府委託民間辦理），以提供實物給付來創造托育公共化。臺中市政府則是「需求端派」（demand side），主張政府資金「可以」投入需求

28 林曉雲，2016，〈準教長托育補助政策，全教總不支持〉。自由時報，http://news.ltn.com.tw/news/life/paper/981944，4月22日。

端，以家長為補助對象，以降低家長負擔、刺激托育使用來創造托育公共化，且對執政者而言，此路線擴張速度較快、財政成本較低。

但托盟立場在此似有矛盾。按其歷來論述可知，托盟對「居家保母（0-2歲）」的需求端政策，是表態支持的；但對「托嬰中心（0-2歲）」的供給端政策（公私協力托嬰中心，簡稱公共托嬰），則表達強烈的批判；「幼兒園（2-6歲）」，卻是支持供給端、不認同需求端。為什麼托盟的運動論述支持非營園，卻批判公共托嬰？這兩種公共托育模式不都是由政府尋覓場地、委託民間團體承辦，提供家長實際服務嗎？又為什麼支持居家保母托育補助，卻不認同幼兒園托育補助？托盟的托育公共化論述，到底是「供給端派」還是「需求端派」？

保母托育補助從福利政策分類的角度，雖然是匯「現金」到家長的帳戶，但這種「現金」更像是「事後回溯式給付」（呂建德、王舒芸、李淑蓉、陳昭榮 2014）。意即家長先付費購買服務，然後憑據申請補助，這是介於現金、實物之間的混血產物。和其他津貼政策相比，它確實不是純粹的「撒錢」。它有提高托育服務涵蓋率——亦即「去家庭化」的功能，幼兒園的補助同樣是依此種「事後回溯式給付」邏輯而發。但這種托育政策可以「去家庭化」，卻無法達成「去市場化」；反觀供給端政策，才有提高托育涵蓋率、消除市場化弊端的雙重功能。

問題是，托盟在0-2歲採取「寬鬆的」公共化立場，鼓吹需求端政策與價格管制；在2-6歲卻採取「嚴格的」公共化立場，反對5歲免學費和向下延伸的補助，主張推動供給端政策。更麻煩的是，對於0-2歲的「嚴格版」公共化政策——供給端的公共托嬰中心，托盟曾明確表達反對，理由是公共托嬰中心的空間、硬體財政成本太高、無法普及，但若據此批判公共托嬰「看得到吃不到」，這套邏輯同樣可以劍指非營園。[29] 反過來說，若托盟鼓吹「補助及定價」的保母需求端政策具備可普及性，這套主張同樣可以用來支持幼兒園的補助——而這正是臺中市政府與全教總的辯論中，臺

29 此外，考慮到政府可以開拓稅源、調整財政規劃，「財政成本太高故無法普及」的說法，也不完全能站得住腳。此點感謝審查委員的提醒。

中市官方投書所採的辯論策略。

托盟成員團體也曾出現「居家保母托育補助不也是『撒錢』？」「為什麼支持非營園卻要痛打公共托嬰中心？」等疑惑之聲。說穿了，批評「撒錢」、「看得到吃不到」，都是極為好用的媒體語言戰術。然而衍生的副作用是，這些論點可以輕易被供給端、需求端等不同立場，挪用為其主張的一部分。倡議語言有多重性格，它可以為公共化辯護，也可以顛覆原本的路線。只不過，全教總與臺中市政府的辯論，使這種長期存在的矛盾達到了高峰。

此路線競合的爭議，目前在托盟內部尚未得出明確的結論。0-2歲的居家保母，雖然不是私人雇主或機構經營者，卻仍是市場上的個體戶和自營作業者。因此，如果在0-2歲肯認「有管制的市場化」是可行的，相同的邏輯自然應可挪用到2-6歲。結果就是，在托育公共化的大旗下，實際上投注最多資源的可能不是「公共化」政策，而是「有管制的市場化」政策。目前教育部每年消耗超過60億元預算的「五歲幼兒免學費教育計畫」，就曾經被教育部自行定義為「廣義公共化」——因其「保障教保基本品質，同時，也避免私立園所因政府調高補助款而跟著調高收費，並保證各項補助款的實際受益對象是幼兒的家長」。[30]

諸多擴張托育服務的政策工具中，誰比誰更「公共」？「去家庭化」和「去市場化」應該是同步追求的目標，或是追求其一即可？釐清這些運動路徑的矛盾，重新找到行動的論述共識，也是托育擴張運動陣營未來的挑戰。

陸、結語

文獻已開始批判，世界各國托育擴張歷程中，「先鋒國家」（如瑞典、法國）的政策方法是普設公共托育，但「後進國家」往往只追求「去

30 教育部，2010，教育部對報載教育團體有關幼托政策建言之回應（http://www.eycc.ey.gov.tw/News_Content.aspx?n=614F8F19C9F3A886&sms=114B66117B4BF117&s=5F9005267D82FFF6，取用日期：2017年9月14日）。

家庭化」，卻不討論究竟要選擇市場化或公共化路徑來創造托育服務（An 2013），但這很容易陷入犧牲服務品質，卻無法完全達成社會投資宣稱目標的困境（林信廷、王舒芸 2015）。問題是，托育政策擴張的速度與服務品質信賴度之間，如何拿捏平衡？臺灣若只投資需求端、不推動供給端政策，是否也會步「後進國家」之後塵？

此外，臺灣的0-2歲幼兒照顧仍處於極高度家庭化的體制中，正式托育率僅約10%，遠低於丹麥的67%、挪威54%、法國50%、瑞典47%。[31] 當一國0-2歲幼兒近乎九成皆由家內的女性照顧，政策應如何設計，使育兒的勞動責任從家內女性的身上適度向外分攤，給女性真正的「選擇」？

1998年4月，保母托育補助政策上路第二天，兒福聯盟舉辦記者會抨擊托育補助政策「不實惠」，媒體報導其訴求：「多數媽媽請不起（保母或托嬰），只好托給親屬。有的媽媽認為『自己帶孩子，照顧比較好』，寧願忍痛辭職。同樣都身負育兒壓力，卻得不到任何補助……太不公平。」[32] 這套論述的特徵是召喚家內照顧者的「相對剝奪感」。由於照顧仍極度家庭化，托育仍非多數民眾的選擇，施政者越加碼托育補助，就越容易招致家內照顧者的反撲。因為這一方覺得自己拿不到補助，反而有權益相對受損之感，結果公共化政策改革尚未達成，卻先招致家庭化的反作用力。

這也類似過去西方文獻分析的「婦女運動內部矛盾」——理想的0-2歲育兒方式，究竟是全職母職或家外托育（Lambert 2008; Goss and Shames 2009）？在臺灣，矛盾的攻防轉化為兒童福利團體與婦女團體間的張力。但追根究柢，或許反映的是0-2歲以密集母職、全職媽媽為認同的社會氛圍（唐文慧 2011），及深入人心的男性養家文化。

雖然深受市場化、家庭化力量的纏繞，但回顧以往，托育公共化在臺灣確實已取得階段性成果。本文認為，倡議團體的論述、地方及中央行政部門的決策，以及民間與行政部門的合作，三者環環相扣、不可或缺。倡

31 參見OECD family database. 2013. “Participation rates for 0-2 year olds in formal childcare and pre-school services”, http://www.oecd.org/els/family/database.htm

32 林倖妃，2008，〈托育補助不實惠？九成六未請領〉。中國時報，A8版，5月8日。

議團體以少子女化為介面，連接「托育」與「催生」，使托育政策取得新的正當性；官員再運用行政治理網絡，有效落實。運動有目前「戰果」，除倡議團體的論述奏效，行政部門的強力迴響亦功不可沒。

詳加分析0-2歲及2-6歲領域可發現，0-2歲是倡議團體的婦女就業與服務普及論述，影響地方行政官僚採納補助加碼政策，地方官僚並運用審議委員會調和反對之聲，使保母價格管制得以順利推行；2-6歲是倡議團體的財政精省與服務品質論述，說服中央行政官僚編列預算並擴大公共托育服務量。公、私跨域合作是過去西方文獻較少見的要素，卻對臺灣托育公共化政策落實有一定的解釋力。

本文認為，托育公共化目前的成果，儘管在預算規模上不及家庭化政策、在服務量能上不及市場化政策，這並不代表改革「失敗」。相反地，在爭取新權益、帶動結構與社會價值轉變，以及論述正當性這三方面，確實有所斬獲。本文從運動的策略、運動對政策的影響力、行政部門的回應等角度，分析這些斬獲，以說明過去十年的托育政策發展並非一片荒蕪。

總結而言，與上個世紀末相比，我們已經走上性別平等與國家責任的體制轉型之路。對照王淑英、張盈堃（2000）的托育福利運動進程分析，臺灣的政策發展情勢已不可同日而語。首先，當年托育處於福利政策的附庸位置，但如今已是中央、地方政治人物的重要政見。再者，當年國家緊緊擁抱家庭主義觀念，如今已有某些行政部門開始主動追求托育擴張及女性就業。第三，當年的政府與民間關係集中於公辦民營模式，有國家卸責之虞，但如今兩者已發展出強度更高的夥伴關係。最後，當年只有私立業者團體強力主張市場化，但現在已有許多民間團體力主托育公共化。

我們踏出了成功的第一步，即便踉踉蹌蹌，未來的每一步仍值得期待。

參考文獻

王淑英、張盈堃，2000，〈多元文化與托育服務：政體中心觀點的探討〉。頁309-340，收入蕭新煌、林國明編，《臺灣的社會福利運動》。臺北：巨流。

王淑英、孫嫚薇，2003，〈托育照顧政策中的國家角色〉。《國家政策季刊》2(4): 147-174。

王舒芸，2014，〈門裡門外誰照顧、普及平價路迢迢？臺灣嬰兒照顧政策之體制內涵分析〉。《臺灣社會研究季刊》96: 49-93。

王舒芸、王品，2014，〈臺灣照顧福利的發展與困境：1990-2012〉。頁29-76，收入陳瑤華編，《臺灣婦女處境白皮書：2014年》。臺北：女書文化。

王舒芸、王兆慶，2017，〈不只是婆婆媽媽的事：以公共托育取代失靈的手〉。頁132-143，收入戴伯芬編，《性別作為動詞——巷仔口社會學2》。臺北：大家出版。

——，2016，《105年度建構托育管理制度實施計畫之成效評估方案》。衛生福利部社會及家庭署委託研究。

呂建德，2016，托育一條龍只是撒錢？教團搞錯了（http://www.appledaily.com.tw/realtimenews/article/new/20160422/844925/，取用日期：2017年3月1日）。

呂建德、王舒芸、李淑蓉、陳昭榮，2014，《我國社會福利服務提供方式之研究》。國家發展委員會委託研究。

呂寶靜、李美玲、王舒芸、陳玉華、鄭麗珍，2007，《人口政策白皮書及實施計畫之研究：子計畫一、因應我國少子女化社會對策之研究》。內政部委託研究。

林宗弘、洪敬舒、李健鴻、王兆慶、張烽益，2011，《崩世代》。臺北：臺灣勞工陣線。

林國明、蕭新煌，2000，〈臺灣的社會福利運動導論：理論與實踐〉。頁1-32，收入蕭新煌、林國明編，《臺灣的社會福利運動》。臺北：巨流。

林萬億，2000，〈社會抗爭政治權力資源與社會福利政策的發展：一九八零年代以來的臺灣經驗〉。頁71-135，收入蕭新煌、林國明編，《臺灣的社會福利運動》。臺北：巨流。

林信廷、王舒芸，2015，〈公私協力托嬰中心的成就與限制：兒童照顧政策理念的檢視〉。《臺灣社會福利學刊》12(2): 15-55。

唐文慧，2011，〈為何職業婦女決定離職？結構限制下的母職認同與實踐〉。《臺灣社會研究季刊》85: 201-265。

傅立葉，2010，〈從性別觀點看臺灣的國家福利體制〉。《臺灣社會研究季刊》80: 207-236。

傅立葉、王兆慶，2011，〈照顧公共化的改革與挑戰：以保母托育體系的改革為例〉。《女學學誌》29: 79-120。

劉毓秀，2012，〈北歐普及照顧制度的實踐與變革：從女性主義觀點回顧及批判〉。《女學學誌》31: 75-122。

簡瑞連，2013，〈從托育照顧出發的公共托育行動：社區自治幼兒園的經驗〉。《婦研縱橫》98: 42-50。

An, Mi-Young. 2013. “Childcare Expansion in East Asia: Changing Shape of the Institutional Configurations in Japan and South Korea.” *Asian Social Work and Policy Review*, 7: 28-43.

Blum, Sonja, Formánková, Lenka and Dobrotic, Ivana. 2014. “Family Policies in ‘Hybrid’ Welfare States after the Crisis: Pathways between Policy Expansion and Retrenchment.” *Social Policy & Administration* 48(4): 468-491.

Bonoli, Giuliano. 2013. *The Origins of Active Social Policy: Labour Market and Childcare Policies in a Comparative Perspective*. Oxford University Press.

——. 2012. “Blame Avoidance and Credit Claiming Revisited.” Pp.93-110 in *The Politics of the New Welfare State*, edited by Bonoli, G. and Natali, D.. Oxford: Oxford University Press.

Castles, Francis Geoffrey. 1985. *The Working Class and Welfare: Reflections on the Political Development of the Welfare State in Australia and New Zealand, 1890-1980*. Wellington, Sydney: Allen & Unwin.

Cohen, Jean Louise. 1985. "Strategy or Identity: New Theoretical Paradigms and Contemporary Social Movements." *Social Research* 52(4): 663-716.

Ochiai, Emiko. 2009. "Care Diamonds and Welfare Regimes in East and South-East Asian Societies: Bridging Family and Welfare Sociology." *International Journal of Japanese Sociology* 18(1): 60-78.

Estévez-Abe, Margarita and Kim, Yeong-Soon. 2014. "Presidents, Prime Ministers and Politics of Care: Why Korea Expanded Childcare Much More than Japan." *Social Policy & Administration* 48(6): 666-685.

Estévez-Abe, Margarita and Naldini, Manuela. 2016. "Politics of Defamilialization: A Comparison of Italy, Japan, Korea and Spain." *Journal of European Social Policy* 26(4): 327-343.

Fleckenstein, Timo. 2010. "Party Politics and Childcare: Comparing the Expansion of Service Provision in England and Germany." *Social Policy & Administration* 44(7): 789-807.

Fraser, Derek. 1984. *The Evolution of the British Welfare State. Macmillian.*

Goss, Kristin Anne. and Shames, and Shauna Lani. 2009. "Political Pathways to Child Care Policy: The Role of Gender in State-Building." In *Women and Politics Around the World: a Comparative History and Survey*, edited by Gelb, J. and Palley, ML.. California: ABC-CLIO.

Korpi, Walter. 1978. *The Working Class in Welfare Capitalism: Work, Unions, and Politics in Sweden*. Lodon, Boston: Routledge & Kegan Paul.

Lambert, Priscilla Ann. 2008. "The Comparative Political Economy of Parental Leave and Child Care: Evidence from Twenty OECD Countries." *Social Politics* 15(3): 315-344.

Lundqvist, Åsa. 2011. *Family Policy Paradoxes: Gender Equality and Labour Market Regulation in Sweden, 1930-2010*. The Policy Press.

Michel, Sonya. 2002. "Dilemmas of Child Care." Pp.333-338 in *Child Care Policy at the Crossroads*, edited by Michel, S. and Mahon, R.. London: Routledge.

Morgan, Kimberly J.. 2012. "Promoting Social Investment through Work-family

Policies: Which Nations Do It and Why?" Pp.153-180 in T*owards a Social Investment Welfare State? Ideas, Policies and Challenges*, edited by Morel, N., Palier, B. and Palme, J.. Bristol: Policy Press.

Naumann, Ingela. 2012. "Childcare Politics in the 'New' Welfare State: Class, Religion, and Gender in the Shaping of Political Agendas." Pp.158-181 in *The Politics of the New Welfare State*, edited by Bonoli, G. and Natali, D.. Oxford: Oxford University Press.

Peng, Ito., and Wong, Joseph. 2010. "East Asia." Pp. 656-669 in *The Oxford Handbook of the Welfare State*, edited by Castles, FG., Leibfried, S., Lewis, J., Obinger, H. and Pierson, P.. Oxford: Oxford University Press.

Peng, Ito. 2014. "The Social Protection Floor and the 'New' Social Investment Policies in Japan and South Korea." *Global Social Policy* 14(3): 1-17.

Shalev, Michael. 1983. "The Social Democratic Model and Beyond: Two Generations of Comparative Research on the Welfare State." *Comparative Social Research* 6: 315-351.

Skocpol, Theda., and Amenta, Edwin. 1986. "State and Social Policies." *Annual Review of Sociology* 12: 131-157.

van Hooren, Franca., and Becker, Uwe. 2012. "One Welfare State, Two Care Regimes: Understanding Developments in Child and Elderly Care Policies in the Netherlands." *Social Policy & Administration* 46(1): 83-107.

第九章
當潛水的照顧者浮現：家總的成立與路線爭議

陳正芬
中國文化大學社會福利學系教授
中華民國家庭照顧者關懷總會理事長（2012.6-2017.6）

作者感謝家總創會理事長曹愛蘭女士、前理事長王增勇接受訪談並提供寶貴的文件資料，以及家總前副祕書長袁慧文在家總歷史文件的搜集與整理上的貢獻，以及所有長督盟、長推盟各位盟友的討論與協助，促使本文得以完成。

壹、前言：讓潛水的家庭照顧者被看見

《長期照顧服務法》（簡稱《長服法》）於2015年5月5日在立法院三讀通過，時值總統大選前六個月，國民黨與民進黨對《長服法》的政策大戰也隨即展開，很多人疑惑，有需要的民眾真的可以獲得協助嗎？平心而論，歷經兩屆立委、多次討論，這部法確實有其時代意義！首先，第3條第1項，長期照顧（簡稱長照）的定義「指身心失能持續已達或預期達六個月以上者，依其個人或其照顧者之需要，所提供之生活支持、協助、社會參與、照顧及相關之醫護服務。」這是我國立法首度針對長照進行定義。其次，內容不侷限於照顧、生活支持與協助，亦納入社會參與。更重要的是，服務對象同時涵蓋被照顧者與照顧者。第9條定義的長照服務提供方式，除原有的居家式、社區式與機構住宿式，亦列入「家庭照顧者支持服務」，也就是為家庭照顧者提供之定點、到宅等支持服務，意謂這部法不只關注被照顧者，也兼顧照顧者需求（陳正芬 2015a）。

從這個角度來看，家庭照顧者終於被列為「服務對象」，而非理所當然的「照顧資源」。中華民國家庭照顧者關懷總會（簡稱家總）如何在長照政策規劃場域，歷經20年努力，為家庭照顧者爭取發聲與現身的管道，過程中與不同倡議組織的結盟與路線爭議為何？又有哪些照顧者權益仍被忽略，需要繼續推展？都需要被看見與記錄。

家總成立於1996年，是全國第一個以「照顧者」為對象的組織。女性主義政治哲學學者Nancy Fraser（1989，引自王增勇 2011）認為，福利政策涉及照顧責任的分配，以家庭／市場／國家的三角關係來看，社會福利被視為一個需求論述的競技場，「誰是有需求的服務對象」的詮釋與論述，與資源配置緊密扣連；她提出三種主要需求論述的類型：反對論述（oppositional discourse）主要來自底層，企圖將隱藏在私領域的需求公共化，有助於型塑社會認同及資源分配模式。第二種是再私化論述（re-privatization discourse）：主要來自國家，企圖將被提出的需求重新規範回到私領域。第三種是專家論述（expert discourse）：由掌握論述位置的專家，透過知識理性生產與再製的過程來界定問題與需求。社會福利政策的

制訂過程就是這三種論述之間的角度（王增勇 2011）。本文立基於此，深入探討家總如何成立、理監事的組成與改變、以及家總與其他倡議組織和服務團體間合作或衝突關係，從而釐清家總此一組織的轉型與社會運動的發展歷程。因此，本文目的有二：

一、回顧家庭照顧者權利運動的歷史發展，探討不同時期照顧者權利論述的轉變、與法令的變遷；

二、以家總為核心，分析過去20年來家總與不同倡議、服務組織的結盟策略與路線爭議。

貳、家總與不同社運組織間的結盟與路線爭議

雖然家總的全名是「家庭照顧者」關懷總會，但照顧對象與照顧者卻非單一概念，當照顧對象是失能老人或身心障礙者時，照顧者可能是成年子女或父母。其次，主要照顧者性別雖以女性為主，但女性又依教育程度與職業而採取不同的照顧策略；再者，男性照顧者人數雖少，亦需關注。另一方面，隨著政府1992年開放家庭聘僱外籍看護工，人數亦從1992年306人攀升至2015年222,328人（勞動部 2016），在此同時，亦有45,887位服務使用者／照顧者選擇使用本國籍照顧服務員（簡稱照服員）提供的居家服務（衛生福利部 2016），這也意謂照顧者另一分身，即服務決策者或外籍看護工雇主角色。被照顧者與家庭照顧者的多元樣貌促成團體的結盟，但亦因各團體訴求仍有差異，導致路線爭議（見圖9-1）。本文主要研究對象是家總，以及與家總結盟共同倡議照顧者權益的倡議與服務團體的爭議，包括中華民國身心障礙聯盟（簡稱身障盟）、[1] 老人福利推動聯盟（簡稱老盟）、婦女新知基金會（簡稱婦女新知）、臺灣國際勞工協會（Taiwan International Workers' Associaton，簡稱TIWA）與居家服務策略聯盟（居盟）。本研究經家總理監事會同意，整理分析家總的歷史資料（理監事組成、歷次會議記錄）、新聞資料及出版品等，以及「長期照顧監督

1　過去名稱為「殘障聯盟」。

聯盟」的討論資料，與「長期照顧推動聯盟」的相關資料，亦訪談家總理監事會關鍵成員。從這些刊物、文件與訪談資料，可以分析家總監事會組成對家總路線、及家總與不同倡議與服務組織結盟的歷程與策略，特別是不同時空條件和政策環境下，組織的轉型與策略修正。

圖 9-1　家總與不同社運組織之間的結盟與路線爭議

資料來源：本文作者自行繪製。

一、家總的成立、與被照顧者團體的結盟、與路線爭議

家總成立於1996年，創會理事長為曹愛蘭女士，第一屆理監事成員包括當時期社福倡議組織工作者，時任伊甸基金會董事長陳俊良、與身障盟祕書長王榮璋，兩位立法委員（民進黨籍范巽綠與國民黨籍朱鳳芝），學者為呂寶靜、李安妮、胡幼慧、李美玲、周月清、彭淑華、阮慧沁、吳淑瓊，還有醫院醫師與護理長等。創會理事長回憶當年籌組家總的歷程，主要來自兩個力量：希望從國家政策面向改善婦女處境（李安妮為主）、以及關心承擔照顧責任的女性照顧者（胡幼慧為主）。而曹愛蘭女士是這兩

股力量的交集點，因此她促成家總的成立，期待透過多個團體的催生，有助於社會倡議力量的增強。

分析2010年之前，家總參與各項社會福利政策倡議會議的歷史文件及發言狀況，例如1998年參與「全國社會福利會議」，爭取政府積極規劃辦理喘息服務及照顧者酬金方案；2000年與老盟共同倡議並督促地方政府辦理「中低收入老人照顧津貼」，2001年參與「民間社會福利推動小組」，建立參與經建會「推動福利產業」民間團體的共識，2002年參與「民間推動健保改革聯盟」，2004年與老盟合辦「憂鬱老人的明天在哪裡」記者會，2005年起至今參與「民間健保監督聯盟」，家總的主體性與訴求顯得相當薄弱，議題取向以爭取被照顧者權益為主，「家庭照顧者支持服務」為輔的基調。

然而，亦因當時老盟與身障盟祕書長都是家總理監事之故，以及時任理事長[2]的呂寶靜教授積極參與《老人福利法》修改，隨著《老人福利法》與《身心障礙者權益保障法》（簡稱《身權法》）第二次修法完成，不僅被照顧者權益的立法工作漸趨完整，照顧者所需的服務亦被納入相關法規。例如2007年1月31日修正公布的《老人福利法》第31條明訂：「為協助失能老人之家庭照顧者，直轄市、縣（市）主管機關應自行或結合民間資源提供下列服務：一、臨時及短期照顧。二、照顧者支持。三、照顧者訓練及研習。四、家庭關懷訪視及服務。五、其他有助於提升家庭照顧者能力及其生活品質之服務。」隨後於2007年7月11日修正公布的《身權法》第51條亦出現類似條文。

但隨著被照顧者權益的立法工作漸趨完整，照顧者群體內部的矛盾亦開始浮出檯面。第一個出現的矛盾是照顧者的「階級／資源分配」議題。由於家庭外籍看護工人數逐年增加，對於「聘有外籍看護工的照顧者、與

2　家總創會理事長為曹愛蘭女士，第二屆與第三屆（1998-2002）理事長為時任政治大學社會學系呂寶靜教授，第四屆（2002-2004）理事長為時任政治大學社會學系傅立葉教授，第五屆與第六屆（2004-2008）理事長為時任市立療養院社會服務室陳金玲主任，第七屆與第八屆（2008-2012）理事長為政治大學社會工作學系王增勇教授，第九屆與第十屆（2012-2017）理事長為文化大學社會福利學系陳正芬教授。

未聘外籍看護工的照顧者，是否應享有相同的權利」，開始出現爭議。雖然當時發生國策顧問、著名作家，亦是伊甸基金會創辦人劉俠女士，遭疑似精神狀況恍惚的印尼籍看護工，誤以為發生地震而欲將劉俠抱離房間，卻不慎將劉俠摔死的事件，但這並未促使被照顧者與照顧者團體立場一致，要求國家介入監督外籍看護工的品質，反而導致家總內部對當時主要推動的照顧者喘息設定的服務對象，出現分歧聲音：一方主張政府資源有限，應以無聘僱外籍看護工家庭優先，主要理由是「你已經聘外籍看護工！應該把資源讓給沒有資源者」；但另一方則主張：「聘僱外籍看護工的家庭是自費聘用，其使用長照服務的權利應與其他家庭相同」。再者，隨家庭外籍看護工人數的增加，是否應被視為長照政策的一環，亦有不同意見：反對方主張，依賴外籍看護工會阻礙長照體系的發展，且涉及層面太廣，難以執行，說法為「長照問題太複雜，我們應該先處理『體制內』問題」；支持方則認為：將外籍看護工納入長照體系督導與管理，有助於整體照顧品質的提升（王增勇 2006；陳正芬 2011a）。[3]

檢視家總於2010年4月18日召開的第八屆第一次會員大會會議記錄，有鑑於第七屆政策委員會對《長期照顧保險法》草案部分條文無法形成共識，[4] 因此提案至第八屆會員大會討論。該次會員大會決議保留第12條

3 家總第七屆第一次政策委員會會議記錄（2009/1/14）、家總第七屆第二次政策委員會會議記錄（2010/3/22）。

4 無法達成共識的條文包括：第1條「長期照顧是基本人權，照顧他人與被家人照顧也是基本人權。長期照顧是個人或家庭無法單獨承受之共同風險，不應藉由強化傳統婦女之家庭照顧者角色，讓婦女獨自承擔此社會之共同需求」。第八屆會員大會決議以「照顧責任公共化」與「家庭照顧有酬化」原則，支持家庭照顧者，國家與社會共同分擔家庭照顧負荷，提供照顧者與受照顧者的多元選擇，保障照顧者與受照顧者之人權，促進兩性平等和社會公平正義。爭議部分為「家庭照顧者有酬化」。

第7條「有關長照保險 付核定機制」，方案一主張「交由地方負責在實務上會出現困難，以臺灣目前城鄉差距狀況，有些地方沒有足夠資源與能力來規劃執行」；方案二認為「若由中央統籌執行，服務區域化，離島與偏遠原鄉無法擁有適合其文化、生活方式的服務模式」。

第8條至第11條「八、給付項目建議現金與實物並行，以落實「照顧是人民生活選擇」的精神。九、【自主的選擇權】現金與實物之選擇由受照顧者與其家庭照顧者共同協商後決定。十、選擇現金給付的家庭照顧者應視為國家聘僱之照顧服務員，國家應提供以下支持：a. 諮詢、個人諮商、團體支持與同儕訪視。b. 免費且可及之

文，刪除第13條文，換言之，仍維持本國籍照服員與外籍看護工雙軌制。但這次會員大會也導致長期參與家總理監事會的兩位社福團體代表（老盟與身障盟）、及創會理事長曹愛蘭，於2010年開始停止出席家總相關會議（請參見表9-1歷屆理監事背景與參與時期的分析）。換言之，家總內部存在路線爭議，導致當初創會的三位重要成員在無法形成共識狀況下，離開理監事會。

而後當行政院推動《長服法》草案時，時任家總理事長的王增勇老師與婦女新知共同發起「長期照顧監督聯盟」（簡稱長督盟），參與聯盟團體包括26個團體與10名學者，團體主要可分為性別團體（婦女與同志）、病友團體（失智症、漸凍人、精神障礙）、移民／移工團體，以及原住民團體（王增勇 2011）。在此同時，老盟也主導發起成立「長期照顧推動聯盟」（簡稱長推盟），主要參與團體包括身障盟、智障者家長總會（智總）、居家服務策略聯盟（居盟）、女人連線、公平稅改聯盟等團體。

教育訓練課程。c. 勞健保之員工福利。d. 符合勞基法之年休假規定。e. 必要之喘息服務。家庭照顧者的定義，包括了民法義務扶養人，或是同住、戶籍在同一地點的非親屬。十一、現金給付之水準應為實物給付扣除行政管銷與資本門費用後之金額。」共識為家庭照顧者的照顧工作應該獲得國家經濟上的補償，藉由家務勞動有酬化，降低工作與家庭照顧間的經濟障礙。為避免國家以低價現金給付將家庭照顧者當作廉價勞動力，或推諉發展長照服務之藉口，我們同意取消現金給付，但要求有能力與意願照顧家人之家庭照顧者，應被居家服務聘僱為照顧服務員，享有同等薪資與勞動權益之保障。

第12條「外籍看護工之申請應納入長期照護需求之評估與服務計畫之擬定與執行，申請條件應包括現有在地服務不足以滿足其需求者」、與第13條「家庭外籍看護工應接受照顧服務員之課程訓練，並納入居家服務之督導體系，進行定期訪視與評估，居家服務單位應確保家庭外籍看護工之基本勞動條件」，都是與家庭外籍看護工相關條文。支持這兩條文的會員主張，既由長照中心評估，則其服務應延伸至後續的管理與督導，並可由管理機制來節制外籍看護工的濫用。另一方面認為，這兩條文具倡導功效，宜保留。但刪除或修改原案者認為，這兩條文較為理想，就目前經濟面及社會面，可執行性不高。外籍監護工若仍以家庭為單位聘僱，長照中心無法進入家庭這私領域加以管理，因此完全無法發揮督導的功能，居家服務單位更無權利義務保障外籍看護工之勞動條件。因此家庭聘僱外籍看護工應改為機構團體聘僱，才能有效管理督導。

表9-1　歷屆理監事成員背景與參與時期之分析

社福團體代表	學者	服務提供單位	照顧者
王榮璋 （身障盟） 第一至第八屆	邱啟潤 （高醫護理系） 第二屆迄今	施杏如 （臺北榮總精神部） 第一屆至七屆	陳秋娟 第五至第七屆
吳玉琴 （老盟） 第二至第八屆	楊培珊 （臺大社工系） 第二屆至第五屆	許寶鶯 （臺北市療護理長） 第二屆至第七屆	黃惠珍 第九屆迄今
湯麗玉 （失智症協會） 第四屆迄今	張宏哲 （國北護長照所） 第三屆到第六屆	呂文賢 （沙鹿醫院職能治療師） 第一屆至第五屆	
	陳俊全 （國北護幼教系） 第五屆至第九屆	呂淑貞 （衛生署八里療養院職能治療科主任） 第四屆至第八屆	
		漸凍人協會 （第七屆迄今）	
		陳維萍 （仁濟安老所） 第八屆迄今	
		郭瑞真 （居家服務組織） 第十屆	

註：（1）參與二屆以下不納入分析；（2）各縣市家庭照顧者協會不納入分析。

資料來源：本文作者自行整理。

外籍看護工與長照體系的銜接，是兩個聯盟主要爭議點。長督盟希望政府正視臺灣既存的22萬名家庭外籍看護工，及照顧者受限於現有制度規範而不能同時運用兩類服務的困境。然而，2015年最終通過的《長服法》仍未將外籍家庭看護工整併到長照服務人員之列，僅於《長服法》第64條第2項規定，「本法施行後初次入國之外國人，並受僱於失能者家庭從事看護工作者，雇主得為其申請接受中央主管機關所定之補充訓練。」

由於家總的理監事來自不同社福組織之倡議者，因此當這些倡議者離開家總運作後，家總內部的路線爭議因此演變為家總與外部組織的路線爭議，特別是對外籍看護工在長照服務的定位、及外籍看護工雇主（包括被照顧者與照顧者）的權利爭議等（見表9-2）。

表9-2　長期照顧服務法之外籍看護工相關條文

名稱	長期照顧監督聯盟	長期照顧推動聯盟
成員	家庭照顧者關懷總會、婦女新知基金會、臺灣國際勞工協會、臺灣失智症協會、運動神經元疾病病友（漸凍人）協會、中華民國康復之友協會、臺灣露得協會等	老人福利推動聯盟、殘障聯盟、智障者家長總會、女人連線、居家服務策略聯盟、公平稅改聯盟
訴求	1. 家庭聘僱的九年落日條款，改由機構聘僱（部分同意） 2. 以自願原則，家庭外籍看護工納入居服體系的輔導與訓練 3. 整併外籍看護工聘僱體系與現有長照制度 4. 開放外籍看護工聘僱家庭使用喘息服務	外籍看護工與本勞應接受相同訓練與證照要求

資料來源：王增勇（2011）、吳玉琴（2011）、陳正芬（2011b）。

二、家總與臺灣國際勞工協會（TIWA）之結盟與路線爭議

回顧《長服法》制訂與討論歷程，長督盟與長推盟對外籍看護工的聘僱與訓練體系立場不同外，同屬長督盟的家總與TIWA都支持外籍看護工整併進入長照體系。作為移工運動倡議與維權的團體，TIWA為何關切長照體系與移工的關係？係因前述劉俠女士事件，讓移工團體關注家庭內移工長期無法休假，且無勞動人權保障的處境，因此TIWA聯合從事移工服務／維權的教會組織，成立「家事服務法推動聯盟」，[5] 希望能立法保障

5　「家事服務法推動聯盟」於2005年更名為「臺灣移工聯盟」；分別於2007年、2009年、2011年以家庭內移工休假權為主題，舉辦移工遊行（陳素香 2012）。

家庭內移工的勞動權益；但在推動立法的過程中，引發臺灣社會福利團體（如老盟、身障盟與漸凍人協會）的強烈反彈，理由包括聘僱成本增加、移工休假受照顧者乏人照顧等，雖然「受照顧者將乏人照顧」不一定是完全無法解決的問題，但這也暴露了喘息服務不適用「外籍看護工」的歧視條款（陳素香 2012）。

而家總乃是少數同意「有薪」照顧者與「家庭／無薪」照顧者都應同樣擁有休息權利的社福團體，家總亦動員參加2013年定調為「血汗長照」的移工大遊行（圖9-2）。TIWA亦說服「長督盟」成員，主張：「廢除個別家庭聘僱個人看護制度，將移工長照人力改由機構式聘僱，並納入長照體系人力規劃」。但「長督盟」版本的這項主張，後來被認為是「幫外籍看護工爭取人權的主張」，特別是實施時間與方式，家總與TIWA立場不一，後因時任「弘道老人福利基金會」林依瑩執行長到長督盟分享其整合本國籍與外國籍長照人力的走動式服務方案，促使「長督盟」版本的「長照服務法草案」，繼續保留「個別家庭聘顧個人看護」限期落日的條文（王增勇 2011；陳素香 2012）。

圖9-2　家總參與TIWA主辦的2013血汗長照移工大遊行

資料來源：本文作者提供。

家總與TIWA都共同主張，若要促使臺灣的長照制度穩健發展，就必定要從移工制度切入，破除「雙軌制」。也就是讓「家庭聘僱制度」落日，將家務移工納入長照人力，將本外籍人力整合到同一個制度，享有一樣的制度性保障，如此一來，政府才有足夠的條件提供普及、用得起的長照服務。然而，家總與TIWA間的矛盾在於：聘僱外籍看護工的照顧者是「有薪照顧者」的「雇主」，雇主與受僱者的休息權利，是否適用同一法律？家總主張，「家庭／無薪」照顧者（不論是否聘僱外籍看護工）由長照體系提供喘息服務；而「有薪」照顧、及家庭外籍看護工，應比照受聘於照顧機構的外籍看護工與居家服務單位的本籍照服員，納入《勞基法》，獲得薪資與合法休息權利。但有鑑於臺灣從1992年引進家務移工，長達24年的時間裡，家務移工僅在1998年4月1日納入《勞基法》，但到了隔年1月1日起就不再適用，家庭移工在這16年來成了法外孤兒，僅有八個月的時間受到法規保障（臺灣國際勞工協會 2016）。TIWA雖與家總同樣主張，聘僱外籍看護工的雇主應同樣享有「喘息服務」，但對於喘息服務適用對象立場不同，而這樣的分歧自然也導致倡議火力未能集中，兩個團體如何繼續結盟有待努力。

三、家總與居家服務策略聯盟之結盟與路線爭議

喘息服務的適用範圍使家總與TIWA產生路線爭議，但也促使家總因此與居盟[6] 結盟。當視野拉到服務供給端的規範，現行規定失能家庭只能在「聘僱外籍看護工」和「本國居服員」中二擇一；另，聘僱外籍看護工的家庭，就領不到長照對一般戶照顧服務70%的補助，這不僅排除聘僱外籍看護工家庭的長照需求，也間接抑制本國居服員的工作機會。雖然當時行政院經濟建設委員會與勞工委員會（現升格為勞動部）於2006年「照顧

6　居家服務策略聯盟是老盟完成《老人福利法修法》暨長照十年計畫上路後，在立心慈善基金會等10家居家服務單位成立「北區居家服務策略聯盟」，希望藉此提升居家服務品質，同時塑造居服員專業形象，而後結合全國居家服務單位成立之聯盟性組織（居家服務策略聯盟 2010）。

服務福利及產業發展方案」第二期計畫實施「外籍看護工審核機制與國內照顧服務體系接軌方案」（簡稱接軌方案），由勞工委員會職業訓練局請各縣市政府長照管理中心（照管中心）辦理就業媒合業務，納入照管中心媒合國內照服員的先行程序，以及增訂補助僱用本國服務員的獎勵辦法等新措施（改聘本國籍照服員者，可獲得勞委會就業服務站核發僱用獎助津貼，金額為每月一萬元補助，期限為一年），目的便是促進照顧服務產業的發展，減少對外籍看護工的依賴，並使家庭外籍看護工審核機制階段性與國內照顧服務體系接軌；但該方案執行四年，每年因此被聘用的本國籍照服員，僅佔當年度聘用外籍看護工人數的千分之一（陳正芬 2011b）。

另一方面，政府相關單位從2003年至今培訓超過五萬名照服員，雖具備專業知能與技巧，但其中獲得《勞基法》保障，於非營利性質的居家服務單位工作的本國籍照服員僅約4,500人左右，不到外籍看護工的四十分之一。有鑑於此，長督盟主張勞動部應規範人力仲介公司僅處理外籍看護工的人力媒合，至於外籍看護工進入家庭場域後的管理與指導成本，應由主管機關委託目前承接各縣市政府居服業務的非營利組織來執行，因為這些居服單位原本就嫻熟居家式照顧服務的工作項目界定、人力調派，並具備規劃與執行居家式照服員在職教育訓練的能力；讓外籍看護工在工作遭遇瓶頸或溝通障礙時，得以獲得長照體系的奧援，也讓外籍看護工的服務對象，包括被照顧者與聘僱者得以接觸到我國目前積極發展的各項長照服務，亦可透過居家服務單位協助雇主媒合看護工休假或返國期間的人力需求（陳正芬 2011a；2011b；2015b）。

事實上，聘僱外籍看護工的家庭每月需繳交2,000元就業安定金，22萬位外籍看護工等同於雇主每年上繳近48億元就業安定基金。但家總分析2015年勞動部就業安定基金支出，其中與長照直接相關的支出僅有本國長照訓練六千萬元、家庭看護外展服務試辦二千萬元。 因此家總呼籲政府，將就業安定基金增設「家庭照護與本國長照就業促進」支出項目，專款專用（見圖9-3）；例如把錢用在短期訓練外籍勞工、加強語言溝通，或補助由本國居服員與新移民組成「家庭巡守隊訪」訪視失能家庭，減輕照顧者負擔並了解照顧狀況。居家服務聯盟理事長涂心寧主張，以臺灣38萬需求人口推估，目前服務量約四萬人，僅滿足九分之一。居家服務量不足，外籍看護工是家庭「被迫的選擇」，排擠居家服務的使用量，再加上政策限制聘僱家庭使用居家服務，外籍看護工聘僱條件又不斷放寬，居服發展雪上加霜。因此，家總與居盟主張，應刪除「聘請外籍看護工家庭不得申請照顧服務補助」的限制，打破政策歧視（中華民國家庭照顧者關懷總會 2015）。

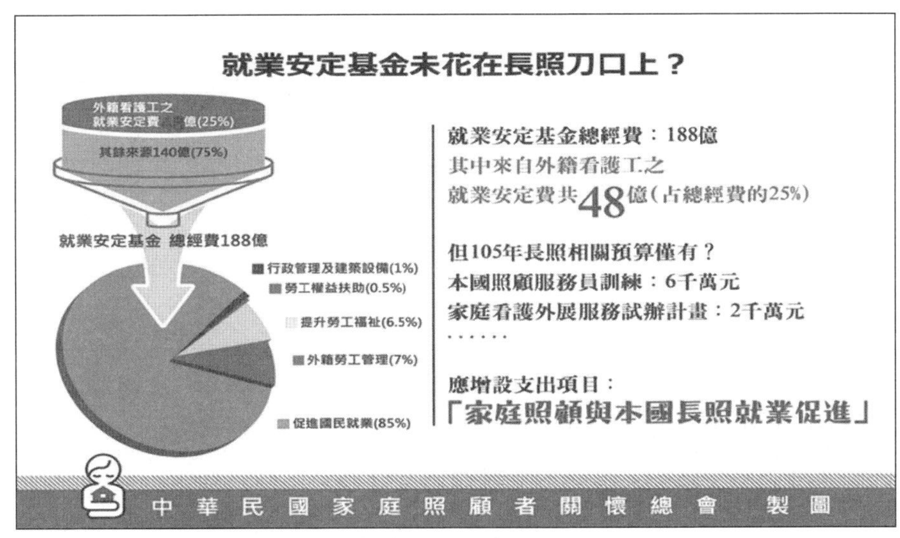

圖9-3　勞動部就業安定基金支出狀況分析

資料來源：中華民國家庭照顧者關懷總會（2015）。

然而，家總與居家服務提供者亦因照顧者需求與負荷而有訴求爭議。依據《家庭暴力防治法》第50條，「社會工作人員等在執行職務時知有疑似家庭暴力，應立即通報當地主管機關，至遲不得逾24小時」。相較於在其他場域提供的長照服務，「居家」服務為隱密性高的工作環境，也就是工作場所在案主家中，除了案主及其家屬外無其他人。對居服員來說，無酬的家庭照顧者與被照顧者的「生活場域」也就是其「工作場所」（楊培珊 2002），居服員也因此可觀察到被照顧者狀況與無酬的家庭照顧者負荷。依據張宏哲（2015）針對居家服務疑似受虐老人的研究，居家服務單位是受暴者求助的主要管道（46%），受暴者特質以失能最為常見，相對人特質則以溝通不良與照顧負荷高兩大因素為主。然而，一旦居服單位通報且成案，照顧者與被照顧者關係即轉變為「加害人」與「被害人」，當居家服務單位社工變成「抓耙子」，將因通報而損失個案，致使部分居服單位不積極通報老人保護，但這導致高負荷照顧者往往撐到超過臨界點施虐才被發現，這在居服單位舉辦的個案研討已非少數個案，某位居服單位社工對我倡議的「雙重案主」提出質疑：「我們服務的對象是老人，如果也要關注照顧者，那我們工作範圍與界線為何？」[7]

2016年家總輔導全國10個老人家庭照顧者關懷據點，發現接受衛生福利部社會及家庭署委託的據點當中，九成均同時提供居家服務方案，這固然和長照服務委託量大增有關，但若社工同時身兼居家督導與家庭照顧者據點業務雙重角色，恐發生利益衝突的困境。因此，家總聚焦「雙案主」與「雙社工」議題，建議受委託單位不要由同一位社工承接兩項服務，而是讓兩位社工站在「照顧者」與「被照顧者」不同立場，共同討論最適切的照顧服務模式（中華民國家庭照顧者關懷總會 2016）。

四、家總與婦女新知之結盟與路線爭議

家總與婦女新知雖然共同籌組長督盟，期待國家社會立基於「照顧責任公共化」與「家庭照顧有酬化」原則，提供照顧者與受照顧者多元選擇，促進性別平等與社會公平正義。但「家庭照顧有酬化」亦凸顯照顧者內部另一個矛盾——支持或反對現金給付。婦女新知反對《長照保險法》草案提供「現金」給付，認為「開辦一個配備現金給付的長照保險，讓多數人只是『左手繳費、右手領錢』」（覃玉蓉 2015）。舉出爭議舉例案例包括：「如果政府發放照顧者津貼後，某天發現家屬沒辦法適當提供照顧，但是當地的服務不夠，或者沒有合用的服務，要怎麼把『給現金』改回『服務』？」；「如果政府想要透過訪視、評估，確定家屬照顧的狀況

7　此部分對話出現在某居服單位邀請我參加的個案研討會中。

好不好，幾乎不可能，除非累翻訪視評估人員。萬一訪視評估人員累翻，服務品質的監督體系難道不會被拖垮？」；「政府官員說，將來一定會先問家屬『同不同意』照顧，才會發照顧者津貼，但這是沒有意義的。家庭裡面也有權力關係不平等的問題，例如女兒、媳婦、單身者（包括目前仍無法結婚的同志）、外籍配偶，如果是靠家人經濟接濟、靠家族獲得工作機會、仰賴婚姻關係存續取得國籍，面對評估人員的詢問，她們怎麼可能說『不同意』？」（覃玉蓉 2016）。

但家總主張「照顧有酬化」不等同「現金給付」，認為照顧者因工作與否，應有不同的支持方案，必須針對照顧者現況與選擇提供部分支持。針對「全職家庭照顧者」，主要訴求是取消《中低收入老人特別照顧津貼發給辦法》排除65歲以上老年照顧者之年齡歧視；及《社會救助法》承認第 5-3 條第4款「因照顧特定身心障礙或罹患特定病症且不能自理生活之共同生活或受扶養親屬，致不能工作」之照顧事實。針對「在職照顧者」，則應修改《性別工作平等法》，使之比照「育嬰留職停薪」（育嬰假），訂定最長二年的照顧假，受僱者留職停薪期間，得繼續參加原有之社會保險，原由雇主負擔之保險費，免予繳納；原由受僱者負擔之保險費，得遞延三年繳納。被保險人的年資合計達半年以上（不一定要在同公司），比照育嬰留職停薪津貼規定，可申請照顧停薪津貼，依平均月投保薪資的60%按月發給，最多發給六個月（陳正芬 2016；陳景寧 2016）。

婦女新知與家總對在職照顧者的訴求類似，但對全職照顧者的處境則有不同預設。婦女新知擔憂婦女因權力相對弱勢會被迫承擔照顧責任，但家總主張照顧者不應僅有選擇承擔照顧責任的權利，國家社會亦應正視已承接照顧責任者並回應此一事實，提供配套的支持措施。有鑑於家庭照顧者定義很廣泛，散布在不同群族中，未來如何繼續與婦女團體達成共識，以集體行動改善目前與未來家庭照顧者在社會的處境，顯然是政策倡議團體必須面對的關鍵課題。

參、結論：組織成員在集體行動過程中的意識覺醒

我參與2016年在瑞典舉辦的「第六屆國際家庭照顧者研討會」（Care and caring: future proofing the new demographics），全球照顧者權益倡議的領導組織、剛歡度50歲生日的英國家總前理事長，英國照顧者法案催生者Baroness Pitkeathley針對照顧者運動提出三項建議：「(1) 各照顧者組織應想盡辦法在政府調查中納入照顧者問項，掌握照顧者樣貌與變遷趨勢、(2) 應鼓勵照顧者現身現聲，參加董事會等決策團體、(3) 與婦女團體或任何團體有爭議時，不要爭辯分裂！務必團結！」顯示不僅是臺灣家總與各倡議團體出現結盟與路線爭議，其他國家的照顧者團體亦有類似經驗。針對路線爭議，英國家總盡可能透過政策倡議與其他團體合作，美國家庭照顧者總會（Family Caregivers Alliance，簡稱FCA）則針對有共識的議題與美國退休人員協會（American Association Retires Persons，簡稱AARP）合作，例如計算出無給職照顧者的經濟貢獻，希望政府部門因此重視照顧者的福祉（AARP 2015）。

回顧家總此一組織倡議訴求與結盟對象的歷程，顯示照顧者自我權益的倡導仍有待提升，特別是「現任」照顧者在集體行動過程中的意識覺醒，以及跨階級、性別、年齡與照顧階段的照顧者經驗之對話與發聲。雖然家總理監事會自第五屆開始，即有照顧者參與，但以「退役」者為主，「現任」照顧者因照顧負荷而難以參加。如何讓「現任」照顧者得以「現身」與「發聲」，促使照顧支持服務得依「新手」、「資深」與「畢業」照顧者的階段性需求獲得服務，以及進一步促使不同團體立基於照顧者不同特質相互合作，重建臺灣「性別」、「族群」（移工）以及「階級」（服務使用者與服務提供者）關係，讓長期潛水的家庭照顧者得以浮出水面，不再被代言與漠視，厚實照顧者自我倡議的基礎，顯然還有漫漫長路。再者，關心被照顧者與照顧者議題的政府部門與民意代表各持立場為何？是否可以理解照顧者與被照顧者權益的重疊與衝突之處，以及照顧者的異質性，亦是照顧者支持政策能否順利推展的關鍵。2016年就任的新政府推出的長期照顧2.0政策，主要推手林萬億政務委員表示不排除會處理外籍看護工納入長照體系，這些政策發展都是未來可持續觀察與監督的面向。

參考文獻

中華民國家庭照顧者關懷總會，2016，〈105年度「建置老人家庭照顧者通報機制及支持服務網絡計畫」第二次聯繫會議記錄〉。

——，2015，兩黨保險制、稅收制吵什麼？22萬名外籍看護工才是關鍵！家總籲「打破政策歧視補助資格」、「50億元就業安定基金專款專用」12月12日記者會新聞稿（http://www.familycare.org.tw/policy/10724）。

王增勇，2011，〈家庭照顧者作為一種改革長期照顧的社會運動〉。《臺灣社會研究季刊》85: 397-414。

——，2006，〈放寬外籍看護工申請之後呢？以「照顧公共化」破除解構「外籍看護工vs.本勞」與「外籍看護工vs.雇主」利益衝突的迷思〉。《臺灣社會研究季刊》61: 283-317。

吳玉琴，2011，〈臺灣老人長期照護政策的回顧與展望：老盟觀點〉。《社區發展季刊》136: 251-263。

臺灣國際勞工協會，2016，飄零與人權：蔡總統與林政委的承諾。（http://www.tiwa.org.tw/%E9%A3%84%E9%9B%B6%E8%88%87%E4%BA%BA%E6%AC%8A%E3%80%8B%E8%94%A1%E7%B8%BD%E7%B5%B1%E8%88%87%E6%9E%97%E6%94%BF%E5%A7%94%E7%9A%84%E6%89%BF%E8%AB%BE/，取用日期：2016年10月26日）。

居家服務策略聯盟，2010，聯盟簡介（http://www.thsa.org.tw/about，取用日期：2016年10 月26日）。

張宏哲，2015，〈居家照顧服務疑似受暴長者的樣態、服務需求、求助行為和因應方式〉。《長期照護雜誌》19(3): 263-281。

陳正芬，2016，〈當長期潛水的照顧者浮出水面後：家總之成立與路線爭議〉，論文發表於「二〇一六年臺灣社會福利學會年會暨國際學術研討會：高齡世代的社會福利轉型—科層治理、政黨與公民運動的交織對話」，嘉義：中正大學，2016年5月13日至5月14日。

——，2015a，長照服務法通過後，需要的人既看得到也吃得到嗎？（http://www.commonhealth.com.tw/blog/blogTopic.action?nid=1110，取用日期：2016年10月11日）。

——，2015b，〈外籍媳婦照顧者與聘僱外籍看護工的本籍媳婦：二者之照顧經驗與因應對策之比較〉。《中華心理衛生期刊》28(1): 101-134。

——，2011a，〈雙軌分立的長期照顧體系：照顧服務員國際與品質的抉擇岔路〉。《臺灣社會研究季刊》85: 381-395。

——，2011b，〈管理或剝削？家庭外籍看護工雇主的生存之道〉。《臺灣社會研究季刊》85: 89-155。

陳素香，2012，建立長照體系的空笑夢（http://www.tiwa.org.tw/blog/index.php?itemid=509，取用日期：2016年10月22日）。

陳景寧，2016，〈「看見」家庭照顧者〉。論文發表於「105年度基層婦團培力工作坊：主持／帶領人培訓之長照政策議題與案例介紹」，臺北：臺北教師會館，2016年10月4日至10月5日。

勞動部，2016，勞動統計查詢網：產業及社福外籍勞工人數－按產業分（http://statdb.mol.gov.tw/statis/jspProxy.aspx?sys=220&ym=10309&ymt=10412&kind=21&type=1&funid=c13090&cycle=41&outmode=0&parm1=code1=0code1=0&&compmode=0&outkind=11&fldspc=0,1,5,2,&rdm=bWnieayp，取用日期：2016年10月22日）。

覃玉蓉，2016，〈基層婦團培力工作坊-NGO看長照〉。論文發表於「105年度基層婦團培力工作坊：主持／帶領人培訓之長照政策議題與案例介紹」，臺北：臺北教師會館，2016年10月4日至10月5日。

——，2015，兩大黨長照政策吵什麼（http://www.awakening.org.tw/chhtml/news_dtl.asp?id=1162，取用日期，2016年11月1日）。

楊培珊，2002，〈女性居家照顧服務員工作中遭受性騷擾之經驗探討〉。《臺大社工學刊》2: 97-149。

衛生福利部，2016，行政院《長期照顧推動小組》第1次會議報告案簡報資料（http://www.mohw.gov.tw/CHT/LTC/DM1_P.aspx?f_list_no=976&fod_list_no=0&doc_no=55616，取用日期：2016年11月1日）。

AARP. 2015. “Family Caregiving: Rsearch, Poicy, Pracice.” Paper presented at the 6th International Carers Conference, Gothenburg, Sweden, September 3-6.

第十章
照顧正義運動：
從家務移工休假權到反血汗長照

吳靜如
臺灣國際勞工協會工作人員
許淳淮
臺灣國際勞工協會工作人員

本文主要爬梳臺灣國際勞工協會（TIWA）與臺灣移工聯盟（MENT）在移工與長照議題的倡議經驗，作者吳靜如與許淳淮皆為TIWA之工作人員。

壹、前言

2003年2月7日清晨時分，天還未全亮，臺北三軍總醫院汀州分院的急診室內，瀰漫著緊張的氣氛。閃著紅燈的救護車抵達，警鳴聲響遍天際，醫護人員急忙將傷者從救護車抬下，推進院內。躺在病床上的人，是知名作家杏林子，也是當時的國策顧問、伊甸基金會的創辦人——劉俠。隔天凌晨，劉俠傷重離世，這則新聞登上了各大報的頭條，社會上議論紛紛：究竟發生了什麼事？

劉俠是一名重度身心障礙者，必須時時刻刻有看護在旁協助生活起居，而在當時——以及現在——的臺灣，有長期照顧需求的人口，除了家屬自己照顧外，主要就是依賴來自東南亞的家務移工。劉俠的看護是印尼籍的薇娜，平時與劉俠關係良好，甚至曾經相互推舉且獲得臺北市政府勞工局選為優良雇主、優良勞工。劉俠對薇娜很好，薇娜也知道劉俠需要24小時的照顧，所以自願放棄休假，連過年時打電話回家都是急急忙忙跑出門，再急急忙忙地回家，就怕沒有人在身旁幫忙的劉俠，會發生什麼意外。[1]

然而在2月7日那天晚上，薇娜卻突然出現「有地震」的幻覺，急著要把劉俠帶離屋子，但慌張之下不慎摔傷劉俠，以至傷重不治。當時社會輿論大多嚴厲指責薇娜，或連帶的神祕化、妖魔化所有來自東南亞的移工，認為薇娜「撞邪了」、「邪靈附身」；官員提出「縮減外勞」的主張、專家學者則建議在體檢項目裡再加「精神篩檢」等措施，要嚴格檢視「東南亞外勞」有沒有「問題」。[2]

事實上，這些描述都忽略家務移工的勞動條件才是造成劉俠意外的關鍵因素。臺灣的家務移工一直以來都沒有法律保障，[3] 長期處於全天24小

1 劉俠事件後，TIWA串連數團體招開記者會。相關媒體報導請見：中央社，2003，〈外勞關懷團體要求政府將家事服務法制化〉。http://web.it.nctu.edu.tw/~hcsci/labor/news07.htm，2月17。此外，當時許多倡議團體的聯合公開聲明（含訴求）可見：http://www.coolloud.org.tw/node/57591

2 當時相關媒體報導的整理可見：http://mypaper.pchome.com.tw/91108508/post/2226487

3 自1992年開放家務移工來臺至今，僅1994年4月到12月間一度被納入《勞動基準法》。

時工作、全年無休、低薪、沒有隱私的勞動處境中。這群人24年來，就這麼負擔起了臺灣三分之一的長照需求。[4] 而劉俠的驟逝，留給臺灣社會一個「當時」看不清、而「至今」未能克服的提問：「我們需要怎樣的長照制度，才能不讓這樣的長照悲劇再次發生」？

貳、切入：從家務移工的勞動權開始

相對於近年來在NGO間蔚為風潮的「移工／多元文化」、「移工／東南亞商機」，TIWA[5] 作為移工／勞工運動團體，草根服務一直是我們在社會改造運動中，所相信的「由下往上」的運動基礎。透過解決移工的爭議事件，理解移工的困境與政策的缺失，進而透過勞工教育（簡稱「勞教」）讓移工了解、組織，並以社會行動提出改革意見、倡議變革；家務移工與臺灣長照制度的議題亦然。

於是劉俠事件發生時，TIWA直接接觸薇娜，理解到她和許多我們服務過的家務移工一樣，休息時間不足、不連續，並因長年來「自願」沒有休假、生活孤立、缺乏人際支援網絡，導致生理累積的疲累外，也承受了極大的情緒壓力。[6]

---

4 根據《長期照顧十年計畫2.0》的推估，臺灣有約74萬的長照需求者，而根據勞動部的統計資料，家務移工人數在2017年8月時已超過24萬人，大約是長照需求人口的三分之一。另外家庭照顧者關懷總會也指出，約三成聘僱家務移工、超過五成由家人照顧，僅有約一成五選擇使用政府的長照資源，引自許麗珍，2017，〈長照2.0 5成3家庭照顧者找不到資源〉。蘋果日報，https://goo.gl/U8yrQ5，9月6日。

5 TIWA是臺灣國際勞工協會（Taiwan International Workers' Association）的縮寫，成立於1999年，相關簡介請參考：http://www.tiwa.org.tw/ 或臉書粉絲專頁：https://www.facebook.com/TIWA.FAN/

6 「臺灣引進外勞已22年，目前在臺外勞人數已突破540,000人，勞動部才首度發布外勞在臺工作及生活狀況調查，發現高達68.6%家庭看護工例假日都沒放假，推估148,000名家庭外勞全年無休；另有29.3%平均每月只休1.1天。」引自唐鎮宇，2014，〈血汗僱主！近15萬家庭類外勞全年無休〉。蘋果日報，https://goo.gl/JHDtKf，12月24日。另外，研考會委託世新大學訪談1,076名移工，進行「2012年外籍人士國際生活環境滿意度調查」。根據這份訪調，家庭類移工每日工時長達17.72小時，68.8%的看護工及幫傭每週工時在85小時以上，且有215人認為自己每天工作24小時，引自研究發展考核委員會，2012，2012年外籍人士國際生活環境滿意度調查（https://goo.gl/b8dyrp，取用日期：2016年10月17日）。

除了協助個案當事人外，TIWA基於長期服務移工案件所積累的經驗，進一步釐清並揭露媒體及官方說法背後的事實，主張劉俠事件反映的移工處境並非個案。要避免憾事再次上演，必須先面對及改善家務移工惡劣的勞動條件。

因此TIWA開始串聯從事移工服務的草根組織、[7] 收集各國家務移工相關法規資料，成立「家事服務法推動聯盟」（Promoting Alliance for Household Service Act，簡稱PAHSA），草擬《家事服務法》條文，推動立法保障家務移工運動；2003年底PAHSA舉辦了臺灣第一次的移工大遊行，並在2004年將《家事服務法》草案送進立法院。

TIWA，藉著凸顯家務移工的勞動條件，看見臺灣的照顧者問題。

一、戰場：街頭抗爭

不同的社會運動，會因成員、議題、資源，甚至歷史脈絡的不同，而有不一樣的抗爭手段。自1987年解嚴後，蓄積已久的社會能量迸發，各種議題蓬勃發展，勞工運動可以說是其中最為激進的一支。移工運動雖然也是勞工運動的分支，但在臺移工有如「當代奴工」，除勞動條件糟糕外，其集會和言論自由，受到眾多的限制——雇主／仲介可因其參與抗爭而在日常工作上刁難、找麻煩，甚至導致其被解約回國，警政署或移民署等政府機關也可能因為移工在街頭抗爭，而以「與簽證目的不符」等藉口將其驅逐出境。加上當時的社會氛圍，一般民眾對移工仍非常陌生與隨之而來的歧視，移工運動所能採取的抗爭手段，不似解嚴後勞工運動的激烈行動，而只能採取較溫和的方式。

在2003年12月，一群非本國籍、沒有公民權的移工，第一次走上街頭遊行，在隊伍最前方的主布條寫著「重視外勞貢獻」、「保障外勞人權遊

7 包括天主教會新竹教區外籍牧靈中心——越南外勞配偶辦公室（VMWBO）、天主教希望職工中心（HWC）、天主教會新竹教區移民及外勞服務中心（HMISC）、臺灣基督長老教會勞工關懷中心（Lcc）、海星國際服務中心（Stella）等十幾個團體。

行」——透過「提醒」的口吻，希望打破當時的歧視氛圍，期盼臺灣社會能睜開眼，看到在臺移工不但為我們的公共建設付出，更為我們代盡孝道。當時的訴求，[8] 以現在的角度來看，是十分卑微的。

相較於TIWA協助過的幾場較大的本地勞工抗爭個案，[9] 移工的訴求和行動方式，溫和許多。但即使是溫和的方式、卑微的訴求，TIWA從一開始到現在，都堅持主要的戰場是在「街頭／體制外」，要讓這群在資本跨界流動的同時，以「廉價勞動力」之姿流動到臺灣的底層勞工自己站出來，打破「被隱形」、「被用完就丟」的枷鎖，為自己的權利發聲。在「法律與制度永遠落後於社會變化」的認識下，我們以為唯有讓底層、差異被認識、並看見，及平等對待，才能推進政治結構、國家機器的改變，促使真平等的到來。

2007年，PAHSA正式改名為「臺灣移工聯盟」（Migrants Empowerment Network in Taiwan，簡稱MENT，又稱移工聯），代表聯盟成員所關注、討論和認為需改進的移工政策，不僅與家務移工的勞動權益相關，更涉及所有的移工議題。但家務移工血汗勞動的處境，仍是長期以來的「當務之急」。於是從2007年開始，MENT連續三次都以家務移工的法令保障，作為移工大遊行的主軸，包括2007年「我要休假」、2009年「還沒休假」，再到2011年「血拚休假」，都是為了凸顯家務移工／照顧

8　遊行提出「全面檢討外勞引進制度，保障外勞享有自由轉換雇主的權利、取消人口販賣式現行仲介制度，於勞委會下成立『外勞事務局』，落實國與國直接聘僱政策，杜絕勞動剝削、制定《家事服務法》，保障外勞享有休息及閒暇的權利及反對廉價外勞政策，取消經建會將外勞膳宿費納入基本工資之決議，保障外勞享有同工同酬的權利。」等早在世界人權宣言中已明確揭示，卻在我國制度中缺乏落實的訴求，此外，也由於社會對外勞欠缺認識與包容，遊行中也特別凸顯外籍勞工在重大經濟建設、補足社會福利漏洞等方面的貢獻（苦勞報導，2003，〈史上第一次 1228 外勞遊行 熱情燃燒凱達格蘭大道〉。苦勞網，http://www.coolloud.org.tw/node/57787，12月30日）。

9　TIWA是「全國關廠工人連線」主要三成員之一。在2012-2014年間，協助關廠工人對政府的「討債行為」進行一連串的抗爭（詳見：https://www.facebook.com/ShutdownButNotShutup/）；2014年至今，協助國道收費員對「約聘僱勞工的資遣費、工作權」進行抗爭（詳見：https://www.facebook.com/freewaytollclerk/）。這兩場運動，不僅相對移工運動，對整體的勞工運動而言，採取的抗議行動，很多都算是近年來高強度的抗爭行動。如，苦行、絕食、臥軌、上高速公路、上etag架等。

者沒有適當休息的勞動處境。

二、積累：從個案到組織

街頭運動的目的是要讓移工挺身、走出，被社會看見、聽見；而組織需要不斷行動，就如同人需要呼吸一樣。因此，除了兩年一次的移工大遊行將「家務移工的勞動條件」作為主訴求外，我們也把握各種大大小小的機會，透過行動、記者會等形式，讓家務移工發聲、要求政府面對家務移工缺乏法令保障的問題。但不能忽略的是，組織與運動的基礎，往往需要在鎂光燈照不到的地方，透過點點滴滴的互動與勞教才可能累積。

對於TIWA（以及MENT的成員）來說，在移工運動裡，很重要的基礎就是個案的服務工作——服務為理解之母。但是個案服務的過程細瑣、行政繁雜，並且涉及各種實務、個案場域的鬥爭，事實上佔據了成員大部分的工作時間。若是不做個案服務、純粹倡議的團體，也許能投入更多心力與資源在研究、宣傳、遊說等工作上，但TIWA從成立以來，就選擇從事移工的草根服務工作。我們服務各式各樣的案件，包括一般勞資爭議、勞仲爭議、職災、性騷擾、性侵、重大傷病等案件。[10] 透過面對移工們日常生活真實遇到的困難，聚焦、分析移工在每個當下的處境中各式困難的輕重緩急，作為階段性政策倡議的參考方向。

個案服務有助於與移工建立一定的信任基礎，之後便可透過勞教、文化或甚至休閒娛樂的方式，協助移工組織。於是2003年和2007年，我們分別協助成立「菲律賓勞工團結組織」（KASAPI）和「印尼在臺勞工聯盟」（IPIT），且以各種可能的方式，使KASAPI和IPIT成為移工假日時聚會的「據點」。除了與其他移工（同鄉、宗教）團體一般，提供移工聚會、聯誼及學習技能外，我們透過定期與不定期的勞教，為他們提供訊息與訓練、和他們討論我們分析出的重要移工議題及當下的社會重要議題，

---

10 例如，2004年底的飛盟國際關廠爭議案件（後來更在因緣際會下，因這個案件我們後續出了《T婆工廠》及《彩虹芭樂》兩部紀錄片）、馮滬祥性侵菲律賓籍家庭看護工案、泰勞高捷反奴抗暴事件、外籍漁工被雇主、仲介剝削等問題。

以及可能的倡議方向與方式。試圖在這樣的互動過程中，讓長期被主流文化馴服的底層勞工，得以有發聲的能力與勇氣。

2003年的薇娜議題也是類似的模式。透過服務經驗和重大案件的分析，我們不但對移工說明時事，更透過勞教讓移工知道政府的態度、社會輿論反應；另一方面，我們更積極拜訪和邀約過去僅提供服務而未曾對制度發聲的移工草根團體（多是教會團體），因此成立了PAHSA（後來的MENT），也累積出改善家務移工（照顧者）勞動條件運動的團結基礎。

三、文化產出：紀錄片與攝影集

文化工作則是TIWA行有餘力時的工作重點。對許多人來說，移工制度、勞動權益都是「硬議題」、「遠議題」，若能透過比較軟性的、可近的文化素材，讓臺灣社會能更看見這群和我們生活在一起的移工，那麼這些文化產出，就是很重要的媒介。

在日常的掃灑蹲磨中，TIWA也在一些偶然的機會裡產出了幾部紀錄片和文學作品，包括2006年紀錄片《八東病房》、2008年報導文學作品《我們》、2010年紀錄片《T婆工廠》和2012年其續集《彩虹芭樂》；還有近兩年舉辦的「生活在遠方」移工繪畫展、「移工鼓隊」、及至今持續舉辦中的「小馬尼拉區」導覽等文化生產和活動，都是試圖讓移工議題及移工本人，變得更活生生、更可近，期待能捲動更生活、更廣泛的臺灣社會。

在這些文化生產中，與家務移工最為相關的，就屬紀錄片《八東病房》[11]和攝影集《凝視驛鄉》。[12]《八東病房》記錄了幾位看護移工在醫院照護的日常，拍攝過程我們除了和片中主角們互動外，也和他們的雇主互動。紀錄片放映時，我們也邀請雇主、看護工一起和觀眾近距離對談。

---

11 《八東病房》相關訊息可見：http://blog.roodo.com/ctitu_1988/archives/1255650.html

12 《凝視驛鄉》相關訊息可見：http://reader.roodo.com/book686/archives/5911361.html，以及策劃人吳靜如為本書所寫的《完整的人》，詳見：http://blog.roodo.com/mwworkshop/archives/3397155.html

透過這部紀錄片，呈現出承載照護工作的家務移工，在臺灣移工政策、無力承載照護工作的家戶、和被照顧者之間「難以承受之輕」的故事。而一場又一場的座談、放映，將移工的故事帶到各個可以討論的角落。

《凝視驛鄉》則是歷經兩年工作坊完成的攝影書和攝影展。從組織志工、進行工作坊、討論，並透過移工攝影師、移工和工作人員一起選出展示和成書的成果相片、進行社會募款，一直到巡迴攝影展、出書、校園座談等，一步步都是以這些家務移工學員為主體，並以其所表達的圖片和述說為主軸，讓家務移工的議題以多元討論的方式和社會接觸。

軟性的文化模式，是讓臺灣社會更接近移工的重要方式。一直到近年「長期照顧」再度成為「老年社會」的核心議題時，透過紀錄片、移工攝影作品的形式與社會進行對話，對於推動「照顧正義」的反血汗長照運動來說，發揮實質的橋梁作用，是深度對話裡十分有助益的一環。

參、轉進：長照制度的抗爭

若仔細觀察每屆移工大遊行的口號、主軸（見表10-1），會發現移工運動的主要抗爭方向在2013年出現重大轉變，可說是TIWA從「保障家務移工勞動人權」訴求，轉進到「長照制度抗爭」的重要切點。TIWA作為勞工團體，原本並不熟悉社會福利制度，但是對於移工運動的推展，這似乎是不得不然的方向。怎麼說呢？主要有三個原因。

表 10-1　歷年移工大遊行的口號與主軸訴求

年度	遊行主題
2003年	「重視外勞貢獻 保障外勞人權」遊行[13]
2005年	「反奴」大遊行[14]
2007年	「我要休假」大遊行[15]
2009年	「還沒休假」大遊行
2011年	「血拚休假」大遊行
2013年	「血汗長照」大遊行
2015年	「照顧正義」大遊行

資料來源：本文作者自行整理。

一開始是因為，TIWA在爭取家務移工權益保障的運動路上，受到了一個很大的、來自於有著「受照顧者」背景社福團體的阻力。

2004年，移工開始串連、連署把《家事服務法》送進立法院後，就聽聞當時協助提案、本身也是身心障礙人士的立法委員徐中雄，收到各方的黑函與壓力；之後，各種輿情反映許多社福團體對「保障移工權利」很有意見。[16] 因此，PAHSA成員分頭拜訪各個社福團體，希望透過溝通，讓受

13 隔年2004年，《家事服務法》第一次送進立法院。

14 2005年移工大遊行，除了將臺灣移工政策定調為「當代奴工制度」，因此「反奴」外，對當時勞委會（後升格為勞動部）在當年5月20日表示「因家務勞動具有『個案化』及『多元化』的特性，不便訂定一體適用的法令，將研擬『外籍家庭看護工／幫傭勞動契約參考範本』（即『定型化勞動契約』）替代。」的說法，我們也強力抗議，要求勞委會若要落實家務移工的勞動條件保障，必須將「家庭類勞工納入《勞基法》適用範圍，或另訂《家事服務法》」，以具公法性質的法律予以保障，才能透過公權力平衡家務勞動契約的結構性不平等。

15 隔年2008年，臺灣移工聯盟召開公聽會，透過草擬預算，提出「本勞有工作、外勞有休假、照顧有品質」的「三贏方案」，要求政府應該擴大長照十年的喘息服務給有聘僱家務移工的家庭，如此，接受訓練的本國籍照服員可以擴大就業機會、家務移工得以休假、受照顧者接受的照顧服務也才能提升品質。

16 「2006年11月22日，部分社福團體至勞委會抗議，提出『給我長照，否則免談』公開聲明，現場高呼：『我要活下去』」擔心外籍家務工納入《勞基法》後，聘僱費用大幅提升而雇主無法承擔。時任殘障聯盟副秘書長王幼玲表示：「『外傭適用《勞基法》將引發很多問題。』要求先全面普查雇主需求、提出長期照護的配套措施後，再談外勞保障。」（陳嘉恩，2006，〈外傭擬納勞基法 殘盟抗議〉。聯合報，A14版，11月23日）。

照顧者與家務移工可以共謀解決之道，不要「弱弱相殘」。但溝通並沒有帶來理解和合作，出乎意料地，反而引起部分社福團體（以老盟、殘盟為主）的強烈反彈，原因很簡單：一旦家務移工「受到保障」，受照顧者需要負擔的「聘僱成本就會增加」，所以許多雇主紛紛提出質問：「如果家務移工要休假，那休假期間誰來照顧受照顧者？移工要人權保障，那誰來保障受照顧者的人權？」

雖然部分老盟、殘盟地方分會表示，理解且贊成PAHSA提出的訴求，但礙於總會的要求，不便公開支持；另外也有個別雇主在TIWA的拜訪後，非常支持我們的訴求，認為確實不該弱弱相殘，應要求政府負起照護責任。在2007年底的遊行，這幾位身障雇主甚至帶著他們的家務移工，一起上了遊行的大舞臺表達支持（見圖10-1）。

圖 10-1　支持移工休假、反對政府退位的兩位移工雇主，特地跟他們的家務移工一起來參加2007年「我要休假」移工大遊行

資料來源：張榮隆（攝），取自攝影工的相簿（https://photo.xuite.net/chang.jl/18681889/106.jpg）。

這個矛盾在後來政府所推出的《長照十年計畫》中，變得更加具體。在2008年公布的《失能老人接受長期照顧服務補助辦法》第3條第3項中，明確排除「聘僱家務移工」的家庭接受政府居家服務、喘息服務補助的權利，使聘僱家務移工的家庭一旦讓移工休假，照顧責任就回到家庭身上。這個規定最終導致了「家務移工」與「照顧者家庭」間的矛盾，並且延續至2016年蔡英文政府的「長照2.0」。於是，一個原本基於人權保障的訴求，碰上了為受照顧者代言的社福團體後，變得糾葛、複雜。在當時的社會氛圍及社福團體的強烈反彈下，移工要爭取應有的休假權，就必須先解決「移工休假期間，誰來照顧的問題」，否則，家務移工永遠沒有休假權利的保障。這個「權利階序化」的出現，驅使我們這個移工維權團體，嘗試跨進社福領域，試著關切整體長照制度的建立與發展。

再者，雖然從2007年到2011年間，三次「休假系列」的移工大遊行，象徵移工運動在這期間所努力的標的，但家務移工沒有休假、沒有工時工資保障的血汗狀況，在這幾年間並沒有太大改變。當時的局勢使TIWA開始思考，如何將讓家務移工權益保障的運動在臺灣社會深化、擴大。

在當時的臺灣社會，移工議題相當邊緣，少有人關心這群「非公民」、沒有投票權的勞動者，移工權益也鮮少成為媒體焦點。相反地，逐漸面臨沉重照顧問題的臺灣社會，開始關注起政府的「長照政策」。所以對移工運動來說，投入長照政策「大格局」的討論，比起單在家務移工權益的面向上打轉，在社會上更能引起關注。

最後，當我們越了解整體的長照現狀，越確信投入長照的討論是刻不容緩的前進方向。因為我們漸漸了解，並不只有家務移工隱身在各個家庭中，承受著血汗的勞動狀態，另外六成的照顧者——家庭照顧者——也面臨相同的苦境。政府長照資源的不足，致使家庭照顧者得不到支援，長期處在沉重的照顧壓力之下。不論是「家務移工」還是「家庭照顧者」，把這些「照顧者」推入血汗處境的，正是政府退位、「政府功能」的消失。換句話說，要改變家務移工和家庭照顧者的處境，就勢必要分析政府的長照政策，將其納入運動的視野當中。而要分析臺灣政府的長照政策，就必須從《長照十年計畫》說起。

一、「雙軌」的相互作用：跟蹌的長照制度與失控的補充人力

1990年代起，臺灣即將進入高齡化社會，照顧需求開始浮現。當時的政府並沒有提出相應的長期照顧政策，反而便宜行事，於1992年正式立法從東南亞引進廉價家務移工，並宣稱僅為「補充性」的勞動力，以滿足社會上的長照需求。但這個「補充性質」的人力，在10幾年後卻承擔著三成左右的長照需求，成為除了家庭照顧者以外最大宗的「照顧勞動者」，所謂的「補充」，早已失控。2007年，民進黨政府推出《長照十年計畫》，宣示要用十年的時間建構臺灣長照制度的基礎建設，並且培養足夠的本國人力，減少對家務移工的聘用。而後的國民黨政府也延續著《長照十年計畫》，並進一步提出開辦長照保險的政策方向。

然而，從勞動部的統計資料來看，這項要讓家務移工退場的計畫，是完完全全失敗的——從1992年引進的306名看護工，增長至2015年已高達222,328餘人，見圖 10-2（勞動部 2016）。而《長照十年計畫》開始的2007年，家務移工的人數大約是145,000人，可是2012年家務移工正式突破20萬。若我們單看家務移工數量的增長趨勢，宣稱欲減少整體社會聘用家務移工的《長照十年計畫》，在歷史中似乎根本不曾存在過。

為什麼政府的《長照十年計畫》無法減緩國人對「家務移工」的依賴？原因很簡單，因為使用政府的長照，完全不如聘用一位移工來得「經濟實惠」。長照十年的服務，不只申請手續繁複、服務項目受限、時數太少，而且服務人力嚴重不足，連帶使其所蘊含的服務量能不足。相反地，聘用家務移工手續簡便，只要委託仲介公司，便可迅速找到人力，有效減少照顧的空窗期，且家務移工的薪資不受《勞基法》保障，長期以來都是15,840元，[17] 聘用成本低，提供的服務項目則在某種程度上不受限制。[18]

---

17 2015年9月後引進的家務移工才調漲至每月17,000元，但仍遠不及適用《勞基法》勞工所應得之基本工資。

18 雖然從事「許可外工作」是違法的，但仍大量存在於家務移工的工作當中，若情節不嚴重或勞工無勞權意識、申訴管道，則難以發現與成案。

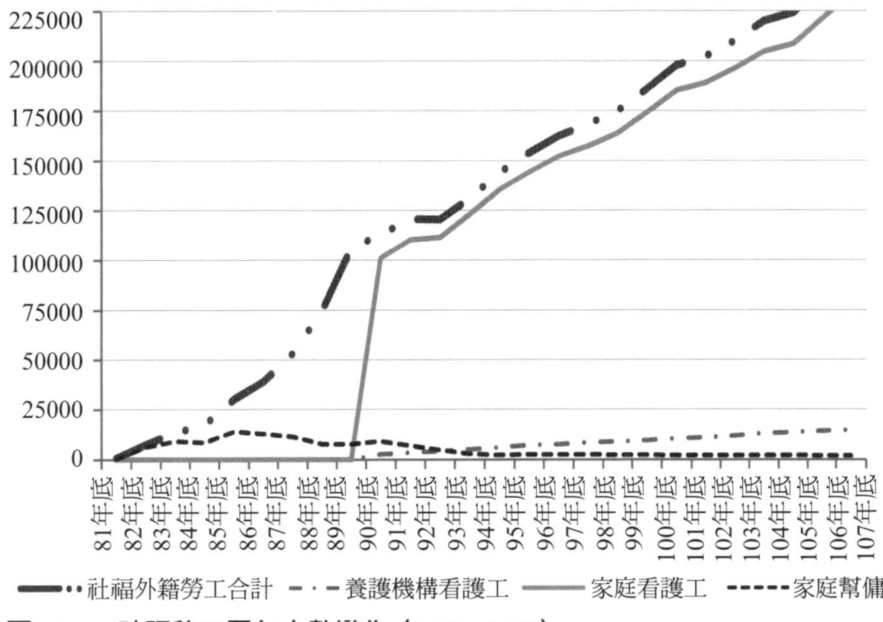

圖 10-2　社福移工歷年人數變化（1991-2015）

資料來源：本文作者根據勞動部統計資料製作。

此外，一旦聘用了家務移工，就不能使用政府提供的長照服務，這就是所謂的「雙軌制」，在使用政府提供的長照服務或聘用移工之間二選一，背後代表的是簡單的零和邏輯。於是臺灣的長照制度彷若一輛雙頭馬車，看似互不相干、各自運行，實際上卻在扯彼此的後腿：號稱要普及化的長照，因為遠不及聘用家務移工的便宜和方便，導致使用意願不高；而身處不合理勞動處境的家務移工，盼求著政府開放讓聘用家務移工的家庭可以申請喘息服務，使移工每週有最基本的一天休假，卻因《長照十年計畫》的服務量能低落，無法因應220,000名家務移工休假所可能「產生」的需求；及政府官員短視近利，無心無魄力建立一套健全的「社會福利制度」，且帶著「選舉歧視」、不願意將任何經費用在「（沒有選票的）外勞」身上，因而延宕至今。

事實上，如果要整建一個較完善的長照體系，就應該先打破這樣的二元對立。不論是過去的《長照十年計畫》、2016年上路的長照2.0及22萬名家務移工，都是為了提供失能者服務、支持失能者生活而存在，將兩者分立，既多餘又不必要。循著這條思路，TIWA在民間版的《長照服務法》草案中便主張應廢除現行的「個別家庭聘僱外籍看護工制度」，改由機構或政府聘僱，並將家務移工納入整體長照人力的規劃，不只是保障家務移工的勞動權利，也是補足現今長照人力的大缺口。

更細緻的訴求又可分為：短期應開放聘僱家務移工的家庭使用喘息與居家服務，落實家務移工休假的權利；中期應讓家務移工納入《勞基法》，落實基礎的勞動權保障；長期則廢除個別家庭聘僱的制度，在有勞動權保障的情況下由政府或機構聘僱。

而之所以以「廢除個別家庭聘僱制度」為最終目標，主要有三個原因：首先，政府將「個別家庭聘僱制度」與「政府長照」分為兩個制度，導致上述雙軌制的重大矛盾；再者，現在的「個別家庭聘僱制度」下的勞工，沒有《勞基法》的保障，形同法外孤兒，被置於血汗的勞動處境（24小時、365天上工），而且必須待在雇主家中，沒有隱私空間、需要負擔許多額外的工作。更重要的是，目前的「個別家庭聘僱制度」將照顧關係「私領域化」。政府退位、卸責於承擔人民的基本需求，而將照顧責任完全丟給個別家庭。這樣的作為，與TIWA／MENT主張的照顧應「社會化」、「公共化」、「政府應提供人民基本需求」的方向背道而馳，將導致長照悲劇繼續發生，因此這個主張也成為TIWA後續參與長照討論的重要基底。

二、長督盟經驗：位於弱勢者結盟的邊緣

國民黨在《長照十年計畫》後期，提出了「長照雙法」草案，即《長照服務法草案》和《長照保險法草案》。關於《長照服務法草案》的討論，在2010年10月，家庭照顧者關懷總會（簡稱家總）和婦女新知基金會（簡稱婦女新知）發起了「長期照顧監督聯盟」（簡稱長督盟）。而循著家務移工休假權抗爭轉進長照領域的TIWA，這時也加入長督盟。王增勇

（2011）[19] 在〈家庭照顧者作為一種改革長期照顧的社會運動〉一文中將長督盟定調為「弱勢者的結盟」，相對於「強勢的」、由老盟、殘盟、智總等老牌社福團體組成的「長期照顧推動聯盟」（長推盟），[20] 而彷彿沿襲著過去TIWA與老盟、殘盟這些社福團體在移工議題上的衝突，長督盟與長推盟在政策上的重要差異，就在「是否納入移工權益的保障」。

雖然，長督盟成立初期，TIWA說服了成員支持「廢除個別家庭聘僱個人看護制度，並將家務移工納入長照人力的規劃中」的主張，但這項訴求後來被認為是「幫外勞爭取人權」，因而在各個場合的討論中遭到封殺。到了2012年長督盟的討論中，聯盟成員也幾乎要棄守這樣主張（陳素香 2012），後來更成為「略過不碰」的花瓶訴求。移工的權益在這個所謂「弱勢者的結盟」中，變成了邊緣的聲音。

不過長督盟最後還是保留了「廢除個別家庭聘用外籍看護工制度」這項主張，原因是2012年5月的一次討論中，弘道老人福利基金會來分享「整合」本國籍和外籍照顧人力的服務方案（亦即所謂的「走動式服務」），並且在會中主張「必須將現存的20多萬家務移工納入長照人力規劃，才能填補現在長照人力的缺口」。有直接服務經驗的組織工作者這麼一說，令長督盟裡原本持反對聲音的成員一時語塞，無法再提出反對主張。於是，最終長督盟推出的《長期照顧服務法草案》民間版本，保留了家庭聘僱制度「限期落日」的條文，而且長督盟的主要成員家總及婦女新知，都共同參與2013年的「反血汗長照」移工遊行。[21] 但最終也僅是形式上的保留，對「弱勢者結盟」來說，「弱勢的邊緣」的訴求在必要之時，

---

19 王增勇時任家庭照顧者關懷總會理事長。

20 感謝審查委員意見。本文對此處的「強勢」、「弱勢」原未有詳細說明。本文此處的「強勢」、「弱勢」，沿用王增勇（2011）的說法：「從參與團體背景可看出，參與長督盟的團體可以分成性別團體（婦女、同志）、病友團體（失智症、漸凍人、精神障礙）、移民／工團體、以及原住民團體。這些團體過去都鮮少參與長期照顧政策的討論，因此長督盟的成立是要提供過去被排除在長照政策討論的邊緣團體。」而這個邊緣團體的結盟，也引起了原本掌握發言權的社福團體的抵制，更詳細的討論可參閱原文。

21 2013年「反血汗長照」的遊行訴求包括：(1) 家庭照顧者與移工納入長照人力、(2) 廢除個人看護者制度、(3) 立法保障家務工、(4) 反對現金給付。

很可能就是「可割可棄」的。最後在2015年5月立法院通過的《長期照顧服務法》，完全未處理個別家庭聘僱的外籍看護工制度，究竟該如何整合或廢除的問題。[22]

另一方面，關於《長期照顧保險法草案》裡的給付問題，長督盟內部的聲音也有差異。家總認為，現金給付將使家庭照顧者的照顧工作成為「有給職」，亦可讓家庭為受照顧的長者選擇適當的照顧人員，係為消費者的選擇權保障。然而，根據他國經驗，TIWA（及婦女新知）反對在保險給付中的津貼選項，認為基於一般民眾對政府長照服務長期的不信任，若有現金給付的選項，將無異於同意政府「發錢了事」，照顧責任將繼續留在個別家庭中，不利推動政府擔起老殘照顧的責任。然而，這部分的爭議與討論，後續因國民黨下臺，繼任的民進黨政府推動「稅收制」之長照2.0（因為「稅收制」，便無涉「保險給付」問題），而無疾而終。

肆、連結：勞動階級無分本外

2015年10月14日，離2016總統大選前100日，數十個勞工團體組成了「2016工人鬥總統連線」（簡稱工鬥），[23] 趁總統大選的政治時機，針對幾項重大的社會議題發動抗爭，包含長照議題及家務移工的權益。TIWA也是「工鬥」的發起團體之一，當時也正與MENT一同規劃2015年12月總

22 感謝審查委員提醒，這裡的文字可能會造成一些誤會。本文的意思是，最後立法院通過的《長期照顧服務法》並沒有處理「個別家庭聘僱家務移工制度」落日的問題，而非意指長督盟直接放棄了這個訴求。但本文認為，之所以會有這樣的結果，可能也與長督盟內部並未完全認同這個訴求有關，以致於雖然在長督盟的《長期照顧服務法》版本裡保留了落日條款，但並沒有實際發揮影響政策的效力。

23 發起團體包含：全國關廠工人連線、國道收費員自救會、臺灣國際勞工協會、消防員工作權益促進會、醫師勞動條件改革小組、基層護理產業工會、團結工聯（宜蘭縣產業總工會、臺北市產業總工會、桃園市產業總工會、新竹縣產業總工會、苗栗縣產業總工會、臺南市產業總工會、新高市產業總工會、全國自主勞工聯盟、中華電信工會、臺塑關係企業工會全國聯合會）、大高雄總工會、高雄國稅局工會、非典勞動工作坊、臺北市環保局工會、環保局工會市縣聯合會、臺灣高等教育產業工會、中央健保署工會、工作傷害受害人協會、全國關懷基層老人社福連線協會、中華民國老年勞工關懷互助協會。在一波波行動之後，團體還持續增加。

統大選前的移工大遊行。

工鬥發起之初以「五鬥一案」——「五鬥」是年金、長照、約聘僱、醫消護、勞動者，「一案」則指國道關廠案、後來又加入「國定假日七天假」為倡議主軸。整體上反對新自由主義式、號稱小而美的政府形式，抨擊「國家退位」的社福政策。其中，「鬥老殘安養」主張「照顧是政府責任」，而非像長照十年一樣，僅以非常緊縮的社福資源，提供極少的長照服務，變相地把照顧的責任丟回給家庭，讓各個家庭到市場裡尋找解方，找不到、付不起市場方案的家庭，就只能靠自己解決。

過去的討論，往往認為長照純粹是「社福議題」，關注服務使用者、服務輸送及流程、服務成果等面向。這些面向相當重要，卻不夠完整。而TIWA加入工鬥，在運動上連結本地勞工的重要意義，就在於將以「階級議題」的角度重新切入長照。這裡的「階級」有兩個面向：其一是TIWA長久以來一直關注的「家務移工」的勞動權益，而且不只是家務移工，更廣泛地涵括本地居服員、照管專員、社工、護理師等的勞動處境，都該一併受到重視。對這些照顧勞動處境的關切，源自於一個很簡單的發問：「如果服務提供者沒有良善的勞動條件與環境，如何期待他們能夠提供良好的服務給服務使用者？」長照畢竟不會憑空運轉，而是倚賴一個個勞動者才得以運行，如果我們無法正視勞動者的權益，不只會發生人力短缺的現象，更可能發生「長照悲劇」。

「階級」的第二個面向，在所謂的服務使用者（受照顧者／雇主），他們的面貌也十分多元。對某些家庭來說，聘用一天薪資2,000多元的臺籍看護也不成問題；但對於收入偏低的家庭來說，聘僱月薪15,840元的外籍看護都顯有困難，甚至也無法負擔政府長照服務的30%自負額。換句話說，即使現況有「聘僱家務移工」這麼一個對服務使用者經濟實惠——同時對服務提供者是血汗滿地——的選項，仍有許多家庭其實是負擔不起的。這些底層的家庭，可能必須勒緊褲帶、向親友借貸、多兼幾份工⋯⋯，而一旦撐不下去，國家也沒有任何資源能夠承接，同樣可能釀成「長照悲劇」。

大概在2014年後，長督盟的運作漸漸停擺，[24] 但社會的變動不曾停歇。隨家務移工人數持續、快速的攀升及長照議題漸漸獲得社會關注，「長照悲劇」屢屢成為社會新聞的焦點。

> 臺中市林女罹患憂鬱症，疑因照顧中風母壓力太大，昨天竟推著坐輪椅的母親外出，澆汽油點火，「轟」的一聲之後，林女將已成火球的母親連同輪椅推落灌溉大排致死，林女行凶後自行報案，稱她身心俱疲，「要幫媽媽解脫」……。[25]

以及另一則新聞：

> 高雄市警局林園分局行政組長黃鴻昇（49歲），警大602期，疑因長期照顧中風父親，加上兒子患有紫斑症，先前二度因病住院，疑身心俱疲，一時想不開，今天清晨6點多被民眾發現，在大樹區舊鐵橋公園的樹上吊自殺身亡。[26]

2015年年底的「照顧正義在哪裡」大遊行，MENT成員努力向各國移工們說明，複雜的長照制度如何「隱形化」已為臺灣家庭負擔了20多年照顧工作的家務移工們；透過參與工鬥的本地工會，TIWA更為面對老化臺灣的本地勞工進行勞教，試圖透過這些血淋淋的案例，不但要讓臺灣社會看見整建長照制度的迫切性，更要讓執政在望的民進黨政府面對其所提出的「長照2.0」政策，空有口號、卻無法實質解決血汗長照及整體缺乏照顧

---

24 長督盟停擺的時間點已很難考究，而停擺的主要原因是聯盟成員的意見無法整合，而其中爭議最大的仍是「廢除個別家庭聘僱制度」這項訴求，並未得到多數成員的認同。

25 李忠憲、楊政郡、蘇金鳳、蔡淑媛，2015，〈人倫慘劇 憂鬱女殺中風母 澆油點火推落大排〉。自由時報，http://m.ltn.com.tw/news/focus/paper/931421，11月11日。

26 王勇超、林錫淵，2015，〈父中風兒罹病 警官上吊身亡〉。蘋果日報，http://www.appledaily.com.tw/realtimenews/article/new/20151026/718979/，10月26日。

正義的問題。[27]

2015年年底的遊行，不但有各國移工和本地工會團體的參與，也有很多本地的NGO團體共襄盛舉，其中2016工鬥在長照制度的訴求為：

短期目標：取消《失能老人接受長期這顧服務補助辦法》第3條：老人聘僱外籍看護工或幫傭者，不得申請第1項第1款補助項目（即身體照顧、家務服務及日間照顧服務）及《失能身心障礙者補助使用居家照顧服務計畫》排除聘僱外籍看護工之雇主的申請使用規定，使僱用外籍看護工的家庭得以使用政府的長期照顧資源。

中期目標：看護勞工應納入《勞動基準法》適用行業。

長期目標：四年內全面停止個人／個別家庭聘僱外籍看護工制度，並於四年內由政府以稅收方式成立長照基金，承擔全民長期照顧責任。

2016年1月4日，透過工鬥團體在「五鬥一案七天假」各個面向的努力，終於「逼出」執政在望的蔡英文總統（含陳菊、林萬億等蔡執政團隊的大老們）與工鬥團體對話。之所以用「逼出」，原因有二：首先，因

27 審查委員認為此處對於「長照2.0」的批評十分嚴厲，忽視了採用「稅收制」即具有一定的進步性。然而本文認為民進黨的長照政策，逐漸走往了「政府退位」的方向。「稅收制」僅僅是財源從何而來的問題，而「誰來提供服務？提供多少服務？誰可以被服務？服務者的勞動條件如何？」等等問題則是後續檢驗的重點。以本文的角度而言，「長照2.0」最大的問題之一，即是對「家務移工」視而不見。此外，已於2017年12月29日完成立法的《長期照顧服務機構法人條例》，正式開放營利機構經營長照，與「政府擔起照顧責任」的政策宣示完全背道而馳。再加上截至目前為止，「長照2.0」對如何改善第一線照服員的勞動條件著墨也不多，難以使工作者穩定提供服務。因此本文的批判來自於，「長照2.0」雖然確實在現階段採取「稅收制」，但實際的政策細節並未朝向「公共化」的方向，反而在這個過程中，政府漸漸退位。詳細請參照本會共同參與的「長照罩不罩小組」所發表的〈長照2.0系列專題〉，網址：http://www.tiwa.org.tw/%e9%95%b7%e7%85%a72-0%e5%b0%88%e9%a1%8c/

「家務移工勞動條件」的問題存在已久，而不論哪一黨的長照政策幾乎都避而不談。例如MENT在2015年11月發動的「問三總統候選人」行動中，國、民、親三黨對如何改善家務移工的勞動處境，皆沒有正面回應。其次，當時工鬥發動了好幾波對「國道關廠案」和「七天國定假日」的高強度抗爭，以如影隨形式的抗爭方式引發社會關注，才使得原本選擇迴避爭議的民進黨，在選前出來與工鬥團體對話。[28]

關於長照問題，蔡英文在對話中承諾：「當選後立即開放聘僱外籍看護之家庭，可申請喘息服務」及「當選後，優先立法保障家務移工勞動權益」。然而，蔡英文當選已過兩年，就職至今，當時對工鬥的承諾紛紛跳票，其中二項關於長照議題的承諾，目前看來也毫無兌現的可能（見圖10-3）。

2016年初，在「殘酷兒」成員的促成及「臺灣障礙者權益促進會」（簡稱障權會）的邀約之下，TIWA再次有機會與障礙者團體展開對話。幾次對話當中，雙方成員都同意政府應該負起照顧責任，不應該放任照顧者和被照顧者弱弱相殘，TIWA也向障權會成員說明了十幾年來的倡議方向，希望藉由這樣的對話能讓被照顧者理解移工的處境。而後在2016年一波「廢除三年出國一日」的連串抗爭之中，「殘酷兒」及障權會的成員也理解且支持移工團體提出的訴求，並積極在記者會、遊行中現身與發言，為這一波抗爭帶來許多正面效果。[29] 與障礙者團體的互動對TIWA來說相當重要，我們深信透過不斷對話和互動，才能使「照顧者」與「被照顧者」間因國家退位而導致的「矛盾」得以被看清與化解。未來，TIWA仍希望有與身心障礙團體、老人團體持續對話的機會、甚至近一步合作的可能，而如何實際達成，將是需要持續摸索的課題。

---

28 不過再回頭看這個所謂的「逼出」，真的是運動「逼出」了政治人物嗎？還是只是政治人物看準了時機，做出表面讓步，鞏固選票而已呢？是個令人玩味的問題。

29 相關媒體報導請見：施維長，2016，〈移工遊行反剝皮 籲廢「三年出國一次」規定〉。公視新聞議題中心，https://goo.gl/CS5hcY，10月2日。

蔡英文與民進黨承諾一覽表

議題	20160104 民進黨對工鬥具體承諾
七天國定假日	1. 承諾選後修改勞基法三十六條，落實七休二。 2. 立法院實質審查刪減七天國定假日之行政命令，在沒有配套保障所有勞工權益不受損害之前，絕不刪減七天國定假日。
國道關廠案	成立專案小組，專案性補貼年資。於1月16日後立即召開專案小組會議，由民進黨高層級人員組成，最後方案由蔡英文主席定奪。工作安置爭議亦由專案小組進行解決。
長照政策	1. 承諾當選後，立即開放聘僱外籍看護之家庭，可申請喘息服務。 2. 承諾當選後，優先立法保障家務移工勞動權益。
醫護消勞動權益	醫：承諾當選後，宣佈醫師納入勞基法。 消：1. 承諾當選後，盤查各縣市消防人力缺口，並於今年底，由中央編列預算，陸續補足人力。 2. 陳菊承諾保障基層消防員抗爭權益，並深入了解徐國堯案。
年金政策	承諾年金應有最低保障，無論是否為基礎年金或年金保險制度。
勞工團結	1. 承諾降低工會籌組門檻，提升工會組織率。 2. 支持聯合組織應有爭議權。

JUST 鬥 IT.

圖 10-3　工鬥團體與蔡英文對話後，2016工鬥整理當天座談時民進黨做出的政策承諾

資料來源：本文作者提供。

伍、未竟之業——新政府長照「排除移工」及「市場化」的照顧不正義問題

相較於2003年，劉俠之死所留下的提問，我們現在已經看得更清楚了。可惜的是，臺灣政府卻似仍猶豫著，不知該如何回答。2016年是四年一度的總統大選，所以在2015年的移工大遊行前，MENT曾經帶著移工開著一輛「反血汗長照專車」，拜訪三位總統候選人的黨部，要與他們討論未來長照制度的整建。當時三個政黨，包括後來全面執政的民進黨，都沒有正面回應「廢除個別家庭聘僱外籍看護工制度」，換句話說，他們都無力解決家務移工的血汗處境。[30]

30 臺灣移工聯盟、2016工鬥連線，2015年，反血汗長照專車問三總統行動會後新聞稿

我們究竟需要一個怎樣的長照制度，才能不讓這樣的長照悲劇再次發生？對我們來說，答案很簡單：政府要負起責任，提供有品質、用得起，並且合乎正義的長照體系。而這樣的體系，絕對不會容許有一群人沒有任何制度保障，陷入24小時全年無休、未達基本薪資、沒有私人空間的勞動處境中。

宣稱要點亮臺灣的總統與政黨，選舉過後全面掌握大權，所推出的長照2.0政策，不但仍然未將佔照顧人口30%的家務移工納入長照人力體系，未提供其勞動條件的基本工資與工時保障、未能具體解決本地長照人力穩定就業的問題、未能提供符合各種族群需求的照顧模式等問題，僅汲汲於將長照市場化包裝為「產業化」，實際上還是比照馬英九政府，繼續將照顧責任推給人民。我們看不到他們要如何使用手中的火種？如何點亮？點亮哪一部分的臺灣？但我們可以確定的是，依照蔡英文政府目前的規劃，其所想要點亮的臺灣，並不包含勞動階級家庭的需要、不包含本地長照人員的勞動條件，更不包括繼續在血汗中勞動的家務移工。

圖10-4　2015年移工大遊行，終點是當時總統候選人蔡英文的競選總部前

當時MENT收集了近幾年來頻繁發生的「長照悲劇」新聞，吊掛在北平東路上的六匹白布下，而前來參與的民眾在這些悲劇新聞下，綁上了一條條黃色絲帶。是悼念，也要質問未來將掌握政權的人：「照顧正義在哪裡？」

資料來源：張榮隆（攝），取自攝影工的相簿（https://photo.xuite.net/chang.jl/19727125*8）。

（https://www.facebook.com/notes/910378855682629/，取用日期：2017年1月22日）。

建立符合照顧正義的長照制度之路，何其漫長？TIWA與MENT的倡議之路從2003年起步，回顧這十多年的過程，實際上的政策改變確實不多，但是打響了「血汗長照」、喊出了「照顧正義」，也至少在長照議題的戰場上，「家務移工」的身影能逐漸被看見。未來，不論是TIWA或是臺灣移工聯盟的成員，都將持續從服務個案切入，進行移工組織，並準備在未來的長照政策的角力中繼續戰鬥。

參考文獻

王增勇，2011，〈家庭照顧者作為一種改革長期照顧的社會運動〉。《臺灣社會研究季刊》85: 397-414。

陳素香，2012，建立長照體系的空笑夢（http://www.coolloud.org.tw/node/70549，取用日期：2016年5月11日）。

勞動部，2016，歷年產業及社福外籍勞工人數（https://goo.gl/MgeKoq，取用日期：2016年12月28日）。

第三篇

失守的底線：勞動彈性化的抵抗與團結嘗試

第十一章
工時改革法案之政治分析：工會的行動策略與政策後果

劉侑學
國立中正大學社會福利學系博士候選人
臺灣社會福利學會第12屆副祕書長

感謝兩位匿名審查委員的修改建議。本文曾於中正大學社會福利學系專題報告宣讀，評論人中正大學政治學系副教授陳尚志給予許多批評與提醒，獲益甚多，在此一併致謝。文責當由作者自負。

壹、前言

「工作時間」的規範與變革，向來是勞資關係的核心領域，並牽動著整體政治、經濟與社會的發展，也因此一旦涉及工時規範的調整，總會觸發社會的論辯與對抗。回顧臺灣工時改革的歷史，僅有2000年陳水扁政府甫上臺期間、馬英九政府第二任執政後期、及接續的蔡英文政府有縮短工時的制度變革，都引發政黨與勞資間重大的對峙角力。[1]從《工廠法》時代到1984年《勞動基準法》施行之後的70年間，我國法定最低正常工時均為每週48小時（邱駿彥 2009：359），直到2000年陳水扁政府掌權後，為兌現競選總統期間的政見支票，才規劃分為兩階段逐步落實縮短工時，先行

1 雖然臺灣工時修正變革不算頻繁，卻經常排上政治議程，特別在政治民主化之後，演變成政黨競爭的攻防議題。基本上，臺灣工時政策依照公、私部門的分野而有不同的改革進程，但又相互牽動彼此的發展。公務體系自1966年後最低正常工時為每週工時44小時，而民間勞工則是48小時。
1990年，非中國國民黨籍縣市長所籌組的「民主縣市長聯盟」自行宣布轄內的機關學校、鄉鎮市公所實施每週上班五天制（民主進步黨籍新竹縣長范振宗未參與），週六不再出勤到班上午四小時，不過每日上班延後半小時下班，縱然總工時不變，仍引起省政府的不滿與批評，表示國內經濟已呈衰退跡象，不適宜推動週休二日，而六縣市在施行半年後陸續取消。不過受部分縣市公務機關實行週休二日的影響，帶動社會與論關注民間事業單位縮短工時的議題，但行政院經濟建設委員會立即出面反對，理由不僅是衝擊總體經濟，更認為當時臺灣社會不良風氣瀰漫（應指賭博），加上正常休閒設施與場地不足，一旦縮短工時將助長金錢遊戲更為熾熱（盧謀全，1990，〈週休二日 勞動成本將大幅增加〉。第6版，中國時報， 5月12日。），當時勞委會主委趙守博也認為好逸惡勞會讓經濟落後於發展較慢的國家。
然而，縮短工時的呼聲並未隨之停止，在政黨競爭與立法院要求的雙重壓力下，李登輝政府在1990年代初期就曾拋出公務體系週休二日的想法，隨即遭到政府內部不同部會的否決，且引發工商團體的不滿，全國工業總會理事長高清愿與全國商業總會理事長王又曾罕見帶領百位工商界理事長前往立法院請願，不同意公務員週休二日政策（以及社會保險雇主負擔比例、《兩性工作平等法》），除考量政府不辦公影響企業運作外，最主要仍是擔心起示範作用，勞工可能開始要求比照相同的條件。直到1997年10月才由時任行政院長的蕭萬長核定「公務人員每月二次週休二日實施計畫」，當年底立法院修正《公務員服務法》賦予法源後，1998年正式落實隔週週休二日，2001年才全面實施週休二日。
在勞工部分，1990年代初期官方態度一直傾向維持每週48小時，然而因在野黨在立法院的施壓，中國國民黨政府後來才定調週休二日由政府先行、再擴及民間事業單位的政策方向，原先排斥修法的勞委會（僅建議企業透過彈性工時來達到週休二日）才允諾1998年之前會修法降低工時至每週44小時，惟後來又因欲用擴大彈性工時交換縮短工時，遭到勞工團體抨擊而暫緩工時修法，俟政黨輪替後才啟動另一波修法。本文討論的範疇僅限於民間事業單位受僱者的工時規範。

從當時法定每週48小時降為每週44小時，兩年之後再調降至每週40小時，也是全面實施「週休二日」；然而，當時在野黨中國國民黨主動提出兩週84小時（平均單週42小時）的對案，由於中國國民黨在立法院的席次多於執政黨，造成行政院的修正草案版本在審查過程遭逢阻力，也成為後來研究「少數政府」執政困境的經典案例（例如周百信、李裕民 2009），加上工會團體在政黨競爭角逐下，轉向支持對勞工較為有利的國民黨版本，[2] 而陳水扁政府則選擇與工商團體合作，因而被認為是有左傾傳統的民主進步黨與社會運動分道揚鑣的分水嶺。第二次工時改革的爭議則是出現在馬英九政府第二任執政後期，以及承接政權的蔡英文政府，法案相關爭議延續兩年多才落幕。比較特別的是，此次縮短工時的爭議並不在於法定工時從兩週84小時調降至每週40小時，而是後續行政部門推動的「配套措施」，包括刪減七天國定假日、週休二日的實質內涵、每月法定加班總時數上限等，引致勞工團體、工會及資方團體在修法過程中激烈交鋒。

政策法案與制度規範的制訂與修正是漫長而複雜的，涉及各利害關係人——包括民選政治人物、公務人員、社會運動團體、外部利益團體、學者專家如何互動角力，同樣的，既有的制度結構如政治制度，亦在不同的政策領域產生作用力。換句話說，政策發展的研究進路在關注變遷動力是來自於行動者的影響，還是制度結構的產物。臺灣過往關於社會政策後果的觀察，多數研究的討論是立基於制度結構，特別關注「憲政體制」、「生產體制」或「選舉制度」如何塑造行動者策略選擇，乃至於對政策終局的影響（周百信、李裕民 2009；施世駿、葉羽曼 2011；葉崇揚、陳盈方 2013；傅立葉 2000）。相形之下，考察社會運動對於政策後果如何發揮作用力，肯認社會運動在政策過程佔有一席之地的研究並不多見（何明修 2008a；陳政亮 2010）。

2　並非所有團體一開始都支持國民黨版本，時任全國總工會理事長、親民黨不分區立委林惠官與甫由民進黨政府承認合法的全國產業總工會理事長黃清賢，最初與當時的行政院勞工委員會主委陳菊達成支持行政院每週工時44小時的草案，備受社會運動人士批評後，被迫加入84工時的陣營；此外，許多黨外時期的激進運動份子亦進入民進黨政府從政為官，而被指責為角色立場尷尬或「投機份子」（陳素香 2012：230-231）。

本文將以第二次工時改革法案為例，嘗試解釋社會運動如何形塑公共政策的後果。然而，由於意識到公共政策的形成是行動者與制度結構不斷相互影響的過程，成就政策變遷亦不僅是以社會運動本身為唯一必要條件，身處的結構環境都有可能限制或促進社會運動所取得的成果。本文一方面採取以行動者為基礎的社會運動理論進路，原因在於無論是當初的馬英九政府或現階段的蔡英文政府，行政權或立法院都取得絕對多數，在「完全執政」的優勢下，卻依舊在立法過程遭遇到挫折，其中的過程轉折是研究者最值得探究的；本文初步認為工時改革過程曲折，結果也並非是蔡英文政府原先的修法規劃，其與工會團體的介入有關，同時社會運動對政策的效果，取決於行動者採取的行動與策略，不同劇碼及手段的展演，還有結盟合作對象，均可能帶來不同的後果。另一方面，亦考量政治環境可能對社會運動影響力產生助益或限制，工時改革法案經歷總統暨立法委員大選，加上選後行政與立法的雙重政黨輪替改寫既有的政治版圖，形成運動可茲運用的政治機會，找到翻轉先前馬英九政府工時修法方向的破口。

具體而言，本文的問題是社會運動採取何種行動策略及抗爭劇碼，在哪些特定政治環境條件下，造成工時法案的最後結果？本文觀察第二次工時改革的時間點是從馬英九政府後期至蔡英文修法版本（一例一休）通過，明確的時間區段是從2015年2月至2016年12月。2017年新的工時規範上路之後，招來工商團體強力反彈，使得同年9月21日新上任的行政院長賴清德宣布再次啟動工時規範的修正，但其並不在本文的討論範圍。此外，本文的主要資料來源分為兩個部分，一是次級資料，包括新聞資料、政府文件（如立法院公報、新聞稿等）；二則為深入訪談，共有三位受訪者，包括來自主要抗爭團體如桃園市產業總工會（簡稱桃產總）與臺灣高等教育產業工會（簡稱高教工會）的兩名核心幹部，[3] 目的在於理解其在

3 雖然在抗爭的過程中，無論是對外的新聞稿或多數媒體報導，均以工鬥的名稱發表，但其僅是針對2016年大選而成立的暫行性行動平台，發起團體包括全國關廠工人連線、國道收費員自救會、臺灣國際勞工協會、消防員工作權益促進會、醫師勞動條件改革小組、臺灣基層護理產業工會、團結工聯（宜蘭縣產業總工會、臺北市

抗爭過程如何研判局勢變化並做出策略反應與調整，其中高教工會的受訪者先後進行兩次訪談；而另有一位是來自於地方縣市的基層工會幹部，曾參與過程中唯一的一場擴大遊行、聲援抗爭活動訴求，並在基層工會進行勞工教育與串連，但並非整場運動的核心幹部。訪談地點多以咖啡店為主，也有部分訪談在受訪者所屬工會辦公室進行。所有訪談皆有錄音與重點摘錄。

貳、文獻回顧

自1960年代末期開始，社會運動研究出現長足的進展，逐漸形成三大理論典範——資源動員、構框與政治過程理論，主導學術領域的討論，不過這些理論的主要關懷均在解釋社會運動的產生及發展，而非其後果；直到晚近，探討社會運動政治後果的相關作品才有顯著的成長（Amenta et al. 2010）。盤點過去累積的文獻關於社會運動如何影響政治（或政策）後果，基本上可以區辨為兩種不同的研究取向：一是以運動內部因素作為觀察的角度，二則從外部因素來解釋政治變遷。由於受到資源動員理論的影響，較早之前運動後果的理論或經驗研究，主要強調運動力量是否在政治（或政策）的變遷中扮演關鍵角色，緊扣組織特質與運動後果的關係，具體分析不同的組織規模（如會員密度、可用資源）、抗議動員、策略戰術等，如何各自為運動後果帶來影響（Kolb 2007）。

然而，這些研究卻產生十分矛盾的發現，結果莫衷一是，難以導引出普遍的因果論證，以致於許多學者開始認為，經驗研究的困惑來自於未能

產業總工會、桃園市產業總工會、新竹縣產業總工會、苗栗縣產業總工會、臺南市產業總工會、新北市產業總工會、全國自主勞工聯盟、中華電信工會、台塑關係企業工會全國聯合會）、大高雄總工會、非典勞動工作坊、臺北市政府環境保護局工會、市縣政府機關環保工會聯合會、臺灣高等教育產業工會、衛生福利部中央健康保險署工會、工作傷害受害人協會、全國關懷基層老人社福連線協會、中華民國老年勞工關懷互助協會等。不過在工時改革法案的多數內部會議或抗議行動，都是由桃園市產業總工會、臺灣高等教育產業工會及臺灣國際勞工協會（TIWA）參與，因此除非有特定活動涉及更多參與團體，本文才用工鬥作為統稱，否則將獨立出特別團體來進行寫作描述。

掌握更廣大的政治環境，對於動員與潛在運動後果所造成的助益或限制；因而自此之後，運動後果的相關研究發展出現轉向，試圖將運動放在更寬廣的社會及政治環境來理解（Giugni 1998），例如Kitschelt（1986）在反核運動的比較研究中就指出，動員策略與運動影響很大程度受限於國內政治機會結構。後續政治機會結構的分析被批評過於「結構決定論」，忽視社會運動的能動性。雖然上述兩種研究進路看似歧異，但事實上是並行不悖的。理由在於，社會運動是促進或阻止政策變遷最為有力的發動者，可是其在政策制定過程中通常缺乏直接影響結果的管道，加上動員效果亦受到其他社會力量的牽制，所以社會運動與政策後果之間從來不是線性關係，並且不能忽略中介因素的實效（Rucht 1999）。換句話說，近期的研究已經跳脫單一因素假設，尤其是僅從社會運動動員視角出發的做法，而開始納入非運動因素的影響，同時考量運動、策略與政治環境之間的交互效果（Amenta et al. 2010）。

綜合而言，當前多數研究的共識除認為外部環境的支持對於社會運動能否取得成果佔有重要地位之外，也都同意運動本身的特質差異同樣具有舉足輕重的角色。因此，本文嘗試融合行動策略、運動力量和政治機會結構等三個觀點，分析工會在工時改革法案的集體行動過程，並且解釋對政策結果造成的影響。

一、行動策略

社會運動的策略選擇之所以對政治後果造成影響，因為策略決定運動欲採取何種戰術方法來達到政治目標。過去研究論辯的焦點主要圍繞在一個問題：使用擾亂或甚至暴力手段，是否較溫和漸進的方式更能有效帶來政治變遷（Giugni 1999: xv-xviii）。William Gamson在1975年出版《社會抗議的策略》（The Strategy of Social Protest），系統性地評估社會運動的影響與後果。他分析自1800年至1945年期間53個美國挑戰團體，結果發現體制外的擾亂與破壞行動會增加運動成功的可能性，藉以質疑多元主義者所宣稱美國政治體制的可透性（permeability）與開放性（Gamson 1990）。

然而，後續的經驗證據卻也顯示，擾亂行動與溫和漸進對政策所產生的效果各擅勝場，從而被認為擾亂／溫和光譜兩端的爭論並無太大的意義，社會運動採取的策略戰術的效果將隨著政治環境的不同產生差異（Giugni 1998）。在工時改革法案的修法過程中，工會積極行動阻擋（甚至違法）政府刪減國定假日的決策，期間同時歷經總統與立法委員選舉，隨後當時最大在野黨的民主進步黨贏得總統大選，並且在國會擁有過半席次，展現出「完全執政」的新局，但政黨輪替乃至於完全執政所形成的政治氛圍，並不會自發反射出意義，而是行動者如何認知政治機會結構的轉換，進而調整行動者的策略戰術和節奏，也因此，本文緊接著討論政治環境變遷如何形塑工會的策略選擇，以及對修法結果造成的效應。

二、運動力量

運動力量是最常見用來解釋社會運動政治後果的變項，可進一步區分成兩類的考察標準。一方面，多數研究將運動力量等同於組織規模，不過實證研究上大都發現，組織規模對於政治的影響微乎其微（Kolb 2007: 39-42）。Rucht（1999）曾進行18個國家的環境運動對政策影響的比較研究，他就認為環境組織會員人數等變項的重要性不若抗議活動，畢竟會員人數本身不會形成政治壓力。一般而言，抗議行動有兩個目的：一是對政府施壓以表達運動的理念訴求與意志，透過抗議動員行動的展演，才能發揮實質影響力，二為藉由媒體傳播增加議題接觸人口來試圖影響民意。

因而，另一種關於運動力量的研究是以「動員密度」及「動員強度」為觀察進路，其分別指涉的是一定期間之內的抗爭事件次數與激進程度。Kolb（2007）在回顧相關文獻時發現，動員程度對於政治後果的正面影響大於組織規模，不過在多數研究中並非最重要的解釋變項，原因在於許多經驗研究的作品仍缺乏考慮外部因素的影響。換句話說，社會運動藉著「動員密度」與「動員強度」形構政治壓力，並在特定的政治環境條件加乘下帶動（或阻止）政策變革。

值得進一步說明的是，動員的密度與強度均需要藉由抗爭劇碼來具體呈現，同時上一小節論及的運動策略的方向和性質，亦得透過外顯的抗爭劇碼才得以掌握。是以，本文借用黃俊豪與何明修（2015）所使用的抗爭劇碼分類概念，分析工時改革法案中，工會組織的行動策略方向、抗爭行動特質，以及生成的運動力量，詳見下圖11-1。然而，一場社會運動在追求目標的過程會在不同的時間點使用不同的抗爭劇碼，相互搭配、交叉運用。

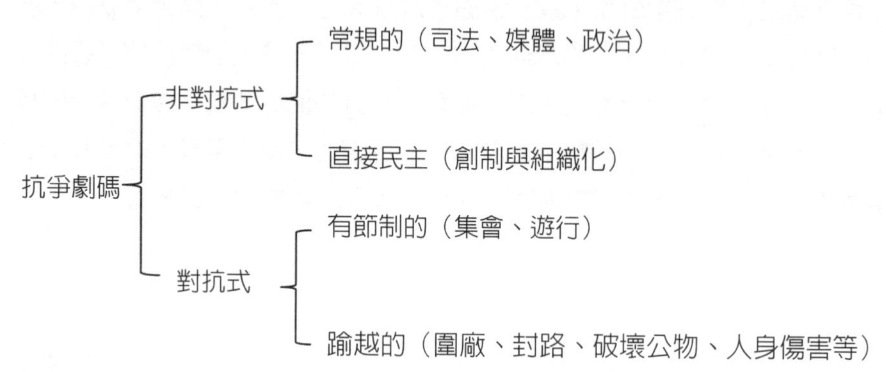

圖11-1　抗爭劇碼分類

資料來源：修改自黃俊豪與何明修（2015：186）。

三、政治機會結構

隨著1980年代初期政治過程理論的興起，政治機會結構的概念日益獲得重視。事實上，政治機會不過是政治過程理論中影響社會運動發展的因素之一，而直到1980年代晚期，在Sidney Tarrow的倡導之下，才逐漸成為專門理論，後續也引起經驗研究應用政治機會結構概念的風潮（趙鼎新 2007：228-236）。然而，由於政治機會缺乏明確的界定，任何促進社會運動實踐的變化均被冠上政治機會之名，變成一塊吸收社會運動環境每一面向的海綿，內涵的包羅萬象反倒有種什麼都能解釋卻有鮮有解釋力之感（Gamson and Meyer 1996: 275）。

因此，為避免政治機會的概念面臨濫用的危險，一方面，應窄化其指涉的範圍，並限定於國家部門之內，有助於防止與「資源」的概念相互混淆（何明修 2005）；另一方面，McAdam（1996）曾嘗試藉由回顧四位學者對政治機會結構的定義，澄清其概念輪廓，他發現在許多面向上具有高度的共識，包括(1) 制度性政治體系的開放或封閉、(2) 菁英體制的穩定性、(3) 菁英聯盟存在與否、(4) 國家鎮壓能力與傾向。政治機會結構的其中兩個面向特別與社會運動後果的研究有關。首先，由於公共政策是政策制訂過程的產物，而無論政策過程或結果都受到國家能力的影響，國家能力則決定於許多結構因素，例如權力分立程度，或者行政體系內不一致性；第二個影響的制度因素，包括權力圖像與政治聯盟的結構，譬如社會運動缺乏正式管道，若可與關鍵的制度行動者結盟，就大有可為；抑或是國會權力生態有利於運動，還有可能政治菁英基於選舉理由短暫與社會運動合作，均能提高成功的機率（Giugni 2004）。

值得進一步討論的是，列出政治機會結構核心元素清單，固然可降低浮濫使用的可能性，但如同何明修（2005：139）所言，其對經驗研究的實質助益不大，社會運動不會同時牽涉所有的政治機會結構面向。是故，從研究對象具體歸納政治結構的關鍵要素會是比較合適的做法（何明修 2012：7）。

工時改革法案從馬英九政府後期開始推動，引起工會組織的反彈，並採取一連串的抗爭行動，而過程適逢大選期間，因而工會利用大選時機與政黨輪替的政治機會，將原先不被社會輿論與主要政黨重視的工時議題，排上未來的政治議程，改革機會才日益浮現。選舉週期被視為關鍵的政治機會，成為行動者可以小搏大的政治槓桿。Blee和Currier（2006）的研究發現，隨著大選時間接近，社會運動團體一改先前興趣缺缺的態度，積極透過大選舞臺來倡議政策，迫使政治人物接受。

此外，蔡英文政府上臺完成臺灣第三次政黨輪替，並且首次取得國會過半席次，對工會而言，政黨輪替的意義在於政治機會重新釋放審查工時改革法案的契機，但隱憂則是完全執政使國會議員乃至於立法機關的獨立性遭到壓縮，關閉運動團體可操作政黨競爭的矛盾空間。

四、社會運動的政治後果

社會運動所獲致的政治後果即是政府如何回應行動訴求。問題是該如何評價政治後果？Gamson（1990）曾提出兩項標準來評斷社會運動是否成功，分別是新利益（new advantage）與接納（acceptance）。利益係指抗議團體是否得到新的利益，也就是促成政策改變。許多社會運動的目標在於改變法律規範，立法或重新修正被認為是最直接的產出，所以多數研究在探討社會運動是否促成公共政策變遷時，焦點均集中在考察國家如何提出「政策回應」。

成功的第二類形式是接納，是指挑戰團體獲得官方的認可，作為某一群體或議題的代表且在政策制定過程拿到發言權。對於挑戰團體而言，同時追求到利益與接納是最為理想的結果，但現實卻經常是只獲得其一，甚至空手而回。不過後來部分學者逐漸捨棄或修正Gamson提出的評價方式，因為單一標準可能限制了我們考慮社會運動造成的其他潛在影響，加上運動者雖然未成功達成最初設定的行動目標，卻可能帶來影響深遠的非預期後果，因此許多學者改採「集體利益」（collective goods）取代「新利益」的概念；其次，挑戰團體被政府承認並進入決策管道已是民主國家的常態，但挑戰者不一定需要被動獲得承認，亦可主動透過選舉或被任命而取得官職，同樣可以推展運動目標與集體利益（Amenta et al. 2010）。

據此，當評價社會運動的後果時，特別需要顧及非預期的結果，以及是否有其他的參與形式可以影響政策，但除此之外仍有三個值得注意的問題：首先，早期研究文本的考察時機，均落在社會福利及人權擴張階段，以致於將社會運動的成果等同於公共政策的變革，但是近來社會（福利）運動所面臨的是社會福利緊縮及人權倒退的挑戰，所以社會運動的目標，已不再是訴求更慷慨或普及的權利，反而是要求政策制度能「維持現狀」，反對變革已非反制運動的專利。第二，政策法案的通過，並無法確保利益得以實現，所以社會運動具體的收穫，仍然取決於執法的意願與能力而定。第三，運動成果除實質政策或進入體制內管道外，另一項判準指標是社會價值的轉變（Rochon and Mazmanian 1993），雖然多數社會運動均訴求法律政策層面的變革，但需留意運動的效應，是否擴及政治菁英乃至於社會大眾的理念變遷（苗延威譯 2002：279），也就是涉及運動成果的廣度與深度，一旦社會運動者的想法成為主流，不僅有助於政策制度的具體落實，也可阻止反制者可能尋求翻案的企圖。

參、修法過程的運動策略與政策後果

為掌握運動者採取的行動策略、抗議劇碼和其在不同政治環境的互動關係，進而領會修法過程的轉折，以及政策後果是如何形塑出來的，本文將第二次工時改革法案歷程分為三個階段：在馬英九政府執政的中、後期，縮短工時法案首度排上政治議程，一開始行政部門的態度模稜兩可，但當時執政黨並未限制黨籍立法委員自行提案，在不同黨籍立法委員高度共識下，縮短法定工時草案在2015年5月中旬順利通過，直到8月26日勞動部透過媒體對外預告，勞工法定工時降至每週40工時後，自行修訂《勞動基準法施行細則》，將國定假日由原先的19天縮減為12天，隨即引發工會團體反對，但當年底勞動部仍完成修正。第二階段則是施行細則公告後到蔡英文政府上任期間，其中關鍵的轉折在大選前，當時民調大幅領先的蔡英文與工鬥連線成員進行座談，而且承諾制度轉換不應造成勞工權益的損失，在缺乏相關配套措施前，七天國定假日不予刪除，大選後如果能主導國會，將對此行政命令進行實質審查；2016年3月中旬新國會上任不予備查勞動部國定假日相關修正辦法。最後，新政府上臺後因勞動部未依法在兩個月內更正或廢止，原《勞動基準法施行細則》的修正就自動失效，七天國定假日暫時恢復，不過勞動部隨後在六月提出「一例一休」之《勞動基準法》部分條文修正草案，且於12月6日正式三讀通過，同時再度刪除七天國定假日，不過也增加特別休假的法定日數、休息日加班費加成作為補償。

一、馬英九政府時代縮短法定工時

2000年當時甫上臺的陳水扁政府開始推動縮短工時的政見承諾，雖然後來並未如願通過行政院版本的草案，而是由取得立法院席次優勢的在野中國國民黨主導工時修正過程，最終工時從每週48小時縮短為雙週84小時。因此，自2001年開始，根據當時的《勞動基準法》之規定，每日正常工時不得超過八小時，每兩週工作總時數不得超過84小時，作為法定正常工時之上限。然而，依照2014年主計總處公布的統計資料指出，我國勞工年總工時高達2,150小時，加上縮短工時至每週40小時是馬英九兩次競選總統的政見，促使時任勞動部長潘世偉公開宣示在2016年達到全面週休二日法制化（邱駿彥、李政儒 2015：6）。後來陸續有執政黨立法委員在社會福利及衛生環境委員會自提版本，但勞動部的態度卻趨向保守，私下要求召集委員不要排入審查議程，理由是擔心企業因成本增加而反彈，認為修法應從長計議。事實上，勞動部對修法轉趨消極，與工商團體透過經濟部向行政院施壓有關。雖然勞動部早在2014年12月就將《勞動基準法》修正草案送至行政院，由當時政務委員馮燕在隔年二月召開第一次修法會議，工商團體表態勉強接受縮短工時，但反對勞動部提出的單週40小時版本，而主張雙週80小時，並且附帶條件是變形工時由現行8週拉長至12週，以及延長每月加班上限時數60小時，[4] 雙方僵持不下（立法院公報 2015a：227、240-241、269）。[5] 在行政部門草案卡關的同時，甫開議的立法院已有多達11件立法委員提案的版本（見表11-1），當時擔任召集委員的趙天麟就明白表示，縮短工時至40小時是委員會不分政黨的共識，[6] 而且多數

---

4 郭建志，2015，〈勞動部：縮短工時修法：3難題卡關〉。工商時報，第A5版，2月11日。

5 依照現行《勞動基準法》第32條第二項之規定，延長之工作時間，一個月不得超過46小時，而工商團體則主張放寬上限至60小時。時任勞動部長的陳雄文曾於立法院接受質詢時表示，考量企業調度人力需要，應酌情放寬加班時數至60小時，特別是採三班制的企業，勞工可以加班的方式去上班，「等於變相幫他們加薪」（立法院公報 2015a：241），最終行政院版採取折衷的54小時。

6 由表11-1整理各委員提案可以發現，僅王育敏委員等20人的版本無縮短工時之修正條文，多數版本均支持單週工時40小時，亦無每月加班時數上限調整的條文。

委員對於延長每月加班時數上限也有質疑，若行政院版本日後延宕送入立法院，立法院將按照期程逐條審查各提案委員版本，希望在五一勞動節前給全國勞工交代（立法院公報 2015a：242-243）。可能受到隔年大選迫近以及馬英九總統對黨籍立法委員的拘束力減弱之故，執政黨委員並未力挺稍後送進委員會的行政院版本，[7] 反而立院版本迅速在勞動節前夕就完成一讀程序，並在2015年5月15日三讀通過縮短每週法定工時為40小時，同一時間行政院版還因放寬加班時數條文，藍綠召集委員都不願意安排委員會審查，形同「凍結」在委員會（立法院公報 2015b：157）。

工時改革法案在立法院強勢主導下，通過單週40工時且不附帶任何配套措施的版本，工商團體的政策影響力暫居下風。[8] 然而，行政部門在立法院的挫敗，使得原先規劃縮短工時的配套措施，僅剩下調整國定假日可從行政機關自行修改法規命令達成。長期以來，公教人員與勞工的國定假日並不一致，公教人員之國定假日準用《紀念日及節日實施辦法》，實際放假的日數僅11日，相對於民間事業單位受僱者之國定假日，規定於《勞動基準法施行細則》第23條，[9] 一共19日，因此勞動部多次表達一旦推動縮短工時，國定假日天數也將隨之調整。於是，勞動部於8月29日在媒體上表示國定假日將調整為12天，立即招來工會團體的批評，也開啟日後長達一年多的衝突爭議。最先發出反對刪減國定假日的是臺灣高等教育產業工會（以下簡稱高教工會），聯合「團結工聯」及「臺灣電子電機資訊產

7　依照行政院當初縮短工時的規劃，支持單週法定工時40小時，但配套措施包括放寬每月加班時數上限至54小時，以及刪減七天國定假日，以降低資本家的成本負擔（立法院公報 2015a：244）。事實上，刪減國定假日被勞動部視為整體縮短工時政策的一環，早在2011年時任行政院勞工委員會（現為勞動部）主委的王如玄，就曾透過媒體表示，縮短工時的其中一項配套措施即是「讓勞工與公務員國定假日天數趨於一致」（綜合報導，2011，〈馬推全面週休二日〉。蘋果日報，第A1版，9月30日），也就是11天國定假日，而勞工則再加上一天勞動節，共12天。

8　2016年1月4日工鬥連線成員在民進黨中央黨部與蔡英文進行會談，與會的立法委員李應元提到當時縮短工時修法迅速通過的原因：「……所以是在五一勞動節大家搶這個credit的時候才先推過這個法，但是這部分的配套沒有嘛……」。

9　適用《勞動基準法》之受僱者的國定假日共19天，分別是春節三天（農曆正月初一至初三）、農曆除夕、元旦、元旦隔日、和平紀念日、青年節、婦女節、兒童節合併假日、清明節、勞動節、端午節、中秋節、教師節、國慶日、臺灣光復節、蔣介石誕辰紀念日、孫中山誕辰紀念日、行憲紀念日。

業工會」展開第一波反對刪減七天國定假日的抗議行動。

當時三個工會團體的行動策略，以靜態溫和的路線為主，而初期的行動策略為何會定調多以記者會、發起網路問卷調查、投書媒體，抑或到行政或立法機關前陳情抗議的形式為主，而後期卻轉向激進的抗爭活動？事實上，行政機關突如其來欲刪除七天國定假日的修正公告，並沒有引發社會上太多的關注，甚至工會或工會幹部都不清楚變革可能帶來的影響，以至於團體串連與基層動員上受到很大的限制，只能先曝光議題等待發酵的機會，一位參與工時改革抗爭行動的運動者清楚地指出，「那時候很難預想到要用什麼策略，只能走一步算一步，不過至少要在它（指勞動部）正式公告修正施行細則之前，要把這個議題拋出來（訪談記錄HEU01 2017/03/05）」。初期行動的反彈力道並未對行政機關構成壓力，勞動部僅在記者會或陳抗活動結束後，在官方網站上張貼聲明回應。然而，勞動部從八月底預告刪減七天國定假日之後，卻遲遲沒有進一步的動作，終於引來工商團體的不滿，在12月2日聯名上書行政院，要求盡快核定國定假日調整案，一星期後勞動部迅速完成公告，[10] 但工時改革的爭議並未隨之塵埃落定，反而帶起另一波更激進的抗爭運動。

10 譚淑珍、郭建志，2015，〈全面週休二日 工商界：快調整國定假日〉。工商時報，第A19版，12月3日。

表11-1　社會福利及衛生環境委員會各委員提出縮短工時版本

提案委員	主要修正內容	其他工時修法
徐少萍委員等22人	將現行雙週工時84小時降為每週工時40小時	
吳育仁委員等27人	將現行雙週工時84小時降為每週工時40小時	
李俊俋委員等21人	將現行雙週工時84小時降為每週工時40小時	勞工每週應有二日例假
臺灣團結聯盟黨團	將現行雙週工時84小時降為每週工時40小時	為使企業有調整時間應訂立一年之「緩衝期」
高志鵬委員等22人	將現行雙週工時84小時降為每週工時40小時	勞工每週應有二日例假，但事業單位因業務性質特殊之勞工，應以輪休或其他彈性方式為之。另，將「例假」更改為可上班，加班工資加倍發給。
江惠貞委員等22人	將現行雙週工時84小時降為每週工時40小時	
王育敏委員等20人	維持現行雙週84小時；雇主得視勞工育兒或照顧家庭之需要，在不變更每週上班日數與每日上班時數之原則下，彈性調整工作時間。	
李慶華委員等18人	將現行雙週工時84小時降為每週工時40小時	
蔡錦隆委員等30人	將現行雙週工時84小時降為每週工時40小時	
劉建國委員等19人	將現行雙週工時84小時降為每週工時40小時	
趙天麟委員等16人	將現行雙週工時84小時降為每週工時40小時	

說明：各立法委員之《勞動基準法》修正提案，涉及不同層面與條文，本文僅列出工時相關的內容，其餘尚包括簽到簿（或出勤卡）保留時效及罰鍰額度之修法。

資料來源：立法院議事處，2015，〈第八屆第七會期第十二次會議議案關係文書〉。臺北：立法院。並經由本文自行整理。

二、行動策略的轉向：激進抗爭

在2015年年底勞動部正式公告刪減國定假日後，若再缺乏有效的抗爭行動，立法院將會依照程序進行核備，不久之後桃產總及TIWA與高教工會合作，抗爭聯盟的組合重新洗牌，在時間有限、社會輿論缺乏關注的不利情勢下，利用激烈行動的衝突張力並結合選舉時機，透過媒體傳遞放送，能夠將議題快速拉升到全國矚目的層次，喚起廣大受僱勞工理解刪減國定假日的實質損失，厚植運動主張的正當性，以迫使候選人做出回應，「運動需要一個把議題拉起來的爆點（訪談記錄HEU 2017/03/05）」，是行動策略轉向激進背後的思考邏輯。12月15日桃產總、高教工會、TIWA等發起「突襲行動」，一行20多人闖入、佔領勞動部大廳，並在牆上噴漆，隨後又與前來支援的警力發生激烈的拉扯衝突。這一波突如其來的破壞性行動，一如預期搶佔新聞版面，激起各界對工時改革法案的討論。不過從過去許多抗爭的經驗來看，一旦社會輿論與大眾媒體失去對議題的重視，迫使政策法令改弦易張的機率微乎其微，而即將到來的總統及立法委員大選，不僅是延續議題熱度的機會，同時運用政黨競爭的政治槓桿，也可以催使下一任政府與新國會在抗爭訴求上表態。

12月22日，民主進步黨總統候選人蔡英文接受七大工商團體邀約，出席「臺灣經濟發展論壇」與企業界交換意見。桃產總與高教工會再度前往會議地點突襲抗爭，批評蔡英文不願意與勞工團體見面，卻接受資本家的「面試」，刻意操作凸顯民主進步黨「親資方」的立場，逼使曾任勞工委員會主委李應元出面，並且承諾兩週內與抗爭人士對談，這一場會談也成為開啟日後工時法案變革與爭議的重要轉折點。三天後，抗爭團體選定在最後一個國定假日「行憲紀念日」，進入當時執政黨總統候選人朱立倫競選總部，高舉「國民黨砍假、朱立倫負責」布條，並在牆上噴漆抗議，與工作人員及現場民眾發生口角，甚至有總部志工拉扯抗議人士頭髮、扔擲鐵椅，數天後又突襲朱立倫與工商團體對談的會議。這一波密集且高強度的抗爭行動，透過媒體報導成功擴散議題的影響力，以及選擇在選戰期間兵臨城下的策略，迫使當時預期會贏得大選的蔡英文團隊坐上談判桌。參與抗爭行動的受訪者就指出，「因為勞動部噴漆，再加上去衝朱立倫、蔡英文那邊之後，換到了在民進黨中央黨部那次的會談（訪談記錄HEU01 2017/03/05）。」

隔年1月4日，抗爭成員於民主進步黨中央黨部與蔡英文見面會談，要求蔡英文直接對於是否恢復七天國定假日表態，蔡英文的立場是：「……我們先把這個所有的東西都檢查一遍，看看要怎麼樣做配套，在這個配套沒有完整之前，**確保說你沒有因為這個落實週休二日而受到實質的利益的減損之下，七天的國定假日這個法令我們不會讓它過去啦**，如果我們可以主導國會的話，我們還是會把它變成審查，重點是它的實質利益有沒有受到損害。（粗體字由本文所加）」換句話說，蔡英文的態度是只要真正「落實」週休二日，七天國定假日非不能減少，會後黨中央發布的新聞稿則表達得更加清楚明確在完成特定條件下，國定假日應維持全國一致（即刪除七天國定假日）。[11] 蔡英文對於工時改革與相關配套措施的定調，確定上臺之後朝向先行完成「一例一休」修法後，再來討論七天國定假日保留與否；[12] 因此，三月新國會開議，由當時就明確表示反對調整國定假日的林淑芬委員擔任召集委員，立刻將此案改為「實質審查」，而場外工會團體集結緊迫盯人、逐一唱名，最後經委員會討論做出不予備查的決議，並提報立法院院會後退回行政院，才讓原先幾呈定局的國定假日案，起死回生。

總的來說，從行動者的角度來看，社會運動缺乏影響政策的管道，加上臺灣勞工運動的實力薄弱，難以獲得政治人物或官僚的重視，所以一位受訪者就認為，「弱勢勞工是沒有談判空間的，激進衝撞才能帶出政治談判，這是唯一的籌碼（訪談記錄TYU01 2017/06/17）」；而從客觀情勢來

11 民主進步黨中央黨部會後發布新聞稿〈民主進步黨主席蔡英文與工鬥團體會面所提議題之回應〉指出，「國定假日全國應維持一致性，讓國人能兼顧工作、家庭生活及休閒活動。今年開始實施每週40工時，為真正落實週休二日，應朝確實勞動檢查，及修正《勞動基準法》的方向調整」。

12 每週40工時並不等同於週休二日，每週40工時意味著事業單位安排勞工上班的時數每週不得超過40小時上限，但並未強制要求須放假兩天，因此每天工作6小時40分鐘、每週到班六天無違法的情事。

說，幾成定局已送入核備的行政命令，激進化的行動策略是不得不採用的選擇。其次，激進化的行動策略在總統大選期間特別能夠產生效果，總統大選是媒體以及全國民眾關注的焦點，在高張力的政黨競爭之下，候選人容易接受抗爭者的訴求。第三，選後政黨輪替提供抗爭行動一個重要的政治機會，一來是長期對於勞工團體友善的林淑芬委員擔任召委，利用職權將刪除七天國定假日的行政命令排入實質審查，而佔有新國會多數席次的民進黨，對於當時仍執政的馬英九政府所做出的決定大加批評、不願買帳，[13] 且在蔡英文先前與抗爭團體會面時，承諾當選後會重新檢視工時政策的談話基礎上，於是民進黨團決議退回刪除七天國定假日的行政命令，待蔡英文五月就任總統之後再通盤處理。[14]

三、戰鬥的終章：如影隨形、密集抗爭、遍地開花

確定恢復七天國定假日後，立刻引發工商團體的強烈反彈，七大工商團體聯名對蔡英文政府下最後通牒，他們批評政府三度失信，包括馬政府時代已承諾刪減國定假日作為縮短工時的配套措施，就任前準政務委員林萬億與準勞動部長郭芳煜都答應一旦落實「週休二日」（即後來提出的一例一休），就將再度砍掉國定假日；上任後工商團體負責人拜訪黨團總召柯建銘時，[15] 郭芳煜又答應10月1日前會完成，但政府的修法進度卻緩

13 民進黨立委黃偉哲就曾公開表示表示，「民進黨團支持該決議案，勞動部原應站在勞工立場，反成資方代言人，應將勞工原有的七天假返還，也盼勞動部順應潮流，尊重國會，新政府520上任後，也應全力捍衛勞工權益。」，引自涂鉅旻，2016，〈勞基法細則修法 立法院不予備查退回勞動部〉。自由時報，http://news.ltn.com.tw/news/politics/breakingnews/1658004，4月8日。

14 一位受訪者指出，民進黨會否決馬英九政府的決議，並願意於上臺後全權處理燙手山芋的工時議題，原因在於政治判斷認為，他們佔有立法院的絕對多數，通過法案不會遇到什麼困難（訪談記錄HEU01 2017/03/05）。

15 出席會議的有中華民國全國工業總會理事長許勝雄、中華民國全國工業總會常務理事何語、中華民國工業區廠商聯合總會理事長秦嘉鴻、中小企業總會理事長林慧瑛等人，以及中華民國全國商業總會、中華民國工商協進會的代表，當天就與總召柯建銘、勞動部及經濟部官員達成修法共識，預計在10月實施，而這也就是後來的行政院版本，包括一例一休、調升休息日加班費以及刪除國定假日。

如牛步，揚言全面退出與政府的溝通平台。[16] 在資本家團體的施壓下，三天後行政立法政策協調會達成修法共識，隔天政務委員與有關單位初審完畢，6月30日就通過行政院院會審議。然在野黨中國國民黨因《不當黨產處理條例》草案杯葛議事，導致「一例一休」修正草案無法如期在會期內通過，必須在7月19日起加開為期一週的臨時會處理。在立法院臨時會召開之前，執政黨立法院黨團祭出甲級動員令，矢志傾力通過法案及配套措施，達成10月前實施的目標。執政黨的宣誓，激起抗爭團體的急迫感，都認為已到最後的決戰時刻，必須採取更高強度的抗議行動。抗爭成員在臨時會前先行到民主進步黨全國黨代表大會抗議，欲衝入會場而與警方爆發衝突，隨後又發起激進的絕食靜坐，年邁工人以身體健康作為抗爭工具，展現反對到底的意志，凸顯執政強權與基層弱勢的鮮明對比，容易獲得媒體與社會大眾的同情，不僅對政府當局形成壓力，也會逼迫在野黨在體制內部更奮力地阻擋法案通過。7月21日，執政黨委員林淑芬刻意缺席主持會議、時代力量黨團霸佔主席臺，最終一例一休法案在蔡英文政府內外交迫的不利情勢下，工時改革法案再度遭受挫折。

另一值得補充的是，過去的研究均指出，既有組織與私人網絡是運動的動員基礎，藉此連結關係才足以強化支持者參與的動機，而網路不過是輔助性角色，難以提供成功動員的功能，但由於臺灣近年來網路媒介逐漸在社會運動發揮影響力，展現出不小的動員能量（蕭遠 2011），因此多數現下的社會運動（或針對單一事件的暫時性抗爭行動）都無法忽略網路媒介可以產生的作用。同樣的，工時改革抗爭行動的成員亦在臉書（Facebook）成立粉絲頁「自己的假自己救」，除扮演社會運動平台的功能，匯集（留下）支持者，並透過其擴散（例如按讚、分享或留言）活動訊息及論述觀點；再者，桃產總、高教工會與TIWA的幾波抗爭行動屬於祕密突襲，無法事先發布採訪通知，然缺少媒體報導議題能見度將大打折扣，而「自己的假自己救」粉絲頁就可在事後張貼行動經過與現場照片或

16 譚淑珍，2016，〈政府失約，七天假續放 企業放話 要退出勞資協商〉。工商時報，第A2版，6月24。

錄影，提供媒體取用素材且掌握詮釋權，[17] 而成員也經常於批踢踢實業坊（PTT）發表論述來引導網路的輿論方向。新世代運動者善於運用網路科技，開闢出一條有別於傳統影響政策的管道，2016年8月出版第509期《財訊雙週刊》的報導指出，新政府之所以在處理「一例一休」等工時改革法案過程崎嶇的原因出在，「只因總統非常在意『工鬥』在網路上所呈現的優勢聲量」，而這也成為蔡英文政府企圖在立法院臨時會闖關失敗的因素之一。

不過，工會意識到執政黨不會放棄擇期再行審議，所以並未停下抗爭行動的腳步，並且將對象層級拉升到蔡英文總統，採取「如影隨行」的策略方針，也就是針對總統出席的公開（或私人）場合進行抗議，無論是場外或潛入場內，是抗議者可直接面對決策者的衝突形式。例如桃產總、高教工會與TIWA成員在立法院決定審查工時改革法案的當天清晨，突襲總統住家、包圍公務座車，與維安人員發生肢體衝突；後來成立以大學生為主體的「高教工會青年行動委會」、「工鬥青年產業後備軍」及許多大學異議性社團亦加入抗爭行動行列，他們的行動包括兩次突襲總統官邸、佔據執政黨黨團總召柯建銘立法院研究室，以及選擇在蔡英文總統出席民主進步黨中常會的時機點，佔領中央黨部辦公室，還有利用蔡英文總統與英國動物學家珍古德（Jane Goodall）對談「年輕人的力量」的場合，在觀眾席上突襲舉牌抗議。

正當「一例一休」修正草案遭逢抗爭阻力陷入僵局，引發資方團體不滿蔡英文政府未信守「砍假七天」作為「一例一休」之承諾，全面關閉勞資協商的管道，拒絕出席基本工資審議委員會，致使蔡英文總統在首次召開的「執政決策協調會議」拍板於10月5日完成法案初審出委員會，且在一個月內通過修正草案。隨著執政黨捲土重來準備進行法案審查的日期接

---

17 「自己的假自己救」臉書粉絲頁在運動後期，也就是2016年9月立法院開始審查工時改革法案時，粉絲頁每週張貼文章的平均觸及人數約為30多萬餘人，顯見當時工時議題在網路上受關注的程度。目前「自己的假自己救」粉絲頁仍持續經營中，按讚粉絲將近1.2萬名，平均每週觸及人口也維持在五萬餘名用戶；管理者認為要繼續投入經營耕耘，為下一波抗爭蓄積能量（訪談記錄HEU01 2017/03/30）。

近，抗議行動就越來越頻繁，到修正法案最後三讀通過的兩個月之內，各類形式、規模人數不一的抗爭活動如突襲佔領、記者會、行動劇、遊行、民間公聽會等共27場次，高抗爭密度給足執政黨壓力，但反而促使蔡英文政府加快修法腳步，盡速讓抗爭活動落幕，所以也才發生社會福利及衛生環境委員會召集委員陳瑩僅以16分鐘宣讀過七個版本草案，未經表決逕交付交黨團協商，引發社會輿論嘩然的事件，[18] 加上工會團體又於11月4日展開無限期絕食抗議，修正草案被迫又退回委員會重審，並加開一場公聽會，以補足立法過程的民主程序。激烈抗爭手段確實帶給執政黨龐大的壓力，也使其開始考慮以增加「特別休假」日數來降低刪減七天國定假日的反彈。蔡英文總統在11月13日接受《蘋果日報》專訪時指出：

> 對於「一例一休」爭議引發勞工絕食抗議，她情緒激動說：「我們沒有背叛勞工」、「對民進黨來說，這是有史以來最痛苦的事情，非常痛苦，勞工本來就是我們民進黨心裡最軟的那塊，做總統的我覺得很痛苦，但面對中小企業生存和勞工工時，我必須找出符合雙方最大利益的方案。」[19]

另一方面，小規模、密集的抗議行動，雖可達到一定程度的施壓效果，但也可能讓政府判斷僅是少數運動份子反對官方的修法方向，因此抗爭運動開始思考如何藉由「遍地開花」來擴大運動影響力，例如串連部分縣市的基層工會，安排抗爭幹部進行勞工教育，以及後來由上百個工會與勞工團體組成的「123大聯盟」在10月25日發起「反砍假、反過勞」的大遊行，動員超過三千名勞工包圍立法院，不過參與抗爭的桃園市產業總工會不滿主辦單位在遊行開始前改變先前衝入立法院的決議，最終只是丟雞

18 民進黨強行在10月5日將法案通過委員會初審的原因在於，最主要是盤算在一個月的朝野協商冷凍期之後，可以將工時改革法案強行表決，剩下的國定假日將不再放假，蔡英文政府擔心一旦欲刪除的國定假日放假，將提高議題的能見度，民眾也會實質感受到好處，屆時恐更難以處理。

19 陳郁仁、林修卉、陳雅芃，2016，〈專訪總統 1例1休爭議 我很痛苦〉。蘋果日報，第A1版，11月14日。

蛋收場，而自行翻牆進入而與警方爆發數波衝突。再者，為加強施壓區域立委，工會團體也特別挑選執政黨多位指標性立法委員，分別前往該選區的服務處抗議。

12月2日，整起工時改革法案的爭議進入尾聲，民主進步黨政府原先規劃在當天通過二、三讀完成立法，但總召柯建銘卻因外出而遭到守在立法院外的工會團體推擠、潑水與追打，又同時對立法院投擲煙霧彈、撒冥紙，議場內中國國民黨黨團佔領主席臺，立法院長蘇嘉全以「議場氣氛不好」為由宣布休息，修正法案直到12月6日執政黨在席次優勢下逐條表決通過，包括落實週休二日（即一天為例假日、一天是休息日）、提高休息日出勤工資、國定假日調整為12天，以及增加資淺員工特別休假日數等，並在12月23日開始施行，而為期一年多的抗爭行動，也終告結束。

肆、討論與結論

社會運動如何以及在什麼條件下影響政策後果，是本文研究的問題意識，透過考察臺灣第二次工時改革法案的過程，分析工會組織採取的行動策略、抗爭劇碼，以及政治環境的交互影響，理解政策後果是如何決定的。比較特別的是，多數社會運動過去訴求均是提升勞動條件及社會保障，但近年來逐漸出現以維持既有權利，反對緊縮作為訴求的抗議行動，維持現狀不再是反制運動的「專利」。如同這次針對工時改革法案興起的抗爭運動，訴求並非要求增加保障，而是避免既有權利受到侵害，反對政府在推動縮短工時的同時連動刪減國定假日，認為此舉違背政府整體縮短工時的基本目標。

一、策略、力量與機會

回顧整場抗爭運動，激進策略是行動的主基調。運用黃俊豪與何明修（2015）對於抗議劇碼的分類，工會團體所採取的抗議行動多屬於「對抗式」，例如突襲官邸或官員、阻擋總統座車、佔領官署或黨部、包圍追打國會議員、丟擊煙霧彈、噴漆、絕食、遊行、裸身抗議等，加上密集的抗議行動（包括軟性的記者會、民間公聽會、行動劇），確實對於運動局勢的突破與進展是奏效的。也就是我們分析工會團體在修法過程的中、後期分別採取「如影隨形」、「密集抗爭」及「遍地開花」的行動策略，傳統靜態及暴力破壞交錯運用的抗議活動給予執政黨相當的政治壓力，使原先規劃通過法案的時程延宕多次。然而，需要討論的是，為何行動者會選擇激進行動？是主觀偏好？還是客觀條件擠壓下的抉擇？從運動者的角度來看，在新政府完全執政、總統身兼黨主席的政治情勢，加上資本家強勢施壓，鬆動官方立場並不容易，在時間短促的限制之下，能夠展現運動力量，並迅速將議題推向社會關注高峰的手段，就是走上激進的路線。另一方面，激進行動也是行動者的主觀選擇。依照本文的觀察，這場抗爭運動的主要行動者，都是2000年後才參與社會運動，特別是投入樂生運動，經歷與陳水扁政府交手的體驗，與上一代運動者的不同之處，新世代對於民進黨沒有信任基礎，而若干運動形式、抗議劇碼也承襲於過去的抗爭經驗。換言之，運動的生命經驗影響其行動策略戰術的選擇。[20]

相對的，修法過程的延宕轉折也凸顯甫上臺的蔡英文政府因為執政經驗不足，而出現嚴重的政策協調問題。完全執政看似鐵板一塊，但初期卻經常發生行政、立法不同調，反映出決策機制的混亂、分工體系模糊，以致於蔡英文總統在《創黨三十週年蔡英文主席給民主進步黨黨員的信》才提到，「我們會再一次整理、協調和整合決策機制。為了改革能夠成功，決策不僅要更周延，更要明確而快速」，也正說明新政府陷入的困境。[21]政府內部的不穩定是有利於行動者的政治局勢，但為何工會的抗爭行動最終仍無法改變蔡英文政府刪減國定假日的決議，反而獲得許多非運動目標的「集體利益」？如同許多經驗研究的結論，持續性的社會動員、或激進

20 社會運動對於參與者的影響，亦是社會運動後果的類型之一；許多研究觀察參與者投入運動之後對其後續生命、政治態度、或者對後來的社會運動所造成的效應（Bosi, Giugni, Uba 2016: 5-7）。

21 一週後，由蔡英文總統親自召開「執政決策協調會議」，成員涵蓋總統府、行政院、民進黨立法院黨團、地方執政代表及民進黨中央黨部等執政團隊重要幹部參加，首要排定的議題就是工時改革法案。

化的抗爭行動，常見的運動進展僅是將議題推上政治議程，但結局往往不符合運動者所期待的結果，社會運動總是兵臨城下，卻欠缺臨門一腳而以失敗收場。

從動員網絡的視角而言，傳統上勞工運動的動員模式是透過既有的組織性工會網絡，而與近年來仰賴非組織化網絡動員的公民運動不同，因此除抗爭行動、網路倡議外，主要抗爭成員也到基層工會進行組織與勞工教育，「桃產總系統的會員工會跑過一輪，讓幹部知道為何要作戰，……成效不錯（訪談記錄HEU01 2017/03/05）」，以蓄積日後決戰的動員能量。然而，工會運動內部長期存在的新舊矛盾，使這場抗爭運動難以向其他的工會組織尋求更多的支持與奧援，一位受訪者就提到：

> 錯失掉能夠給更大壓力，形成更大的抗爭力道的，在於自始自終工會內部不同系統都無法有效整合起來，甚至有些時候會出現有意無意的相互牽制（訪談記錄HEU01 2017/03/05）」。

工會彼此的嫌隙與矛盾影響所及，致使觸及到基層工會的範圍受到限制，抗爭行動的論述無法下達到基層工會，缺少親身溝通說服與動員的過程，就難以破除當時瀰漫在部分基層工會的一種看法：[22]

> 有的工會是接受40工時換七天假的，他們覺得是合理的，有拿到好處。這很特別，對他們來講，勞資是一體的，不可能勞方所有好處都要，還是要讓出一點空間給資方……加上裡面有些是蔣中正，有些工會對這個很排斥，所以我們到他們工會都不講這個，雖然比例不高，但都是大工會，對民進黨的論述是接受的。另一

---

22 勞動部曾曝光一份35場「合理工時座談會」的會議記錄，並附上各地主要工會的簽到表，作為當時工會團體均無表達反對刪減七天國定假日的憑證，但後來抗爭運動開始之後，許多當時沒有表達反對意見的工會才意識到修法的實質損失，反而積極投入協助抗爭運動，也正好說明到各地基層工會進行勞工教育，是有機會改變基層工會的想法與立場的，一位受訪者也持相同的看法（訪談記錄HEU01 2017/03/05）。

方面，我們這邊很多國公營工會，立委是可以幫忙的（KHU01 2017/06/29）。

以及，抗爭過程中唯一一場集結全國各地工會的大遊行，不同團體間在抗議戰術判斷上的衝突，指揮小組推翻先前衝入佔領立法院的內部決議，從事後來看，其中兩位受訪者都認為遊行以平和收場，失去升高對峙情勢、給足政治壓力的機會，錯過扭轉局面的關鍵時機。組織化動員網絡的現實問題，使得抗爭運動的政治影響力大打折扣，無法成為激進抗議行動之後，尾隨跟進的運動力量，也就不容易改變蔡英文政府用「一例一休」換「七天國定假日」的政策基調。因此，資本家持續施壓，加上蔡英文總統重新掌握決策機制、整隊之後，最後憑藉著立法院的席次優勢通過官方版本；但也以「特別休假」及「休息日出勤工資加成」來「補償」勞工在「國定假日」上的損失，[23] 而這全然未出現在先前縮短工時的政治議程上，正可證明是一連串抗爭行動的產物。

二、非預期與不穩定的政策後果

如何評估社會運動的政策後果？工時改革的抗爭運動雖然最終未達到反對刪減國定假日的目標，但卻取得許多非預期的修法成果，包括落實週休二日（一例一休）、休息日加班費加成、增加資淺勞工特別休假日數，其則具有檢討許多經驗性研究結論的意義。過去的研究偏好直接觀察社會運動之於法律的立法或修正，也就是政策如何回應集體抗議的訴求，作為評估社會運動所促成成果的標準；不過實際上，可能出現的結果是社會運動並未直接達成原先設定的目標，卻因抗爭策略與力道形成的政治壓力奏效，間接導致國家制訂（修改）有利於社會運動者（或其代表的群體）的政策規範。

23 對於增加特別休假的修法，工商團體表達強烈不滿，事前也未溝通告知，呼籲政府應重新考慮，不應少數人抗爭就妥協（王姿琳，2016，〈民進黨增特休假 工商界轟：民粹治國〉。工商時報，第A4版，12月2日）。

其次，本文欲反省過去多數研究對政策後果評估通常都是於立法通過之際，可是立法結果並非不會隨著時間變動。社會運動帶來的政策影響牽涉評估期間是長程或是短程，也就是說不同觀察時機會得到相異的評價結果，而且社會運動經常在獲致成果之際，會一併觸及反制運動的反撲（苗延威譯 2002：275）。政策變遷是一動態過程，在不同時間點或階段的結果卻大異其趣，也可能使社會運動失去原先獲得的戰果。因工會團體抗爭而修法獲致的一例一休、特別休假與加班費加成，[24] 在2017年開始施行以來，遭到資本家團體的強烈反彈，[25] 興起新一波修法浪潮，最後在新任行政院長賴清德就任之後，隨即啟動修法，最終前一階段對於勞工有利的修法成果「悉數奉還」，甚至將工時規範朝往更彈性化的方向修正。而這些變動過程是在評估社會運動的政策後果需廣泛考量的。再者，仍有執行成效的面向值得觀察，例如進步立法卻無法落實也如同原地踏步。最明顯的例子是，勞動部在一例一休通過之後，設計了「宣導、輔導、勞動檢查」三階段，直至2017年第三季才對違法開罰，至少給予事業單位半年以上的緩衝期，換言之，國家機關在執行法律的態度立場鬆動，都會使社會運動原先預期或非預期取得的進展大打折扣。

第三，評估後果可自「社會價值」的層面進行考察。長達一年多來的抗爭行動，帶動臺灣社會對於勞動法令的關注及重新認識，許多評論家將2016年稱為「勞基法元年」並不為過。雖然社會價值或文化不容易客觀具體評價，但參與抗爭運動的受訪者指出，行動本身的意義在於將議題打到

---

24 去年12月2日中華民國全國工業總會理事長許勝雄才表示支持新政府的《勞動基準法》修法方向，一例一休爭議應盡速落幕（施曉光，2016，〈支持綠版勞基法修正案 許勝雄：應儘快通過〉。自由時報，http://news.ltn.com.tw/news/politics/breakingnews/1905274，12月2日），相隔一個月後則批評「政府真的很殘忍」（譚淑珍，2017，〈一例一休效應延燒 許勝雄淚訴 政府真的很殘忍〉。工商時報，第A2版，1月5日）。看似矛盾的發言卻不相互牴觸，從後來全國工業總會祕書長蔡練生的說法，他們認為當時工商團體強烈建議的配套措施，包括加班時數從46小時提升到52小時等，都無法獲得政府的採納，所以可以發現，工商團體對一例一休的態度轉變，醉翁之意並非在一例一休回覆到每週40工時，而是相關工時改革的配套措施尚未完全到位。

25 執政黨立法委員蔡易餘、林岱樺、洪宗熠、何欣純都曾自行提出修法版本，希望讓工時規範更具彈性，便於雇主調整運用。

讓整個社會都看得到：

> 我覺得最大的戰果是整個社會的工人階級，越來越多人意識到說，所謂民主體制選出來的政黨是不能夠信任的，然後資本家就是這麼行事，累積這種集體意識、集體感才是重要的，不斷用這種事件、集體力量，讓新一輩的勞工看清勞資關係、資本主義的本質，也許未來就會加入工會、成立工會，但國會遊說是達不到的，傳統工會是這樣運作的（訪談記錄HEU01 2017/03/05）。

不約而同，另一位受訪者亦表示「激進對抗才能具像化那個壓迫，沒有衡工總、商總，就不會知道老闆和你的差距（訪談記錄TYU01 2017/06/17）。」對這場運動的行動者而言，抗爭行動既是手段也是目的，也就不難理解為何抗爭過程的行動策略以街頭路線為主軸，立法遊說幾乎被排除在選項之外。

最後，本文欲藉由工時改革法案的抗爭運動反思臺灣勞工運動面臨的挑戰與未來發展。一般認為，臺灣政治民主化與自由化突破威權體制的枷鎖，定期選舉的代議政治形式，以及參與行政官僚政策形成管道的浮現，均代表著權力領域的開放，為大小實力不一的組織化社會團體，打開進入決策場域的機會，促使國家或主要政黨提出有利於勞工或中、下階層的公共政策。然而，民主化後卻發現勞工運動的政治影響力卻未隨之成長，在許多重大勞動與社會政策上不如預期展現對抗實力，許多研究已從制度或文化的角度精闢地解釋勞工運動力量的衰退（邱毓斌 2011；何明修 2008b），但於此我們更想強調的是勞工運動之政治策略的重要性。民主化的推波助瀾效應容易使勞工運動慣於藉助民意代表的政治力量，1990年代後國會遊說成為主流策略，2000年政黨輪替後更嘗試採行社會對話模式（何明修 2017：136-146），[26] 使勞方、資方與政府可在政策平台上擁有

26 民主化帶動政府機關將勞工團體、工會及資方團體整合進入制度化的決策機制，目前國內典型的社會夥伴參與政策形成的機制包括：勞工委員會、基本工資審議委員會、勞保監理委員會、勞工退休金監理委員會、勞動基準諮詢委員會、兩性工作平

相同的發言份量，雖然在某些政策上有所進展（也有所妥協），但根本問題在於取得成果的路徑不再仰賴組織實力的後果，就會疏於從事任何有助於壯大運動的組織工作，以及寡頭協商獲取的政策利益可能為勞工階級帶來好處，卻無法反饋給勞工運動，亦難以提升勞工的集體意識。就如同陳政亮（2005）所指出的，「體制內談判桌路線」，效果不僅不顯著，更侵蝕運動攻勢的動員基礎，放棄展現實力的團結鬥爭性格，逼迫政府在決策選擇上讓步。本文在工時改革法案的抗爭經驗中看到，激進策略的街頭路線，重建社會運動的主體性，試圖阻礙「完全執政」蔡英文政府在修法上的絕對優勢，儘管結果不如運動期待，但所展現的抗爭形象與論述為臺灣社會上了一堂紮實的勞工教育。

等委員會、積欠工資墊償基金管理委員會、外籍勞工政策協商諮詢小組委員會、就業安定基金管理委員會、社會對話圓桌會議，行政院公營事業民營化監督及諮詢委員會，以及經建會的諮詢委員會、經濟部的產業諮詢委員會、環保署的污染防治／廢棄物回收委員會、衛生署的全民健保監理委員會、及全民健康保險醫療費用協定委員會等（彭百崇、陳正良、康長健、劉黃麗娟 2007：97）。

參考文獻

立法院公報處，2015a，〈全體委員會紀錄〉。《立法院公報》104(19): 211-286。

——，2015b，〈院會紀錄〉。《立法院公報》104(41): 122-158。

立法院議事處，2015，《第八屆第七會期第十二次會議議案關係文書》。臺北：立法院。

何明修，2017，〈介於抗爭與協商：勞工運動在台灣的經濟社會學意涵〉。頁125-158，收入李宗榮與林宗弘編，《未竟的奇蹟：轉型中的臺灣經濟與社會》。臺北：中央研究院社會學研究所。

——，2012，〈導論：探索臺灣的社會運動〉。頁2-32，收入何明修與林秀幸編，《社會運動的年代：晚近二十年來的臺灣行動主義》。臺北：群學。

——，2008a，《四海仗義：曾茂興的工運傳奇》。臺北：臺灣勞工陣線。

——，2008b，〈沒有階級認同的勞工運動：臺灣的自主工運與兄弟義氣的極限〉。《臺灣社會研究》72: 49-91。

——，2005，《社會運動概論》。臺北：三民。

周百信、李裕民，2009，〈我國半總統制下「少數政府」運作之研究——兼論「工時案」的政治角力〉。《台中教育大學社會科教育學系學術期刊》14: 111-127。

邱駿彥、李政儒，2015，《各國工時制度暨相關配套措施之比較研究》。勞動部勞動及職業安全衛生研究所委託研究計畫報告。

邱駿彥，2009，〈工作時間〉。頁359-398，收入臺灣勞動法學會編，《勞動基準法釋義：施行二十年之回顧與展望》（二版）。臺北：新學林。

邱毓斌，2011，〈自主工運組織策略的歷史局限〉。頁84-127，收入何明修與林秀幸編，《社會運動的年代：晚近二十年來的臺灣行動主義》。臺北：群學。

施世駿、葉羽曼，2011，〈政治民主化與社會政策：探索政治制度對臺灣年金制度建構的影響〉。《臺大社會工作學刊》23: 47-92。

陳政亮，2010，〈社會保險的失敗：從勞基法到勞工退休金條例〉。《臺灣社會研究季刊》79: 5-50。

——，2005，〈全產總的「談判桌策略」〉。頁160-167，收入陳政亮、孫窮理、李育真與歐陽萱編，《工運年鑑：2003.06-2004.05》。臺北：世新大學社會發展研究所、苦勞網與臺灣勞工資訊教育協會。

陳素香，2012，〈八〇九〇二千以及之前和之後〉。《思想》22: 205-248。

傅立葉，2000，〈老年年金、政黨競爭與選舉〉。頁231-256，收入蕭新煌與林國明編，《臺灣的社會福利運動》。臺北：巨流。

彭百崇、陳正良、康長健、劉黃麗娟，2007，《社會夥伴參與政策形成之機制建立與運作方式之研究——兼論國外經驗及啟示》。行政院勞工委員會委託研究計畫報告。

黃俊豪、何明修，2015，〈馬政府時期的環境抗爭樣貌（2008-2012）：一個抗爭事件的分析〉。《思與言》53(2): 177-216。

葉崇揚、陳盈方，2013，〈民主、資本主義與年金體系的發展：臺灣經驗的分析〉。《人文及社會科學集刊》25(1): 45-86。

趙鼎新，2007，《社會運動與革命：理論更新和中國經驗》。臺北：巨流。

蕭遠，2011，〈網際網路如何影響社會運動中的動員結構與組織型態？——以台北野草莓學運為個案研究〉。《臺灣民主季刊》8(3): 45-85。

Amenta, Edwin, Neal Caren, Elizabeth Chiarello, and Yang Su. 2010. "The Political of Consequences of Social Movement." *Annual Review of Sociology* 36: 287-307.

Blee, Kathleen M. and Ashley Currier. 2006. "How Local Social Movement Groups Handle a Presidential Election." *Qualitative Sociology* 29(3): 261-280.

Bosi, Lorenzo, Marco Giugni and Katrin Uba. 2016. "The Consequences of Social Movements: Taking Stock and Looking Forward." Pp.3-38 in *The Consequences of Social Movements*, edited Lorenzo Bosi, Marco Giugni and Katrin Uba. Cambridge: Cambridge University Press.

Gamson, William and David S. Meyer. 1996. "Framing Political Opportunity." Pp.275-290 in *Comparative Perspectives on Social Movements*, edited by Doug McAdam, John D. McCarthy, Mayer N. Zald. New York: Cambridge University Press.

Gamson, William. 1990. *The Strategy of Social Protest(2nd)*. Homewood, IL: The Dorsey Press.

Giugni, Marco. 2004. *Social Protest and Policy Change: Ecology, Antinuclear, and Peace Movements in Comparative Perspective*. Lanham: Rowman & Littlefield.

——.1999. Introduction: "How Social Movements Matter: Past Research, Present Problems, Future Developments", Pp.xiii-xxxiii in *How Social Movements Matter*, edited by Marco Giugni, Doug McAdam, and Charles Tilly. Minneapolis, Minn: University of Minnesota Press.

——.1998. "Was it Worth the Effort? The Outcomes and Consequences of Social Movement." *Annual Review of Sociology* 24: 371-393.

Kitschelt, Herbert. 1986. "Political Opportunity Structures and Political Protest: Antinuclear Movements in Four Democracies." *British Journal of Political Science* 16: 57-85.

Kolb, Felix. 2007. *Protest and Opportunities: The Political Outcomes of Social Movements*. Frankfurt; New York: Campus Verlag.

McAdam, Doug. 1996. "The Framing Function of Movement Tactics: Strategic Dramaturgy in the American Civil Rights Movement." Pp.338-355 in *Comparative Perspectives on Social Movements*, edited by Doug McAdam, John D. McCarthy, Mayer N. Zald. New York: Cambridge University Press.

Porta, D. D. and M. Diani（原著），苗延威（譯）（2002）。《社會運動概論》，臺北：巨流。（Porta, Donatella della and Mario Diani. 1999. *Social Movements: An Introduction*. Malden, MA; Oxford: Blackwell Publishing）

Rochon, Thomas and Daniel Mazmanian. 1993. "Social Movement and the Policy Process." *The ANNALS of the American Academy of Political and Social Science* 528(1): 75-87.

Rucht, Dieter. 1999. "The Impact of Environmental Movements in Western Societies." Pp.331-361 in *How Social Movements Matter*, edited by Marco Giugni, Doug McAdam, and Charles Tilly. Minneapolis, Minn: University of Minnesota Press.

第十二章
到典型僱傭之路：一個以派遣勞工為主體的產業工會終結派遣歷程

陳柏謙
臺灣高等教育產業工會研究員
臺灣通信網路產業工會祕書長

本文一切內容與其完成，均應感謝臺灣通信網路產業工會全體工會幹部，多年來爭取派遣人員公平待遇與正式僱傭的奮鬥與努力，雖然筆者自2013年起受邀擔任通信網路工會非全職祕書長一職，然而多年來在工會日常運作的第一線堅持奮戰的每一位幹部們（包括中華電信正職員工與派遣人員），才是整場運動最值得敬佩的主角。至於若論述有任何未臻完善之處，皆為作者本人之責。

想參加工會，另一個原因主要是為了我以後的小孩……或許，我不知道未來的路究竟會怎樣，但一想到臺灣未來的職場很可能會成為一個到處都是派遣的工作環境，那作為媽媽的我加入了工會，至少，可以先幫我的小孩知道該如何做、該怎麼團結爭取。

——臺灣通信網路產業工會資深幹部美玲，2014年1月

壹、前言

1990年代末起，臺灣經濟發展經歷製造業外移與後工業化的挑戰，勞動力市場出現轉變。相較於全時、穩定與長期聘僱的「典型僱傭」，由臨時、短期或部分工時制工作所組成的「非典型僱傭」（簡稱非典），開始逐步擴張（林宗弘等 2011）。其中，涉及到三方關係（派遣勞工、要派公司、與派遣公司），不斷被詬病有可能規避或模糊雇主責任的「派遣勞動」[1]勞工人數，從2002年的7.6萬人左右，一路增加到2010年時已超過35萬人（李健鴻 2010）。

對資方來說，非典型僱傭制度無論在降低人事成本、增加僱傭彈性、降低既有法律的僱傭保障等各方面，都有極大的吸引力；但對勞方來說，國內外的統計或研究都顯示，派遣勞工的勞動條件（包含薪資、福利與工作穩定等）均不如典型僱傭的正職員工（林政諭 2008；林宗弘等 2011；劉昌德 2016），甚至連勞動部前身的勞委會主委潘世偉都曾對媒體坦言：「派遣確實是拉低薪資的元兇。」[2]然而，包括派遣勞工在內的各類非典

1 根據勞動部的定義：「勞動派遣指派遣公司與要派公司締結契約，由派遣公司供應要派單位所需人力以提供勞務。派遣公司與派遣勞工具有勞雇關係，必須負起勞動基準法上的雇主責任。要派公司對於派遣勞工，僅在勞務提供的內容上有指揮監督權，兩者間不具有勞動契約關係，例如A人力銀行供應人力至B科技公司廠區，受B指揮監督從事生產製造工作。」可見勞動部網站：http://www.mol.gov.tw/topic/3072/

2 唐鎮宇、許麗珍，2014，〈勞委會：派遣是低薪元兇〉。蘋果日報，https://tw.appledaily.com/headline/daily/20140206/35622713，2月6日。

僱傭勞工，相對於典型僱傭正職員工，更不容易組織或參與工會運作，爭取自身權益。另一方面，增加的派遣勞工數量，對既有工會組織有合法性上的威脅、會員減少與流失、及財務困難等三重危機（劉昌德 2016）。

本文將以中華電信公司（簡稱中華電信）在1996年公司化與民營化近20年的過程中，大量使用非典的委外派遣勞動人力為例，記錄這段由中華電信正式員工與派遣人員共同組成的工會組織——「臺灣通信網路產業工會」（簡稱通信網路工會），如何透過持續運動與各種策略，一步步成功爭取，讓非典勞工逐漸向「典型僱傭」的道路邁進；並進一步探討這樣的策略模式，複製到其他部門勞工與工會運作的可能性。

貳、民營化中「消失」的人力？

中華電信的前身，是1996年交通部電信總局的營運部門分拆後，公司化而來，並在2000年進一步踏出「民營化／私有化」的腳步。2000年10月，中華電信股票開始在臺灣證券交易所上市發行，2002年底至2003年，持有股份的交通部，分別透過國內標售與在美國發行存托憑證（American Depositary Receipt，簡稱ADR）[3] 的方式大量釋出股票。2005年8月，交通部再次透過國內外同時釋股的模式，一舉將中華電信的官股比例降至50%以下，首度不再符合《公營事業移轉民營條例》所定義「公營事業」標準，一舉完成「民營化」，成為私人企業。

由於過往政府所主導的民營化／私有化過程中，頻傳裁員、減薪等案例。由中華電信員工組成的中華電信（企業）工會（簡稱電信工會），從1990年代末起，無論在會員人數、動員能力或組織資源，都位居臺灣工會運動的龍頭領導地位。長久以來在捍衛員工權益過程中，以其強大的動員能力與驚人的戰鬥力著稱。2004年12月5日，電信工會為了反對民營化釋股，在北中南三地以戶外視訊連線方式，共同召開「會員大會」，當天總

3　ADR為一種在美國以外的證券市場掛牌交易之外國公司，其股票在美國境內掛牌銷售的模式。

計動員了超過1.7萬名會員出席（動員出席會員大會的中華電信員工，超過當時員工人數2.8萬人的六成以上），[4] 最終，17,118人投下贊成票，順利讓工會取得合法罷工權，工會並在2005年5月交通部執行海外釋股的當天，行使罷工權。

由於電信工會在中華電信將近十年的公司化與民營化過程中，發揮積極作用，雖然最終未能成功阻擋民營化的進程，但中華電信的員工，並未如其他國公營事業員工，在民營化過程中遭受種種工作權不保、或勞動條件大幅下降的對待（張晉芬 2001；張麗芬等 2005）。工會甚至在2006年1月民營化後，與公司簽訂了一份包括約定五年內「不裁員、不減薪」條款的團體協約。[5]

然而，對中華電信員工與工會來說，民營化過程中，一項最顯著且影響最深遠的改變是：正式員工人數大幅下降。1996年前後，當「交通部電信總局」公司化，組織改組成立「中華電信公司」時，員工人數約莫3.7萬人。對交通部與中華電信資方而言，透過「人力精簡」壓低人事成本，一直都是公司化乃至後續民營化中極重要的既定目標（王志銘 2006）。雖然在工會的強力監督與介入下，資方無法直接透過大規模裁員「精簡人力」，只能改以「鼓勵」（其實許多時候往往更接近恐嚇與威脅）、並提供「優退／優離」方案，讓資深員工選擇「自願」提前退休或離職，同時搭配「遇缺不補」政策來達成精簡目標。

公司追求「人力精簡」的成效，在完成民營化前就已相當明顯。2002年，中華電信員工人數已從公司化之初最高的3.7萬人，一口氣下降到2.8萬人左右。完成「民營化」後，至2007年員工人數更持續下降至2.4萬人，此後十年左右的時間，雖然曾數度小規模進用新進員工，然總體而言，持續呈現微幅下降的趨勢。到2016年為止，中華電信員工人數已經降至2.3萬人以下（圖12-1）。公司化後的20年間，員工人數從3.7萬人下降到2.3萬人，降幅近四成。然而，同一時間內，因通訊網路市場開放自由化競爭，

---

4 此次應為近20年來臺灣單一企業工會最大規模、人數最多的一次動員。

5 見該團體協約第二條詳見：http://www.ctwu.org.tw/plus/950106.pdf

因此，相較於早期「電信局」時代僅提供單純的電信業務，民營化後的中華電信不斷擴張經營層面，業務量自然也持續增加。

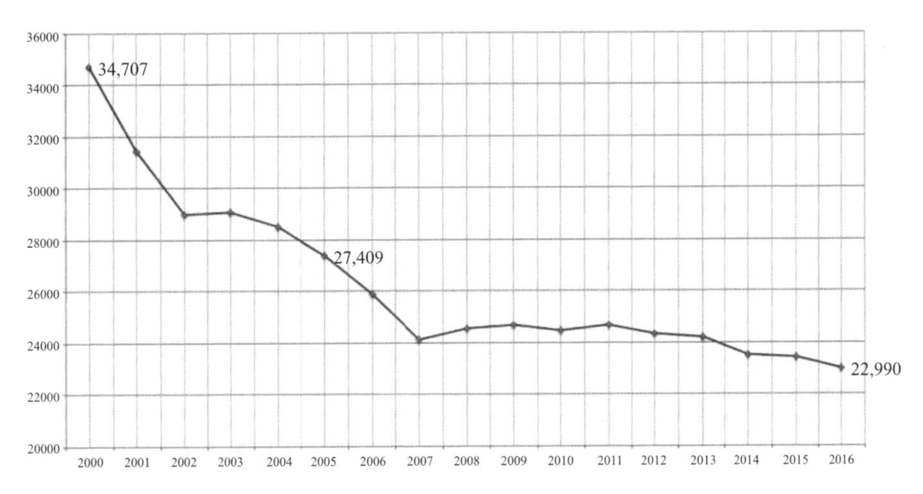

圖12-1　中華電信公司正職員工人數變化（2000-2016年）

資料來源：中華電信公司歷年年報。

然而，問題是：如果中華電信業務範圍與業務量都不斷擴張，為何員工人數卻大幅下降呢？事實上，可以確定的是，員工的勞動強度，已較電信局時期大幅增加。不過，要真正合理解釋業務量擴張、員工人數卻下降的「悖論」，主要還是來自中華電信在過去20年間，大量採取「非典型僱傭」的人力資源政策，及切割「非核心業務」的組織調整模式，才得以完整說明。

這包括大量採用「勞務外包」，引進派遣勞工來填補因正職員工離退後，遇缺不補所遺留下來的人力需求。這類委外派遣人員（簡稱派遣人員），集中在各地服務據點的櫃檯服務、行動網路客服以及各類電話語音查詢等業務。往往以「勞務採購」模式，每一至兩年重新公開招標、價低者得標的方式運作。然而，中華電信為了穩定人力與服務品質，即便得標的派遣公司不同，中華電信仍會要求新的派遣公司，全盤承接同一批員工。因此，中華電信就此存在一大群長年（長達五到九年者比比皆是）在同一工作崗位、執行同一份工作內容，卻因名義上的雇主（即得標的派遣公司）不斷更換的緣故，永遠都只有一到兩年年資的勞工。[6]

其次，許多電信相關工程業務，不再由中華電信親自執行，而改由工程業務發包的方式，由地區型的電信工程公司承攬。我們可以從2015年中華電信年報所公布的集團企業組織圖（圖12-2）看出，除了中華電信本身作為集團企業的母公司外，集團內已發展出38家子公司，及眾多孫公司或轉投資公司，承接中華電信企業集團底下的各類業務。

參、典型與非典型勞工團結的漫長嘗試

中華電信經過多年人力資源與組織結構的調整後，使用非典僱傭人數之多、正職員工人數下降幅度之大，已經到了企業工會很難無視這些劇烈轉變的地步。中華電信在歷經2000年最大規模的一波離退潮後，電信工會在2003年左右，就已注意到會員的工作現場中，出現越來越多的外包派遣員工。企業工會的會刊也曾經採訪、報導臺北與桃園等地區委外的櫃檯服務人員，並在接觸過程中，了解派遣人員惡劣的勞動條件與處境。

電信工會幹部與會員，對於不斷增加的派遣人員，早先的確存有敵對的態度。[7] 尤其許多實際參與區域勞資會議等協商機制的工會代表曾反

6 中華電信的此一做法，其實是明顯的「假派遣」模式，一般所謂派遣勞動制度，派遣公司在要派公司契約期滿後，會將其所僱傭的員工另行派至其他要派公司任職，而派遣勞工與派遣公司間則為《勞動基準法》上的「不定期契約」。然而在中華電信的案例中，對委外派遣勞工而言，每一至兩年就要轉換一次「名義上」的雇主——派遣公司，但實質不過就是「出現薪資單上的那個名字罷了」。從面試、訓練、管理評比甚至到解僱，都是由中華電信負責。

7 英國學者Heery與Abbott（2000）曾依英國工會對非典型僱傭勞工態度與回應區分為五種類型：（一）排除：將非典型工作型態勞工「排除」於就業機會和工會會員外、（二）服務：工會透過個別服務，將「派遣勞工」或非典型工作型態勞工納入工會運作範圍、（三）夥伴關係：工會尋求與雇方合作，以謀求工會會員就業機會與工作權益的保障、（四）社會對話：工會藉由影響政府政策和立法制訂，達到保障工會會員工作權益和降低「派遣勞工」或非典型工作型態勞工的不安全感、（五）動員：工會透過社會運動方式，表達對於「派遣勞動」或非典型工作型態發展的不滿與反對（轉引自成之約 2006）。中華電信企業工會幹部最早對委外派遣人員的態度，依然還存在著具有敵意的「排除」態度，後續才透過內部討論，逐漸轉變。

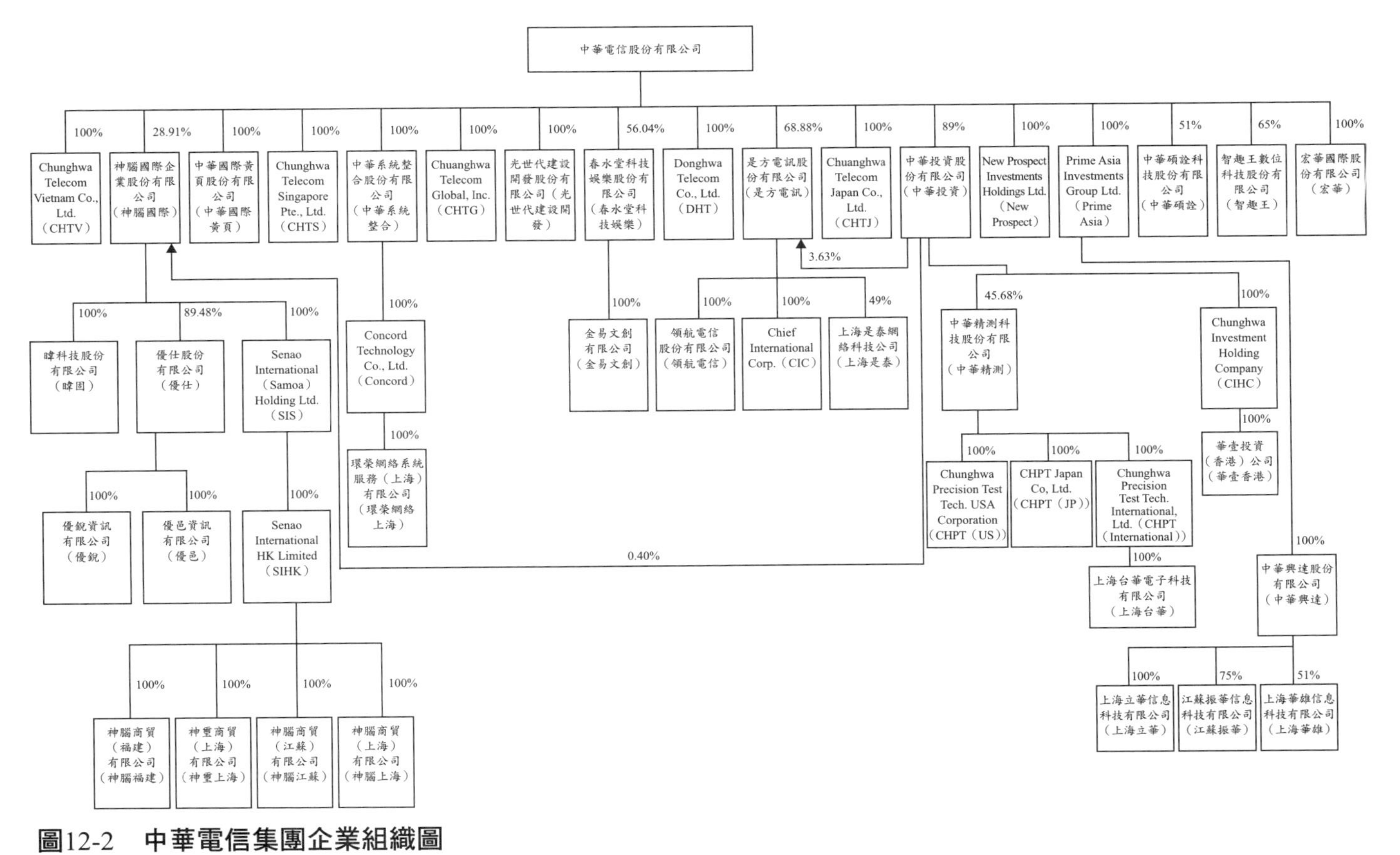

圖12-2　中華電信集團企業組織圖

資料來源：中華電信股份有限公司年報（2016）。

映，因為有了這群年輕、廉價、隨時可「拋棄」的委外人力，資方主管在協商過程中，往往抬出來作為「提醒」工會爭取權益「適可而止」的工具。「聘一個委外人員只要正職員工的四分之一到三分之一成本」這類說詞，很常在勞資協商或正式、非正式互動場域中聽見。

因此，對部分工會幹部而言，因資方刻意挑起的「矛盾」，起初對委外人員產生敵意是可以理解。然而，這段期間也出現了工會地區分會運作中，因委外人員與擔任工會幹部的正職人員同處一地工作，朝夕相處產生情誼。當委外人員遭遇派遣公司違法對待時，第一時間由企業工會幹部出面協助這群「非會員」，要求中華電信各地區營運處的資方，出面與派遣公司交涉，最終將委外人員依法應享有的權益，討了回來。

在完成民營化前後的2004年到2007年，中華電信歷經了另一波大規模的正式員工離退潮。工會此時已經意識到，過去十年來不斷增加的派遣人員，在數量與比例上（尤其是第一線客戶服務等業務）已逐漸取代正式員工，同時，工會因正職員工不斷離退，導致會員流失，也開始反映在工會的動員能量與規模上。因此，工會被迫開始討論，對這些委外派遣的員工，該採取何種態度與策略。

2007年左右，電信工會進行了一次多數幹部都參與的「策略共識營」，在總會的主導下，確立了必須盡可能團結、吸納派遣人員一同加入工會行列的共識。在此次重要的討論中，工會幹部普遍接受了「唯有擴大團結基礎，才能確保工會日後的協商能力」的論點。

2008年3月26日，電信工會的代表大會上，破天荒通過章程修改，試圖將派遣人員納入成為工會會員的一分子。「凡為中華電信股份有限公司服務之派遣、外包人員，及所屬轉投資公司之員工及為其服務之派遣、外包人員等，均有加入本會為會員之權利與義務。」

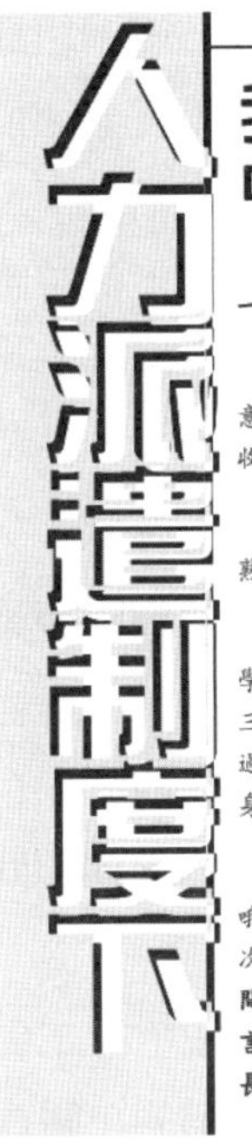

我曾經是無給職的
中華電信派遣員工——

一位派遣員工的心聲

2008年5月初，因看報紙有刊登郵局行政內勤工作，到忠孝東路四段333號9樓瑋智電腦職訓中心，由一位陳[illegible]小姐跟我詢問，我表明在找工作，但瑋智說如要有工作須配合成為會員，才享有終身學員資格。

當下因為急於工作，沒有收入下，而成為會員!但在介紹工作中，都不是很ok的職場環境。在六月初時意外收到帳單，當時我還沒有工作就要繳費，於是打電話給陳[illegible]小姐，非常不悅說明未有任何收入及立即收到分期付款帳單，但她仍聲稱一定要繳付，不然會有催討繳費電話。

後來直到5月底，接到瑋智電話！告知中華電信有應徵，要我立即報到。並且跟我說與富邦謝經理很熟，陳小姐給我中華黃小姐電話聯絡並報到。

在新訓第一天由所有中華主管上課，在訓練期間有很多人陸續離開，至訓練一星期間共剩下七個同學。我們七個同學咬著牙繼續努力，每天努力側聽學習，專門管理委外人員紀[illegible]班長告訴每個人，已經第三個星期了，要努力哦！並且會淘汰不適合人選。才剛接觸沒多久就語帶威脅告訴我們這種話，在每天上班過程都分配到不同股處與不同老師帶領學習業務，我們學習時間拉長以外，還要適應不同老師的處理方式，身心倍感壓力。

後來第四個星期就告訴我們要準備值機考試，每個同學都很緊張，測試完後紀班長告訴我們這樣不行哦！我是第一次考試，紀班長就告訴我：妳不行哦！考第三次了吧！我立即回應：我是第一次考試不是第三次，你是不是記錯了。**幾天後我與同學們談是否要找紀班長商量，到底要我們何時值機，這樣拖長我們時間，身上毫無分文也不是辦法。於是達成共識到下午找紀班長商量，後來到會議室談，紀班長開口問誰要發言，沈默一會我開口陳述表明眾同學的狀況，沒有錢及連出門上班都有問題，我們何時能正式值機呢！紀班長說：要通過測試後才能簽合約在8/10才會領薪水。**

圖12-3　中華電信工會在其會刊中揭露、報導派遣公司剝削派遣勞工之違法行徑

資料來源：中華電信工會，2008，《改版會刊》4: 11。

這個嘗試即便今天看來，都是一項大膽而有前瞻性的決定。然而，此次的章程修改，卻在依《工會法》送勞委會備查時，勞委會以該條文違反當時《工會法》為由不予備查，電信工會在來來回回幾次與官方周旋未果下，最終不得不放棄這個決定。

不過，工會也在同年8月份的會刊中，大篇幅報導派遣人員，揭露、抨擊人力派遣公司的無理剝削與種種違法行徑，其中並刊載了數起派遣人員撰寫的心聲（圖12-3）。此次的嘗試，雖然最後因勞工主管機關的阻擋，未能真正促成正職員工與派遣員工的結盟合作關係，卻也為日後《工會法》修正後的另闢蹊徑，起了一次具有關鍵意義的開頭。

2010年6月，媒體與工會強調自1929年後就再也沒有大規模修改的《工會法》，完成了最重要的一次修正。其中對工會組織影響最大的變動之一，就是第一次允許勞工跨企業、跨廠場，以同一產業為團結範圍組織「產業工會」。[8] 在過去幾十年來名義上雖為「產業工會」，實質上卻是企業或廠場工會的組織，則自此正名為「企業工會」。[9]「產業工會」，此一對臺灣工會運作而言全新組織型態的出現，恰恰提供了中華電信正職員工與派遣員工一個可以嘗試運作的團結模式。

2011年的5月1日勞動節，也是《工會法》修正後開始實施的第一天，由中華電信南區分公司高雄營運處正職員工（多數均為企業工會幹部），結合該營運處委外派遣電話客服人員，一同正式成立「臺灣通信網路產業工會」（簡稱通信網路工會），首任理事長張緒中，即為擔任電信工會總會理事長期間，持續試圖讓派遣人員加入企業工會的重要推手，前述「企業工會代表大會修改章程，接納派遣人員」之決議，亦在其任內末期共同推動。[10]

通信網路工會從2011年3月開始的籌備工作，主要均由擔任企業工會幹部的正職員工發起與籌劃，透過與派遣員工在同一個工作現場的正職員工，借地利之便，主動邀請派遣人員加入工會，並為其舉辦工會說明會。歷經三次籌備會後，工會順利在5月1日正式成立，初始會員約110人，中華電信正職員工與派遣人員的比例大約各半。[11]

通信網路工會一成立，立即就將運作重點設定在「揭露中華電信派遣人員所遭受的不當、甚至違法處境」，並且決定長期爭取中華電信以正式聘用納編派遣人員。因此，工會5月1日成立，兩週後馬上在立法院召開一場公聽會，一方面對外界披露中華電信派遣人員的惡劣待遇，一方面則首

---

8 依據新版《工會法》第六條，「產業工會」為結合相關產業內之勞工所組織之工會。

9 依據新版《工會法》第六條，「企業工會」為結合同一廠場、同一事業單位、依公司法所定具有控制與從屬關係之企業，或依金融控股公司法所定金融控股公司與子公司內之勞工，所組織之工會。

10 在南區分公司高雄營運處中華電信工會的幹部投入組織「產業工會」以吸納派遣員工為會員以外，其他各地營運處的中華電信工會幹部，仍不時有零星協助派遣員工以個案方式爭取合法權益的案例傳出。

11 對加入「臺灣通信網路產業工會」的中華電信正職人員而言，此前皆已為企業工會會員，基本上並不需要透過產業工會來確保其權益，絕大多數加入者，純屬為了表達支持委外派遣人員爭取權益之意。

次對外界公開提出，要求中華電信納編派遣人員的訴求。在這場由當時民進黨立委潘孟安與國民黨立委羅淑蕾共同召開的公聽會上，出席的派遣人員首次對外說明：

> 數位派遣工輪流上臺指出，他們每月需工作192到200小時才有全勤獎金，婦女產後沒有哺乳假，甚至還有孕婦要值大夜班；就連喪假也不能請。一名員工指出，只要一通客服電話應對得不夠完整，馬上會被扣薪，他們都是被扣了以後才知原因。[12]

當年6月24日的中華電信股東大會，通信網路工會開始第一次「前進股東會」的行動，藉股東大會，對中華電信、股東與媒體，清楚說明工會「終結派遣、全數納編」的訴求。這個行動，在往後連續四年未曾中斷停歇。8月份，甫成立三個多月的工會，第一次發起集體行動，前往位於高雄的中華電信南區客服園區陳情抗議，高喊「不要讓企業成為派遣的集中營」，要求作為要派公司的中華電信負起責任，短期內應該立即監督派遣公司改善派遣人員待遇，而根本解決之道還是該讓中華電信正式納編派遣人員。

通信網路工會從2011年成立以來，透過「公開揭露」與「社會宣傳」對中華電信的施壓模式，進而要求中華電信改善派遣人員勞動處境，並予以納編為直接聘用之員工，一直都是會員人數有限的通信網路工會所採取的重要策略。表12-1為通信網路工會所整理2011年至2013年中華電信外包派遣廠商涉及違法情形，其中四件為工會主動檢舉或介入爭取改善。除了每年6月份股東大會的輿論競逐戰場外，通信網路工會在過去五年，更是不斷公開揭露並挑戰中華電信派遣人員所遭受的各種不公平、甚至違法的待遇。而又因派遣人員高度集中的櫃檯服務與語音客服部門，性別比例以女性佔絕對多數，因此產業工會更集中火力爭取與女性保護相關的各種法

12 曾韋禎，2011，〈中華電派遣工 控訴遭剝削〉。自由時報，http://news.ltn.com.tw/news/business/paper/492317，5月14日。

定權益，並在爭取的過程中同時對社會公開揭露與宣傳（見表12-1）。

表12-1　中華電信外包派遣僱傭違法情形（2011-2013）

時間	違法事項	違法派遣公司
2011年6月	通信網路工會檢舉承包高雄客服派遣廠商違反《勞基法》，未給國定假日雙倍薪資。高雄市勞工局7月勞檢，9月正式對違法公司處分在案。	美商萬寶華
2012年2月	新北市勞工局11年11-12月對公務機關及國營事業勞務採購得標廠商，實施專案勞檢。違法公司包含承包中華電信淡水服務中心之派遣公司，違法事項包括未全額給付工資、未給付加班費、超時工作等。	協和鉅業
2012年3月	高雄客服派遣員工向勞保局檢舉派遣公司長期高薪低報勞保投保薪資，勞保局確認違法並開罰。	吉宏興業有限公司
2012年7月	勞委會抽查18家派遣公司（其中含承包中華電派遣外包業務），發現多項違法情事，違法項目包括勞退、勞保高薪低報、不給假日工資、未給例休假等。	勞委會拒絕公布名單
2012年12月	中華電信高雄地區客服業務承包之派遣公司對車禍受傷之員工違法扣薪；甚至企圖逼迫員工「自願離職」。	吉宏興業有限公司
2013年起	派遣公司逼迫欲請育嬰假之員工，需先簽署自願離職書。通信網路工會發現並積極介入後，2014年始獲改善。	吉宏興業有限公司

資料來源：臺灣通信網路產業工會整理。

過去幾年，通信網路工會至少為女性派遣人員爭取到給薪生理假（依法不該因此扣全勤獎金）、產假、育嬰假等權益。而因前述不斷轉換名義上雇主之緣故，導致已在中華電信工作多年的派遣人員無法累積年資，甚至連法定最基本的完整產假天數與特別休假天數，都遭受嚴重的權益損失。這部分權益的爭取，強化了社會輿論與媒體對中華電信派遣人員的同情與支持。[13]也因此，通信網路工會即便在會員人數與動員能力有限的限制下，仍得以一方面逐步促進、改善中華電信派遣人員的勞動條件與處境；另一方面，同時持續推動「終結派遣、全數納編」的長期目標。

肆、在全面「禁止派遣」之外：工會的運動策略

過去至少超過十年以來，臺灣的工會對勞動派遣的普遍態度與立場，始終都是「全面禁止派遣」。從2014至2016年，各主要工會與工運團體發起的五一勞動節大遊行，「禁派遣」更是連續被列入遊行主訴求之一。然而，持平而論，除了「全面禁止派遣制度」的宣示性表態外，在具體組織與運作行動上，確實需要更多可能的嘗試。再者，如果工會與勞工運動無法根本阻絕資方在成本與利潤的驅使下，將典型僱傭一步步推向非典型僱傭，那麼，建立一套由工會與勞工運動主導，將非典型僱傭反向推向典型僱傭的運動路徑，可能是一個值得且必要思考的方向。

以中華電信企業工會為例，倘若無法直接阻擋資方不斷進用派遣人員，只是持續在口頭上堅持「禁止派遣」的做法，對工會的實際助益，其實不大。正因如此，通信網路工會的實踐經驗，或多或少提供了我們思考與討論臺灣工會運動在「全面禁止派遣勞動」之外的其他實踐可能。歸納起來，通信網路工會這些年來的日常工會運動，以及所推動「終結派遣、全數納編」的運動，有以下三項特點（圖12-4）：

---

13 自2013年起，主流財經媒體如《今周刊》都曾報導中華電信派遣客服人員的處境（詳見楊卓翰、林麗娟，2013，〈臺灣薪資大崩盤！政府帶頭壓榨〉。《今周刊》875: 102-110。），而2014年2月6日，三立電視臺〈五四新觀點〉節目上，亦曾邀請了身為中華電信派遣員工的臺灣通信網路產業工會幹部們，在節目分享勞動派遣工作實際的艱難處境。

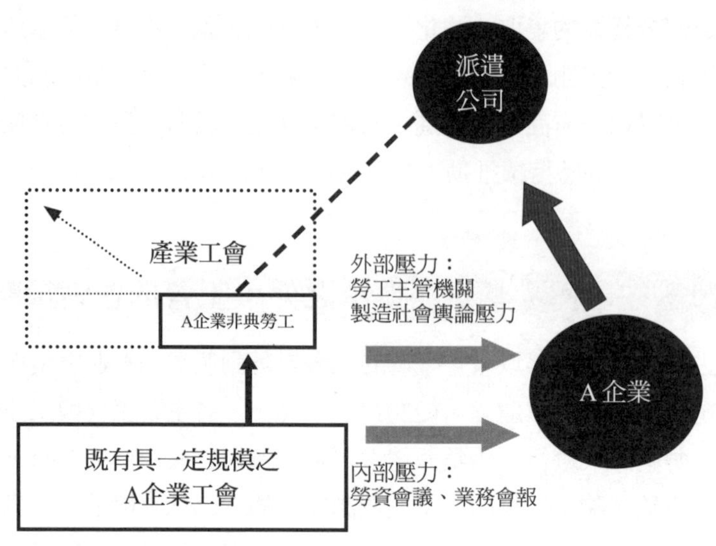

圖12-4　臺灣通信網路產業工會運作模式

資料來源：本文作者自繪。

一、正職員工與派遣員工的緊密聯盟合作

通信網路工會自成立以來，各項工作的推展，一直都由（典型僱傭）的正職員工與（非典型僱傭）的派遣員工緊密合作來達成。事實上，擔任企業工會幹部的正職人員的大力支持，是工會得以推展的最主要支撐。在幾次較大規模的集體行動上，依法享有《工會法》保障會務假的正職員工工會幹部參與的人數，甚至高過多數時間必須排班工作的派遣人員。此外，由正職人員擔任幹部的企業工會（中華電信南區分公司企業工會）與通信網路工會的合作，還展現在企業工會透過參與中華電信內部勞資會議與業務會報等場合，主動提出各項要求公司改善派遣人員待遇與處境的提案，並以內部管道對中華電信施壓，這個模式對解決派遣公司違法情況具有相當效果。

二、由「產業工會」承擔部分「企業工會」功能

通信網路工會雖然以「產業工會」型態成立，然而因初期絕大多數會員皆為中華電信正職或派遣員工，工作場所則皆為中華電信內部，因此某種程度上，通信網路工會適時扮演並承擔了部分「企業工會」的功能，如爭取到要求派遣公司依法必須召開「勞資會議」，而勞資會議代表即由工會內部所推薦之工會幹部參選而產生。此外，通信網路工會亦直接協助個別委外派遣之會員，爭取相關權益時提出勞資爭議調解。這些過去多數為企業工會所承擔的功能，因產業工會的出現，適時填補了派遣人員最實際的需求。

三、訴諸「企業社會責任」

針對中華電信訴諸「企業社會責任」來施壓，應該是通信網路工會過去五年來最常採取、也相對有效的策略。工會過去的每一場行動、每一次活動、每一份對內文宣、與對外新聞稿，幾乎全數訴諸中華電信的「企業社會責任」。之所以鎖定訴諸「企業社會責任」的原因，一來，中華電信雖名義上為民營，然而政府卻仍具有完全主導權；二來，中華電信身為國內電信產業龍頭，過往更多次被評比為最有「企業社會責任」之企業，如今產業工會不斷凸顯公司內部實際上充斥著各種違法、放任假派遣制度剝削員工的鮮明對比，對中華電信在社會形象上產生更大的壓力。

伍、階段性勝利、與未盡完美的結果

2014年6月24日，在中華電信板橋訓練所召開股東大會，產業工會一如往例發起「前進股東會」的發聲行動，這已是工會成立以來連續第三年的抗議。特別的是，這一年，由中華電信百分之百出資的宏華國際公司[14]

14 宏華國際公司成立於2013年2月，最早以承攬中華電信各項電信網路建置、查修與維護工作，後續逐步納入原零散由各地營運處以勞務外包方式各自進用的派遣員工，包括營業櫃檯服務人員與網路客服人員等。

員工所組成的企業工會，也大規模動員了超過400人前來板橋股東會現場外陳情、抗議（圖12-5）。中華電信出資成立宏華國際的目的，自始就是承攬中華電信相關業務，因此與其說宏華國際是家獨立經營的公司，還不如說更接近專門承接中華電信業務的大型「準派遣公司」。宏華國際無論是薪資、獎金、福利等待遇，都明顯低於中華電信正式員工，股東會上中華電信財務長陳伯鏞則進一步確認這個刻意為之的差異結構，誠實地表明：「成立宏華是為了提供全年無休的電信服務，為了因應市場競爭，因此聘用條件、工時與福利制度，自然與中華電信不同」。[15] 正因如此，對宏華國際的員工來說，訴求自然則是「納編」成為中華電信的員工。

圖12-5　2014年中華電信股東常會

通信網路工會長期以來爭取「終結派遣、正式納編」的努力與運動策略，終於在此次股東常會上，出現了相對重大的突破。

資料來源：通信網路工會提供。

15 陳韋綸，2014，〈中華電股東會 宏華派遣工要求納編〉。苦勞網，http://www.coolloud.org.tw/node/79161，6月24日。

只是，對其他超過兩千名以上、如同通信網路工會多數會員中的派遣員工來說，其處境、待遇與保障，顯然比宏華國際的員工更惡劣與不穩定。而工會多年來的訴求，本來亦是要求中華電信正式將這一群長期處於非典型僱傭型態、嚴重缺乏基本保障的員工納編。這兩股同樣要求中華電信「正式納編」的聲音與力量，奇妙地在2014年的股東大會上碰撞出火花。

對中華電信的經營規劃來說，宏華國際的成立，長遠目標就是為了逐步發展成中華電信的人力統包子公司。而過去幾年來，產業工會對外包派遣人員勞動處境的猛烈批評、與爭取權益的行動，無疑加速了中華電信與宏華國際整合的腳步。

6月24日股東大會上，中華電信董事長蔡力行，在面對通信網路工會幹部要求中華電信應納編派遣人員的發言時，第一次公開具體承諾：「未來會將目前仍然由分屬不同派遣公司所僱傭的服務中心與客服人力，分階段納編至宏華國際。」而這項口頭承諾，後續更被明確載明於〈103年度股東常會股東所提建議事項及臨時動議辦理情形〉（見表12-2）。

對派遣員工來說，爭取納編的道路走到這個階段，出現了兩種可能發展：最佳選擇當然是直接成為中華電信母公司的正式員工，這一點同時也是宏華企業工會所希望爭取的。但當中華電信為了統一調配、整合人力而成立宏華國際後，通信網路工會研判短期內要一步到位，成功爭取納編成中華電信員工的可能性，已大大下降。因此，倘若有機會，退而求其次，至少先納編成為中華電信全權掌握的子公司宏華國際員工，即便各種勞動條件與處境，仍不如中華電信員工，但在工作權的保障、乃至於薪資福利結構上，都將先獲得明顯改善。更重要的是，至少，一旦發生勞資爭議，中華電信／宏華國際作為雇主的責任歸屬，絕對是清晰、明確、且無從規避的。

表12-2　中華電信對臺灣通信網路產業工會「納編」訴求之回應

年度	公司回應	主要態度
2012	一、委外人員權益 （一）人力派遣是符合政府法令的制度，本公司於政府規範與監督下使用派遣勞工並非剝削勞工。 （二）本公司對於派遣勞工各項權益，在契約中明載要求承商依勞動法令辦理，並視經營狀況、業界薪資標準、勞動法令規定，檢討派遣人員待遇。 （三）本公司訂定嚴謹的承商考核機制，督導承商確實遵守勞動相關法令保障派遣人員權益，並定期抽查稽核承商對其派遣人員之勞動條件，並設置申訴專線，供外派遣人員提出申訴，以依法保護派遣員工的權益。 二、委外人員編納 對於優秀派遣人員，本公司自2006年起持續辦理委外納編為正職員工，今年集團辦理公開招募員工，以其對業務之熟悉，更是公司招募目標，以新一代門市為例，2012年度已進用超過140位派遣人員。	強調合法使用派遣勞動非「剝削」。 將以契約要求派遣公司遵守勞動法令。 有限度擇優納編派遣人員。
2013	本公司目前逐步減少委外的人力，成立宏華國際子公司負責第一線的工作，其計酬方式以獎金為主；業績好，所拿薪資可高於母公司。	確立逐步減少委外人力。 成立「宏華國際」子公司負責第一線工作。
2014	本公司目前已請宏華國際加速辦理服務中心及客服之人力需求調查及招募，並規劃客服及服務中心委外優秀人力分階段納編至宏華國際，預定 2015 年底前辦理完成。	承諾加速辦理將派遣人員納編至宏華國際，2015年底前完成。

資料來源：中華電信網站歷年「股東常會與股利資訊」；本文作者整理。

因此，當在股東大會上聽到蔡力行親口說出將分階段全數納編的承諾，產業工會多數的幹部都是高度樂觀其成的，認為辛苦爭取了多年的訴求，終於有機會獲得「階段性」勝利。只是，後續的發展對全體派遣員工而言確實是一大「福音」，然而對工會與幹部本身，卻是一場苦澀與未盡完美的「勝利」。股東大會後，宏華國際幾梯次的納編甄選中，工會擔任派遣人員的主要幹部，幾乎都報名參加了。但幾輪下來，幾名工會最重要的資深幹部，包括幾乎無役不與的副理事長邱曉彤等人，明明平常工作表現兢兢業業、成績名列前茅，卻遭到中華電信與宏華國際的刁難而未獲錄取。工會為此向勞動部申請不當勞動行為裁決，希望能認定中華電信與宏華國際以不錄取工會幹部對工會成員進行不利益對待。裁決委員會雖受理裁決申請，最後卻因工會無法提出直接證明：「中華電信與宏華國際是因其工會幹部身分而不予錄取」的事證，最終無奈遭到駁回。[16]

過程中，即便工會不斷公開批評中華電信不當打壓工會，並發現宏華國際事實上仍有電話客服人力需求，因此要求重開甄選程序，但五名通信網路工會未獲錄取的幹部，最後仍僅有邱曉彤與另一位幹部在最後一次增開的甄選過程中，順利成為宏華國際的員工，這也成了產業工會五年多來推動「終結派遣、全數納編」運動，未盡完美的結果。[17]

陸、「成功」經驗可複製嗎？

從結果來看，通信網路工會五年多來的成立與運作，確實讓超過兩千名原本屬於「假派遣」的派遣人員，大規模「納編」為中華電信子公司宏華國際的「正式」員工，至少成為專屬於中華電信、享有最基本穩定的不定期契約工作權保障員工的階段性任務。[18] 雖然，現階段他們仍被中華電

---

16 可參見勞動部不當勞動行為裁決委員會，104年勞裁第48號裁決決定書，詳細內容可上不當勞動行為裁決委員會查詢：https://uflb.mol.gov.tw/uflbweb/wfCaseData.aspx

17 三位未成功納編進入宏華國際的工會幹部，其中兩位不久後進入其他電信公司繼續擔任客服人員，另一位則是選擇暫時休息但仍持續擔任工會志工協助會務推展，三人至今仍然皆維持其產業工會會員身分。

18 通信網路工會在中華電信公司大規模「納編」原派遣員工為其子公司宏華國際「正

信劃分為以業務承攬方式切割出去的「非核心」人力，但無論是勞動條件與僱傭保障，都較過往有長足的進展，由「非典型僱傭」往「典型僱傭」發展的趨勢是肯定而明確的。即便少數工會幹部在納編的過程中，遭到中華電信刻意排除而喪失工作權，但工會長期的努力與運動策略，至少為超過兩千名派遣人員爭取到一個更好、更穩定的工作環境。

然而，產業工會一路爭取「終結派遣、全數納編」的運動，與其所選擇的策略，是否具有「可複製性」呢？簡單來說，是否有可能在其他產業或其他公司複製同樣的運動，以協助非典型僱傭勞工爭取典型僱傭呢？

當我們重新回顧、檢視從「中華電信（企業）工會」到「臺灣通信網路產業工會」的組織運作歷程，至少有以下兩點關鍵因素決定了運動的方向：

一、要派公司屬性

通信網路工會以其單薄的會員人數，最終仍讓中華電信決定將派遣人員大規模納編至子公司的決策，很大一部分的原因與作為要派公司的中華電信屬性有很大的關係。

首先，中華電信雖然已完成民營化，名義上是私營企業，但行政院交通部仍為其最大股東，國家對於公司的董事與監察人、乃至於子公司的相關人士與預算，依舊握有最終決策權，簡言之，中華電信其性質仍然如同其他國公營事業一般，相較於單純的私營企業，一般而言社會與國會更難以接受其長期帶頭剝削勞工。

其次，中華電信所屬的電信產業是寡佔事業，這使得中華電信雖然在1990年代末、電信自由化開放後，開始面對市場競爭，然而其寡佔特性至今依然確保中華電信穩定而豐厚的獲利。因此，雖然中華電信有其競爭獲

式」員工後，雖然工會內部的討論，仍舊希望持續推動、爭取讓宏華國際員工有進一步成為中華電信母公司員工的機會。然而客觀上來評估，短期之內，勞動條件與保障獲得一定程度提升與確保後的會員爭取的動能尚顯不足。因此，工會逐步將目標放在爭取進一步改善已經成為宏華國際員工的會員的勞動權益（如加薪）。

利的需求，但相較其他產業或公司在考慮「典型化僱傭」所產生成本的增加，在財務上更有允許調整的空間。

第三，要派公司必須有具有活力與自主性的企業工會，如果要派公司連企業工會都不存在的話，那麼通信網路工會的團結模式根本就不可能有開展的機會。

二、要派公司企業工會對派遣勞工的態度

此外，雖然工會運作至今（2016年）兩屆理監事會中派遣人員皆佔多數，但持平而論，無論是主導工會的成立、每次行動與發聲中的角色、日常細微的勞資協商、乃至於資源上的挹注，同時擔任中華電信企業工會（主要以中華電信南區分公司企業工會為主體）幹部的正職人員的協助，絕對是決定成敗的關鍵因素。

上述討論已提及，電信工會早在2003年起就已留意到工作現場中，派遣人員對工會可能帶來的衝擊。2008年更試圖透過修改工會章程、吸納與協助派遣人員。正因身為要派企業中華電信的企業工會，至少一部分的幹部與組織文化上，長久以來確立了團結非典型僱傭員工的態度與立場，因此才能在《工會法》修正後第一時間即主導成立臺灣通信網路工會，並隨之開啟一系列漫長的爭取回歸「典型化僱傭」的道路。

相較之下，若要派公司企業工會對派遣員工的態度仍舊維持在「排除」與「敵對」的狀態，就如過去曾經發生的幾個案例：公廣集團工會與派遣員工間的緊張關係（劉昌德 2016）、或臺灣石油工會排除旗下加油站打工員工加入工會（劉侑學 2010）等，那麼，通信網路工會任何的團結與結盟嘗試，可以想見仍很難有真正擴大實踐的空間。

當然，即便在確認此一階段性「成功經驗」是否具可複製性時，必須同時考量上述諸多要素外，筆者仍誠摯希望：通信網路工會的幹部與會員的努力與挺身戰鬥經驗，能提供臺灣工會運動面對「非典型僱傭」興起後，在組織與運動上「拋磚引玉」的效果！更期待日後能有更多工會組織以相較於通信網路工會更大規模、更積極的實踐嘗試，共同以工人的集體力量，讓非典型僱傭邁向典型僱傭之路！

附錄　中華電信委外派遣勞工爭取納編大事紀

日期	事件
2008.3.26	中華電信工會代表大會修改章程，通過：「凡為中華電信股份有限公司服務之派遣、外包人員，及所屬轉投資公司之員工及為其服務之派遣、外包人員等，均有加入本會為會員之權利與義務。」然而該條修正卻在報主管機關（勞委會）備查時，遭回覆不符《工會法》現行規定不予備查。
2008.8.20	中華電信工會第四期會刊，首次大篇幅刊載、報導公司內人數不斷增加的外包派遣人員所受遭受之不公平待遇。
2010.6.1	《工會法》修正，開放跨公司、跨廠場組織「產業工會」，隔年2011年五一勞動節正式實施。
2011.3.15	由電信工會前理事長張緒中等5名正職員工，召開「臺灣通信網路產業工會」第一次籌備會，會中並決定分別針對外包（派遣）客服人員、網路包商員工與神腦通信員工分別進行會員招募。
2011.5.1	歷經三次籌備會後，通信網路工會正視成立，會員人數109人，16名理、監事名單中，共10名理、監事為中華電信外包派遣人員。
2011.5.13	產業工會與國民黨立委羅淑蕾、民進黨立委潘孟安共同舉辦「給臺灣年青人永續就業制度公聽會—企業社會責任」公聽會，呼籲政府要求中華電信保障派遣員工之權益。
2011.8.8	產業工會發動前往中華電信位於高雄的客服園區抗議，要求改善派遣工勞動條件、逐年納編。
2012.4.1	中華電信南區客服中心，原派遣公司美商萬寶華公司不再承包，新派遣公司吉宏興業有限公司接手後，薪資結構大幅改變，試圖降低勞動條件，並一度要求通信網路工會副理事長邱曉彤約滿離職，在工會爭取下才重新爭回工作權。
2012.6.22	101年度中華電信股東常會。產業工會幹部出席要求中華電信應將派遣委外人員納編。
2013.6.25	102年度中華電信股東常會，產業工會幹部再度出席要求中華電信應將派遣委外人員納編。
2014.1.17	產業工會發動幹部北上前往中華電信臺北總公司前陳情、抗議。
2014.6.12	股東會前產業工會於臺北NGO會館召開記者會，要求中華電信終結派遣、全數納編。

日期	事件
2014.6.24	103年度中華電信股東常會。產業工會幹部連續第三年出席要求中華電信將派遣人員納編。董事長蔡力行首次承諾將分批在2015年年底前，將派遣人員納編至中華電信百分之百持股的子公司——宏華國際。
2015.4.19	通信網路工會邁入第二屆，第二屆15名理監事名單中仍舊維持9名來自派遣人員（包括已納編為宏華國際之員工）。
2015.8月	宏華國際大規模納編原派遣人員過程中，90%派遣員工均通過甄選，然而產業工會包含副理事長在內5名資深重要幹部卻遭封殺。工會除公開抨擊中華電信打壓工會外，亦向勞動部提起不當勞動行為裁決申請，要求宏華國際對工會幹部應予以一視同仁納編。
2016.2.19	歷經三次調查會議，勞動部不當勞動行為裁決委員會因產業工會難以直接提出明確證據，說明中華電信與宏華國際在納編甄選過程中對工會幹部的不利益對待與工會活動有關，駁回工會請求。產業工會成立以來爭取近五年的納編訴求，在派遣員工大規模納編甄選過程未獲錄取的5名工會幹部，僅2人於後續增額甄選中錄取為宏華國際之員工。

資料來源：本文作者自行整理。

參考文獻

王志銘，2006，〈事業機構專案精簡（裁減）優惠退離措施效益評估〉。《人事月刊》42(2): 53-61。

成之約，2006，〈產業工會對「派遣勞工」的態度及其對勞資關係意涵之初探〉。《政大勞動學報》20: 97-123。

李健鴻，2010，〈臺灣新貧階級的形成與因應對策〉。《新社會政策雙月刊》10: 42-49。

林宗弘等，2011，《崩世代：財團化、貧窮化與少子女化的危機》。臺北：臺灣勞工陣線。

林政諭，2008，〈日本勞動派遣現況〉。《臺灣勞工季刊》13: 105-110。

張麗芬等，2005，《邁向財團化之路？臺灣公營事業民營化12年全紀錄》。高雄：財團法人高雄市基督教社會互談會。

張晉芬，2001，《臺灣公營事業民營化：經濟迷思的批判》。臺北：中央研究院社會學研究所。

勞動部不當勞動行為裁決委員會，2015，104年勞裁第48號裁決決定書。（https://uflb.mol.gov.tw/uflbweb/wfCaseData.aspx，取用日期：2017年11月18日）。

楊卓翰、林麗娟，2013，〈台灣薪資大崩盤！政府帶頭壓榨〉。《今周刊》875: 102-110。

劉昌德，2016，〈派遣的逆襲：公廣集團「內部外派」勞動與派遣工會運動〉。《新聞學研究》128: 1-47。

劉侑學，2010，面對青年貧窮化：非典型勞動：勞資合作下的圈外人（https://enews.url.com.tw/lihpao1/56124，取用日期：2017年11月18日）。

第十三章
從邊緣到中心：大學兼任教師的勞權抗爭

林柏儀
臺灣高等教育產業工會組織部主任

感謝高教工會祕書處的陳書涵自任職起持續投入大專兼任教師組織工作，以及徐文路、蔡依伶、陳思仁、鄭執翰、郭耀中、鐘宜杰、劉侑學、顧玉玲、宋亞克、陳柏偉等大專兼任教師的共同努力，才讓本文有寫成的可能。並且特別感謝本書主編王舒芸與執行編輯劉侑學對草稿的寶貴意見，儘管全文內容當然仍由我個人負責。

> 每年九個月的薪水，平均一個月僅幾千元，卻要兼任教師每學期「教學評量達標」+「行政配合良好」+「學術研究達標」+「輔導學生達標」！這是不是合理的工作要求與對待，教育部怎麼可能看不出來？（鄭老師 2016）

> 大學兼任教師如同一般的部分工時者，在越來越壞的情況下，忍受勞動彈性化的惡果，同時也是大學節省成本的實際承擔者，一體適用《勞基法》，這個訴求並非特權，只是要求落實基本勞動保障，勞動部更不應成為「慣老闆」的元凶。（蔡依伶 2016）

壹、臺灣大專教師的非典型聘僱：現象與趨勢

臺灣高等教育屬於高度受政府介入的事業。不論學校的設立或變更、教師的標準與員額、學生的招生數量與管道、辦學的財務使用與樓地板面積、校務會議與私校董事會的組成和權力結構等，儘管經歷了1990年代以來臺灣本土的公營事業民營化、及以「大學自治」、「教育鬆綁」為名，將大學朝法人化推進等新自由主義浪潮，直到2010年代，仍經常有諸多人批評臺灣的高等教育：「臺灣其實只有一間大學，它就叫『教育部』」。[1]

然而，雖然大學持續受到政府的高度管制或評量，並不代表其在人事聘任上必然會持續「典型聘僱」。相對地，政府作為大專院校主要的管理者，也可能基於撙節政府教育資源，或協助大專院校謀取利潤，而制定鼓勵大學朝向「非典型聘僱」、利用壓低人事成本的制度框架，產生公共服務事業的非典型聘僱浪潮。換言之，對大專院校而言，勞動彈性化與政府

1　實際上，臺灣政府對大專院校也的確仍握有相當高度的管制權力，例如對不遵守教育法令或政府要求的大專院校，政府得以刪減獎補助款、限縮招生員額、甚至聲請解散私校董事會等方式來懲罰學校。比較大的轉變僅是自1990年代以來，政府採取更多新管理主義浪潮下的管制工具，如實施大學評鑑、增加政府補助的競爭型經費項目、鼓勵大學排名競爭等，使得對大學控制的方式更加細微與深層。關於在這樣政府管制權力下所形成的大學體制，其歷史與發展，暫時並非本文重點，但值得未來有更多進一步的研究，將其與當代大學受僱者的處境變遷相互扣連與分析。

維持管制兩者之間並不衝突。甚至因為政府的積極政策介入或引導，使大專院校的勞動彈性化趨勢進展更為迅速。

本文嘗試分析過去15年來臺灣大專教師的「非典型聘僱」趨勢，以大量增加的兼任教師及其勞動處境為例，說明在政府管制下所維繫的典型／非典型受僱者的差別待遇體制，如何強化教育事業採用非典型聘僱的選擇偏好。另外，透過分析大專兼任教師參與工會組織後發起的三個權益倡議案例，例示非典型受僱者爭取勞動權益的可能，及雇主和政府部門的回應策略。

根據政府公布的統計數據顯示（表13-1），臺灣大專院校的學生人數，在民國90學年度（2001-2002）為118.7萬人（含碩士生8.7萬人，博士生1.6萬人），而至民國105學年度（2016-2017）成長為130.9萬人（含碩士生16.9萬人，博士生2.9萬人），總成長率為10.3%，其中碩博士生成長率高達92%。

同一期間，大專專任教師的人數，從41,822人緩緩增加為47,848人，成長率僅約14.4%，若考量碩博士生加權計算，[2] 甚至比起加權後學生人數成長的幅度（17.6%）還低。然而，大專兼任教師在這期間卻是從27,111人，大幅增加到45,635人，成長率足足高達68.3%。

換言之，在這15年間，面對高等教育學生人數的擴張，大專院校是以大幅增加聘僱兼任教師，來填補教學人力需求。如今兼任教師的總人數甚至已逼近專任教師，成為各大專院校第一線教學人力中不可或缺的工作者。

2　按照教育部頒布之《專科以上學校總量發展規模與資源條件標準》之「附表一：全校生師比值、日間學制生師比值及研究生生師比值之基準」，計算生師比之學生數時，碩士生加權乘以二，博士生加權乘以三。

表 13-1　大專院校專任教師與兼任教師成長比率

	大專院校學生人數	大專院校專任教師人數	大專院校兼任教師人數
90學年度	118.7萬人	41,822	27,111
105學年度	130.9萬人	47,848	45,635
成長率	10.3%	14.4%	68.3%

資料來源：教育部統計處（2016），經本文作者自行整理。

貳、專任／兼任教師差別待遇體制

臺灣大專院校為何偏好聘僱兼任教師，甚至「以兼任取代專任」，來填補教學人力需求？首要原因，無非仍是「成本」考量使然。

我國《教師待遇條例》保障公、私立學校的編制內專任教師，能領取相同基準的薪給。因此大專院校聘任一位專任助理教授，應給予其的每月薪資需按照政府公布的教師待遇基準，約每月69,000元起跳，若加上每年1.5個月薪的年終獎金，並且承擔公教人員保險與退撫金提撥，每年估計總成本至少約為115萬元。

相對地，聘任一位兼任助理教授，每學期同樣承擔10學分的課程，不但每月鐘點費支出僅要27,720-32,340元，而且只要為其加入勞工保險、不用提撥任何的勞工退休金（若具其他本職者），甚至寒暑假不用給薪、更無需發放年終獎金，使得聘僱兼任教師一年僅需給予九個月的薪資，每年估計總成本僅約為27-32萬左右，不到聘任一位專任教師成本的三分之一。

專任、兼任之間大幅的薪資落差，其實不只是一般勞力市場自由競爭下的結果。相對地，我國大專教師不論是專任或兼任，皆有政府所訂定的薪給基準；儘管在私立學校任職，也受到該薪給基準的一定管制。然而，每當政府調漲公教人員薪資時，該調漲措施僅及於大專專任教師，但未包括兼任教師，使得兼任教師鐘點費基準曾有長達21年凍漲。2000年教育部頒布一項函釋，[3] 更使大專兼任教師自過去每學期能取得5.5個月的鐘點

3　教育部 89.7.14臺（89）高（二）字第89080609號函、教育部 89.12.29臺（89）高（二）字第89155957號函。

費，改為僅能領取4.5個月的鐘點費。種種政府的差別對待，導致大專專任／兼任教師間的薪資落差日益拉大。

再加上2000年後日趨高漲的大專院校校務經費自負盈虧、企業化經營的浪潮，「成本考量」搭配政府主導下的專任／兼任「差別待遇」，都使大專院校高度傾向採取聘僱兼任教師、減緩聘僱專任教師的人力配置。

除此之外，政府對大專兼任教師的法定勞動保障不足，形塑了大專專任／兼任教師兩者在法定權益上的明顯差別。首先，我國的大專專任教師不分任職於公校或私校，只要是「編制內的專任教師」，[4] 都會受到我國《教師法》的保障。而公校或私校也會有所謂「編制外職員」的聘僱，如各處室的職員、助理、技工等，則如同一般勞工受到《勞動基準法》（簡稱《勞基法》）的保障。然而，大專兼任教師作為「編制外教師」，長期以來卻既不受《教師法》保障、也不受《勞基法》保障，可說是大專院校中勞動權益嚴重缺乏法令保障的「法外孤兒」。

因為這樣的法定保障落差，使得大專兼任教師的聘僱存續保障上，無法和大專專任教師或職員技工比擬。現行絕大多數大專院校與兼任教師均約定「一學期一聘」或「一年一聘」的聘約；而當聘約到期後，學校若不滿意該兼任教師或另有其他考量，不需合乎任何法定標準或程序，即可恣意不予續聘（實務上稱為「下學期沒排課」）。相對於不續聘一位專任教師，需要合乎《教師法》第14條第1項的嚴格要件（例如該教師有重大犯罪或違反聘約情節重大）；或解僱一位職員技工要合乎《勞基法》的解僱或資遣標準。兼任教師的「法外孤兒」狀態，使其成為學校可彈性利用勞力的最佳利器。

法定保障落差的程度甚至包括：直到2017年《專科以上兼任教師聘任辦法》修正前，大專兼任教師無法確保「按月定期發薪」、無法請「病假、事假、公假、喪假」、申請「產假」則不給薪、遇「國定假日」放假

4　近十年來大專院校紛紛出現「編制外專任教師」，常以「專案教師」或「約聘教師」稱之，也同樣不受《教師法》或《勞基法》的保障。此類人員和大專兼任教師同樣屬大專聘僱非典型化的一環，但本文集中討論的對象，仍以大專兼任教師為核心。

未必有鐘點費、無法要求雇主提撥退休金、無法請領資遣費、遭遇爭議無法擁有訴訟外的申訴或救濟管道等，這些作為專任教師或一般勞工皆享有的基本勞動權益。

無怪乎，日趨考量人事成本與聘僱彈性的大專院校，紛紛傾向採用兼任教師作為人事聘僱的首選。也因為大幅增加的兼任教師聘僱並非單純基於教學多元需要或專業考量，而是著眼利用其低人事成本與低勞動保障的邊緣處境，因此，大專院校也缺乏主動改善兼任教師勞動條件的意願，甚至屢屢在制度改革上扮演反對改善的角色。[5]

以下透過表 13-2，比較當前大專兼任教師、大專專任教師、與一般勞工之法定勞動保障，說明大專兼任教師遭遇的系統性權益保障落差：

表13-2　大專兼任教師、大專專任教師、與一般勞工之法定勞動保障比較（2017.8-）

	大專兼任教師	大專專任教師	一般勞工
勞動保障法令	無	《教師法》	《勞動基準法》
契約期間形式	定期契約（一學期一聘或一年一聘）	形式上為定期契約，但禁止無法律要件的不續聘	不定期契約（僅非繼續性工作可為定期契約）
解僱／不續聘法定要件	無	教師有重大犯罪、違反聘約情節重大，始得解聘、停聘、不續聘；且需經教評會審議並報教育部核准	勞工對於所擔任之工作確不能勝任；違反勞動契約或工作規則情節重大；對雇主重大侮辱等，雇主始得解除勞動契約
資遣費	無	無。私校教師遭資遣，僅得預先提領退撫儲金	有

5　舉例而言，2017年的大專院校校長會議，其中一項提案即是「希望教育部協調勞動部，撤銷大專兼任教師適用《勞基法》的規劃。」

	大專兼任教師	大專專任教師	一般勞工
薪資基準	公立學校：有，按公立大專兼任教師鐘點費基準私立學校：各校自訂，但不得低於2014年之前	公校按公立大專教師薪給表；私校教師之薪給依法應準用公校標準，如欲調整需協議	不得低於法定基本工資
按月發薪	有	有	有
法定正常工時	無	無	有（每天8小時，每週40小時）
加班費	無	無加班費，但有超鐘點費	有
給薪國定假日	各校自訂	有	有
特別休假	按工時比例享有（2017年以前無）	有	有
病假、事假、公假	按工時比例享有（2017年以前無）	有	有
給薪產假	按工時比例享有（2017年以前無）	有	有
退休金	僅「無本職」者享有；「有本職」者則無	公教人員退撫／私校教職員退撫儲金	勞工退休金舊制／新制儲金
勞動社會保險	勞工保險、就業保險	公教人員保險	勞工保險、就業保險
健康保險	全民健康保險（2012年始確定學校納保責任）	全民健康保險	全民健康保險
訴訟外救濟管道	無	教師申訴	勞工申訴、勞資爭議調解

資料來源：本文作者自行整理。

參、反擊：團結非典受僱者的工會行動

作為某一產業中的非典型受僱者，大專兼任教師並非特例。絕大多數的非典型聘僱關係中，經常可見非典勞工與正職勞工的權益大幅落差，例如平均薪資落差達一倍、或彼此間完全區隔的福利或升遷體制。實際上，也因此，雇主才有誘因與必要創造出日益擴張的非典型人力部門，以有效降低人事成本。

從這角度來看，所謂「非典型聘僱」的增加，其實是企業經營邏輯下的「典型」：盡力降低成本、增加獲利。只不過如今風潮也吹進大專院校，而且在政府的背書加持下，越演越烈。問題是，面對此種「利潤邏輯」，受僱者能否透過集體力量來回應對抗、自我保護？特別是資源與條件都相形弱勢的非典型受僱者們，有機會採取行動來維護自身的勞動權益嗎？過去五年來，一群臺灣的大專兼任教師們透過參與工會組織，說明了這樣的可能。

臺灣高等教育產業工會（簡稱高教工會）於2012年2月成立，為2011年《工會法》修法允許教師籌組工會後，第一個以高等教育受僱者為組織對象的產業工會。在成立之初，固然工會發起人與理監事以大專專任教師為主，但仍有意識地積極關注大專院校的非典型聘僱問題，並開始嘗試招募各種非典型受僱者加入工會，包括兼任教師、專案教師、兼任助理等。

在高教工會成立後該年的5月1日勞工節遊行，其即於當日發起了「反對高等教育勞動非典化」行動，高分貝訴求應優先改善高教非典型受僱者的處境（臺灣高等教育產業工會 2012）。而在眾多大專非典型受僱者類別中，大專兼任教師成為工會近年來最主要關注的群體。除了因兼任教師的確相當缺乏合理權益保障外，自工會成立以來，持續有大專兼任教師加入工會（約佔會員的一成），並且形成不定期聚會的小組（高教工會兼任教師小組），也使得兼任教師權益成為工會持續推展的議題。

儘管大專兼任教師處境艱辛，但其工作繁忙且四散各地的特性，使其並非自然而然就會「組織起來」。相對地，工會祕書處主動採取各種組織串連策略，扮演兼任教師們「組織化」歷程的催化角色。在起步階段，作

者本人並非此倡議運動的核心組織者，僅屬不定期的參與者之一；至2014年起在工會擔任專職工作，並且也開始有擔任兼任教師的經驗（儘管非主要工作），對其始有相對深入的參與及觀察。

圖 13-1　高教工會於成立當年的5月1日勞工節，至教育部前舉辦「反對高等教育勞動非典化」抗議行動

資料來源：臺灣高等教育產業工會。

一開始，工會祕書處主動聯繫自工會成立即加入工會的兼任教師會員開始聚會，作為此一運動的核心骨幹。除此之外，祕書處也以手動方式，將全國大專院校各系所有公開的兼任教師名單與其電子郵件，一筆一筆儲存，建立聯絡資料庫，使工會得以主動向全國大專兼任教師發布訊息。並且嘗試在北、中、南區舉辦大專兼任教師的分區聚會，以此促成工會與兼任教師的面對面互動。加上工會持續爭取兼任教師權益的行動，經過大眾媒體報導，能使四散各校的大專兼任教師們有機會注意到工會的存在。在這些組織互動方式的累積下，使此一運動得以緩慢的、滾雪球的方式漸進成長。

根據高教工會的會員資料，工會2012年2月成立時，兼任教師會員人數僅有10名，僅佔首波300名工會會員中的3%；隨著工會開始關注兼任教師權益議題，2014年1月時兼任教師會員人數成長至74名，2016年5月成長至156名，而至 2017年6月，則已有233名。不但兼任教師會員的人數持續成長，而且佔整體工會會員的比例也緩緩上升，儘管截至目前為止工會主要的會員組成與會費收入來源仍是以大專專任教師為主。

這群主動參加工會的大專兼任教師，通常是一群同時在多間學校兼課、橫跨公私立學校，而且往往已兼課多年、以兼課為主要收入來源的「專職」兼任教師（在各個學校兼課就是其專職工作）。他們許多已經擁有博士學歷，或有多年的教學經驗，但在大專專任工作機會日趨減少的情況下，只能在多所學校兼課，作為保留在大專院校中就職的方式。他們之中，不少人也曾有參與社會運動、學生運動的經驗，很迅速地就能辨識出兼任教師所遭受的不平等待遇，以及透過集體行動來訴求改變的必要；而且基於預期將繼續維持兼任聘僱方式，「轉正」機會渺茫，因而對於爭取兼任教師的合理權益，也有著更強烈的動力。[6]

以下本文將分析三起工會針對大專兼任教師權益所推行的關鍵倡議經驗與成果，說明非典型受僱者集體行動的可能，及官方、大專校方（雇主）對其訴求的回應策略。

一、落實大專應作為兼任教師的健保投保單位

高教工會針對大專兼任教師權益改善的第一起公開倡議，是從一相對

6 相對來說，「轉正」機會較大的「專案教師」群體，則受僱者通常更考慮公開形象與轉正可能，不若「兼任教師」群體容易採取公開動員與抗議的方式爭取權益。當然，這也可能和「專案教師」群體人數更少有關。儘管「專案教師」也經常面臨工作權遭侵害的情事（如學校科系於約滿後無理由不續聘），但直到2017年，才有清華大學語言中心的專案約聘教師，第一次以集體行動方式抗議大專院校片面變更他們的勞動契約問題。

少被注意到的課題開始。隨「專職的兼任教師」日益增加，這個群體面臨了一個其他受僱者不常遭遇的問題：他們能否透過受僱單位加入全民健康保險（簡稱健保）？

已經有一份專職工作的兼任教師，可透過其專職工作的受僱單位納入健保；但對於只有兼課這份工作的「專職兼任教師」，長期以來則多半未能透過兼課學校納入健保，而只能自行透過區公所以健保「第六類地區人口」身分納保，或作為家庭中的「被撫養眷屬」納入健保。不過透過這些類別納保，往往都得繳納比透過受僱單位加保相對偏高的保費，而且在2013年政府實施「二代健保」後，可能還得再被課徵2%的鐘點費為「補充保費」。這使得大專兼任教師們原已窘迫的專職兼課生活，面臨更嚴峻的經濟壓力。[7]

實際上，按照《全民健康保險法》第8條、第10條及第15條規定，具有中華民國或居留滿六個月之「公民營事業、機構之受僱者」與「有一定雇主之受僱者」，就應作為全民健康保險的被保險人，依法「以其服務機關、學校、事業、機構、雇主或所屬團體為投保單位」加入健保。該規定並未區分專任或兼任，或全時工作者、部分工時工作者，而是要求「受僱」就應由其「雇主」作為投保單位加入健保。換言之，大專兼任教師理當由最主要工作之一（工作時數最多）的大專院校，作為其投保單位納保。但現實中，長年來幾乎少有學校主動協助兼任教師納保，甚至還有教師提出請求後，予以拒絕的案例。

工會注意到此一問題後，主動要求當時主管機關行政院衛生署（現已升格為衛生福利部）積極介入。然而，卻遭官方回以「受僱者每週工作時

7　舉例而言，一位兼任教師若在2017年於三間學校各兼任三學分、二學分、二學分，則若依《全民健康保險法》由其中最主要工作的學校作為投保單位加入健保，則該兼任教師每月得自行負擔的健保費用為296元，另外兩間學校的所得若超過補充保費的課徵標準，才要繳納2%兼職所得的補充保費。然而，若不由學校作為投保單位，而是兼任教師自行以被保險人第六類地區人口的身分納保，則因為沒有雇主負擔的緣故，兼任教師自行就得每月負擔749元的健保費用，而且三間學校的所得若超過補充保費課徵標準，也都還要再繳納補充保費。有無由學校依法納保，每名兼任教師的每月健保支出可相差多達450-800元之間，一年可多達近萬元。

間若未達12小時，雇主不需要作為其投保單位」的行政解釋[8]駁回，並無積極糾正大專院校的意願。此消息傳回，工會的兼任教師們紛紛感到不合理。主要原因是，兼任教師的工作時間實際上不固定，除了上課外，還要備課、改作業、課外輔導等；但衛生署在查核上卻只以上課的鐘點時間為工作時間，導致除非要在一間學校兼課到12學分以上——這已多於一般專任教師——才有由學校納保的資格，這豈非實際上排除了幾乎全體的大專兼任教師？

除此之外，工會的祕書處人員則認為，此一「每週工時12小時以下無健保」的衛生署函釋，根本並無法律授權，而且侵害了廣大部分工時工作者的健保權益，本身就有改革的必要。因此，高教工會自2013年年初起，針對兼任教師的健保議題，進行了問卷調查、網路連署、與公開檢舉，亦針對此議題召開記者會、公聽會、立法院協調會，並與兼任教師會員共赴衛生署陳情。

除了透過各類方式公開施壓外，工會祕書處也邀請工會會員中的勞動法學者，撰寫法律意見書於記者會與立法院公聽會上公開，強調大專兼任教師並不該因其「兼任」身分，就被排除在勞動保障或社會保險權益外，並質疑官方函釋並不合乎《全民健康保險法》的精神，屬於違法之法律解釋，應不予援用（林佳和 2013）。工會採取此一動作的考量在於，透過法律學者的意見表達，一方面能逼迫官方正視相關質疑並非空穴來風或缺乏學理基礎，而是的確有改革的必要；另一方面也鼓勵工會會員以自身既有專業來協助工會目標推展，使兩者間更相結合。

原本衛生署執意堅持訂定排除對象是其行政裁量權，而絲毫不願退讓。但歷經兼任教師們將近一年時間的持續努力，官方的既有解釋終於動搖。衛生署升格為衛生福利部後，在2013年12月16日做成衛部保字第1021220112號函釋：「有關大專院校之兼任教師自103年2月1日起，不適用行政院衛生署84年7月4日衛署健保字第84031133號函釋，請查照。」換

---

8 行政院衛生署1995年7月4日衛署健保字第84031133號文：「非每個工作日到工者，其每週工作時數滿12小時以上（含12小時），視同專任員工，應由雇主為其投保。……不符合上述之規定者，得以其他適當身分投保。」

言之，大專兼任教師終於再也不用因在學校每週工作鐘點未達12小時，而被排除由學校作為健保投保單位的基本權益，成為該函釋明訂的「例外」。

此一進展涉及的權益，固然只是各種兼任教師面臨差別待遇的冰山一角，卻是臺灣大專兼任教師第一次透過集體行動施壓，改善自身處境的一仗。同時因這一推動的歷程與正向成果，使高教工會奠定了凝聚兼任教師參與工會、持續推動相關倡議的基礎。

爾後，工會在2016年9月曾匿名向10間隨機選取的大專院校人事單位詢問：「若擔任兼任教師，可否由學校納入健保？」結果全數都得到「可以納保」的回應，顯見情況有所改善（臺灣高等教育產業工會 2016a）。但是，工會也依然聽聞兼任教師並非由學校納保的案例，得知學校的做法從「拒絕納保」改為「不主動詢問是否要納保」，倘若兼任教師未主動要求，仍很可能喪失應有的權益，而且此種狀況的比例並不少。

另一方面，衛福部的新函釋仍未根本地改變既有「每週工作時間若未達12小時，則雇主不需要作為其投保單位」的行政解釋，而只是將「大專兼任教師」作為例外排除。因此，其他各行業中的部分工時工作者，依然很可能因過去行政院衛生署的這一函釋，而無法落實基本的健保權益。實際上，高教工會日後在協助大專兼任助理爭取由學校參加健保的倡議中，仍得再次面對此一課題，至今仍在爭取當中。

二、爭取大幅調整已21年凍漲的大專兼任教師鐘點費

從爭取健保權益開始，由工會中的積極兼任教師會員所組成的「高教工會兼任教師小組」，約以每一至兩個月一次的頻率，在工會辦公室與祕書處人員持續聚會。他們的訴求並不自限於爭取健保，同時開始討論兼任教師們期望改善的各個課題。其中最常被提出、也最現實的一個問題即是：「大專兼任教師的鐘點費偏低，而且已經相當多年未調漲」。這使得兼任教師在多間學校大量兼課才能勉強維生，而且顯然是專任／兼任之間待遇落差日益擴大的元凶。高教工會調查行政院公報等歷史檔案，才發

現：大專兼任教師鐘點費，竟然自1993年起就再也沒有調漲。換言之，直至2014年，政府已有21年沒有調漲大專兼任教師鐘點費！對此向政府提出的訴求是：「至少應比照這21年來的基本工資調漲幅度，作為鐘點費的調幅」，讓兼任教師也跟得上日趨高漲的物價，及彌補理當逐年調升的薪給待遇。

和爭取健保權益的歷程類似，爭取提高鐘點費同樣歷經了將近一年的倡議行動，包括多場的室內記者會、官署前陳情行動、媒體專訪等。其中一場最廣受關注的行動是，工會的兼任教師代表於2014年農曆春節時到行政院前高舉自製春聯：「兼任鐘點是我飯碗，同工同酬天經地義」，橫批「我要調薪」，將其張貼在行政院大門上向政府表達抗議。這個在社會中相對屬「小群體」的薪資權益，漸漸獲得社會大眾的關注，質疑為何政府如此苛待大專兼任教師；媒體報導的筆調也漸漸對此群體展現同情。[9] 或許是在社會輿論日趨高漲的壓力下，終於在2014年3月，儘管官方從未與兼任教師或相關工會團體會面討論，行政院突然核可大專校院兼任教師鐘點費調整16%的方案（自2014年8月1日起實施），約等同追平過去16年間的物價調幅，小幅提升了兼任教師的鐘點費（表 13-3）。

表13- 3　公立大專兼任教師2014年8月鐘點費調整數額

職級	調漲前	調漲後
兼任教授	795元	925元
兼任副教授	685元	795元
兼任助理教授	630元	735元
兼任講師	575元	670元

資料來源：本文作者自製。

9　劉嘉韻，2013，〈大學兼任教師低薪 「比22K還不如！」〉。蘋果日報，http://www.appledaily.com.tw/realtimenews/article/new/20131002/268066/，10月2日；蔡永彬，2013，〈薪資難養家活口 高教工會籲漲兼任教師時薪〉。蘋果日報，http://www.appledaily.com.tw/realtimenews/article/new/20131022/278994/，10月22日；蔡永彬，2014，〈私大兼任教師抗議 高教工會：鐘點費漲2成〉。蘋果日報，http://www.appledaily.com.tw/realtimenews/article/new/20140126/334145，1月26日。

不過，行政院發布此一調整案的同時，卻又開了新的一個巧門：「調整方案只拘束公立大專院校，而私立大專院校是否配合，可『視財務狀況調整』。」教育部透過同時訂定頒布《專科以上學校兼任教師聘任辦法》，其中第7條規定「私立專科以上學校兼任教師待遇，由學校視財務狀況定之。」明示私校發給兼任教師的鐘點費，可以不再有必要準用公校。影響所及，直到2017年仍約有七成以上的私立大專院校，並不配合2014年政府宣布調整大專兼任教師鐘點費的政策，而依然維持已「凍漲」20年以上的鐘點費。自此開始，公校與私校間兼任教師鐘點費呈現「脫鉤」狀況，使得調漲的成果，只能適用在不到半數的大專兼任教師身上。

隨後，工會繼續發動要求「私校比照適用公校鐘點費基準」的一系列抗議行動，強調「公私校兼任教師同工要同酬，鐘點費不脫鉤！」，並且揭露儘管「視私校財務狀況來決定是否調漲鐘點費」，但明明私校中有九成都有年度盈餘，絕大多數卻依然不調整鐘點費，顯見政府開的「視財務狀況」巧門，形同是「放任私校恣意訂定鐘點費數額」，只會讓不合理的惡質待遇持續。

圖 13-2　高教工會為抗議大多數私立大專院二十餘年未調整兼任教師鐘點費，至教育部外張貼未調整之學校名單，表達抗議

資料來源：臺灣高等教育產業工會。

兼任教師們的持續抗議下，爭取到教育部於2015年9月初回應：「將規劃把兼任教師鐘點費，納入教育部補助私立大專校院獎補助款核配之參據」、「更積極地引導私校調漲兼任教師鐘點費，預計於105年1月實施。」但截至目前為止，官方釋出的誘因顯然還不足以改變私校行為，多數私校寧可不擔憂獎補助款，也要繼續維持已20多年未調整的鐘點費數額。

三、大專兼任教師應一體適用《勞動基準法》

歷經了納入健保、調鐘點費的倡議經驗後，參與工會的兼任教師們漸漸開啟了訴求改善兼任教師權益的整體性藍圖，也更有了透過行動爭取權益的經驗和自信。而歸納種種訴求，他們發覺要先爭取到一部法令的保障，擺脫「既不受《教師法》保障、也不受《勞基法》保障」的「法外孤兒」狀態，是各種訴求實現的基礎。於是，倡議大專兼任教師應當納入《勞動基準法》的運動，隨之展開，且持續至今。

其實大專兼任教師老早在2008年，公立學校的兼任教師在《勞基法》擴大適用政策下，就應有機會以「公部門臨時人員」納入適用範圍。不過當時各國立大學的校長以「可能造成學校財務負擔加重」為由集體施壓，行政院最後竟然召開了跨部會會議（包括：行政院、勞委會、教育部、各大學校長），另行發布命令，排除公立學校兼任教師得以適用《勞基法》的權益。[10] 以致於2014年8月勞動部公告「私立學校編制外人員適用勞基法」時，也比照公校一併將「編制外教學、研究人員」排除。這使得日益增多的大專兼任教師、專案教師、博士後、約聘研究員等，繼續身處缺乏勞動保障的「法外孤兒」狀態。

缺乏《勞基法》保障的問題為何？最主要反映在，形式上「一年一聘」或「一學期一聘」的編制外教學、研究人員當面臨不續聘時，無法援引《勞基法》第9條、第11條、第12條，主張自身作為「繼續性工作」應屬「不定期契約」，除非有法定事由否則雇主不得解僱，以保障自身的工

10 蘇永耀，2008，〈政院協調／國立大學短聘師生 不適勞基法〉。自由時報，http://news.ltn.com.tw/news/life/paper/189518，2月18日。

作權利。而倘若缺乏此一最基本的續聘保障，將導致大專兼任教師與學校的關係顯然處於不平等的位置。甚至儘管各種權益已有法律保障（如產假），實際上兼任教師也不敢爭取，以致於難以落實。當兼任教師每學期都得擔心「下學期是不是就會沒有課」的窘境，紙上的其他勞動權益並無實際意義。

因此，高教工會在2015年9月開始，正式採取公開倡議行動，要求政府立即將大專兼任教師一體適用《勞動基準法》，並且主張所有大專院校「編制外教育工作者」（包括專案教師、博士後研究、運動教練等），也應適用《勞基法》。時值2016年的總統大選前，民進黨競選團隊中即有權威人士向高教工會私下傳話表示：「兼任教師納《勞基法》這件事情，之後民進黨上臺可以解決。」不過，兼任教師們並沒有因為這樣的訊息停下爭取的腳步，而是維持到教育部、勞動部等主管機關前舉辦多次抗議行動。

在2016年民進黨勝選後，當年7月初，勞動部與教育部對外卻釋出消息，將以大專兼任教師「有無其他專職工作」區別為「無本職」與「有本職」兼任教師，而僅規劃讓「大專『無本職』兼任教師」適用《勞基法》。換言之，「有本職」的兼任教師仍將不適用《勞基法》。此消息傳出，兼任教師群體譁然。

高教工會第一時間發表聲明質疑：「教育部與勞動部此種切割方式，除了於法不符，更要考量到的政策後果就是，日後校方為節省人事成本，將可能僅聘僱所謂因『具本職』而不受《勞基法》保障的兼任教師，反而恐導致『無本職』兼任教師失去工作機會（通常即為「全職兼任教師」），造成排擠效果」（臺灣高等教育產業工會 2016b）。這樣的擔憂並非危言聳聽。自從此一「差別適用勞基法」的規劃草案提出後，各大專院校紛紛傳出將「全面不續聘『無本職兼任教師』」的訊息，或有學校要求「無本職兼任教師」必須透過職業工會加保、或自行想辦法取得全職工作證明，能被視為「有本職兼任教師」，才會考慮續聘。

然而，主管該草案的勞動部與教育部，卻始終不願修正相關規劃。工會透過立法委員與兩部會相關主管召開協調會，並且到行政院與政務委員林萬億及兩部會主管反映問題，結果依然如故。官方面對可預知的政策災難，絲毫不願修正，使參與的兼任教師們甚至懷疑：「政府根本像是故意要這麼做，讓表面上有兼任教師適用《勞基法》了，結果卻通通不被續聘，或得假裝是有本職兼任教師而被排除適用，最後實際上還是沒有兼任教師能得到《勞基法》的保障！」

在2017年1月17日，參與工會的兼任教師們採取了進一步的行動。根據過往經驗，深知官方「壓力不夠大，就不出面妥善處理」慣性的他們，此次決定：「如果見不到教育部長，就要拉高衝突」。經過了如同往常在教育部外人行道召開記者會，表達要求「不分有無本職，兼任教師應一體適用《勞基法》」的訴求後，教育部只願派出毫無決策權的專員出面接受陳情書。兼任教師們此次決心不願行禮如儀陳情後就離去，而選擇在專員無法回應教師們的訴求後，突然一齊走入教育部的門外中庭，高喊「教育部長出來」、「部長出面解決」。這個突如其來的集體動作，逼迫教育部先是拉高層級，派出主任祕書出面回應；但主秘依然無法說明，究竟為何兼任教師適用《勞基法》一事，必須要切割有無本職來差別適用？反過來對無本職兼任教師造成聘僱上的排擠效應，又該如何處理？在場兼任教師無法接受主祕毫無實質幫助的說明，仍堅持要「部長出面解決」。經過長達兩個小時於教育部正門的推擠與喊話，教育部祕書才終於私下連絡工會：「部長今天真的排不出時間。但是，我們可以立刻來約時間，安排您們與部長見面。」歷經了一年多來要求納入《勞基法》的兼任教師，才有第一次與教育部長會面的機會。

遺憾的是，儘管兼任教師的代表日後和教育部長於2017年2月會面，但官方依然不願鬆動「差別納入《勞基法》」的政策，只願意針對傳聞有不當不續聘兼任教師的學校，開啟特別窗口集中處理，雙方會談並無共識。各校下學期開始後，越來越多的兼任教師向工會傳來因為是「無本職兼任教師」，被學校不排課、不續聘的消息。淡江大學更傳出將不續聘200名無本職兼任教師，在師生近200人在校內遊行抗議下，校方才暫時收手，宣稱「純屬誤會」；世新大學則一舉不續聘了50名兼任教師，其中46名屬「無本職」，針對性質昭然若揭。

2017年4月，在社會抗議聲浪不斷的情況下，教育部乾脆援引此輿論，宣布「大專兼任教師全面暫緩適用《勞基法》」，而只以修正《專科以上兼任教師聘任辦法》作為替代。換言之，官方試圖把其不當切割「有無本職」差別適用《勞基法》所造成的問題，說成是《勞基法》本身的問題。而在修正後的《專科以上兼任教師聘任辦法》中，依然沒有保障大專兼任教師的「續聘權益」，使得各個學校恣意不續聘兼任教師的爭議，至今依然投訴無門。

面對官方的這些舉措，工會開始以全國為範圍受理兼任教師申訴，並串聯學校中的專任教師、兼任教師、學生組織，共同聲援遭不當不續聘的兼任教師們。自2017年3月起，包括淡江大學、世新大學、交通大學等校，都曾發生聲援兼任教師工作權的公開抗議集會；各校的學生團體甚至開始組成非正式的跨校聲援聯盟，試圖在個案救援與通案法令改革上，持續推進。

肆、政府的回應策略：切割處理與另開巧門

綜合前述三起大專兼任教師的勞動權益倡議經驗，不難發覺政府採取了類似的回應策略。首先，政府都未對抗議訴求置之不理。小至由雇主納入健保的函釋修正，大至要求適用《勞動基準法》或大幅調漲薪資，只要兼任教師持續集體性地抗議行動，並且透過媒體發聲，政府都會採取一定的回應與修正。但若沒有公開訴求，只是透過私下的陳情或抱怨（例如寄信到部長信箱），則沒能改變任何權益制度。而公開訴求採取的強度越強、行動越持續，也越能引起政府的處理。沒有任何一個議題是在一次的公開倡議後，就能夠獲得善意的處置。

然而，政府的回應，卻都依循「切割處理」的方式，且都未「通盤檢討」，以致於也未能有效節制非典型聘僱的趨勢。甚至可能在回應時「另開巧門」，讓雇主有其他脫逃責任的管道，導致改革成效大打折扣。這在國民黨或民進黨執政下的政府部門，都並無明顯差別。

在抗議衛生署以「受僱者每週工作時間若未達12小時，則雇主不需要

作為其投保單位」函釋，使兼任教師無法由學校納入健保的案例中，政府只以行政命令將大專兼任教師排除在既有函釋適用對象之外，而不願根本地修正此一缺乏法律授權、侵害部分工時工作者健康保險權益的函釋。在要求大幅調漲21年凍漲的大專兼任教師鐘點費倡議中，政府則是一方面只提升鐘點費合乎16年來的物價調幅，未完整調漲應有幅度；另一方面則開了「私校鐘點費是否調整，得視財務狀況自行決定」的巧門，使大量的私立大專兼任教師依然未能調整鐘點費。最後，在要求大專兼任教師適用《勞基法》的倡議中，政府一方面透過「有本職／無本職」的差別適用，使無本職兼任教師反而成為工作權受威脅與排擠的對象；另外對工會提出其他類別的大專編制外教育工作者，如專案教師、博士後研究、運動教練等，應一併適用《勞基法》，政府則毫無回應或處理。最終甚至藉由另開巧門所導致的排擠效應（學校乾脆只聘不受保障的「有本職」兼任教師），而乾脆將適用《勞基法》一案全數摒棄。

從政府官員數次的回應發言中不難發現，在其思考藍圖中，「大學兼任教師」只是大學之中臨時性、補充性、非正式性的角色。因此不但沒有必要給予充分的勞動保障，甚至認為這種安排有益於大專院校人力安排上的「彈性」。儘管，這樣思考的基礎，已迥異於大專院校當前的聘僱事實——大學兼任教師的人次不斷攀升，甚至將超過專任教師，絕非「臨時性」的人力，早已是大學不可或缺的一塊。二方面，這種給予大專院校的「彈性」，就是以犧牲大專兼任教師的勞動保障而來，而且也造成與專任教師嚴重的保障落差。只不過，這似乎並未進入政府官員的視野，亦使其不願提出通盤處理的整體政策。因此，相關法令在這段歷程中或有些微改善，但整體大專院校勞動彈性化、聘僱非典化的狀況，卻是日趨嚴峻，還有待進一步的挑戰與改革。

整體來看，政府中的不同部會，在回應倡議訴求上，仍存有些許的不同立場，但並未根本對立或有所衝突。其中作為大學教育主管機關的教育部，對相關倡議的回應態度與因應措施，明顯偏頗於大專院校校方，而高度忽視大學兼任教師的權益，造成種種問題不但難以根本解決，甚至日益惡化。相對而言，勞動部的發言偶爾會強調兼任教師納入《勞基法》未必窒礙難行，但最後通常又以「尊重教育部的決定」做結，而不願承擔起其作為勞動事務主管機關的法定權責（例如判定某職業是否應納入適用《勞基法》）。這種「部會相互尊重」的結果，使得兼任教師權益是否有保障、能否納入《勞基法》，竟變成是要看其「雇主」（各大學與教育部）的態度來決定，結果當然是緣木求魚。

不論是「切割處理」或「另開巧門」，政府的回應策略都導致大專受僱者勞動體制進一步的「碎裂化」，有更多種適用不同制度的群體誕生，對工會的集體行動構成挑戰。例如「有本職」與「無本職」兼任教師的官方區分，讓一個弱勢群體又再一分為二。但也因而工會及參與倡議行動的大專兼任教師們漸漸意識到被「分而治之」的危險，開啟「整體性」的改革視野。越來越常聽到抗議者將高教整體受僱者處境的改善，融入倡議的訴求中。

伍、大專兼任教師的勞權抗爭之路

臺灣高等教育在近15年來，出現了明顯的「非典型聘僱」趨勢。在既有的編制內專任教師外，開始大量聘僱編制外的兼任教師，因應日益增多的大專院校學生。這樣的變遷除了受到大專院校日益撙節人事成本的影響，同時也是政府管制下刻意維持的專任／兼任教師間的差別待遇體制，所形成的後果。大專兼任教師低薪、缺乏法律保障，卻又往往別無選擇的處境，成為了新興的廉價血汗大專教育人力，甚至取代了專任教師的員額。

但這群新興的非典型受僱者並非未意識到自身遭遇的不平等待遇。他們之中開始有部分成員積極投入工會組織的集體行動，以一場場的權益倡議喊出非典型受僱者應享有的基本權益，不論是爭取健康保險、合理調薪，抑或是《勞基法》保障。透過工會作為運動組織的核心，對內蒐集全國兼任教師Email名單以發放文宣、建立LINE群組、舉辦研討論壇、不定期幹部聚會、北中南分區座談會等，漸漸凝聚了敢於行動部分的大專兼任教師群體。對外則透過舉辦記者會、至官署（包括：教育部、衛福部、勞動部）抗議，發動線上連署、搭配於立法院舉辦協調會、參與公聽會等，持續擴大對相關政策的影響力。

儘管大專兼任教師的運動仍在發展當中，但這起經驗顯示，就算是高度由典型受僱者所發起與組織的工會，仍有可能在有意識的擴大組織範疇與團結行動的目標下，協助非典型受僱者採取持續性的倡議行動。而大專院校兼任教師雖然分散各校、並且習於個人行事，造成集體行動上的困境；但其資訊流通快速、善於準確判讀與傳播訊息的能力，使其儘管行動群體不大，在妥適的抗議策略下，依然能爭取到些許的成果。

政府部門面對這群有組織的公開抗議，無法置之不理，但未必全盤接受。政府依循「切割處理」問題的方式，不願對非典型受僱者遭遇的系統性不平等進行通盤檢討；另外政府也經常以「另開巧門」的方式，讓大專院校校方有機會透過新的「巧門」遁逃責任，繼續侵害既有非典型受僱者權益。這些導致「碎裂化」的回應模式，也促使工會及大專兼任教師的倡議行動更加強調整體性的視野。

運動發展至今，在官方堅決反對大專兼任教師適用《勞基法》，甚至默許各大專院校恣意不續聘的情況下，此一運動也並非沒有反挫。一方面，積極投入運動的兼任教師幹部仍是少數，組織與行動都有持續擴展的困難；另一方面，大量不續聘的威脅也的確讓更多兼任教師感到焦慮，被迫選擇噤聲或乾脆轉換職涯跑道。工會祕書處與此一運動的核心幹部們，也日益得面對廣大一般兼任教師在缺乏充分訊息下，可能誤以為「越爭取勞動權益，結果反而越慘」的消極想法，而對如何進一步推展運動感到挫折或無力。究竟何時能打破大專院校專兼任教師之間的差別待遇體制，取得充足的法令依據並落實保障兼任教師權利，顯然仍有相當漫長的道路得走。

綜合而言，臺灣大專兼任教師的處境，是臺灣勞動市場中整體非典型受僱者的縮影。非典型受僱者的大幅增加，是大專院校校方追求利潤邏輯下所採取的人事策略，並且受到政府有意識、持續性的差別制度安排所維繫。非典型受僱者的權益低落問題，可能透過集體行動而創造改變，但也可能面臨新一波的卸責巧門。持續的拉鋸行動，揭露了當代臺灣高等教育的勞資關係已日益與一般職場無異，受僱方與雇主方之間的階級衝突，以及延伸出的受僱者非典化、碎裂化，已是完整理解當代高等教育不可或缺的面向與現實。

參考文獻

林佳和，2013，學校是否應為兼任教師與兼任助理投保勞工保險與全民健康保險？（https://ppt.cc/fqfX0x，取用日期：2017年10月2日）。

教育部統計處，2016，教育統計查詢網（https://stats.moe.gov.tw/，取用日期：2017年10月2日）。

臺灣高等教育產業工會，2016a，工會爭到底，健保有著落！高教工會抽檢十所大專院校，全數表示願替兼任教師投保健保！新聞稿（http://www.coolloud.org.tw/node/86478，取用日期：2017年7月20日）。

——，2016b，反對碎裂切割！立即指定全體「編制外教學、研究及專業人員」適用勞基法！ 切割「有本職」、「無本職」兼任教師，給予差別保障，將造成最大的災難！新聞稿（http://www.coolloud.org.tw/node/85886，取用日期：2017年7月20日）。

——，2012，「我在大學教書，但只拿到基本工資」！？五一勞動節「反對高等教育勞動非典化」新聞稿（http://www.coolloud.org.tw/node/68178，取用日期：2017年7月20日）。

蔡依伶，2016，勞動部政策錯誤，要保障變打壓大學兼任教師（http://www.appledaily.com.tw/realtimenews/article/new/20161124/996913/，取用日期：2017年7月20日）。

鄭老師，2016，被剝奪的不只是兼任教師勞基法的保障，是整個高教體系的惡性循環，啃蝕著老師們的身心！（https://www.civilmedia.tw/archives/58367，取用日期：2017年7月20日）。

第十四章
無產階級化的醫療專業：臺灣醫師爭取勞動權益的歷史

陳宥任
醫師勞動條件改革小組執行委員
臺北市醫師職業工會監事

壹、前言

醫療保健服務業適用《勞動基準法》（簡稱《勞基法》）的進程最早可以追溯到1989年，期間一步一步從適用第84-1條責任制工時，到排除第84-1條而適用第30-1條四週彈性工時，到現在醫療保健服務業除醫師外（包括西醫師、中醫師及牙醫師），業已全體適用《勞基法》四週彈性工時。為什麼醫師適用《勞基法》會成為一個問題？或者更進一步問，為什麼醫療保健服務業適用《勞基法》會是一個問題？

在大部分的資本主義福利國家，全面且可負擔的健康服務被視為社會福利的一部分，而健康服務產業當中，人力成本可說是最重要的一環。即便是科技發達、昂貴醫材藥品眾多的今天，大部分的醫院仍有四成，甚至五成的醫務支出在人事成本上。作為戰後發展中國家的臺灣，醫療人員勞動意識抬頭的時間點，恰逢新自由主義意識型態流行的年代，國家一方面導引醫療服務走向私有化以及市場化，另一方面卻仍必須確保醫療機構有足夠的能量提供醫療服務，對於用公權力介入保障受僱醫事人員的勞動權益自然就顯得被動保守；其中，醫師又更是特別的一個族群。為了避免專業的特權被濫用與貶值，長久以來醫界一直透過各式各樣的方法進行醫師人數的總額管控，包括國內各校醫學系招生人數、外國醫師學歷及實習人數、專科醫師考試通過率，均使整體醫療市場的供給與需求，能有利於專業成熟的資深醫師。這樣壟斷人力市場的作為必須在國家的支持下才能夠實現，隨之而來，或者說作為交換的，便是「醫師」職業本身被社會賦予的責任和期待。

不過現實是，醫療專業所被期待的視病猶親、照護責任、全人醫療在消費者意識興起的現代社會，越來越難透過醫師個人獨立實現，必須仰仗醫療機構中不同專業相互合作。隨著醫師對醫院的依賴加深，醫師的執業型態也逐漸從獨立開業轉變成受僱執業，尤其是年輕醫師更需要藉助教學醫院資源來提升專業與學術能力。在上述的情境下，維持醫師專業特權的許諾，尤其在現有醫療市場中報酬低且繁重的工作，就成為年輕資淺醫師被要求承擔的責任，包括照護的連續性（夜間值班）、完整性（統合不同專科醫師意見）以及可近性（隨傳隨到的住院醫師）。

新自由主義影響下的社會福利政策及對照護產業勞動條件的妥協，加上醫療專業為維持特權所承擔的責任與許諾，以致於受僱醫師的勞動權益長期受到忽視與犧牲，直到近年來許多醫師勞工團體及醫療改革組織的發聲，才開始出現變化。本文將爬梳20年來醫療保健服務業及醫師適用《勞動基準法》的軌跡及爭辯歷程，並嘗試與臺灣戰後醫療產業的發展和政府政策進行對話，呈現這個近年來備受重視之社會議題的歷史脈絡。

貳、臺灣醫師專業與勞動環境的變遷與挑戰

一、醫師執業型態變遷

（一）醫療專業的定義及特質

自有希波克拉底誓言[1] 以來，醫師群體作為一個行會組織，就存在著對內部成員的某些教條式的規範，包含師徒制及同儕間的兄弟情誼、對執業內容的劃定和對病人（顧客）的承諾，可說是醫療專業與醫學倫理最早的體現。Goode（1960）進一步歸納以行會組織為基本架構的醫療專業所具備的元素：專業可決定自身的教育及訓練標準的訂定、法律所保護的執業特權與相對應的責任、嚴格的專業內部規範、更高的社會地位與自我認同。在被稱為美國醫療專業蓬勃發展的黃金70年代，Freidson（1970）深

1　敬稟醫神阿波羅、阿斯克勒庇俄斯、許癸厄亞、帕那刻亞，及天地諸神聖鑒之，鄙人敬謹宣誓：余願盡己之能力與判斷力之所及，矢守此約。凡授余藝者：余敬如父母，為終身同甘共苦之侶；倘有急需余必接濟。視彼兒女，猶余手足，如欲受業，余無償、無條件傳授之。凡余之所知，無論口授、書傳俱傳之吾子、吾師之子、及立誓守此約之生徒，此外不傳他人。余願盡己之能力與判斷力之所及，恪守為病家謀福之信條，並避免一切墮落害人之敗行，余必不以毒物藥品與他人，並不作此項之指導，雖人請求亦必不與之，尤不為婦人施墮胎之術。余願以此純潔神聖之心，終身執行余之職務。至於手術，另待高明，余不施之，遇結石患者亦然，惟使專匠為之。無論何適何遇，逢男或女，民人奴隸，余之唯一目的，為病家謀福，並檢點吾身，不為種種墮落害人之敗行，尤不為誘姦之事。凡余所見所聞，不論有無業務之牽連，余以為不應洩漏者，願守口如瓶。倘余嚴守上述之誓詞，願神僅僅使余之生命及醫術，得無上光榮；苟違此誓，天地鬼神共殛之！

刻地描述醫療專業在當時美國社會中運作的樣貌，其中以自主與支配為最重要的特徵：在執業時不受其他外力影響，全然由醫療專業決定治療方針，並且能夠控制與支配接受治療的病人及其他不具專業的工作夥伴。一直到1980年代，Starr（1982）在觀察美國醫療專業歷史演變的著作中，仍將專業權威和自主視為醫療專業的核心特色。

（二）醫療專業的無產階級化趨勢

然而在輝煌年代不久之後，有論者就主張醫師的專業地位已受到挑戰。McKinlay（1985）在1980年代提出了觀察：醫療專業正在無產階級化（proletarianization，或稱普羅化）。他認為隨著受僱於醫院的醫師比例逐漸超過獨立開業的醫師，醫療服務的執行益發仰賴昂貴的高科技設備與實驗室人力，醫療專業將不可避免地受到醫院的企業化管理所影響。Cobum（1994）則指出了醫療專業無產階級化的一些抽象特徵：專家逐漸成為受薪階級、醫療服務的內容益發例行化與瑣碎化，並逐漸由不具專業的工作者取代，不同專家之間的組織分工並非自發生成，而是由管理者主導。Alvi（1995）在加拿大的研究則指出：醫院內部的決策模式，正逐漸由醫師委員會轉變成管理人委員會，雖然許多管理人本身都是醫師，但決策方針從醫療專業優先，轉變成改善管理流程與增進效率。臺灣本土研究則在2000年左右，就有工運前輩范國棟醫師研究臺灣高高屏地區醫師職業型態，發現有從自僱自營轉為受僱為主的趨勢（范國棟 2005）。

二、臺灣醫師人力發展歷史

在臺灣，醫療專業作為一個行會組織，其特權鞏固及壟斷市場形成的進程，和醫療保健服務業從業人員執業的自主性和獨立性，有著微妙的關係。1970年前，由於大量中上階層出身的醫學系畢業生移居國外執業，醫師對人口比始終無法超過衛政主管機關所訂定的千分之一的目標。自詡為正統的醫療專業服務無法建立足夠的規模，政府遲遲不敢通過授予醫師特權壟斷市場的《醫師法》；接受學院教育及專業訓練的醫師投身市場中獨立開業，如同古希臘的前輩一般，標榜以客為尊及同儕審核的醫師誓詞，和其他民間醫療服務提供者（如藥房、中醫師、國術館）競爭。在醫療專業尚未建立絕對的權威及壟斷的特權，以保證資本投入可獲得相對應的報酬之前，標榜多專科、先進儀器的聯合執業模式，並非常態。於此同時，由於反攻大陸的軍事需求，鉅額的國防預算排擠其他社福支出，導致提供主要住院服務及教學研究功能的公立醫院醫師薪資收入遠遜於開業醫師，而出現許多受僱於公立醫院或衛生所的醫師，同時在診所兼診的現象。

隨著越戰走入尾聲，美國對外籍醫師需求下降，加上中華民國政府也多次舉辦醫師特考，輔導退役軍醫取得醫師執照，合格醫師對人口的比例總算緩步上升。《醫師法》於1975年公告施行，確定了醫師在醫療市場中的特權，但在醫療資源尚未普及的農村，尚難稱其奪取了壟斷地位。蔣經國總統上臺後提高內政預算，在醫療方面提出「加強農村醫療保健計畫」、「省市立醫院業務改進計畫」、「第一期醫療網計畫」等政策，投入經費增添鄉鎮衛生所及公立醫療院所的醫療設備，並且將醫療業務收入以獎勵金的形式分享給醫師，鼓勵醫師到醫療資源相對缺乏的鄉村提供醫療服務（江東亮 2003）。另一方面，加工出口的年代讓民間企業累積了相當的資本，《醫師法》的通過、醫學系畢業生的回流、及醫院診所管理規則的修正，提供大型財團醫院成立的契機，隨著馬偕醫院引入醫師費制度刺激醫師增加服務量，及長庚醫院靠著超大規模成功爭取到與勞工保險個別議定給付的權利（楊舒雁 2015），大型財團醫院不僅讓企業得以用回饋社會的名義提高聲望，甚至成了新的資本積累的方式。

在民間收入提高、中產階級崛起、但醫師人力資源相對缺乏的年代，法定特權所形成的壟斷市場，讓醫院引入醫師費制度，及獎勵金制度鼓勵醫師增加服務量，使得醫師從領固定薪水的受僱者，轉為共享利潤的合夥人的角色（蔡明傑 2006）。獨立執業的自由度及豐厚的報酬，讓醫學成為值得全心投入的終生志業；勞工保險被保險人的大幅成長、公保擴大對眷屬及退休人員的醫療給付、新的社會保險農保出現，讓一般家庭自行負擔的醫療費用比例逐漸減少、就醫門檻下降；私立醫療院所大量增加，成為提供醫療服務的主力，也讓標榜專業的醫療服務逐漸普及。伴隨民主化的進程，民意成為主政者維持政權的重要基礎，雖然技術官僚注意到快速成長的醫療費用已經造成社會保險經營的危機，但直到1996年第一次總統大選前，被李登輝政府視為重大政績的全民健康保險開辦，執政當局都沒有大動作地意圖壓制醫療費用成長。全民健保開辦後迅速出現赤字，逼使執政當局正視技術官僚所提出的種種限縮醫療服務成長的政策，包括總額制度、核刪制度、分級醫療以及論人計酬等，其中總額及核刪制度成為臺灣主要控制醫療費用成長的手段，醫院為因應保險制度所採取的內部管理措施，影響了醫師的醫療服務行為。

2000年之前，第一線接觸病人的傳統四大科（內科、外科、婦產科、小兒科）是醫學生畢業後首選的科別。除了可以直接看到病人對治療的成效而有較高的成就感外，門診累積的忠誠病人，更是醫師未來獨立開業的重要資產；相對二線科別如放射科、病理科、麻醉科等由於沒有辦法累積自己的病人，所仰賴的各種儀器和設備又不如現在一樣先進，對臨床照護的幫助有限；至於眼科、耳鼻喉科、皮膚科等較不涉及生命的科別，社會地位也遜於傳統四大科。然而隨著醫療資源逐漸普及，有能力訓練住院醫師的教學醫院數目不斷增加，醫學生畢業人數卻因總額管制的關係維持不變，讓住院醫師人力不再集中在少數醫院當中，過去由住院醫師負責的臨床照護瑣事，由於人力不足的關係逐漸轉移到年輕主治醫師身上。與此同時，全民健保的總額制度不僅控制政府的公共支出，也影響了醫療市場的成長速度，年輕醫師取得專科醫師執照後，不僅要負擔過去由住院醫師負責的臨床照護工作，還要和已經累積相當學術和臨床成就的資深醫師競爭成長趨緩的醫療市場。年輕醫師的競爭劣勢在過去一直有大量醫師投入的四大科更為明顯，再加上2003年SARS爆發，許多四大科年輕醫師被推上第一線，暴露在未知的恐懼中照護病人，嚴重影響了醫學生選擇四大科執業的意願。

隨著醫師人力穩定成長，傳統二線科及小科也積極發展鞏固自身專業的特權。對外爭取特定專科醫師人數作為醫院評鑑的項目，對內限縮住院醫師訓練人數以減少市場競爭。2000年以後，醫學生畢業後選擇科別的排序業已倒轉，傳統的二線科及五官科成為熱門科別，四大科則成為人才羅致困難的科別。而在最近幾年，醫學美容更成為吸引年輕醫師投入的新興市場，優渥的收入及相對輕鬆的工作內容，讓許多醫學生放棄專科醫師訓練，而到診所學習雷射除斑或玻尿酸微整形等技術。為了因應傳統四大科住院醫師人力不足的問題，衛生主管機關在SARS過後以增加所有專科醫師一般醫學照護能力的名義，開始了「畢業後一般醫學訓練計畫」，要求所有醫學生畢業後都必須在傳統四大科輪訓後，才能申請專科住院醫師訓練；同時也減少各醫院非四大科科別招收住院醫師的名額，並且要求執行醫學美容手術必須經過一年外科系住院醫師訓練和認證。可以看到醫師作為特許行業，執業自由的確不斷被國家所限制，尤其反映在年輕醫師身上，也間接強化了醫師對自身無產階級化的認知。

三、醫療現況的描述

隨現代醫學的進展，醫療專業的養成及醫師的執業，已越來越脫離不了醫院。昂貴的高科技儀器、全天候的住院照護、複雜病症的多專科合作，讓受僱醫師佔總體醫師比例越來越高。在臺灣，45,000名醫師中大約有七成是受僱醫師（醫師公會全聯會統計資料 2016）。在國家控制健康保險支出的政策下，醫院開始介入醫師執業的內容，諸如限縮醫材藥材的採購、鼓勵自費項目、懲罰遲診拖欠病歷、要求學術論文等。而年輕醫師作為學徒則承擔醫療專業所許諾、卻難以兌換成直接收入的部分，包含全人照護、夜間值班、輔助性醫療行為等。另一方面，消費者意識抬頭後傳統醫病關係發生轉變，以往唯醫師為尊的醫療決策模式業已式微，取而代之的是更多病患參與及醫療責任的法制化。受僱醫師的獨立性越來越低、從屬性越來越高，即便多數醫師仍自豪於自身的專業超然，過去的合夥人逐漸成為受醫院指揮的受僱者，已是不爭的事實。

受僱醫師在執業時所受到的外部規範性力量大致可分成：來自醫院的工作規則、及來自醫療專業的專業倫理。這兩者分別基於和醫院間的勞雇關係，及和病人間的醫病關係。作為受僱者，雖然在《勞基法》的勞動契約章節並沒有明確訂定其義務，但實務上大家公認勞工有：給付勞務的義務、忠誠的義務及附隨義務。另一方面，從國家訂定、賦予醫師特權及義務的《醫師法》，到行會訂定的各式醫療倫理守則，甚至是職場的文化及習慣，都不斷提醒醫師在專業上必須遵循的規範，包括治療的義務、解釋病情的義務、守密義務、尊敬同儕的義務等。

適用《勞基法》，意味著正視受僱醫師與醫院間的契約和權力關係。醫師日常執業有一部分的確受到來自醫院的指揮與監督，例如夜間值班的工作指派、針對其他醫院的支援任務、參與醫院要求的醫療品質、收支檢討等各式管理委員會。隨醫師的身分與資歷，這樣的指揮監督也有所差異，通常越是資淺、專業成就較低的醫師，受醫院指派的工作就越多。因此目前法院傾向認為，最資淺的住院醫師，即便在醫療業務的執行上有一定的自主性，但從人格、經濟和組織的從屬性上綜合來看，可被視為受僱勞工（陳光輝 2016）。

四、受僱醫師工時現況與爭議

對一般民眾來說，真正重要的問題是當醫師成為受僱勞工，是否會因來自醫院的工作規則或《勞基法》所規定的勞工權益，而影響自身的就醫權益。由於時代的變遷，多數醫師成為受僱者是既定事實，而以目前的法律見解，除了被明文排除適用的《勞基法》以外，醫師適用《職業安全衛生法》、《職業災害勞工保護法》等勞動法規。因此我們目前所看到的醫師勞動權益現況的挑戰，事實上應被認知為「醫師作為受僱者、但缺乏《勞基法》保障」。其中，最受主管機關和民眾重視的便是「工時」問題，這關係著醫療品質、醫療服務能量、人事成本、及醫師的健康權益。

從醫療專業訓練的傳統來看，住院醫師具備學徒身分，其所參與的晨間會議通常具有教學性質，是否應被視為工時，一直有所爭議；主治醫師門診和手術以外的工作時間，並不一定被醫院規範地點與監督，要如何精算工時，是醫院管理的挑戰之一。但實務上多數受僱醫師仍有表訂上下班時間，只是在責任制的職場文化下，通常會提早到院或延遲下班。弔詭的是，從過去的研究發現，真正在醫病關係中負責的主治醫師，工作時間反而普遍低於住院醫師，是因為過去住院醫師比主治醫師多了一項工作——夜間及假日第一線值班（楊銘欽 2007）。

《醫療法》第59條規定：「醫院於診療時間外，應依其規模及業務需要，指派適當人數之醫師值班，以照顧住院及急診病人」。《醫療法》本身並未硬性規定需有專人輪值夜班及白班，在成本考量下，醫院便要求受僱醫師在白天的工作結束後留下來值夜班，並且繼續隔天的臨床工作。值一次班往往代表著連續工作36小時、甚至40小時以上。即便在醫師不適用任何勞動法規、也沒有任何工時限制的年代，醫學倫理也不足以讓每個收治住院病人的醫師，均全天24小時待在醫院裡照看自己的病人。值班，就變成一個必要、卻吃力不討好的工作。在教學醫院裡，各科部可以要求作為學徒的住院醫師負責這樣的體力活，以少許的報酬，換來資深醫師夜間的休息時間，但這樣的狀況正在改變中。

要找尋值班醫師替代人力的困難在：一般人很難接受，一個月有四分之一到三分之一的時間，要在醫院待上30小時以上的工作型態，不僅對身體是沉重的負荷，也讓家庭生活幾乎闕如。資淺醫師礙於學徒的身分及專業倫理，抱持著對未來的美好想像咬牙苦撐。而在美好想像逐漸回歸平凡的現下，值班強度較高的傳統內外婦兒四大科，紛紛出現人才羅致困難的問題（黃煌雄 2012）。另一方面，雖然醫院總數在全民健保上路後緩步減少，全臺灣醫院總床數卻不斷增加，從健保開辦前總床數小於10萬到2016年已經超過16萬（衛生福利部 2016）；訓練完畢的主治醫師在各級醫院收治病人擴展自己的職涯，但住院醫師的人數由於醫學生總額限制，這20年來並沒有大幅變動。床位增加、住院病人增加，代表需要更多值班醫師，但住院醫師人數沒有成長的情況下，主治醫師值第一線病房或急診班，也就成了大部分醫院的常態。

為了處理病房庶務，因應而生的便是臺灣特有的專科護理師制度。即便在中小型醫院，主治醫師們仍要忙於門診、檢查、開刀等在現行健保支付制度下，報酬較高的醫療業務，沒有太多時間待在病房處理住院病人的照護細節。因此醫師們便訓練資深護理人員替代部分住院醫師的工作，協助開立簡單醫囑、病歷書寫、甚至藥物調整。專科護理師經過訓練，許多臨床能力並不輸給住院醫師，未來也不會和主治醫師競爭，成為政府未積極介入下自然誕生的產物。然而醫事人力自由市場化所伴隨的問題就是，訓練品質良莠不齊，逼使衛生署（2013年升格為衛生福利部）從2006年開始舉辦專科護理師考試，並在2014年通過《護理人員法》24條修法，授權衛生福利部（簡稱衛福部）訂定《專科護理師於醫師監督下執行醫療業務辦法》，明文規範專科護理師執行醫療業務的權限。

由於傳統上主治醫師是醫病關係中的決策負責人，夜間和假日值班人員除了第一線的住院醫師和專科護理師外，還有第二線的主治醫師，在醫院待命或在家候傳，接受第一線值班人員的諮詢；另外醫院評鑑中的某些項目，如中重度急救責任醫院有規定某些科別——如整形外科或心臟血管外科——需提供斷肢重建或冠狀動脈繞道手術等24小時緊急醫療服務，也同樣是由取得專科醫師執照的主治醫師在醫院待命或在家候傳。在衛福部醫事司所公布的最新版住院醫師勞動權益保障及工作時間指引中，將待命時間列入實際工時計算，但過去的研究多半未將其計入。因此未來倘若醫師納入《勞基法》，特定專科醫師人數較少的地區，必須整合不同醫院的特定科別緊急醫療服務，避免醫師長時間待命導致工時過長。

參、倡議醫師適用《勞基法》的前世今生

一、醫療保健服務業適用《勞基法》的前奏

醫療保健服務業擴大納入《勞基法》的故事，可以追溯到1989年，在擴大適用《勞基法》的政策背景下，勞委會（2014年升格為勞動部）展開對各種服務業是否適合納入《勞基法》的調查，並行文衛生署詢問醫療保健服務業適用《勞基法》是否有窒礙難行之處。衛生署以「醫療機構不得拒絕緊急病人」、「醫護人員需對病患負完全責任」及「將造成醫療機構護理人力調配困難」等理由，反對勞委會將醫療保健服務業納入《勞

基法》。[2] 其後在1994年，面對護理公會要求適用《勞基法》的要求，衛生署回應：「已存在《醫療法》、醫療機構設置辦法、及醫院評鑑人力標準，保障護理人員勞動權益」，聲稱醫療保健服務業沒有納入《勞基法》的必要。[3]

1996年，因應勞委會即將把醫療保健服務業納入《勞基法》，立法委員沈富雄召開公聽會，向勞委會反應《勞基法》中關於女性夜間工作及產假的條文，將造成醫療機構人力調配困難。但隔年，勞委會提出的《醫療保健服務業可否適用勞基法檢討報告》依然做出結論：「醫療保健服務業之勞動條件與《勞基法》之規定大致相符，不相符之部分經檢討後，依《勞基法》之規定辦理，並非不可行。建議依法指定醫療保健服務業適用《勞基法》。」這份報告在6月提出，7月時醫師公會隨即行文勞委會，再以「連續性照護」、「責任制」與「增加醫療院所負擔」等理由，反對醫療保健服務業納入《勞基法》，有趣的是其中竟提出「若醫療保健服務業納入《勞基法》，加班費與退休金應由全民健保支付」的論點。1998年醫療保健服務業納入《勞基法》後，部分護理人員適用84-1責任制工時；[4] 另外在醫師公會全國聯合會的強烈反對下，醫師經主管機關勞委會公告，排除適用《勞基法》。

二、醫師爭取勞動權益的運動

這樣的結果讓當時作為「中華民國醫師公會全國聯合會」（以下簡稱醫師公會全聯會）的會員公會——「臺北市醫師公會」相當不滿，發放問卷並宣稱臺北市醫師公會6,000多名會員中，有5,000人為醫院受僱者，所有會員中有85%支持醫師納入《勞基法》，且與「臺灣勞工陣線」共同召開記者會，抨擊醫師公會全聯會。隨後「臺灣醫院協會」投書抗議「臺北

2　衛署醫字第800654號公文，時任衛生署長的是前衛福部長邱文達的老師——施純仁醫師。

3　衛署醫字第83051207號公文，時任衛生署長的是現任監察院長張博雅。

4　不過卻沒有任何約定工時內文，遲至2011年，勞委會才訂定《醫療保健服務業適用勞基法第84條之1之場所及人員工時審核參考指引》。

市醫師公會」違反醫界多年共識，擬發動北縣市醫院罷繳「臺北市醫師公會」會費。代表受僱者的縣市醫師公會，與代表經營者的醫院協會你來我往，勞資衝突劍拔弩張。[5] 當年醫界內部的輿論也有許多迴響，其中以醫學人文雜誌自詡的《醫望雜誌》，[6] 更是以專題形式匯集多篇文章，討論醫師適用《勞基法》的正當性與配套措施，[7] 可說是醫界內部第一次認真思考，醫師作為勞動者的身分轉換與認同。

臺北市醫師公會的努力，最後失敗了，醫師仍然被排除於《勞基法》之外。2003年時SARS爆發、和平醫院封院，臨床醫護人員第一次感受到原本以為獨立自主的醫療專業，是如何受政治力量影響而成為犧牲品。陽明大學護理學院的盧孳艷教授其後成立「臺灣護理人員權益促進會」（現在的「臺灣護理產業工會」），而醫師公會內部，則再次出現了要求醫師納入《勞基法》的聲音。

根據醫師公會全聯會的會議記錄顯示，2005年時「醫師公會全聯會」的醫事法規委員會，通過「推動醫師納入勞基法適用對象」的決議，其後經理事會、常務理事會及會員大會討論通過，時任醫師公會理事長的是吳南河醫師。但這項決議卻再次被醫師公會內部具醫院經營者身分的幹部阻擋，認為會增加醫院經營成本、並造成醫師人力短缺。隨後李明濱醫師接任醫師公會理事長，於2006年成立「醫師納入勞基法」專案小組，邀集勞委會、健保局、衛生署及醫院協會研商；2009年11月於勞委會召開的會議中，醫師公會全聯會、臺北市醫師公會、高雄市醫師公會的代表，皆力陳「受僱醫師應納入《勞基法》」，而私立醫院協會為首的醫院經營者則以「罷工影響民眾就醫權益」、「醫院與醫師並非僱傭關係，而是夥伴關係」等說法反對；雖然勞委會官員說明「罷工與納入《勞基法》無關」、

5　時任臺灣醫院協會理事長，是素有臺灣醫管之父之稱的長庚醫院創院副院長張錦文。

6　發行單位為反對《刑法》第一百條的臺灣蛇毒研究之父李鎮源院士所創立的「臺灣醫界聯盟基金會」。

7　當期的《醫望雜誌》以「誰怕勞基法？——醫學界勞資定位的爭議」為專題，收錄的文章包括孫友聯所著的〈誰怕勞基法？——從醫師爭取納入勞基法談起〉，以及范國棟的文章〈淺析醫療企業面對勞基法所採取之手段〉。

「唯有受僱醫師才適用《勞基法》」，會議最終仍因醫界內部意見不合而不了了之。

2011年，兩年前過勞腦傷失憶的奇美醫院外科住院醫師蔡伯羌，正式被奇美醫院解聘，蔡太太向各大媒體投訴抗議醫師缺乏《勞基法》保障；[8] 同年4月，成大醫院一名來自高雄醫學大學的實習醫學生林彥廷，值班隔天疑似過勞猝死在宿舍的浴室中。勞委會在龐大社會壓力下主動召開會議「研商保障受僱醫師、護理及醫事人員之勞動條件」，會議中第一次提到因「衛生署持保留態度」，因此不敢冒然適用。也是病人團體「臺灣醫療改革基金會」第一次在正式的場合，表達支持醫師納入《勞基法》的意見，反而醫師公會在這場會議中一改過去幾年的立場，轉而對醫師納入《勞基法》採保留態度；[9] 會議結論對「實習住院醫師的工時應做限制」有共識，並要求衛生署檢討醫院評鑑項目。

三、醫師勞權組織的誕生

這一年連續兩起年輕醫師或醫學生疑似過勞而發生職業傷害的案子，讓一群有社運經驗的醫學生驚覺自身未來所要投身的勞動現場，在工作條件上有很大的問題。他們聚集起來，組成「醫師勞動條件改革小組」（後稱醫勞小組），開始公開揭露醫師的勞動問題，並且訴求醫師納入《勞基法》。[10] 2012年4月，勞委會因蔡伯羌醫師案被監察院責成召開「研商醫療

---

8 翁英修，2011，〈記憶受損，蔡伯羌轉變為大孩子〉。民視新聞，https://www.youtube.com/watch?v=b9QGI_Nf8pU，4月18日；顧守昌、莊勝雄，2011，〈醫師過勞失憶？不識妻小，只知工作〉。TVBS，https://www.youtube.com/watch?v=HW7np7bxYOk，4月18日；陳啟明、呂品逸，2011，〈每天工作10餘小時，昏倒開刀房，醫生失憶，求償3800萬〉。蘋果日報，http://www.appledaily.com.tw/appledaily/article/headline/20110418/33325772/，4月18日。

9 「醫師公會全國聯合會」理監事中有一定比例身兼私立醫院協會、醫學中心協會等團體理監事，同時組織內部約束力不足，每次開會的代表並不一定會遵循公會內部的決議，也不一定會從基層醫師的角度出發。當次醫師公會的代表便是當時私立醫院協會理事之一的蕭志文醫院院長蕭志文醫師。

10 近年來較被社會大眾所認識的醫師團體有「臺灣醫療勞動正義與病人安全促進聯盟」（簡稱醫勞盟）、以及「醫師勞動條件改革小組」（簡稱醫勞小組）。這兩個團體成立時間相近，但成員組成和關注焦點卻不同，前者以主治醫師為主，關注議

保健服務業之醫師相關職災權益保障措施」會議，醫勞小組在臺灣勞工陣線的協助下，於勞委會外舉行記者會，控訴過長工時造成醫師職業災害及醫療品質下降，也在同年參與五一大遊行，並於臺大醫院門口前進行工安帽加冕的儀式，象徵醫師作為受僱者，應享有《勞基法》的基本保障（見圖14-1）。

圖14-1　醫師勞動條件改革小組2012年五一勞動節遊行於臺大醫學院附設醫院前進行工安帽加冕儀式，象徵醫師作為勞動者需要勞動法規保障

資料來源：醫師勞動條件改革小組。

除了一連串的抗議行動及媒體曝光外，醫勞小組也透過立法委員林世嘉辦公室，掌握並參與行政部門對醫師勞動條件的後續討論及會議。2012

題為醫療糾紛及健保給付；後者以醫學生和住院醫師為主，關注議題為工時限制及職災保障。在醫師爭取勞權的運動中，這兩個組織不時會共同召開記者會或在政府機關會議中合作，但由於本文作者為醫勞小組成員，內文僅提及醫勞小組所關注的議題，對健保給付和醫療糾紛較少著墨。

年，衛生署於當年的5月召開討論會，這是第一次各專科醫學會及醫學生參與醫師納入《勞基法》的討論會議。然而，囿於學生及年輕醫師的身分，即便會議中醫勞小組的成員，引用許多不同國家對受僱醫師的工時保障、及醫師過勞對醫療品質的影響，但醫院經營者及各專科醫會的醫界大老仍對此嗤之以鼻，再次提出醫師為責任制，醫院及醫師之間為合夥關係而非僱傭關係等20年前的陳腔濫調，並且以延長住院醫師的訓練年限等說法恫嚇。另一方面，勞委會對介入可能影響醫療服務能量的醫師勞動條件興趣缺缺，很快就以調查醫師勞動現況及醫療人力需求的理由，把問題丟給衛生署；衛生署醫事處的處長多為醫師出身，深知住院醫師階段普遍的過勞，是沉痾已久的問題，但醫療保健服務業勞工除醫師外納入《勞基法》後，對醫院的經營造成不小的衝擊，也因此衛生署傾向以《醫療法》及醫院評鑑，規範醫師的勞動條件。希望由事業主管機關掌握醫師勞動權益的訂定及執行強度，減少對醫院經營的衝擊。

面對這樣的情勢，醫勞小組持續進行組織工作及政治遊說。2012年後，每年的五一勞動節及醫師節前後，均會舉辦陳抗行動或記者會，而日常組織工作則是到各醫學院校巡迴演講、吸收新進成員，或透過立法委員辦公室的協助，參與主管機關所舉辦的各式會議。在持續的倡議行動下，社會大眾逐漸認知到醫師勞動條件的險惡；升格後的衛福部也在壓力下發布了「住院醫師勞動權益保障參考指引」，首次將住院醫師工時限縮到每週88小時內，並以醫院評鑑規範醫院改善住院醫師勞動條件。然而，紙上作業的形式及資深醫師對工時限制的反感，讓醫院評鑑結果相當分歧：部分醫院刻意迎合「住院醫師勞動權益保障參考指引」，報出整齊一致的數據；而亦有醫院為了表達指引納入評鑑窒礙難行，完全忠實呈現住院醫師的工時。在衛福部公布的數據中，甚至可以看到少數科別如整形外科，出現單週高達150小時的工時。

四、醫師過勞問題的政策因應

另一方面，面對將醫師納入《勞基法》的訴求及工時限制，衛福部首次試圖精算臺灣醫師的工作時間，及維持目前醫療服務模式所需要的醫師人力。國家衛生研究院所執行的《西醫師人力發展評估計畫》和《內、外、婦、兒及急診專科醫師人力評估及醫學生選科偏好評估計畫》報告出爐，結論指出：「若現行供給與需求端的醫療服務行為模式不變，內、外、婦、兒及急診五大科將在2023年出現醫師人力供不應求的狀況，若將醫師以雙週84小時的工時限制納入《勞基法》，則會立即出現人力缺口」（熊昭、張毓宏 2013；2014）。為了減少醫師納入《勞基法》對醫療服務能量的衝擊，醫勞小組一開始就主張：「納入《勞基法》後，可公告醫師適用《勞基法》第84-1條責任制工時，由勞雇雙方另行議定工時限制。」然而不管是勞委會還是升格後的勞動部，所派出的代表在會議中總是宣稱第84-1條責任制工時隨時有可能被廢除，屆時醫師工時限制便需回歸《勞基法》第30-1條四週變形工時；而衛福部也多次提出修改《醫療法》讓醫師得以準用《勞基法》職災條文，意圖削弱醫師納入《勞基法》的正當性。

除了想辦法阻止醫師納入《勞基法》以外，為了因應可能出現的五大科醫師人力缺口，衛福部醫事司啟動新的「五大科公費生」計畫，確保未來五大科醫師的受訓數量；並且獎勵醫院發展「駐院主治醫師」制度，補助年輕主治醫師額外值班費用，讓他們願意和住院醫師分擔值班工作；另一方面修改《護理師法》第24條，重新規範專科護理師的執業範圍，讓專科護理師能部分取代住院醫師平日照顧病人的工作，也避免過去遊走於觸犯密醫罪邊緣的亂象。主管機關對於減少醫師工時這樣的目標是有共識的，也希望透過減少醫師工時降低要求醫師納入《勞基法》的聲浪。

在行政部門持續忽視醫師作為受僱勞工事實的同時，過勞職災醫師的家屬，則在法庭中取得不同成果。奇美醫院蔡伯羌醫師的妻子，多次參與醫勞小組等團體所舉辦的記者會及抗議行動，試圖說服輿論蔡醫師為受僱勞工，應受《勞基法》保障，2015年1月蔡醫師過勞職災賠償案件，經臺南高等法院宣判奇美醫院需賠償780萬，是臺灣首例醫師過勞職災醫院判賠的案件。這意味著法院承認了醫師的受僱勞工身分，更加深了醫師適用《勞基法》的正當性。同年12月，林口長庚大腸直腸外科張皓程住院醫師過勞中風案也被媒體報導。有了蔡伯羌案的判決在前，一審臺北地院很快就認定張醫師與醫院間為定期勞動僱傭契約，且適用《職災勞工保護法》，判決林口長庚應給付張皓程醫師180萬元退休金，後續職業災害賠償官司仍在進行中。奇美醫院蔡醫師和長庚醫院張醫師的兩件案子，亦點出一個弔詭的現象：法院認定醫師為受僱勞工，適用所有勞動相關法規，獨獨因勞動部的一紙行政命令，被排除於《勞基法》之外。

五、醫師適用《勞基法》的轉機

政府的確緩步地運用各種手段試圖降低醫師的工時，但依舊沒有推動醫師納入《勞基法》。直到2016年總統大選，選前醫勞小組多次在不同的造勢場合向民進黨總統參選人蔡英文遊說將醫師納入《勞基法》，但始終沒有得到正面答覆。其後則透過參與蔡英文醫療政策小組的機會，把握機會說服政策小組中的其他醫界前輩明確地把「醫師以責任制工時納入《勞基法》」寫入醫療政策白皮書中，行政官僚才開始意識到這有可能會是政策方向。2016年五一勞動節，醫勞小組走上街頭，與總統大選時提出各行各業勞動政策挑戰總統候選人們的工鬥夥伴們，要求蔡英文總統落實競選承諾。而在立委選舉中取得五席的時代力量立院黨團，也提出要求醫師適用《勞基法》的提案，隨後於衛環委員會交付政黨協商；同時衛環委員會在2016年6月召開「醫師適用勞基法具體時程公聽會」，收集各界關於醫師納入《勞基法》的配套意見。

衛福部在2016年委託國家衛生研究院估計法令適用後可能出現的人力缺口，研究結果顯示：倘若以單週88小時適用《勞基法》第84-1條責任制工時，將會出現902名住院醫師人力缺口；若以單週78小時適用則會出現2,080名住院醫師人力缺口（熊昭、張毓宏 2016）。由於經費與時間的限制，國家衛生研究院並未完整評估這些人力缺口換算成住院主治醫師或專科護理師，需要補足多少人力。主管機關衛福部醫事司很清楚，白天的臨床工作也許可以用專科護理師補足，但資深專科護理師為顧及家庭生活，願意和年輕醫師一樣值夜班的人數並不多，況且專科護理師僅適用《勞基法》第30-1條四週變形工時，無法在值夜班的同時，再繼續白班的臨床照護工作。

因此，衛福部邀請各民間團體召開「醫師勞動權益推動小組」，針對醫療政策、法制調適以及人力資源三大部分，進行配套措施的討論。包括醫勞盟、醫勞小組、醫改會、社區醫院協會、醫師公會全國聯合會、護理師公會全國聯合會、勞動部、衛福部。很可惜的是，「醫師勞動權益推動小組」的會議可說是一團混亂。醫療政策組中，基層院所提出落實分級醫療，意圖利用醫師納入《勞基法》的機會，削減醫學中心的醫療服務能量；法制調適組召集人前立法院法制局長羅傳賢，在與會委員多數支持醫師納入《勞基法》的情況下，力主醫師不可適用《勞基法》；人力資源組多數委員主張，醫師助理制度不可躁進，應優先以專科護理師、及駐院主治醫師作為住院醫師的替代人力，但召集人臺大醫學院長張上淳，仍然做出了大家支持醫師助理制度的結論。三組委員聯合的大會更是各說各話，原本在各分組被否決的提案又再次提交大會討論，最終完全無法針對醫師適用《勞基法》一案提出任何有建設性的意見，更遑論列出配套措施時程表。但為了落實總統的競選承諾，衛福部將會議中紛雜的意見歸納勉強整合成十點醫師適用《勞基法》的配套政策，包括推動強化初級照護、落實分級醫療、推動重點科別公費生、醫院整合醫療專科、增加醫療輔助人力、充實偏鄉人力、調整專科醫師訓練制度及健保給付等，並承諾於2019年9月正式將醫師納入《勞基法》。

肆、醫師組織工會的挑戰與前景

由於醫師尚未適用《勞基法》，是否符合《工會法》中「勞工」的身分而具備參與組織工會的資格，並非全無疑義，但至少在現行已經在運作的企業、職業及產業工會中，地方勞動主管機關並沒有否定醫師行使團結權的權利。現代社會中醫療專業的實現，相當程度仰賴大量資本投入，加上醫師多為中上階級，即便醫學倫理中有社會主義的元素，多數醫師的意識型態仍偏向自由主義或保守主義，甘願或主動協助管理者剝削年輕醫師和其他非醫師的醫療專業人員。只有少數人受自身經歷影響，願意投入工會運動，為自己與所有醫院受僱員工爭取應有的勞動權益。

此外，醫療專業內部的分工和階層，也讓醫師間存在利益衝突。年輕醫師為了追求臨床和學術上的資源，必須負責科部內大家興趣缺缺的工作，如值班、分院支援、急診支援等；而資深醫師為了增加自身的專業地位和影響力，則會希望吸引更多病人住院、限縮特定業務由特別專科執行、招納更多衛星醫院進行垂直整合。當醫療業務不斷擴張，負責第一線臨床照護的年輕醫師所承擔的工作便會越來越多，卻不一定獲得相對應的報酬。不論是過去還是現在，國內還是國外，最先跳出來抗議工作條件惡劣的，都是年輕醫師。

另外，不同科別的醫師間也時常有許多齟齬，最常見的是急診科醫師為紓解急診壅塞，而在深夜要求病房直接讓病人住院，不要在急診滯留，或者是第一線照護病人的科別，要求放射科或病理科醫師，用更快的速度完成報告，甚至要求夜間或假日提供報告諮詢。不同醫院層級的醫師更是時常互相攻訐，醫學中心的醫師，批評診所醫師專業能力不足，延誤罕病重病的診斷時機；診所醫師批評醫院傲慢官僚，只想要治療數據，沒有真正理解病人生活中所面臨的困難。事實上，不同科別和不同階層的醫師間本可以是合作關係，急診科醫師第一時間穩定病人生命徵象開始治療、二線科醫師提供更仔細且全面的檢查結果；年輕醫師為資深醫師分擔需要體力的工作、資深醫師向年輕醫師分享多年積累的經驗；診所和醫學中心各司其職，讓有需要的病人能得到適當的照護。然而，醫學教育中崇尚英雄主義，病患也追求大醫院、名醫，再加上過去醫師獨立執業的想像，讓醫師與醫師間多數的時候將彼此視為競爭對象。

這樣的現象隨著醫療專業對自身無產階級化的認知逐漸擴散而有了改變，醫療產業中的受僱者們開始嘗試串連進行組織工作。[11] 從前面的臺北

11 企業工會的部分有1996年工運前輩范國棟醫師參與的高雄醫學大學醫療產業工會（工會法修法前的產業工會類似今天的企業工會），2001年因應國軍精實案裁減員工而成立的國軍左營醫院產業工會（其後曾輔導國軍桃園總醫院新竹地區附設民眾診療服務處、及高雄國軍總醫院成立產業工會），同樣在2001年憂心公立醫院民營

市醫師公會的例子可以知道，既有的醫師公會受到大醫院裹脅，難以反映基層醫師的心聲與怨懟，心懷不滿的醫師選擇在網路上串聯，催生出「醫勞盟」及「醫勞小組」等民間團體。然而如同其他服務業勞工團體一般，醫師作為勞動者第一線所受到的壓力，許多時候也來自其所治療的病人及家屬；在和其他勞工團體串聯時，醫師群體內部也會有許多不同的聲音，例如許多醫師就對當年全國工會組織聯合反對健保雙漲導致健保總額成長緩慢，頗有微詞。醫師如何在組織內部、爭取勞動權利的同時，也能克服自身的意識型態，認清剝削和異化的始作俑者，並且和自己曾經宣誓要守護其健康的廣大民眾站在一起，將會是重大的課題。同時醫師作為專業工作者，仍有一部分成員的身分是醫療機構的經營者，作為受僱勞工的醫師組成工會組織後，要如何說服或牽制這些作為管理階層或資方的同儕維持醫療非營利的本質，同樣是重大的挑戰。

醫師適用《勞基法》既影響醫療政策、也牽動著勞動政策。身為醫療主管機關的衛福部著重維持原有醫療服務：在住院醫師工時縮減的情況下透過駐院主治醫師、專科護理師、兩年制不分科住院醫師、醫師助理、五大科公費生等政策「補足人力缺口」；而民間則提出部分負擔回歸定率制、推廣家庭醫師制度等，意圖減少整體醫療服務量（或至少減少醫學中心醫療服務量）的政策方向。另一方面，雖然勞動部看似放棄抵抗，願意用《勞基法》84-1條責任制工時處理醫師的工時問題，但其中關於待命、備勤、間歇性工作的定義與工時計算，仍是服務業中沉痾已久的老問題。主管機關要直接核定超長的責任制工時，還得細膩地區分真實工作內容的勞動強度，將進一步攸關整體服務業的勞動政策。

有些人認為，醫師獨特的勞動型態與工時，是專業團體與政府共同設

化成立的高雄市市立民生醫院產業工會、高雄市市立凱旋醫院產業工會、輔英科技大學附設醫院工會、臺北榮民總醫院蘇澳分院企業工會，近年來漸趨活躍的嘉基體系戴德森醫療財團法人關係企業工會、及臺北市立聯合醫院企業工會；護理人員工會有SARS之後為爭取護理勞動權益組成的臺灣護理人員權益促進會（後成立臺灣護理產業工會），與人民民主陣線關係密切的臺灣基層護理產業工會、及最近新成立的臺灣護師醫療產業工會；以醫師為主要組成的工會是中醫師籌組的高雄醫師職業工會、醫師公會全國聯合會副祕書長林恆立醫師所籌組的臺灣醫療產業工會。

下的總額數量管制所造成的，我認為這樣的說法有部分是值得參考的；但同時也可以看到總額管制不若醫師嚴格的護理人員，一樣有臨床照護人力不足的問題，甚至臺灣其他非醫療照護產業也面臨缺工危機。隨著民眾對醫療品質及病人自主的要求提高，臨床照護需要投入的單位人力，勢必隨之增加，醫院經營者快速針對市場的需求開發更多的醫療服務，卻沒有相對應的人力資源調節與管理手段處理增加的工作量；政府無法擬定政策協助民間處理勞動力不足的問題，反而放任資方壓榨勞工提供各式社會必需服務。結果便是服務業勞工群起反抗，導致更多的不效率與對立。

醫師爭取勞權的行為，不只是在爭取醫師個人的勞動條件，也在揭露臺灣醫療現況各式各樣的弊病。作為運動者，最終希望的不只是自身權益獲得保障，更希望醫師能跳脫專業與醫院經營的角度，重新以一個身處巨大現代醫學機器的齒輪的角色思考，如何在不把自己磨耗殆盡的前提下，讓病患接受到的醫療品質有一定的保障，在越趨冰冷的醫療專業服務中，奪回自己的專業自主，並且協助病人拾回自己的健康自主。

參考文獻

朱顯光，2014，揭露「住院醫師工時」評鑑真相（http://www.thrf.org.tw/archive/1097，取用日期：2017年8月31日）。

江東亮，2003，《醫療保健政策——臺灣經驗》。臺北：巨流。

范國棟，2005，《臺灣醫師執業型態變遷之分析》。臺南：國立成功大學公共衛生研究所碩士論文。

——，1998，〈淺析醫療企業面對勞基法所採取之手段〉。《醫望雜誌》28: 55-56。

孫友聯，1998，〈誰怕勞基法？——從醫師爭取納入勞基法談起〉。《醫望雜誌》28: 51-52。

陳光輝，2016，《受僱醫師適用勞動基準法對醫院經營之影響》。嘉義：國立中正大學法律學研究所碩士論文。

楊舒雁，2015，《臺灣醫療市場化中醫務管理的歷史發展》。臺南：國立成功大學公共衛生研究所碩士論文。

楊銘欽，2007，〈教學醫院主治醫師與住院醫師之工作時數與相關因素之研究〉。《醫學教育》11(3): 222-233。

蔡明傑，2006，《醫療企業化的歷史進程：組織變遷與醫管的制度化》。新竹：國立清華大學社會學研究所碩士論文。

熊昭、張毓宏，2016，〈住院醫師納入勞基法之衝擊影響評估計畫〉。衛生福利部委託研究計畫報告。

——，2014，〈西醫師人力發展評估計畫〉。衛生福利部委託研究計畫報告。

——，2013，〈內、外、婦、兒及急診專科醫師人力評估及醫學生選科偏好評估計畫〉。衛生福利部委託研究計畫報告。

衛生福利部，2016，105年醫事機構現況及服務量統計年報（https://dep.mohw.gov.tw/DOS/cp-3555-37237-113.html，取用日期：2017年8月31日）。

Alvi, Shahid. 1995. *Professional Power and Proletarianization? A Class Analysis of Canadian Physicians*. Ontario: Carleton University.

Cobum, David. 1994. “Professionalization and Proletarianization: Medicine,

Nursing, and Chiropractic in Historical Perspective." *Labour/Le Travail* 34 (Fall): 139-162.

Friedson, Eliot. 1970. *Profession of Medicine: A Study of the Sociology of Applied Knowledge*. Chicago: University of Chicago Press.

Goode, William. 1960. "Encroachment, Charlatanism and the Emerging Profession: Psychology, Sociology and Medicine." *American Sociological Review* 25: 902-965.

McKinlay, John, and Joan Arches. 1985. "Towards the Proletarianization of Physicians." *International Journal of Health Services* 15(2): 161-195.

Starr, Paul. 1982. *The Social Transformation of American Medicine: The Rise of a Sovereign Profession and the Making of a Vast Industry*. New York: Basic Books.

Thompson, Stephen, and J. Warren Salmon. 2006. "Strikes by physicians: a historical perspective toward an ethical evaluation." *International Journal of Health Services* 36(2): 331-354.

第四篇

福利拓邊時代：權利邊界的抗爭與突圍

第十五章
行無礙的倡議：障礙者的網路動員與現身

張恒豪
國立臺北大學社會學系教授
游鯉綺
台北市行無礙資源推廣協會社工師
許朝富
台北市行無礙資源推廣協會總幹事

本文的完成要感謝願意現身的障礙者，障礙運動不管是溫和的還是激烈的，如果不是每一個障礙者挺身而出，是不可能前進的。謝謝專書工作坊評論人王增勇與兩位匿名審查人給本文的建議，最後感謝舒芸與侑學耐心的攜手陪伴，臺灣障礙運動的故事很需要被記錄與整理，很高興障礙者的故事能在臺灣眾多社會運動議題中被看見。
本文部分修改、擷取自張恒豪，2015，〈障礙者的公民運動：權利論述和社會模式的在地實踐〉。《思與言》53(2): 89-136。本文透過和行無礙兩位作者的協作，修訂並增添新的內容而成。

壹、前言

近年來受到障礙者權利運動（the disability rights movement，簡稱障權運動）的影響，各國開始從人權的角度思考身心障礙福利制度。障礙者不再被視為「必須康復、聽話的病人」，而是「有主體行動能力的公民」。身心障礙通常代表著不可治癒的身體損傷，不可能回復「正常人」的角色。障礙者面臨社會的排除與汙名，通常被認為是社會的依賴者，甚至被國家隔離與監禁。在殘補式福利的邏輯下，障礙者被視為無法治癒的病人，具有需要被矯治的身體，不能行使一般的公民權利。因此，障權運動必須挑戰醫療觀點的障礙認定，與隨之而來的國家治理與社會控制。近年來國際社會對身心障礙者的議題設定，逐漸從慈善、照顧、保護的立場，轉為權利模式的觀點。從積極公民權的實踐觀點出發，國家必須提供必要的支持，讓身心障礙者能實現「作為人的權利」（廖福特 2008；王國羽 2008）。在新社會運動理論與差異政治的討論上，也經常把障權運動視為在階級、種族／族群、性別、性取向後，最後一波的新社會運動，障礙者人權因此常被稱為聯合國的最後一個人權公約。

本研究聚焦於臺灣2000年代中期後障權運動新生代的策略與論述，以台北市行無礙資源推廣協會（簡稱行無礙）的倡議活動與抗爭論述為例，分析這一波新的障權運動之特性與差異，並討論其在臺灣發展脈絡下的意義。

貳、障礙的政治性與障礙者權利運動

臺灣過去都將障礙者運動分類為社會福利運動，但障權運動並不是一個有統一目標、訴求、策略與組織的社會運動。晚近新社會運動理論的發展指出，社會運動目標不再侷限於國家資源的分配議題，而可以是認同、對社會文化價值的挑戰（Cohen 1985; Melucci 1996）。1960年代開始，英美的障礙者運動（disabled people's movement）或障權運動都企圖打破障礙者是福利需求者、社會依賴者的思維。美國在1960年代，由身心障礙者本身從校園發起的自立生活運動（independent living movement），[1] 著重身心障礙者的自我倡議與自決（謝宗學 1997；Scotch 2001; Shapiro 1993）。同時，受美國黑人民權運動的影響，美國開始發展出障權運動與少數族群典範（minority model）。要求國家體制承認障礙者的少數族群地位，並提供反歧視法律的保障。英國受到歐陸新社會運動理論傳統的影響，發展出障礙者社會運動（the disabled people's movement or the disability movement）。[2] 1970年成立的英國肢體障礙者反隔離協會（Union of the Physically Impaired Against Segregation，簡稱UPIAS），首先開始挑戰主流社會對障礙者的看法。主流社會一般認為障礙者是社會的負擔，需要慈善團體與社會善意的幫助。UPIAS挑戰這樣的論點，並認為障礙者需要的是收入、就業、權利與社區生活，而非機構化的照顧（Campbell and Oliver 1996: 20-21）。UPIAS的宣言就明確指出：

> 我們（身體損傷者）認為是社會使身體損傷的人變成有障礙的。障礙是強加在我們的損傷之上的，使我們不必要的被孤立與排除於全面的社會參與。因此，障礙者是社會上被壓迫的群體。（Oliver 2009）

這也就是所謂社會模式的障礙觀點（social model of disability，或譯為障礙社會模式，簡稱社會模式）。社會模式的障礙觀點批判過去的醫療、慈善、個人取向的障礙觀點，強調個人身體的損傷（impairment），與社會對障礙者的限制之差別，並主張障礙是社會結構造成的。如果能改變「障礙的」社會條件，身心障礙者就能和一般人一樣在職場上競爭，融入社會之中。

1　臺灣過去多將independent living movement翻譯為獨立生活運動。但是，筆者認為自立生活運動的主要主張並不是身心障礙者要獨立生活於社會之外，而是強調身心障礙者的自我決定與倡議。因此，筆者認為翻譯為自立生活運動比較恰當。

2　前者專指以障礙者為主導的社會運動，後者泛指所有支持障礙者團體的運動，包括專業人員、家長、慈善團體等。

美國的自立生活運動、與英國的社會模式觀點，同時強調障礙者的主體性與自我決定。美國的自立生活運動規定所有的自立生活中心（center for independent living）都必須由障礙者主導，委員會要有超過半數為障礙者擔任（張恒豪、周倩如 2014）。社會模式更直接挑戰慈善機構，認為服務障礙者的慈善機構不能代表障礙者發言、倡議（Oliver 2009）。

社會模式也受到許多挑戰。Shakespeare（2006）就指出社會模式將身心障礙者所受的壓迫，完全歸咎於社會結構，是一種社會運動的口號，以社會科學研究的觀點來看，這樣的理論無法應用在實質的社會學分析。主要論點為社會模式忽略障礙的社會文化意涵（cultural meanings），否定身體功能損傷是實存的，因此忽略障礙者的個人主體經驗、異質性、及集體認同與文化。針對「社會模式忽略個人損傷」的批判，社會模式的障礙研究學者進一步指出，社會模式並不否認功能損傷在身心障礙者生命經驗中的顯著性，但更著重生理損傷之外，各種經濟、政治、社會建構的阻礙。也就是說，社會模式的觀點不認為「障礙」是一種個人的缺點，而是社會建構出來的，所以，社會性的障礙才是問題所在（Barnes et al. 2002: 5）。換言之，社會模式不是理論，而是用來推動社會和政治變遷的實用工具（practical tool）（Oliver 2009: 57）。

Beckett（2006）指出，障權運動其實和追求文化、認同的運動不完全一致，主要是後工業國家中的公民權運動，強調應保障障礙者的生活品質與社會參與，認同並不是英國障權運動的主要關注點。而障權運動應該憑藉公民權的論述，要求資源再分配的權利，以保障障礙者的基本生活品質。換言之，在文化爭議之外，更應該將障權運動視為爭取障礙者公民權的運動（Beckett 2005; 2006）。然而，社會模式的先驅Vic Finkelstein（2009）指出，以權利（rights）為導向的運動目標，可能使障礙政治保守化，變成個人議題，而忽略社會模式提出的社會結構性問題。換言之，在障礙研究與障礙者的社運團體間，「社會模式」與「權利模式」確實存在一些爭議。前者強調只要改變社會結構，障礙者就可以跟一般人一樣；而後者強調障礙者的特殊性，要求國家特別針對障礙者的差異介入，才能保障障礙者和一般人一樣。

然而，是否只有障礙者才能代表障權運動？障礙者是否必然有障礙者權利意識？如何定義障礙者權利意識，也曾引起爭議（Drake 1997; Branfield 1999; Crowther 2007; Beauchamp-Pryor 2011）。從荷蘭的經驗中，研究者也看到（van Houten and Jacobs 2005），高度組織化的障礙者團體，容易忽略由下而上的障礙者聲音。障權運動應該要看到障礙者的差異，培力障礙者，才能將不同障礙者的聲音納入。Peters等人（2009）更進一步強調，光談社會模式是不夠的，要能建立障礙者對個人障礙的正面看法，進一步建立集體的反抗文化，才可能有對抗整個社會的障礙者政治行動。由於臺灣在倡議時較少使用「社會模式」的語言，因此本文以權利構框與權利論述來指稱臺灣障礙者的倡議論述，不進一步區分兩者的差異。

在臺灣障權運動的研究上，多偏向描述性分析，把障礙者運動視為社會福利運動的一環，並從結構面看障權運動的發展（謝宗學 1997；蕭新煌、孫志慧 2000；謝東儒等 2005；Chang 2007）。從運動中層動員與資源動員的觀點，筆者曾指出：(1) 臺灣的福利服務團體是倡議組織的動員結構（mobilizing structure），在缺乏福利資源的情況下，進一步推動服務性團體的成立，變成倡議團體的必要手段；(2) 英美的障權運動對抗的是醫療、社福專業的壟斷，臺灣社會福利服務的專業人員卻扮演著引介權利觀念的角色。一方面，在爭取社福資源時，專業人員和身心障礙者可以聯合陣線；同時，卻也出現以專家倡議為主、而非由障礙者進行倡議的現象，使得障權運動無法進一步紮根；(3) 障礙相關的非營利組織、聯盟組織進入國家的決策體制後，該用實際的例子來檢證是否被收編的問題。和一般倡導理念的中產階級新社會運動不同，臺灣的障礙權利倡議團體面臨的狀況是：如果沒有提供服務，無法支持倡議的聲音（張恒豪 2011）。這樣的脈絡固然有其歷史背景，然而，缺乏障礙者直接參與的機制下，我們也可以看到障礙者權利立法進步，但實踐落後的狀況。

王增勇曾從歷史的角度指出，臺灣的非營利團體逐漸從慈善觀點轉向公民權（citizenship）的論述（Wang 2007）。蔡依倫（2010）指出臺灣身心障礙福利從傳統的慈善模式轉變為社會模式；李素楨（2009）更進一步批判現行多以專業、家長為主的「代言制度」，限縮了障礙者帶頭抗議的權利，卻由專業的非營利團體收割其成果。以英國社會模式對慈善團體提供服務的批判角度檢視（Oliver 2009），蔡依倫（2010）研究的非營利團體與政策，並不等同於社會模式在臺灣的實踐。王增勇一方面指出公民權論述在臺灣社會福利團體中出現（Wang 2007），同時也批判福利體制收編非營利組織倡議的危機（王增勇 2009）。然而，如果我們把體制收編與代言人的質疑放在臺灣的情境下看，其實這樣的質疑忽略新一代障權運動崛起的事實。近年來以障礙者為主體的團體開始出現，也為過去專業代言的狀況帶來新的契機。過去以專業人員主導的非營利組織逐漸建制化，新一代以障礙者為主體的運動團體，開始投入障礙者權利的倡議。在國家體制亦宣稱保障障礙者權利的同時，新的障礙者團體如何參與、發聲、影響政策的制定，是值得研究的問題。

西方的障權運動討論認為，機構化的歷史與共同被社會隔離的經驗，是西方障礙者可以聚集、發聲，進一步發動抗爭的重要動員結構。像美國聾人大學高立德大學的「聾人治聾校」抗爭事件就是典型的例子（張恒豪、蘇峰山 2012）。這樣的說法在臺灣尚缺乏嚴謹的實證支持，在沒有高度機構化歷史背景的臺灣，90%以上的障礙者都住在社區，障礙者倡議團體會面臨社會網絡與組織上的困難。沒有機構，臺灣的障礙者團體如何連結大部分隔離在家的障礙者，成為有組織的社會運動？如果障礙者無法連結組織，就無法解決專家與家長「代言人」的問題。因此本文將以行無礙為例，討論臺灣障權運動的網路動員、障礙者的現身與倡議論述。

參、臺灣新一代的障礙者倡議運動與行無礙

行無礙成立於2004年，行無礙關注「行」，但是「行」其實不只身體的移動，還包括「行動」和「參與」。行無礙強調：資訊無礙、牽手無礙、生活無礙，意思是從訊息的溝通開始就要無障礙，以無障礙的方式提供資訊，也將無障礙資訊清楚提供。以無障礙的低地板公車為例，行無礙強調公車資訊必須統一並清楚標示輪椅符號，從網站、APP、候車亭到公

車本身不能有資訊的斷裂讓人無所適從，或要反覆查詢才能知道輪椅可及的路線。具體的實踐包括2009年將此無障礙的資訊建議提交給臺北市政府交通局、捷運局，2012年製作淡水旅遊無障礙地圖（見圖15-1）。

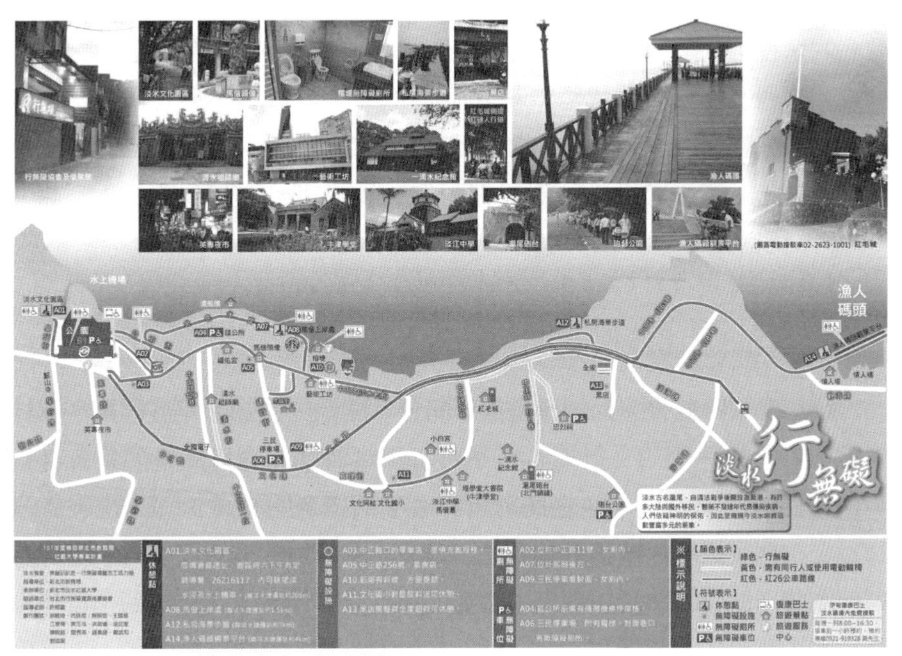

圖15-1　2012年淡水行無礙地圖

這是一張橫向長方型淡水無障礙旅遊地圖。圖中沿著淡水海岸線，從左邊淡水捷運站到右邊漁人碼頭。本書採黑白印刷，但原本彩色印刷的地圖上，採用綠、黃、紅三種不同顏色線條分別表示路段行無礙、輪椅需要協助以及低地板公車路線。同時，地圖上有輪椅標誌就表示該地點有無障礙設施。

資料來源：行無礙及淡水社區大學團隊製作。

「牽手無礙」強調障礙者的社會參與不能只在障礙圈，而是要與其他非障礙者合作牽手，在不同的專業領域融入無障礙的概念，從賞蝶、賞鳥、划獨木舟、騎手搖車，每一項都開拓了彼此的視野，2006至2014年間行無礙總共辦了152場戶外活動。再從內洞森林遊樂區的無障礙步道走回社區散步，燈會、史博館，看似少數障礙者集結散步的社區節慶活動，重新帶大家看見障礙者在這個豐富多元的社會中被忽略的樣貌。

「生活無礙」整合所有日常的食衣住行育樂，例如推動無障礙計程車的多元載具，金融無障礙擴及提款機，以及文化平權等等，再次強調障礙者要和其他人一樣「選擇」想要的生活，而這個選擇才能真正達到行無礙命名的宗旨：「隨意自在、所行無礙」。本研究選擇行無礙並不強調他們可以代表所有的障礙者或是障礙者團體，[3] 而是因為行無礙在策略及論述上，和過去服務導向、聯盟導向的團體有所不同。希望透過行無礙的運動策略與論述，進一步和社會模式與權利論述的在地化爭議做對話。因此，本研究採取混合研究方法，包括：參與觀察、深入訪談與文件分析。

一、障礙者的社群網路動員

行無礙網路社會運動推展是從資訊分享開始，從2000年發行第一份針對障礙者生活休閒的「行無礙電子報」，當時創立的目的是搜集各身心障礙團體的活動資訊，並定期撰寫障礙生活遭遇的文章——「挑戰者日誌」，初期開始發送電子報就看見了資訊快速傳遞的成效，其實包括身心障礙團體所開設的職業訓練班，報名的障礙者有半數以上是收到「行無礙電子報」而報名的。

在建立快速的資訊傳遞管道後，推展障權運動的開始莫過於2002年2月舉辦「讓礙傳出去」活動，這有別於團體代表發聲的慣例，策略上已開始進行「障礙公民參與」，讓障礙者與關心無障礙的社會大眾，在網站上分享各地拍到的「有障礙」照片，沒想到引起網民們的大力迴響，這活動行無礙並沒有發布新聞，卻超過百萬人次參與及轉分享，獲得大量媒體報

---

3 過去以聯盟方式避免被國家收編的障礙者組織，如中華民國殘障聯盟（以下簡稱殘盟，改名為身心障礙聯盟）、智障者家長總會（以下簡稱智總），並不是完全在這一波的障礙者自主與自我倡議的風潮之外。殘盟從2008年開始就辦理標竿營，為障礙者的自我倡議者做培力的工作。智總也在2000年中期開始從事智能障礙者的自立生活培力活動，並在2008年開始智能障礙者的自我倡導議題聯盟，推動智能障礙者的自立生活。換言之，過去聯盟式的倡議組織也在做障礙者自我倡議的培力運動。本研究選擇行無礙與新活力自立生活只是要強調以障礙者為主的新組織，以及挑戰過去以服務為導向的非營利組織架構。

導，也因為有圖有真相，來自各地被揭露的障礙地點照片有多處被改善。這活動後來更集結更多障礙團體參與，促成了日後「臺灣十大障礙地點」及「鬼月特輯」臺灣十大最鬼照片的延續推動（行無礙 2014）。

隨著障礙族群在網站上的互動增加，行無礙於2007年開始著手改版網站，除了集結原有的生活資訊，更進一步強化障礙社群在網路的互動與參與，例如增加全國身心障礙活動行事曆，以及維基（wiki）無障礙生活資料庫，並利用系統模組的建立，讓其他身心障礙團體網站也可輕鬆置入自己的網頁。這次的改版在同年就獲得華文部落格大獎公益應用首獎，當時評審對行無礙獲獎的理由是：

> 榮獲首獎的《行無礙生活網》訊息和行動俱佳，一方面提供全國身心障礙活動行事曆、無障礙線上地圖、無障礙生活資料庫，並進行國內外身障網聯播；另一方面開放網友推薦無障礙地點、舉發有障礙空間，並且實地勘查、督促改革，還舉辦國內外無障礙旅遊活動。內容實用、檢索容易、參與熱烈、成效卓著，贏得評審團高度讚賞和敬佩。

行無礙後續在網路社群媒體發展上一直持續參與及應用社群媒體特性，陸續推出噗浪及臉書社團及粉絲專頁，也因為網路載具的特性，行無礙在議題上邀集障礙公民參與的速度更迅速，包括低地板公車議題的座談，還有首次以「群眾外包」的精神，在2011年嘗試以網路社群投票的方式，推出「2012行無礙工作計畫由你決定」，只要達一定投票數就會正式列入工作計畫去執行，一次一次的網路集結與推展，也促成了障礙者在日後各項議題的討論，以及參與發起一年一年的身障大遊行。以下將以兩次抗爭事件為例，討論將權利框架帶入抗爭事件的資訊政治之過程與限制。

（一）找不到登機斜坡道的民航局抗爭事件

障礙者（特別是輪椅使用者）搭機被拒絕的事件層出不窮，在過去多把問題丟回障礙者本身的危險或是設備不足而不了了之。2009-2010年的航空工具歧視障礙者事件，顯示了跨國資訊政治與權利構框的影響力。

事件主要起因於2009年7月立榮航空的拒載事件，使用輪椅的障礙者預計搭乘國內臺北飛澎湖的班機，訂位時表明坐輪椅，需要有人協助登機，航空公司卻以「沒有協助經驗、摔傷還要負責……航站沒有空橋，地勤人員只能『攙扶』，無法『背載』上下樓梯，若要上飛機，必須自備『壯丁』等理由拒載」。[4] 事件發生後，障礙圈已經掀起一陣撻伐，本身是輪椅使用者的余秀芷，將事件推演到戴立忍導演的噗浪分享，將不滿傳出障礙圈外，再度引發更多社會關注。同年的10月26日召開協調會，交通部官員的答覆卻是「航空業者以『身體狀況不佳』來『婉拒』身心障礙者，並無不妥」。召集會議的徐中雄立委馬上指出，航空公司將障礙者等同於身體狀況不佳的病患，是一種健常能力偏見（ableism）歧視。與會的身心障礙聯盟以美國的飛航法規佐證國外行之有年的做法，[5] 要求交通部民用航空局與航空業者不得歧視障礙者。然而，問題的核心不只是航空公司拒載，而是沒有空橋設備的國內航線缺乏普遍設置適當的斜坡道或升降設備。最後協調會達成「民航局應立即搜尋相關輔具資訊，並在國內各航空站設置必要的輔具，協助身障者搭機」的決議，但卻進展緩慢。於是，余秀芷在隔年（2010年）4月發起一人一信運動，要求民航局限期改善。[6] 隨著議題的發酵，民航局表示主要的原因是找不到適合不同飛機的升降裝置或是斜坡道。

行無礙的國際工作夥伴易君珊，迅速從網路上找到大量的相關資訊，包括從1940年代就有的登機斜坡道照片，並附上登機斜坡道的購買資訊，

---

4 邱紹雯、李文儀，2009，〈上下機沒人背 立榮拒載身障者〉。自由時報，http://news.ltn.com.tw/news/life/paper/321515，7月25日。

5 根據美國聯邦法規標題14第382部《身心障礙者搭機反歧視準則》第35條規定，航空業者不得要求身心障礙者必須有陪同者才能夠搭機，只有特殊情況（準則中有明確說明）的身心障礙者搭機才需要陪同者，而且如果航空公司認為一定要有陪同者才能搭機，則陪同者的機票費用全免，因為陪同者為航空公司做了他們責任範圍的事；反觀臺灣現況，航空公司認為「自備」陪同者是身心障礙者的義務，雖然搭乘國內線陪同者享有半價，但國際線卻要負擔全額票價（劉佳恩 2009）。

6 陳俍任，2010，〈身障者想飛 寫信求民航局〉。聯合報，http://udn.com/NEWS/NATIONAL/NAT5/5517436.shtml，4月5日。

在網路上以「局長尋你千百回之飛機斜坡篇」發文（易君珊 2010a）。網頁中可以清楚看到登機斜坡道在美國的使用狀況。該網頁被大量轉載，形成輿論。在立委管碧玲的介入下，4月中交通部長答應馬上辦理，參考倡議組織的建議限期採購。同年12月，登機斜坡道開始使用，隔年（2011年）1月，立法院通過《身心障礙者權益保障法》修正案，明訂「航空業者不得拒載身障者」。

（二）無障礙餐廳的跨國抗爭事件

也許是因為登機無障礙議題的成功，障權運動於2010年底把議題延伸到餐廳的無障礙。一次障礙圈夥伴的聚會中，談到無障礙環境的缺乏，出入口的階梯、沒有無障礙廁所、甚至通道狹窄、一體成形的固定式桌椅等等，無一不是對輪椅使用者的拒絕。麥當勞是朋友們聚餐的場所之一，但輪椅使用者根本不得其門而入，犧牲的不只是用餐，更是與同伴共享的回憶。易君珊提到麥當勞總部在美國，而美國的麥當勞跟其他餐廳一樣都受到《美國障礙公民法案》（Americans with Disabilities Act，簡稱ADA）的監督，必須提供消費者必要的無障礙環境，於是發起一人一信寫到麥當勞，要求麥當勞做到無障礙設計，同時本身也是輪椅使用者的青少年Shayla首先寫信響應，Shayla的信，被轉譯為I'm not loving it，控訴想去麥當勞過生日的小女生不得其門而入。易君珊並在網站上提供英文信的範本，讓臺灣的障礙者寫信到美國總公司。同時，在網頁上引用美國ADA的無障礙規定，並提供相關照片（易君珊 2010b）。殘盟祕書長王幼玲甚至直接用「美國行，為什麼臺灣不行？」，來挑戰臺灣的無障礙法規。[7]

和前次不同，麥當勞的運動動員一開始以私人企業為動員對象。然而，針對跨國企業的一人一信活動，最初並沒有得到麥當勞積極正面的回應，於是障礙夥伴們（多數以個人身分參與，團體僅行無礙與新活力），在2011年1月9日組織起來，到麥當勞前抗議沒有無障礙用餐環境。當天早

7　湯佳玲、楊雅民、黃宣弼，2011，〈手推門太重、廁所在2樓……I'm NOT lovin' it!／臉書1人1信 要麥當勞無礙〉。自由時報，http://www.libertytimes.com.tw/2011/new/jan/4/today-life1.htm，1月4日。

上目標就是包圍麥當勞臺北光復店，陸陸續續前來支援的障礙者，多半是輪椅使用者也是最直接明顯被環境拒絕無法入內用餐的障礙族群。先是在大門口唱歌、高舉海報、吶喊訴求，此時，麥當勞的工作人員部分在窗內觀望，第一線工作人員則是立刻端出熱茶招待障礙者，但是此舉正好強化了本次活動的訴求，也就是障礙者要的是和其他人一樣可以自由選擇進餐廳飲食，而不是只能外帶或得來速。這種端茶出來的方式其實就是友善包裝的歧視，障礙者不是來乞討，我們要的是跟其他人一樣可以在餐廳用餐。

夥伴們喊口號、唱歌之後並未立刻得到麥當勞的回應，於是開始分頭在大門跟側門加強包圍阻擋出入口的意象，這樣的舉動讓原本在裡面用餐或者打算進去用餐的非障礙者也感到不方便，原本輪椅與輪椅之間的縫隙還可以讓進出用餐的人跨越，接著輪椅和直立人朋友們合作默契的填補縫隙，讓兩側門口明顯受阻。這樣的舉動引來路人關切以及原本默默用餐的旁觀者「有感」，有人說：「你們的訴求可以，但是方法錯了，不應該影響到別人。」有人說：「速食餐飲本來就不是什麼健康的食品，你們進不去就算了。」還有人說：「又不是只有麥當勞進不去，你們不要無理取鬧。」……類似的言論讓現場慢慢形成對立的氣氛，更開始有餐廳內的人士強行跨過輪椅者，以及部分人士用力推開障礙者的電動輪椅引起一陣衝突。最後，麥當勞僅回應他們願意以愛心鈴的方式解決，也願意在戶外空間放桌子讓障礙者可以用餐（見圖15-2）。

隨後，在立委介入以及殘盟與行無礙的持續抗爭下，在2012年1月由內政部營建署通過所謂「麥當勞條款」。要求新建物「總樓地板面積300平方公尺以上的餐廳、咖啡店、冰果店、冷飲店等，須設無障礙坡道、廁所、升降設備等無障礙設施」。[8] 然而，由於該條文對既有建築並不溯及既往，300平方公尺的規定也被障礙者倡議團體認為普及性不夠，所以要求全面的無障礙餐廳以及現有餐廳的改善，仍在持續抗爭中。

---

8 唐鎮宇，2012，〈「麥當勞條款」全臺3千餐廳 須無障礙〉。蘋果日報，http://www.appledaily.com.tw/appledaily/article/headline/20120121/33976445/，1月21日。

圖15-2　2011年1月9日麥當勞臺北光復店前的抗議

這張照片裡大約有20人包圍在店家門口，這群人多數坐在輪椅上。店家橫式招牌上寫著英文麥當勞，大大的M特別醒目。店門口一個穿制服的男性隔著玻璃門向外面看著圍繞門口的群眾。

資料來源：行無礙。

有趣的是，麥當勞餐廳事件也顯示出，針對跨國企業的遊說效果有限。跨國經驗構框還是要針對國內法治環境做挑戰，才有落實權利主張的可能。然而，這兩個抗爭事件的議題主要是以公共空間的障礙為主。前者涉及的層面較小，可以迅速達成運動目標；後者全面餐廳無障礙牽扯到私場域的利益，特別是可能影響到做小生意的店家，影響層面較廣，倡議後得到的實質改善也較低。換言之，這種跨國的權利論述可以在公共輿論上做快速有效的動員。但是，動員的效果還是受議題牽制。

二、障礙者的現身與日常生活抵抗

從1981年《殘障福利法》立法以來，障礙權利的論述就已經出現在官方的文件上。2007年更名為《身心障礙者權益保障法》之後，更是號稱保障障礙者權利。然而，在政府表明財政困難的狀況下，臺灣長期由非營利組織投入公辦民營的服務。由民間的資源支持福利服務的結果，不僅倡議團體被質疑收編，非營利組織提供的服務更常面臨資源不足的問題，使得服務品質無法提升。然而，到底什麼是障礙者權利，權利框架對新一代障礙者的倡議意義為何？為運動帶入了什麼新的元素？行無礙的出現，其實也是質疑過去這種以特殊方式針對障礙者提供不同服務與特別政策的殘補式福利觀點，而直接挑戰社會所形成的障礙。行無礙的倡議者就指出：

> 我們開始做行無礙的部分理由是，過去的福利政策主要像障礙者的定額進用或是社區家園，好像都是為了障礙者好。但是這些政策從來沒有想到，因為交通不便跟各種行的障礙，很多障礙者根本沒有辦法到工作場所。如果到工作場所的路上沒有無障礙，定額進用根本沒有意義。同理，社區家園的障礙者如果到哪裡都遇到障礙，還不是關在小小的監獄？（許朝富口述）

換言之，新的權利論述也是挑戰過去把障礙視為個人問題，國家給予「個人優惠」的社會政策回應方式，因此和過去以早療、教育、工作為導向的訴求不同。

行無礙的訴求不只是環境無障礙，更強調全面參與休閒生活的重要。過去的障礙權利倡議訴求，基本上還是以「障礙者要成為主流社會的一分子，對社會有貢獻，不要成為社會的負擔」為思考。而休閒娛樂為先的訴求，反轉了整個障礙者權利論述的邏輯，反指如果障礙者都不能享有一般人擁有的公共空間、文康活動、休閒旅遊，障礙者為什麼要投入工作？又如何能投入障礙重重的工作環境？

行無礙的倡議者認為，網路只是一種推動障礙運動過程的工具，而休閒旅遊活動亦是促進社會參與的媒介，從成立後過往十年最重要的事是藉由多元的管理與方式，讓障礙者可以走出來參與社會，進而為自我發聲，而行無礙的「散步運動」可以說是最能代表障權運動作為新社會運動的本土實踐案例。「散步」從虛擬的集結，轉化為實體公民參與，並透過簡易操作的策略，加速障礙者走出來。散步運動可以說是障礙者透過身體的展演，在日常生活政治中挑戰環境限制的具體實踐。

2009年10月30日evelyn（鄧芝蘭）於部落格上貼出〈新北市的障礙自覺何時才能升格？〉一文，述說發生在前一年汐止市立綜合運動場拒絕輪椅進入且不建議身心障礙者前往的經過，這件事在噗浪上獲得許多障礙自覺運動者的聲援，從發申訴文到噗浪串連，2010年行無礙提出散步的構想，並號召有障礙族群們相約1月16日到汐止綜合運動場「一起散步」。當天出現20幾位身障朋友到達運動場，每個人興奮地在PU跑道上「運動」，大聲地說：「Yes, We can!」成員易君珊並自製道具「輪我上場」，與同伴們在運動跑道上爬著前進，象徵即使爬著也要上運動場運動，而這群朋友更積極與管理員對話，引述廠商提供的資料指出，需超過一臺車的重量PU跑道才可能受損壞，請勿胡亂搪塞，並告知運動場不得拒絕輪椅者進入與歧視。參與這場散步的chiou-yin事後在網站上寫下分享：

> 對於不用大力號召就能和大家一起行動真的非常感謝，就這樣單純地為一個共同的目標、理想一直前進……真的是很幸福的一件事！！所獲得的力量和支持是口拙的我用言語表達不出來的……（泣……），在這裡感覺到資源正慢慢地整合起來……「團結就是力量」將不再只是一句口號。

「散步」運動強調的是一種溫和而堅定的力量，要讓社會大眾「看見」障礙者生活在同個空間裡，並企圖用參與「攪動」環境的障礙，以及一起面對歧視的現況。有別於一般團體出遊活動，主要是障礙者透過網路自主號召不同的輪椅使用者前往各地，通常是發起者選擇自己熟悉的路線做規劃，或是選擇到旅遊勝地或觀光景點、公園散步，活動強調障礙者互助的精神，故不會安排志工，以大眾運輸為主要的交通工具。從一群障礙者走出來的過程，凸顯臺灣在各文康設施上的障礙。許朝富指出：「因為無障礙出入口只有一處，其實過去如果是個人去參觀，主事者常常叫你換出入口，或是用個人特例的方式解決行動不便者的出入問題。但是，當我們一群人一起去，結果就會很不一樣。」行無礙的社工師游鯉綺開始倡議不定期的、甚至沒有一定組織、回到障礙者個人的發起「散步」。2010年2月26日國父紀念館的「福虎燈海場散步」，可以說是效果最直接的一次（見圖15-3）：

> 我們是從仁愛路那邊，另外一個出入口進去，那個出入口是側門出入口，所以呢，以前都是有ㄇ字型柵欄的欄杆擋住，那一般擋住，它也會稍微留空間一點確認說你可以過，我們當天大概八台、十台（輪椅）的人就在那邊過欄杆，每個就像考駕照一樣過，然後沒有那麼剛好，所以每個人都要花將近……，像代步車就花最長的時間，大概十來分鐘。就一直喬、一直喬、一直喬，然後可以過這邊之後，你還要繼續過那邊，最後很多人都不看花燈，就看殘障者怎麼過那個欄杆，然後，然後呢警衛先生就非常的急！然後很多人就看不下去，就說這個到底是誰設計的？看完花燈之後，大家會回去寫部落格啊貼照片什麼的，然後媒體這一塊我覺得蠻有趣！報了之後，那國父紀念館我印象中差不多三個禮拜左右，就把全部周圍的人行走的動線欄杆全部拆掉。事實上之前有很多人有抗議過、有申訴過，一直都說沒錢處理幹嘛的，那你看！我們也沒有搖旗吶喊啊！我們也不過八個人去走一走而已啊！馬上那種社會的對待，或者是環境的障礙在那件事情裡面本來是你的問題，轉變成是人群的問題，如果你一個人去，警衛就跟你講說無障礙往那邊會比較好走！你摸摸鼻子就直接過去了啊！（許朝富口述）[9]

9 國父紀念館後續的改善與討論，可見網友行無礙的網誌（行無礙 2010）。

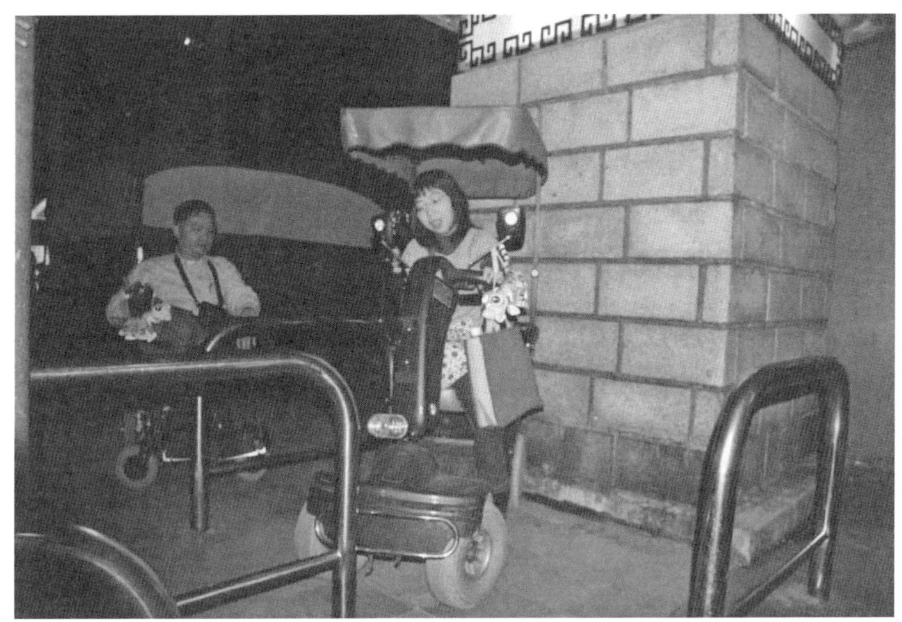

圖15-3　2010年2月26日於國父紀念館仁愛路出入口的燈節「散步」

這張照片呈現門口通道因為設置欄杆，讓障礙者卡門的窘況。照片中一個戶外門柱，門柱之間大概有一個大人張開手臂寬，門柱中間有三個鋁製欄杆交錯排列，使通路變成U字形。一位年輕女性坐在代步車上，代步車左邊龍頭上掛著老虎造型的紙燈籠，代步車正卡在U字形通道上。門柱外面還有一位坐在輪椅上的男性看著這位女性，輪椅的右手邊也掛著一樣的老虎造型燈籠。

資料來源：行無礙。

這種軟性、以集體的生活經驗出發，針對日常生活歧視，不直接對抗國家的集體抗爭方式，成為一種有效的運動策略，以突破目前障礙福利體系面臨「修法進步，執行緩慢」的狀況。更讓障權運動的本土實踐，顯示出強烈的新社會運動色彩。這種探索各地障礙的軟性抗爭活動，變成各地的行動不便者可以自行利用網路號召的活動，雖然各地的散步活動引起各地方政府重視的程度不同，但是散步本身讓障礙者走出來面對社會障礙，而倡議就是有意義的轉變。

從社運組織的分化角度，權利論述的出現也是不同運動路線的開始。

從「散步」的策略上，我們可以看到障礙者倡議團體用在日常生活中的身體經驗抗議國家體制的失能，直接訴求社會的障礙以及國家支持的不足。有別於以往的福利需求組織論述，新的組織與策略帶來的是以障礙者為主，開始對抗社會結構所建構的障礙。

肆、討論與結論

從本文所提的新興障礙者權益倡議抗爭事件，我們可以看到幾個過去以慈善機構、專業服務、家長組織為主的倡議不一樣的風貌。行無礙的出現，代表了以障礙者為主體，自己組織、發聲的運動，已經在2000年中期展開。

首先，和過去由上而下，藉由國際規範的改變，來影響臺灣立法的方式不同。在全球化，可以快速交換公共空間資訊的時代，所謂的國外經驗不只是運動動員的參考構框，我們可以從「民航機斜坡道」以及「無障礙餐廳」的動員事件，看到社會運動團體可以快速地在公共論述層面，以跨國的網路資訊轉譯來對抗主流國家官僚的行政推託。在公共政策的論述爭奪戰上，權利論述也挑戰了過去殘補式的邏輯。在權利框架下，「國外能，我們為什麼不能」，成為有效的動員論述。

再者，從運動論述與策略來看，新一代的障權運動開始挑戰環境的障礙——政策的失能。「散步」更顯示了新一代以身體經驗出發挑戰現行結構的運動策略，召喚公眾與障礙者重新理解障礙者的處境。這樣的軟性策略與倡議論述，和過去要求補助、增加服務的邏輯不同。

從新一代的障權運動團體的抗爭論述上，我們可以看到社會模式的本土實踐。雖然過去的障礙權益相關組織，如身心障礙聯盟，也曾針對無障礙議題如捷運、高鐵的無障礙設施遊說與抗爭，卻很難突破立法進步但執行不力的問題。新興以障礙者為主體的社會運動團體開始直接質疑、挑戰社會結構上的障礙。不再把障礙當成個人的福利議題，而是尋求結構式的改變；不奢求國家法治與「專家」由上而下設計出的合法、卻不合用的有障礙空間，而是從日常生活的抵抗開始，全面要求無障礙空間，將障礙進一步政治化。

新的障礙者抗爭活動，在論述上是社會模式的具體實踐；在行動上，有別於極端社會模式觀點強調的結構決定論，把障礙者受公共空間歧視，重新定義為國家與個人的權責。當然，具體將社會模式觀點帶入論述與抗爭行動只是一個開始，不能代表社會模式作為一種新的檢視障礙議題的觀點，已經被普遍應用在臺灣各地、及不同障別的障礙議題上。從行無礙的抗爭經驗，我們可以進一步思考未來的挑戰、限制與展望。

首先，網路動員固然可以超越許多連結障礙者的物理空間限制。然而，網路的可及性、障礙者間的數位落差，是必須面對的問題。如何進一步連結不同的障礙者，包括不方便使用或不使用網路的障礙者，關注不同層面的障礙議題，包括不同政策間的資源排擠、衝突與分配正義問題，是障權運動必須面對的問題。

再者，網路動員的媒體效應，仍有侷限。因為議題新穎，障礙者現身的網路動員，不難得到網路上一面倒的支持，甚至蔚為風潮，也比較容易得到媒體與政治人物的重視。但是，當類似的議題重複出現，法規與執行上又不容易突破時，如何延續障礙者現身的政治、社會、文化效果？將是必須面臨的挑戰。如「散步」雖擴展到各縣市，由不同的團體或個人號召，但後續受媒體關注似乎有遞減的趨勢。

從網路的輿論支持轉到公共政策上的修訂，還有許多政策規劃與資源分配的細節。從本文的討論也可看到，網路動員發酵後，還是要跟政治人物、大型有影響力的倡議團體（如身障盟）合作，才能更細緻精確地轉換成公共政策的立法與改善。未來的發展上，障礙者的網路動員必須更組織化、專業化，以回應日益多元的各項障礙者權利議題；還是走向分工合作，網路動員負責發覺議題，引起輿論，同時和專業政策導向的組織與政治人物合作修法？是值得進一步觀察的議題。

最後，社會模式提供的是重新認識障礙議題的方式，因為社會模式的觀點，才能連結障礙者的異質性。在這些成功的倡議活動外，事實上行動落在個別社區日常的時候是非常挑戰神經的，願意站出來爭取的人可能會面臨被邊緣化的威脅，或威脅還沒來就自己嚇自己。事實上，很多障礙者還是不敢搭公車，或者只能不斷帶著感恩的心戰戰兢兢搭乘。換言之，除了個別障礙者被看見，如何讓障礙者重新翻轉，認識到「有障礙的是環境、而不是障礙者本人」的意識覺醒，還有很長的路要走。而在個人的權利倡議行動之外，在社會模式的基礎上如何連結為所有障礙者面臨的問題，進而建立一套在地障礙圈的論述與知識，是應該被進一步討論的問題。如Peters等人（2009）所言，光談社會模式是不夠的，進一步建立集體的反抗文化，是臺灣障權運動需要繼續努力的目標。

參考文獻

王國羽，2008，〈聯合國身心障礙者權利公約對我國的啟示〉。《社區發展季刊》123: 106-116。

王增勇，2009，〈解嚴後臺灣福利運動建制化的過程〉。《臺灣社會研究季刊》74: 407-417。

行無礙，2014，[鬼月特輯]臺灣十大最鬼照…恐怖哦（http://www.sunable.net/node/6153，取用日期：2017年7月25日）。

——，2010，於元宵燈會追蹤國父紀念館ㄇ型路障之改善？（http://www.sunable.net/sunhome/node/2261，取用日期：2011年11月21日）。

易君珊，2010a，局長尋你千百回之飛機斜坡篇（http://www.sunable.net/sunhome/node/2312，取用日期：2011年11月21日）。

——，2010b，麥當勞其實是賣當牢I'm NOT lovin' it（http://blog.yam.com/imperfect33/article/33766402，取用日期：2011年11月21日）。

李素楨，2009，《參與殘／障礙運動的變革知識：一位女瘸子的行動路徑》。臺北：輔仁大學心理學系碩士論文。

張恒豪，2011，〈障礙者權利運動的策略與組織變遷：提供服務作為社會運動的手段？〉。頁129-169，收入何明修、林秀幸編，《社會運動的年代：晚近20年來的臺灣行動主義》。臺北：群學。

張恒豪、蘇峰山，2012，〈第一章：西方社會障礙歷史與文化〉。頁11-41，收入王國羽、林昭吟、張恒豪編，《障礙研究：理論與政策應用》。臺北：巨流。

張恒豪、周倩如，2014，〈自立生活的理念與夏威夷自立生活中心的運作〉。《社區發展季刊》148: 179-193。

廖福特，2008，〈從「醫療」、「福利」到「權利」——身心障礙者權利保障之新發展〉。《中研院法學期刊》2: 167-210。

蔡依倫，2010，《從非營利到社會企業？臺灣非營利身心障礙組織場域制度變遷之研究》。高雄：國立中山大學企業管理學系博士論文。

劉佳恩，2009，安全考量拒搭機 航空公司歧視身心障礙者（http://www.enable.

org.tw/iss/detail.php?id=81，取用日期：2011年11月21日）。

蕭新煌、孫志慧，2000，〈1980年代以來臺灣社會福利運動的發展：演變與傳承〉。頁33-70，收入蕭新煌、林國明編，《臺灣的社會福利運動》。臺北：巨流。

謝宗學，1997，〈殘障權利運動——中、美兩國經驗的比較〉。論文發表於「身心障礙者人權週系列座談會」，臺北：中華民國殘障聯盟，1997年6月16日。

謝東儒、張嘉玲、黃珉蓉，2005，〈殘障聯盟發展史〉。《社區發展季刊》109: 300-310。

Barnes, Colin, Mike Oliver, and Len Barton. 2002. "Introduction." Pp. 1-17 in *Disability Studies Today*, edited by Colin Barnes, Mike Oliver, and Len Barton. Cambridge: Polity Press.

Beauchamp Pryor, Karen. 2011. "Impairment, Cure and Identity: 'Where do I Fit in?' " *Disability & Society* 26(1): 5-17.

Beckett, Angharad E.. 2006. "Understanding Social Movements: Theorising the Disability Movement in Conditions of Late Modernity." *Sociological Review* 54(4): 734-752.

——. 2005. "Reconsidering Citizenship in the Light of the Concerns of the UK Disability Movement." *Citizenship Studies* 9(4): 405-421.

Branfield, Fran. 1999. "The Disability Movement: A Movement of Disabled People - a Response to Paul S. Duckett. " *Disability & Society* 14(3): 399-403.

Campbell, Jane, and Mike Oliver. 1996. *Understanding Our Past, Changing Our Future*. London: Routledge.

Chang, Heng-Hao. 2007. "Social Change and the Disability Rights Movement in Taiwan: 1980-2002." *The Review of Disability Studies: An International Journal* 3(1-2): 3-19.

Cohen, Jean L. 1985. "Strategy or Identity: New Theoretical Paradigms and Contemporary Social Movement. " *Social Research* 52: 663-716.

Crowther, Neil. 2007. "Nothing Without Us or Nothing about Us?" Disability &

Society 22(7): 734-752.

Drake, Robert F. 1997. "What am I Doing Here? 'Non-disabled' People and the disability Movement. " *Disability & Society* 12(4): 643-645.

Finkelstein, Vic. 2009. "The 'Social Model of Disability' and the Disability Movement." Pp. 142-152 in *Understanding Disability: From Theory to Practice*, edited by Michael Oliver. London: The MacMillan Press.

Melucci, Alberto. 1996. *Challenging Codes: Collective Action in the Information Age*. Cambridge: Cambridge University Press.

Oliver, Michael. 2009. *Understanding Disability: From theory to Practice*. London: The MacMillan Press.

Peters, Susan, Susan Gabel, and Simoni Symeonidou. 2009. "Resistance, Transformation and the Politics of Hope: Imagining a way Forward for the Disabled People's Movement. " *Disability & Society* 24(5): 543-556.

Scotch, Richard K.. 2001. "*From Good Will to Civil Rights: Transforming Federal Disability Policy*." Philadelphia: Temple University Press.

Shakespeare, Tom. 2006. *Disability Rights and Wrongs*. London: Routledge.

Shapiro, Joseph P.. 1993. "*No Pity: People with Disabilities Forging a New Civil Rights Movement*." NY: Three River Press.

van Houten, Douwe, and Gaby Jacobs. 2005. "The Empowerment of Marginals: Strategic Paradoxes." *Disability & Society* 20(6): 641-654.

Wang, Frank T. Y.. 2007. "From Charity to Citizenship: NPOs in Taiwan." *Asia Pacific Journal of Social work and Development* 17(1): 53-68.

第十六章
世代正義與修憲行動：十八歲公民權運動

葉大華
臺灣少年權益與福利促進聯盟祕書長

本文是18歲投票權運動推動12年來，最為完整的論述與記錄。任何運動的推動往往是意志力與勇氣的長征，本人有幸與感謝能與諸多團體、青少年、民意代表、政策決策者以及媒體一起在這趟長征中，面臨全世界難度最高的修憲門檻，沒有退卻、繼續努力往前突圍。或許18歲投票權未必是臺灣最受人重視的議題，但它絕對是開啟臺灣社會轉型為世代正義國家的一把關鍵鑰匙，邀請大家持續關注。

壹、前言

一、青少年是福利政治下的犧牲者

解嚴後臺灣社會一連串反威權、民主化的政治發展，帶動民間社會福利運動的勃興。當時社會福利團體紛紛成立，要求國家在社會資源重分配上，對處於社會結構的邊緣弱勢族群，承擔更積極的角色，而福利議題的倡導多半透過立法或修法形成政策，國家便需依法編列公務預算。然而國家的福利資源分配及政策走向仍深受政治力左右，甚至形成選舉綁樁的「買票式福利」，沒有選票的青少年，在不符合主流政治利益的前提下，自然成為最大的犧牲者。因此過去民間少年團體辛苦倡議的福利資源再分配，不僅未達到預期效果，[1] 反而因「問題化」案主的行為或社會關係，使國家更易將有限的資源集中於解決特殊福利需求的青少年身上。

此外，臺灣面臨急遽的高齡少子女化，日益龐大的老年照顧問題，青少年將是未來主要承擔人口。但現今的公共政策，仍阻絕青少年以準公民身分表達意見，而由成人主導且決定不利於兒少發展的政策資源分配，最終將造成「債留子孫」的結果。但青少年卻無法透過行使投票權，反對由中高齡人口決定多數政策資源分配所造成的世代不公，將使其面臨更高的生存風險。民主社會中最直接的公民權利便是行使投票權及集會結社的自由，不過何時能享有這些公民權利的關鍵因素之一是年齡，因它象徵著該社會對不同年齡族群相對應的理性判斷能力，並以此作為賦予公民權利的依據。正因由成人定義年齡成熟度，因此也容易造成「年齡歧視」，進而衍生出「世代正義」問題。

---

1 2003年臺少盟舉辦「國家欠青少年多少？還給少年基本權利」記者會，要求國家正視少年福利預算平均一天不到一元，扭曲少年福利的發展。兒童少年福利經費預算未曾超過中央政府總預算之0.3%以上、內政部福利支出之10%，每名兒少福利經費年平均最高約2,200元、一天約不到6元。另依據2016年CRC首次國家報告書資料，近五年中央政府各機關對兒童及青少年群體預算編列自2011年的300億到2015年的469億元，僅佔全國總預算1.68%-2.43%。

二、結盟而起倡導青少年政策「轉大人」

臺灣少年權益與福利促進聯盟（簡稱臺少盟）於2003年成立，正值社會福利黃金時期，身障、老人、婦女團體藉由成立倡議性組織，介入政策資源配置與規劃，成為政策主流。相對而言，沒有選票的青少年族群，不似兒童因有家長選票，且少子女化效應已引起大量關注，每到選舉各種催生政策更是政治人物及政黨競相加碼的福利政見，兒童福利受重視的程度遠大於青少年福利議題，此時期的青少年工作多半為個案直接服務，較難獲得大規模政策投資的青睞。為爭取更多青少年福利政策倡議的空間，在勵馨基金會（簡稱勵馨）呼籲下，於2003年6月由22個長期投入少年福利工作之團體催生成立臺少盟，筆者為創會祕書長。臺少盟成立後依據各團體實務經驗及青少年整體世代公民權益為切入點，推動攸關青少年身心發展之六大權益，進行體制內、外的倡議發聲，希望轉化社會大眾對青少年世代的年齡歧視，充權賦予青少年權利義務對等的公民權益，並要求政策規劃與評估需具備「世代正義」觀點。

三、推動18歲投票權運動的起始點

全球青少年究竟何時開始擁有投票權？依據內政部（2005）指出，目前18歲是行使投票權年齡的主流趨勢，美國、英國、法國、德國、加拿大、義大利、澳洲、瑞典等162個國家，投票年齡皆為18歲，而全世界民主國家公民權年齡限制為20歲者，只剩下臺灣。1946年捷克斯洛伐克最早把投票年齡從21歲下調至18歲，而1960年代從英國、加拿大、德國、荷蘭、美國開始，基於權利義務應對等的公民權利思潮，啟動第一波降低投票年齡至18歲的運動，陸續擴延至全世界。2000年開始，許多國家認為65歲以上老人超過15歲以下青少年人口時，就必須下修投票年齡，以維持不同世代發聲的平衡，為因應人口結構變化可能帶來的「世代不正義」問題，第二波下修至16歲運動也隨之展開。

反觀臺灣，投票年齡明訂在1946年所頒布《中華民國憲法》第130條：「年滿20歲者，有依法選舉之權」，因此，若要降低投票年齡，就必須修憲。實際上，早在1994年「第三、第四次修憲時，當時民進黨、新黨就有意調降投票年齡，但未獲國民黨支持」。[2] 另1997年時任立法委員簡錫堦於報紙的系列專論中，提及臺灣應仿照瑞典等民主國家盡早推動降低投票年齡運動，以賦權18歲青少年公平的公民權利；他也曾於立法院提案、並前往國民大會演說尋求支持修憲，但終究未能成功。不過因為他的倡議，啟發筆者投入推動降低投票年齡運動，以突圍「重保護、輕權益」的青少年工作主流價值取向。

而未滿18歲的兒童及少年，[3]在國際上通常被認定為需要提供特別保護措施之對象，以保障其容易被剝奪或侵害的兒童權利。因此1989年聯合國通過的《兒童權利公約》（簡稱CRC）揭示了四個重要的核心原則：「生存權」（right to life）、「禁止歧視」（nondiscrimination）、兒童及少年的「參與」（participation）、「兒童及少年的最佳利益」（the best interests of the child）。但歷年來我國有關兒少相關法令制定及修正，傾向於強調「生存權」及「兒童及少年的最佳利益」，往往忽略「表意」及「參與」的重要性。依據CRC公約第五號一般性意見書第12點，特別指出：政府決策進程向兒童開放，是一種積極的挑戰，委員會認為各國目前正日益對之做出響應。鑑於將投票年齡降低到18歲以下的國家至今仍寥寥無幾，政府和議會就更有理由確保尊重無公民權的兒童的意見。但民意機關、政策決策者及學界論述極少關注未成年人的公民權議題，遑論在法令政策、福利措施及教育環境上彰顯兒童的意見，因此造成重兒童保護、輕

2 曾韋禎，2011，〈拚立委選舉／攻未投族 盼18歲有投票權〉。自由時報，http://news.ltn.com.tw/news/politics/paper/498582，6月7日。另外，維基百科之降低投票年齡運動條目提到，第二屆國民大會第四次臨時會（1994年），共有兩案相關修憲提案有關投票年齡，一是章偉義（中國國民黨臺北市第一選區）代表等74人，提出第60號修憲提案，降低人民參與選舉、罷免、創制、複決之年齡為18歲案；另一則為劉一德（民進黨）代表等63人，提出第94號修憲提案，茲提案修改《憲法》第130條：「中華民國國民年滿20歲者，有依法選舉之權……。」為「……國民年滿18歲者，有依法選舉之權……。」其餘文字依照原條文案，詳見：https://goo.gl/u1mVz8

3 我國於1973年制定之《兒童福利法》，所稱兒童指未滿12歲之人。1984年制定之《少年福利法》，所稱少年係指12歲以上未滿18歲之人。後於2003年整併為《兒童及少年福利法》，所稱兒童及少年，指未滿18歲之人，其中所稱兒童，指未滿12歲之人，而所稱少年，指12歲以上未滿18歲之人。

少年發展的政策及工作取向。

CRC視兒少為權利主體，主張透過兒童表意權才能達到兒童最佳利益的概念，深深影響筆者以破除年齡歧視作為運動切入點。即國家與社會對兒童及少年的成長發展，不應僅止於安全、保護照顧、教育等基本需求，還需社會參與、表意權及發展取向之福利服務措施，故其「公民」身分與轉銜過程更應被重視。使得兒少不僅只是一群「福利照顧的依賴者」，更是「權益保障的需求者」。相關政策預算必須以「投資」的觀點，藉由強化青少年社會參與及表意權利反映實際需求，解決資源分配不公與權益保障不足的問題。

貳、十八歲公民權運動歷程

一、倡導修憲期

2003年在民間兒童福利團體倡導下，立法院將原本各自分立的《兒童福利法》、《少年福利法》整合成為《兒童及少年福利法》（簡稱《兒少法》），不過在公告實施後，卻引發爭議。有論者批評整併後出現兩個主要的問題（曾華源、郭靜晃 2004；林萬億 2011；葉肅科 2012）：首先是拼湊。當初修法是以兒童保護為主要觀點，拼湊《少年福利法》而成，法條的精神仍將兒童少年視為「社會保護」的對象；在少年部分，也只著重特殊需求少年的問題，缺乏回應一般少年的成長需求，對權益維護也闕如；另一方面則是重補救、輕發展，過度偏重補救性的福利措施，缺乏全面觀照兒童及少年所需之支持性、發展性福利措施，嚴重限縮少年福利的推展空間。此外《兒少法》與國際兒童少年人權保障之內涵有極大落差，其中CRC第12條（兒童的意見）、第13條（表現的自由）、第15條（集會、結社的自由）以及第31條（休閒、娛樂及文化活動）並未見諸相關法令，長此以往易造成過度傾斜至親權主義，[4] 不利於兒少自主發展、與享

4　親權主義站在「保護兒童」的立場，主張兒童無能力、脆弱，甚至有認知上的缺陷（defects），因此拒絕讓兒童擁有公民權。親權主義除了以「本質論」來看待兒童

有公平的政治及社會參與權利。

2002年時任行政院長的游錫堃，為防制青少年暑期飆車等犯罪問題，特別設立了「行政院青少年事務促進委員會」，筆者於2004年透過臺少盟舉薦，爭取進入擔任委員。運作期間由時任行政院青年輔導委員會（簡稱青輔會）鄭麗君主委，邀集學者專家制定出我國第一本「青少年政策白皮書：行動綱領」，將青少年政策正式定調為「參與、發展、健康、保護」四大主軸，並分別由青輔會、教育部、衛生署（現升格為衛生福利部）及內政部主責四大政策規劃與滾動修正（行政院青少年事務促進委員會 2005），筆者也受邀參與審議「青少年政策白皮書」，並將降低投票年齡納入參與主軸的議題。[5] 透過「行政院青少年事務促進委員會」的運作，此時少年福利政策已逐步區辨出一般及弱勢邊緣少年所需之多元發展性及預防性福利資源的政策取向，並意識到將少年納入參與政策規劃與諮詢對象，方能突顯出以少年為主體之政策規劃的重要性，也影響日後由臺少盟所主導的民間團體在《兒少法》修法上的「轉化」工程。

因此，自2007年起臺少盟召集人本教育基金會（簡稱人本）、勵馨等10餘個民間兒童、少年、家長、教育、司法等相關團體及學者專家，參照2004年青輔會制定通過的「青少年政策白皮書」，及2004年修正之「社會福利政策綱領」所揭櫫之發展取向的少年服務為藍圖，並參採CRC各項兒少權益概念及內涵，將《兒少法》朝向以準公民權利為核心的「權益保障法」方向修正。2008年11月7日在臺灣大學林萬億教授帶領下，透過33場次民間團體與法律界專家學者之討論會議，及數次與當時內政部兒童局之條文討論，終於完成民間版《兒童及少年權益保障法》草案。之後參與民間版草案擬定之團體在臺少盟號召下進一步組成民間「兒童及少年福利法修法聯盟」，積極進行國會遊說尋求朝野立委支持。2009年5月民間版《兒童及少年權益保障法》草案順利於立法院完成一讀，並交付立法院社

外，也普遍接受「人類發展事實」的看法，認為發展的終點站是成人，因此兒童是尚未發展完全的人。這種本質論與發展觀，導致親權主義者相信兒童不能勝任太多事，也無法察覺成人世界的複雜性與危險性。

5 惜至2008年5月政黨輪替後該委員會正式結束運作，相關政策審議機制也告中止。

會福利及衛生環境委員會與日後的行政院版併案審查。聯盟在歷經二年半的修法倡議努力下，於2011年11月11日正式將原本共76條的《兒童及少年福利法》，大幅翻修為115條的《兒童及少年福利與權益保障法》（簡稱《兒權法》）（林萬億 2012）。其中，《兒權法》第10條及第38條首度融入積極性的兒少參與措施，包括提供兒少參與機會、增加發聲管道，如兒少福利政策審議諮詢委員會之少年代表，公私部門提供機會鼓勵兒童及少年參與學校、社區等公共事務。這些是首度成功透過修法，由國家依法提供兒少社會參與資源與保障性的權益措施，然可惜的是，尚未能突破在民主社會中最直接的投票權行使及集會結社的自由。

表16-1　青輔會及臺少盟針對降低投票年齡民意調查結果

（青輔會民調）
青輔會曾於民國93年就「是否將投票年齡降為18歲」的議題，對18-35歲的民眾進行民調時，發現有69.7% 同意，同意只有26.4%。

（臺少盟雅虎民調）

- 我國目前的投票年齡為20歲，請問您是否贊成將投票年齡從20歲降到18歲？
  投票期間：21/03/2006 12:00—22/03/2006 12:00　總投票數：12,854票

1. 非常贊成	10%	1,297票
2. 還算贊成	8%	1,028票
3. 有點不贊成	18%	2,339票
4. 非常不贊成	64%	8,190票

- 根據《人民團體法》，人民團體發起人須年滿20歲，請問您是否贊成將其最低年齡降至18歲？
  投票期間：21/03/2006 12:00—22/03/2006 12:00　總投票數：6,148票

1. 非常贊成	12%	710票
1. 還算贊成	7%	456票
1. 有點不贊成	16%	960票
1. 非常不贊成	65%	4,022票

資料來源：臺灣少年權益與福利促進聯盟。

臺少盟及青輔會分別在2004與2006年針對「18歲投票權」所進行的民意調查顯示，民眾普遍認為當代18歲以下的青少年並沒有投票及集會結社的能力（表16-1），顯示臺灣社會普遍不信任青少年的政治及社會參與能

力，也間接阻礙兒少社會參與的深度及廣度（葉大華 2014）。有鑑於公私部門的民調結果對下降投票權年齡的支持度都不高，為積極推動下修投票年齡，臺少盟於2005年串組數個青年及公民團體組成「降低投票年齡行動聯盟」，[6] 正式推動18歲投票權議題（見表16-2），並於該年的329青年節舉辦一場以青少年為主體的記者會，透過「U Voice」MV與18歲投票權宣言，正式向社會昭告發起「降低投票年齡運動」，投年輕人一張信任票。至此正式定調尋求各界溝通及共識，並藉由推動修憲的政治進程，降低投票年齡至18歲。「降低投票年齡行動聯盟」為捲動全臺青少年對此議題有更多的參與，首度嘗試運用公民對話圈形式，舉辦全臺五區16場次公民教育四堂課培力營，發展在地社區參與行動。

表16-2　18歲公民權運動結盟團體一覽表

結盟團體	結盟時期	主要行動者	主要行動議題
降低投票年齡行動聯盟	2006年至2010年	由臺少盟號召21世紀憲改聯盟、人本教育基金會、勵馨基金會、永續臺灣文教基金會、願景青年行動協會網協會等團體及多位青少年代表所組成。	推動降低投票年齡至18歲議題。
青少年議題陣線	2013年迄今	為擴大降投票年齡議題的廣度與觸及度，由臺少盟號召會員團體及跨領域之公民團體、教師團體與青少年組織組成該議題陣線，包括臺灣少年權益與福利促進聯盟、人本文教基金會、勵馨基金會、向陽公益基金會、全國教師工會總聯合會、全國家長團體聯盟、地球公民基金會、綠色公民行動聯盟、願景青年行動網協會、臺灣青少年性別文教會、臺北市兒少諮詢代表、烏鴉邦中學校園民主促進會。	除關注修憲降低投票年齡議題外，同步推動關注《公投法》、《人團法》等投票年齡及發起人年齡門檻降至18歲等公民權議題。

6　「降低投票年齡行動聯盟」是由臺少盟串組21世紀憲改聯盟、人本、勵馨、普仁青年關懷基金會、永續臺臺灣基金會、願景青年行動網協會等青年及公民團體所組成，為臺灣第一個致力於透過模擬投票、公民教育、修法及社會倡議，推動18歲投票權議題的社運平台。

結盟團體	結盟時期	主要行動者	主要行動議題
18歲公民權推動聯盟	2014年迄今	為因應修憲，由臺少盟號召青少年議題陣線部分成員及跨領域之公民團體共同組成，包括18歲公民權少年軍團、人本教育文教基金會、人權公約施行監督聯盟、臺灣人權促進會、臺灣基督長老教會青年事工委員會、臺灣青少年影展、臺灣教授協會、臺灣綠黨、公民監督國會聯盟、全國教師工會總聯合會、全國高級中等學校教育產業工會、向陽公益基金會、青少年發聲網、民間公民法治教育基金會、烏鴉邦中學校園民主促進會、乘風少年學園、地球公民基金會、勵馨基金會、臺灣守護民主平台。	主要推動催生2015年立法院組成修憲委員會，並與民間憲改團體共同提出兩階段修憲目標，將18歲投票年齡設定為第一階段修憲目標。
關注世代正義連線	2016年迄今	因應2016年總統大選產生的政治新變局，民進黨完全執政，國會朝野政黨政治板塊產生劇烈變化，為使相關議題持續掌握政治動能，臺少盟邀請關注世代正義議題的立委合組「關注世代正義連線」，包括鄭麗君、林淑芬、王榮璋、顧立雄、蘇巧慧、盧秀燕、江啟臣、蔣萬安、林昶佐、Kawlo Iyun Pacidal（高潞以用）、陳怡潔等11位立委成立跨黨派政策溝通平台，後因鄭麗君及顧立雄入閣，故另補許智傑及尤美女委員加入。民間團體，包括臺少盟、建教生權益推動聯盟、青少年議題陣線、18歲公民權推動聯盟、勵馨基金會、乘風少年學園、臺中群園基金會、中華育幼機構兒童關懷協會、人本教育文教基金會、臺灣基督長老教會青年事工委員會、臺灣勞動與社會政策研究協會、臺灣勞工陣線協會、臺灣教授協會、全國教師工會總聯合會、全國高級中等學校教育產業工會、歷史教師深根聯盟、青平台基金會、臺灣青年勞動九五聯盟、臺灣青少年性別文教會、1624等NPO團體。	透過結合跨黨派立委共同組成該平台，持續就18歲公民權各項議題，納入政策溝通與修法進程內。

資料來源：本文作者自行整理。

二、倡議修憲的阻力

18歲公民權運動的推動遇到四個主要阻力。第一，修憲門檻過高。1946年制定的《中華民國憲法》第130條明訂年滿20歲者，有依法選舉之權，因此如要變更投票年齡必須修憲。然我國於2005年第七次修憲時，訂出全世界最高的修憲門檻，需四分之一立法委員提議，四分之三出席，出席委員四分之三決議，公告半年後，經中華民國自由地區選舉人投票複決，有效同意票過選舉人總額之半數方能通過（約900萬張選票），也就是需要遊說各政黨立委及黨團全力支持，才可能組成修憲委員會啟動修憲程序。因此，在沒有特別修憲契機下，要讓仍未有高度社會共識的18歲修憲議題單獨啟動修憲進程，難度甚高。當時首度執政的民進黨雖於2000年已將18歲投票權納為重要政策，但除了民進黨青年部曾間斷推動相關議題，並未見更大規模的政策倡議及納為優先修憲案，可能與修憲門檻過高，不利朝野政黨推動單一議題修憲公投有關。

第二個阻力來自年齡歧視。臺灣未滿20歲的青少年一直以來處於必須盡責任、卻無權利的不平等地位，他／她們要承擔大部分成年人應盡的繳稅、服兵役、負刑事責任等義務，滿18歲可合法參加國家考試擔任公職人員，《民法》第980及981條亦規定，年滿18歲的男性、年滿16歲的女性，經法定代理人同意後可以結婚。換言之，18歲可以組織家庭、當兵、擔任公職人員，卻不能投票的荒謬現象。此外，媒體民調的報導，[7] 經常可見人們普遍認為兒童及少年年齡不足、沒有能力理解政治事務，缺乏足夠智

---

7 2014年財團法人草根影響力文教基金會電腦隨機抽樣1,354位年滿20歲的受訪者中，就「是否將投票年齡降低至18歲？」電話民調，結果卻顯示：反對降低投票年齡的比例為48.60%，高於贊成比例32.79%，沒意見比例18.61%。顯示民眾普遍認為甫從高中畢業的年輕人對民主政治判斷還不夠成熟，因此現行20歲的投票年齡不宜調降；2015年Yahoo!奇摩新聞針對「投票年齡如果降到18歲，請問你的態度是？」線上民調結果，共有13,172票，70%網友表態反對。網友邱義城直言，不要說18歲，連20歲都太小，應該要上修到25歲；2017年《今周刊》與燃點公民平台合作委託世新大學知識經濟發展研究院進行民調，在所有16歲以上的受訪者中，認同應讓18歲青年享有投票權者僅佔37.6%，不同意將投票年齡從20歲下修至18歲的受訪者，佔比則高達47%。在調查中，不贊成年輕人參與決定公共事務的受訪者，有高達78%認為青年「心智尚未成熟」。年輕人顯然被視為「不成熟」，無能參與政治。

慧思考與批判政策與公共事務，所以還「不適合」成為一個公民，亦「不適合」行使公民權。這些理由讓兒童及少年必須等到童年或青少年過渡期結束後，才能成為公民，在此之前，至多只是「未來公民」或「準公民」。

第三個阻力來自過度以「未達社會共識」來抵制18歲青年公民投票權益。2013年我國首度舉行的兩公約國家審查會議，國際人權專家給臺灣政府的結論性建議就曾指出：「政府對全體人民的人權有履行義務，且不應只以公眾之意見作為履行的條件。」此外，依據《公民與政治權利國際公約》第25條一般性意見書：「投票權規定的最低年齡限制，須有客觀和合理之標準」，然我國人民卻慣常無視社會的變遷與發展，只以身心不夠成熟、反對降低投票年齡，限縮或剝奪青年的公民參政權（葉大華 2014）。

最後一個阻力是，政黨競爭的算計與為難。由於修憲的高門檻，只憑國會最大黨也不太能成功啟動，除非國民兩黨願意攜手合作，才可能成功讓修憲案走出立法院大門交付人民公投。因此2009-2015年聯盟主動尋求立法委員合作，主要合作對象為當時在野的民進黨鄭麗君委員及尤美女委員，與執政黨國民黨的盧秀燕委員，而丁守中則是國民黨團中持續提案18歲投票權、但只願自行提案、不願與聯盟合作的委員。無論是鄭麗君或盧秀燕委員，都有面臨各自黨團是否願意支持的為難與算計。原因在於18歲投票權在主流社會中不具急迫性，加之年齡歧視等因素也導致社會壓力的政治動能不足。此外，國民兩黨評估下修投票年齡議題對已老化的國民黨並不利，對較受年輕人青睞的民進黨相對有利，在選票考量下國民黨並未積極推動，民進黨雖想推動但國會席次不足，加上修憲公投必定要綁全國性大選，勢必會影響選情，國民兩黨並不希望因此成就對方，或希望藉此交換自身政黨政治利益，在上述種種政治算計因素下，造成修憲力量相互抵銷、推動力道不足。故聯盟雖然持續遊說及召開記者會，邀請願意合作的各政黨委員盯緊修憲案提案進度，不過運動歷經九年，修憲案仍停滯於一讀的狀態難以突破。

三、突圍策略

有鑑於上述推動阻力，我們採取以下策略嘗試突圍。

（一）擴大18歲公民權的議題設定廣度

2013年，筆者再度投入串組多元公民團體組成「青少年議題陣線」，[8]積極倡議各種涉及青少年公民權利之法令均應下修至18歲，包括《公民投票法》（簡稱《公投法》）投票年齡、《人民團體法》、《集會遊行法》發起人年齡及《民法》的成年年齡。主要是考量這些議題如果尋求立委合作，都可直接修單行法規，提案門檻遠低於修憲；另外，藉由不同法案關注的重點，例如《人民團體法》及《集會遊行法》鬆綁發起人年齡，較能貼近青少年自身權益需求及捲動參與倡議，並引發媒體關注18歲公民權所涉及的多元議題。「青少年議題陣線」於2013-2015年期間主要與民進黨立委鄭麗君、尤美女合作，尤美女委員曾提出《公民投票法》修正案，將公民投票年齡從20歲下修到18歲，以達成權利義務對等、符合「世代正義」的民主社會。但在國民黨執政時期，行政院執意不提《公投法》修正條文，因此尤立委提案直接進入朝野協商。其中朝野立委已在「投票年齡降至18歲」、「提案連署電子化」達成共識，但針對第10條「公投提案門檻」應降至多少比例，持續爭論不休，致使黨團協商破局。然2016年內政委員會即完成所有委員提出的《公民投票法》修正草案版本實質討論，理應審查完竣並交付院會完成二三讀，竟然在520蔡英文總統與林全內閣正式就任後嘎然停止，直到國民黨團、時代力量黨團相繼在院會提案「建請內政委員會儘速進行宣告已完成審查之程序」後，才再度排入委員會議程。[9]

8　青少年議題陣線成員包括臺灣少年權益與福利促進聯盟、人本、勵馨、向陽公益基金會、全國教師工會總聯合會、全國家長團體聯盟、地球公民基金會、綠色公民行動聯盟、願景青年行動網協會、臺灣青少年性別文教會、民間公民與法治教育基金會、烏鴉邦中學校園民主促進會、青平台基金會等公民團體及青年組織。

9　楊綿傑，2016，〈立院明審查公投法 民團籲落實公民權至18歲〉。自由時報，http://news.ltn.com.tw/news/politics/breakingnews/1917677，12月14日。

（二）透過模擬投票捲動社會對話與尋求共識

過往國民黨政府經常以民調未達社會共識作為反對理由，聯盟便推動模擬投票搜集意見。例如臺少盟於2013年3月進行「面對核四公投爭議，18歲能不能公投？」網路問卷調查，有高達70%網友認為不應以20歲作為公投年齡限制，有90%網友同意18歲即可參加公投，另有88%網友同意應向下修正公投年齡限制。此外，另一項網路及街頭進行的青少年議題模擬公投，參與投票的2,236人中也有71%的民眾同意18歲就應該擁有公民投票、選舉權等權利，也有75%的民眾認為，18歲就應該能夠擔任發起人，組織人民團體、發起集會遊行等公民權利。

為了持續掌握臺灣社會對18歲投票權的意向變化，臺少盟於2014及2015年年底，分別配合縣市長選舉及總統大選舉辦「全國青少年投票日」，透過校園、街頭鬧區、NGO及社區據點、網路線上投票，設立投票點，供16-20歲青少年及首投族模擬投票。2015年12月19日特別結合臺北實體投票點，擴大舉辦「告別舊國會，18歲要投票！聖誕報佳音，投票要實憲！」遊行party（圖16-1），遊行路線特別選定具有青少年群聚指標意義的地點，包括西門町、南陽補習街及車站捷運口。調查結果顯示，「第一屆全國青少年投票日」共有13,027名16-20歲投票之青少年參與，其中81%表示同意下修投票年齡；而隔年「第二屆全國青少年投票日」則有14,304名16-20歲投票之青少年，亦高達77%表示同意下修投票年齡（見圖16-2）。[10] 依據臺少盟近十年來各式針對18歲投票權的民調顯示，臺灣社會的態度已逐漸改變，從2004年高達八成左右的反對率，逐漸逆轉為約七成的支持率，引起許多主流媒體的關注報導與支持，如蘋果日報、今周刊等媒體。尤其自太陽花學運後，有越來越多人意識到，應該透過選舉制度的改革，還給年輕人發言權，因此社會支持的聲量也逐漸提升中，成為運動的助力。[11]

---

10 全國青少年投票日網站，詳見：http://18vote.org.tw/

11 黃以敬、陳怡靜、蘇芳禾，2014，〈民團將推動「投票年齡降至18歲」〉。自由時報，http://news.ltn.com.tw/news/politics/paper/770515，4月14日。

圖16-1　「告別舊國會，18歲要投票！聖誕報佳音，投票要實憲！」遊行party

資料來源：臺少盟。

圖16-2　青少年投票日在街頭實體投票

資料來源：臺少盟。

（三）緊抓國際社會降低投票年齡脈絡

如前所述，推動18歲投票權運動與國際社會降低投票年齡的趨勢有關，美國中央情報局網站所列235個國家中，有216個國家投票年齡低於20歲，其中九成國家投票年齡為18歲（郭淑媛 2014）。而現今世界潮流已進入第二波下修投票年齡，譬如尼加拉瓜、奧地利、阿根廷等國家，已陸續將投票年齡下降至16歲（林彣鴻 2015）；蘇格蘭在2015年獨立公投中，下修投票年齡讓16歲青少年有投票權，這些國際趨勢也成為倡議18歲投票權的重要參考。

原本與我國同樣維持20歲投票權的日本，基於人口老化快速，導致老人／銀髮政治不利青年參政，再加上1960年代爆發反對《安保條約》的學生運動，日本政府為防止再發生類似的事情，制定限制青少年參政的政策，造成日本中學生及年輕人長期對政治冷漠，也使得投票率持續低迷，為解決年輕世代長期對政治冷漠與投票率過低的問題，日首相安倍晉三在2012年競選時將「降低投票年齡」作為首要政見，並透過智庫研究與社會溝通積極推動。最終參議院在2014及2015年分別通過《國民投票法》及《公職選舉法》修正案，並於2016年參議院選舉時落實（葉大華 2016）。聯盟的相關行動也借鏡日本及世界各國的推動經驗，緊抓國際社會脈動以加深議題的廣度，引發民眾對臺灣落後的現況進行反思。

四、太陽花學運促成修憲契機

（一）18歲投票權修憲案開了憲改的第一槍

18歲公民權運動雖歷經不同時期聯盟的努力，但政黨政治的角力及社會共識尚不足，導致進度有限。直到2014年318太陽花運動爆發，各界開始關注青年參政與遍地開花、割闌尾、審議民主等公民自主行動，並熱烈討論該如何改革現行民主代議制度的弊病。由於太陽花運動以年輕學生為主，其表現引發臺灣社會對青年公民參與持正向且鼓勵的態度，成為18歲公民權運動的助力。此外，318太陽花運動學生佔領立法院議場時，發表四點訴求聲明，其中之一為「召開公民憲政會議，因應當前憲政危機」，也為18歲公民權找到修憲契機，燃起憲改的希望。2014年11月由臺少盟、臺灣守護民主平台等20多個團體組成「公民憲政推動聯盟」（簡稱憲動盟），在全臺推動憲政草根論壇，邀集人民審議國家憲政問題與改革方向。其主張為：「由下而上，全面憲改；降低門檻，兩步到位」，其中18歲投票權成為2015年第一階段的優先修憲目標。

太陽花運動佔領立法院行動結束後，眼見修憲契機已浮現，原先的青少年議題陣線轉型成為「18歲公民權推動聯盟」，[12] 並於2014年5月20日前總統馬英九就任六週年之際，挾帶太陽花運動帶來的修憲契機，在立法院群賢樓前宣布啟動「挑戰憲法130～18歲投票權修憲行動」，提出兩點訴求：「1. 行政院應組成『降低投票年齡推動小組』，研議落實『公民政治國際公約』第25條排除投票障礙之積極措施，推動18歲投票權；2. 立法院應啟動修憲程序，針對現行《憲法》第130條『中華民國國民年滿二十歲者，有依法選舉之權。』之投票年齡，及《公民投票法》投票年齡等一併下修至18歲，以達成權利義務對等、符合『世代正義』的民主社會」，以此宣示啟動18歲投票權修憲案嵌入政治進程，正式開了憲改的第一槍！另外，聯盟持續透過與憲改團體結盟合作，積極催生第八次修憲，並透過國會遊說及媒體輿論，力爭18歲投票權為公民團體與政黨最主要的修憲共識之一。

雖然此時民間修憲力量已凝聚集結，但反觀國會即便2014年已有鄭麗君、盧秀燕等多位立委的18歲修憲提案，且於2014年5月30日一讀付委，卻由於前總統馬英九明確反對降低投票年齡修憲案後，國民黨政府執意不回應。為使已成案的18歲投票權修憲案不卡關，2014年12月聯盟成員積極拜會立法院國民黨及民進黨黨團，提出「說好的修憲委員會呢？」訴求催生修憲委員會，並要求將18歲投票權列為優先修憲清單。隔年2015年318

12 18歲公民權推動聯盟核心團體包括：臺少盟、18歲公民權少年軍團、人本、人權公約施行監督聯盟、臺灣人權促進會、臺灣基督長老教會青年事工委員會、臺灣青少年影展、臺灣教授協會、臺灣綠黨、公民監督國會聯盟、全國教師工會總聯合會、全國高級中等學校教育產業工 會、向陽公益基金會、青少年發聲網、民間公民法治教育基金會、烏鴉邦中學校園民主促進會、乘風少年學園、地球公民基金會、勵馨、臺灣守護民主平台等。

週年與憲動盟合作「人民重返國會、民主轉大人」晚會，並參與規劃於立法院召開、民間主辦的憲改藍圖會議，再次呼籲啟動第八次修憲。329青年節前夕，「18歲公民權推動聯盟」於立院門口召開「修憲公投綁大選，還我世代正義門票」記者會，並公布系列訴求行動：「將公開拜會民進黨黨主席蔡英文及國民黨黨主席朱立倫尋求支持，公布目前修憲委員會對18歲投票權的支持與未表態的委員名單，給予半個月的『世代正義拔河期』，並於四月中旬公布修憲委員會委員的表態結果，透過媒體報導及引導輿論支持修憲案」。

2015年4月下旬，立法院在「18歲公民權推動聯盟」公開催促成立修憲委員會下，期盼了10個月的修憲委員會終於正式組成。隨後立法院舉辦10場修憲公聽會，象徵第八次修憲正式啟動，此為第七次修憲廢國大代表後，首度有機會交付人民公投複決的修憲公投，意義可謂重大！當時筆者以臺少盟祕書長及18歲公民權推動聯盟召集人身分受邀出席第一場公聽會，針對下修投票年齡修憲案發言，其中特別提到「不論是《憲法》第130條還是《公投法》第7條，十年來『18歲公民權』從過去甚少引起關注、到如今終於能推進此次修憲議程並獲最大共識，除了幾位委員及公民團體長期的努力外，最主要還是世界各國以18歲為投票年齡的主流與普世價值的發展趨勢，以及高齡少子化社會人口結構的轉變，形成公共政策資源分配往高齡人口與具投票權族群傾斜，造成世代不公進而引發世代對立的嚴峻挑戰，此時是捍衛世代正義最好的憲改時刻，呼籲朝野黨團支持18歲投票權」。[13]

（二）國民黨政治算計，不在籍硬綁18歲，終致修憲破局

2015年4月召開的修憲委員會公聽會中，國民黨及民進黨團分別提出不同的修憲訴求：國民黨提出不在籍投票與閣揆同意權；民進黨則提出降低修憲門檻、廢除考試院與監察院。但兩黨較有共識的修憲提案為：「降

13 筆者在第八屆修憲委員會公聽會上的發言稿全文請見：http://www.youthrights.org.tw/news/116

投票年齡至18歲、不分區立委政黨得票門檻下修至3%、延長國民教育年限以及離島居民權益保障」，至此18歲公民權運動正式嵌入修憲進程。

就在各界揣測此次修憲案最有可能出立法院、且最無爭議的18歲投票權應能順利於2016年總統大選交付公投，不久卻傳來國民黨團將在同一個公投題目中把不在籍投票硬綁18歲投票權，[14] 引起18歲公民權推動聯盟強烈抗議。2015年5月20日，立法院修憲委員會18歲投票權案審查，歷經超過13個小時的討論，遭國民黨團技術性杯葛卡關，在主席呂學樟無預警片面宣布散會後，導致該案無法單獨審查完竣送出委員會。隔日18歲公民權推動聯盟號召群眾於立法院門口靜坐抗議，警告18歲投票權修憲案可能被國民黨團綁架準備撕票，並全程監看修憲委員會審查過程。然國民黨團賴士葆、廖國棟、吳育仁、江啟臣及盧秀燕等人於當日召開「18歲與不在籍要一齊入憲」記者會，之後陸續開記者會「沒有不在籍投票，就沒有18歲投票權！」、「沒有閣揆同意權，就沒有第八次修憲」，導致修憲破局的聲音甚囂塵上。其中尤以國民黨政策會賴士葆執行長、呂學樟修憲小組召集人、廖國棟書記長、江惠貞委員、李貴敏委員在修憲委員會議事進行中，不斷包裹或夾帶其他議題，試圖綁架影響18歲投票權修憲案單獨交付院會完成三讀的進度（葉大華 2015）。

6月14日立法院舉行最後一場修憲委員會，對修憲案進行總結並完成審查。整個審查過程只見國民黨團不斷緊咬：「不能修改憲法本文、不在籍投票是18歲投票權的必要配套措施」。最後在主席鄭麗君委員的裁示下，針對降低投票權年齡議題，《憲法》本文相關修正案「未獲共識」、增修條文修正案則「獲得共識」，但都送至院會朝野協商（立法院 2015）。至於修正案中，關於修改被選舉權年齡及不在籍投票的部分，委員會決議「保留」，也一併送院會協商。至此，原本共識最高的18歲投票權，歷經多次折騰才分案後送出委員會交付朝野協商。只是18歲投票權修憲案最後是否能在朝野協商時不被包裹併案處理？筆者與憲動盟等憲改團

---

14 蘇芳禾，2015，〈讓臺灣更好 賴士葆：「不在籍投票」一定要過〉。自由時報，http://news.ltn.com.tw/news/politics/breakingnews/1330365/，5月27日。

體認為以國民黨團質詢時再三訴求：「閣揆同意權、18歲投票權、不在籍投票必須包裹修憲」的表現，恐怕變數甚大。因此持續於立法院外不斷盯場訴求「拒絕綁票，搶救憲改」，要求不同議題、不同性質的修憲提案應該分開處理、分開表決、並交付公民分別複決。

6月16日為立法院該會期最後一日，眼見修憲進度停滯即將破局，18歲公民權推動聯盟及憲動盟等憲改團體於6月15日發起「憲在關鍵6月16日 監督立委不牽拖」行動，邀請民眾打電話給選區立委表達支持修憲的決心。18歲公民權推動聯盟成員則於6月16日上午在立法院正門口召開「616最後修憲關鍵時刻，公民團體、青年化身現代屈原驅趕『憲改五毒』退散讓『18歲投票權』修憲案交付人民公投」記者會（見圖16-3），並以整串端午節肉粽象徵國民黨企圖將修憲案當成「綁肉粽」，強迫人民整串吞下去、不要就拉倒的荒謬表現。

圖16-3　「616最後修憲關鍵時刻，公民團體、青年化身現代屈原驅趕『憲改五毒』退散讓『18歲投票權』修憲案交付人民公投」記者會

資料來源：臺灣少年權益與福利促進聯盟。

最終第八次修憲仍不敵國民黨團立委的優勢人數，在時任立法院長王金平宣告與民進黨團協商破裂後，正式宣告破局！當日18歲公民權推動聯盟在立法院發表「18歲公民權，十年努力含冤未雪，慘遭不在籍投票綁架撕票！強烈譴責國民黨葬送民主憲改時機」聲明。[15]

參、運動的前景

2016年的總統大選，接收了2014年太陽花學運、及2015年發動的18歲投票權修憲破局所集結出反對國民黨的政治動員能量，使得青年世代傾向投票支持蔡英文贏得總統選舉，[16] 臺灣完成第三次政黨輪替，民進黨成為國會最大黨及執政黨。同時新興政黨時代力量在太陽花學運青年力量、偏綠選民及第三勢力的支持下，也首度獲得五席立委席次，國民黨則淪為在野黨。蔡英文總統選前提出的「青年好政：充實青年權利」政見中，明確提出落實「青年賦權」的主張，就是要降低公民權的年齡限制，賦予青年更多權利，讓臺灣的公民社會向下扎根，但始終並未明確承諾修憲進程。

面臨新國會政治板塊的重組與政治氛圍，擴大結盟的腳步更無法停歇，筆者又再度串聯12位跨黨派朝野立委，[17] 於329青年節當天在立法院與公民團體共同宣布正式成立「關注世代正義連線」，透過跨黨派政策溝通平台，持續監督蔡英文政府落實世代正義，建構重視青年發展主體性的世代平權政府與政策環境，以翻轉青少年淪為「魯蛇世代」的命運，[18] 其中18歲公民權更是最主要的倡議目標。

關注世代正義連線於同年7月借鏡日本正式通過18歲投票權後首度舉

15 聲明全文請見：http://www.youthrights.org.tw/news/76

16 2016年總統大選，中選會公布全國投票率為66.27%，臺灣智庫選後做的民調分析指出，20-29歲的青年族群投票率高達74%，其中有九成支持蔡英文。

17 包括民進黨籍立法委員鄭麗君、林淑芬、王榮璋、顧立雄、蘇巧慧，國民黨籍立法委員盧秀燕、江啟臣、蔣萬安、許毓仁，時代力量立法委員林昶佐、Kawlo Iyun Pacidal（高潞以用）及親民黨籍立法委員陳怡潔。

18 這個由臺少盟結合青少年NGO與立委辦公室共同組成的「關注世代正義連線」將定期召開會議，研議青（少）年權益、福利、發展與世代正義等相關議題，監督行政部門與推動法案工作，並研發「世代正義影響評估指標」，以利後續相關政策制定及預算編列時，能更符合世代正義。

行的全國性參議院選舉，召開「借鏡日本大選：實現18歲公民權，臺灣政黨需要決心與創意」記者會，提出18歲投票權已是跨黨派的全民共識，要求蔡英文總統應兌現「落實青年賦權」支票的政治承諾，用決心啟動18歲投票權憲改工程，設定明確的工作時程。同時，參照日本經驗以多元的宣傳管道與實質的創意教材，進行社會與教育溝通的工作，使社會盡早理解18歲投票權的重要性。最後，也倡議於立法院下設立青年議會及各政黨提撥5%政黨補助款，支持青年選民教育與政策參與等訴求，除投票權外，為青（少）年公民爭取更直接且友善平等的社會參與公民權利。

而國民黨立委盧秀燕也已於2016年3月17日再度提案發起連署，要將投票年齡門檻降至18歲，並獲得31位藍綠立委支持，成為新國會第一個成案的修憲案。另外，時代力量黨團也於2016年6月14日提出三個修憲案，包括「公民權下修至18歲、廢除一國兩區、廢省」。民進黨立委表達支持18歲公民權，但對廢除一國兩區、廢省有疑慮，要先經過黨團討論。國民黨立委則表示支持18歲公民權，其他部分不可能支持。後經由關注世代正義連線與憲改團體進行立法院黨團拜會，初步掌握民進黨有其優先推動的年金改革、婚姻平權等法案的考慮，因此將不會在2018年地方縣市首長選舉前啟動修憲案，且啟動進度也需視蔡英文總統的態度。當時各方資訊顯示最有可能修憲的契機為2018年後，且同樣可能面臨「單獨議題公投、還是多議題的複數公投」難題。

而就在修憲進度停滯一年多後，蔡英文總統於2017年9月14日的民進黨全國代表大會，突然拋出「推動憲政體制改革」議題，訴求打造更完善運作的民主憲政體系；她雖有提及2015年修憲功敗垂成，「18歲公民權」、「人權條款」、「票票不等值」等高度社會共識的議題都沒有完成改革，但仍沒有明確提出具體修憲期程。且從整體預計修憲的方向來看，仍偏重於政府體制的改革，因此18歲公民權會不會是這波優先憲改議題尚待觀察。但唯一可確認的是，攸關通過修憲公投門檻的900萬成人公民的選民教育，未來將更加重要與關鍵。

回顧十多年來的運動歷程，18歲公民權議題已不再只是單一行動訴求，無論是透過修憲推動下修投票年齡，或擴及一般法令修正的下修公投年齡、集會結社自由的發起人年齡、《民法》成年年齡等，已實質影響與介入政治與政策運作，並有助於深化世代正義論述。此外本運動借鏡國際推動經驗更加深刻體認到，唯有透過多元創意的宣導方式方能擴散運動的持續影響性。因此運動中後期搭配全國性大選，連續兩年18歲公民權推動聯盟透過「全國青少年投票日」活動，進入校園結合教師或學生社團力量，運用公民教育或人權教育課程融入模擬投票，加速針對在學學生進行18歲投票權之公民教育。另外，也透過大型街頭模擬投票宣導活動置入18歲投票權議題，甚至發起街頭報佳音活動吸引民眾關注，同時並拍攝「『囧境傳說』沒有投票權的十八歲」公益短片於電視頻道播放，與平面及網路媒體合作「青少年給問嗎？」系列專題報導，藉此擴散18歲投票權議題的關注度。雖然2016年修憲闖關失敗，但是透過上述行動已經引發中學校園內對於18歲公民權議題的討論熱度。2016年起教育部青年發展署首度透過《公共參與獎補助作業要點》，補助辦理中學生研討審議18歲公民權議題，因此2017年彰化中學、臺南女中、高雄中學、高雄女中等學校與臺少盟合作舉辦「我是高中生，我主張青年參與：高中生模擬公投」活動，入校分享18歲投票權議題，並作為相關學校社團及學生會持續關注的議題。未來18歲公民權運動應持續朝向組織青年及學生團體推動修憲、深化選民教育、強化國會遊說等運動途徑，讓18歲投票權得以盡早實「憲」！

參考文獻

內政部，2005，《公民權行使年齡降低問題研析報告》。臺北：內政部。

立法院，2015，〈立法院第8屆修憲委員會公聽會（第10場）會議紀錄〉。《立法院公報》104(42): 161-198。

行政院青少年事務促進委員會，2005，《青少年政策白皮書綱領》。臺北：行政院青輔會。

林彣鴻，2015，國際下修投票年齡的潮流（https://goo.gl/MsmPqN，取用日期：2017年10月18日）。

林萬億，2012，《臺灣的社會福利：歷史與制度的分析》。臺北：五南。

曾華源、郭靜晃，2004，〈對新版兒童及少年福利法的分析與批判～一部與少年現實需要有差距的法規〉。《社區發展季刊》103: 97-101。

郭淑媛，2014，〈全球民主國家只剩臺灣20歲才能投票〉。《今周刊》963: 70-72。

葉大華，2016，公民站起來 借鏡日本 實現18歲投票權（https://goo.gl/i9ZfiJ，取用日期：2017年10月18日）。

——，2015，被政治綁架的「18歲投票權」修憲案（https://goo.gl/Di3UD4，取用日期：2017年10月29日）。

——，2014，18歲投票權：投票年齡與世代正義（http://www.laf.org.tw/index.php?action=media_detail&p=1&id=140，取用日期：2017年10月29日）。

葉肅科，2012，〈臺灣兒童及少年福利與權益保障法：回顧與展望〉。《社區發展季刊》139: 34-35。

第十七章
國際人權公約在臺灣：官僚與人權的寧靜對決

施逸翔
臺灣人權促進會副祕書長

如果沒有臺灣人權促進會前會長黃文雄先生的遠見，積極引進聯合國國際人權體系，並召集許多公民團體成立當年的「兩公約施行監督聯盟」，以及如果沒有許多性別團體積極參與聯合國婦女地位委員會，比兩公約更早將《消除對婦女一切形式歧視公約》引進臺灣，那麼這十年來，臺灣公民社會也不會有這麼蓬勃的人權公約在地落實運動，更不會有這篇文章，而筆者其實只是在這個動態過程中，帶著偏見地觀察記錄與報告。

這些慢慢發芽茁壯的人權公約種子，是許許多多公民團體在近乎貧瘠的爛泥中，共同抗爭的成果，未來也需要更多的除草、施肥、灑水，直到臺灣成為一個真正獨立、自由、多元、相互尊重、平等不歧視、人人皆擁有人性尊嚴的國家。

壹、前言

一、聯合國「境外」的人權公約運動？

近幾年，每當臺灣社會因重大命案而引發死刑存廢爭議時，「兩公約」就被認為是人權團體和律師在幫所謂的「壞人」擺脫死刑的工具，甚至許多評論指出人權公約是來自聯合國的外部產物，外國人權專家前來審查我國國家報告，全然是干涉內政。

如此云云，忽視了臺灣是最早簽署《聯合國共同宣言》的四個國家之一，而後續支撐聯合國人權體系至今仍屹立不搖的三大支柱：《世界人權宣言》及《公民與政治權利國際公約》（簡稱《公政公約》）、《經濟社會文化權利國際公約》（簡稱《經社文公約》）（後兩者即通稱的兩公約），也都有臺灣代表參與起草、辯論、乃至最後拍板通過的身影，比如當時臺灣駐聯合國代表的張彭春教授。雖然臺灣還是聯合國會員時，唯一完成公約批准程序的只有《消除一切形式種族歧視國際公約》（簡稱ICERD），而兩公約也只停留在簽署的階段；但不容否認的是，2009年後藉由立法院通過施行法的方式，賦予各核心人權公約具國內法效力，其實是在完備臺灣當初對《聯合國憲章》與人權三大支柱的承諾，並非毫無脈絡地引進「外國勢力」藉以「干涉內政」。

截至目前為止，臺灣需依法受到約束的，包括2009年世界人權日正式施行的兩公約、2012年元旦施行的《消除對婦女一切形式歧視公約》（以下簡稱CEDAW）、及都在2014年底施行的《兒童權利公約》（簡稱CRC）及《身心障礙者權利公約》（簡稱CRPD），加上ICERD，共計六部核心人權公約。但眾所周知，立法的應然面無法確保公約的具體落實，當初聯合國在創建這些人權公約與相關機制時，就已意識到這點，所以截至目前為止的九大核心人權公約，全都內建一道留給公民社會可進來影響國際監督的「後門」，[1] 即所謂的「基於條約規定的國家報告之國際審

1 聯合國各核心人權公約的締約國之國家報告審查機制，審查的對象是締約國政府落實的情況，締約國政府代表前往聯合國進行建設性對話時，非政府組織僅能列席不能參與對話。但是在審查期間，審查委員會大量閱讀來自公民社會的資訊，在建設

查」。人權報告制度並非政府完成報告，召開記者會宣揚政績就結束，依照聯合國的設計，要求締約國一旦批准公約後，需在兩年內提交初次國家報告給負責的委員會審查，締約國也不是任意編撰政績，而需依循條約機構公布的國家報告撰寫準則、公約條文的順序，提供必要的國家現況資料、統計數據、所遇到的困難、未來的政策方向等十分具體的內容。

聯合國人權體系運作至今，若沒有全球NGO與在地公民團體的積極參與，提供各種第一線的人權報告，這些審查委員恐怕只能猶如媽祖失去千里眼與順風耳的資訊協助而盲目審查。回到臺灣脈絡，所幸立法院所通過的各公約施行法，也都明確規定需依公約建立人權報告制度，人權公約運動在臺灣，才得以在這片國際人權沙漠中生根發芽。

二、臺灣人權公約運動的雙軸與交會

若要觀察臺灣公民社會如何動員、並透過人權報告制度進行倡議，兩公約在2013年與2017年的兩次國家報告國際審查（簡稱國際審查），及CEDAW在2009年的「初次國家報告發表暨專家諮詢會議」、與2014年的第二次國際審查，就是值得關注的兩條原本分流、後來有所交集的軸線。

臺灣在民主轉型後，國際人權公約在地落實的運動，主要可分為兩條軸線。一是以婦女團體為主的性別主流化運動，包括性別影響評估、性別預算等性別工具及國家性平機構的倡議等，這股運動後來讓臺灣在2007年批准CEDAW，並於2009初次舉辦國家報告審查研討會。另一條軸線，則在2000年前後，由人權團體所倡議的國家人權委員會、人權基本法等引入國際人權規範的運動。陳水扁政府執政時期雖曾在立法院推動通過兩公約施行法，但當時遭到掌握國會多數席次的國民黨立法委員阻擋；直到2009

性對話前，審查委員也可能與非政府組織進行非正式的會議，交換該國人權公約落實的訊息。站在公民社會倡議的角度，這套基於人權公約的人權報告制度，在每一個環節都內建了公民社會可倡議的空間。政府撰寫國家報告的階段，通常會邀請公民社會提供意見，公民社會一方面可初步掌握政府報告的資訊、政策立場，另一方面也可就聯合國的國家報告撰寫準則與人權標準，要求政府提供有意義的報告內容、重要的統計資料、及質疑政府的做法。

年國民黨執政時，在總統馬英九的政治指導下，通過同一部法案；同年，馬英九也批准兩公約，但因臺灣特殊的國際地位與處境，兩公約的批准書與CEDAW公約面臨一樣的遭遇，立刻被聯合國祕書長退回。

為了讓國際人權公約成為「有牙齒的老虎」，可對公部門發揮約束效力，[2] 在人權鬥士黃文雄先生的號召下，民間各人權團體積極籌組「兩公約施行監督聯盟」（簡稱兩公約盟）。[3] 監督方式包括定期提出年度監督報告、進行人權教育、倡議符合聯合國模式的國家報告審查制度、組織各議題團體撰寫民間報告、及各種符合公約的人權政策倡議。隨著更多人權公約具有國內法效力，「兩公約盟」現正式更名為「人權公約施行監督聯盟」（簡稱人約盟）。[4]

較大規模捲動公民社會開始運用國際公約，並以民間報告進行倡議工作的里程碑，是兩公約從2012年至2013年期間的初次國際審查。初次審查結果帶動兩個後續效應：其一，因兩公約施行法的部分成功經驗，促成立法院陸續通過包括CEDAW在內的核心國際公約，尤其是CRPD與CRC的施行法。而《禁止酷刑和其他殘忍、不人道或有辱人格的待遇或處罰公約》（簡稱CAT）施行法也已研議完成（鄧衍森等 2015），仍等待行政院會通過送交立法院審查；勞動部亦委託學者進行《保護所有移工及其家庭成員權利國際公約》國內法化的研究案，成果報告亦指向「可評估簽署《保護

2 兩公約施行監督聯盟，2009，「讓兩公約成為有牙齒的老虎」新聞稿（http://www.taedp.org.tw/story/1620，取用日期：2009年12月10日）。

3 由於兩公約盟於2009年籌備成立時，首任召集人黃文雄先生，時任國際特赦組織臺灣分會的理事長，因此兩公約盟一開始的祕書處設在國際特赦組織臺灣分會，主要的祕書處人員包括王興中和王瑩芬。直到2011年4月，祕書處移至臺權會，主責的執行祕書為葉亭君和施逸翔，臺權會擔任兩公約盟祕書處直到2016年6月，這段時間第二任召集人為高涌誠律師，直到2013年兩公約初次審查結束後，高律師又交接給第三任召集人黃嵩立教授。在這段期間，臺權會除了與各聯盟成員搭建監督平台，透過兩公約年度監督報告逐一檢視政府的落實情況外，主要的倡議工作還包括兩公約的教育訓練，及出版實用工具書如《兩公約一般性意見》、《人權小撇步》，乃至於媒體投書，試圖讓不熟悉如何使用國際人權公約作為倡議和論述工具的NGO工作者、律師、教師、與一般公民，也能將兩公約當作憲法之外的人權保障訴求。

4 人約盟祕書處在2016年移至臺灣國際醫學聯盟，並登記立案成為社團法人，首任執行長為黃怡碧，聯盟的執委組成請見人約盟網站：http://covenantswatch.org.tw/

所有移工及其家庭成員權利國際公約》，並訂定該公約施行法」（劉士豪等 2014）。再者，CEDAW公約於2014年第二次國家報告審查，也學習兩公約初次審查的部分成功經驗，從國家報告的撰寫、議題清單的提出、到正式審查會議、與公布審查結果的總結意見，都比照兩公約2012年至2013年的審查模式。這次審查也帶動不只性別領域的公民社會團體，包括人權團體、原住民族團體、土地議題團體，也都積極參與撰寫影子報告與審查會議。

平心而論，當婦女團體與人權團體開始引進國際公約之際，公民社會並不熟悉這些陌生的人權工具，因此倡議之初舉辦了許多培訓課程積極「補課」。[5] 但這些「補課」本身，比較像是靜態地學習這套國際上早已行之有年的人權標準和語言，而公民社會真正把國際公約這套工具，從工具箱中拿出來操作與演練，除了每次制度倡議與街頭抗爭中言必稱公約，讓國際公約的標準可扎扎實實地鑲嵌、甚至融進國內制度中；再來就是把握每次國際公約的國家報告審查制度，動員NGO參與審查，進而組織各議題團體共同撰寫民間報告，乃至在整個審查過程中團體作戰，不斷揭露政府報告不實的內容，積極提供國際審查委員各種即時的、來自民間的資訊。

但由於公約性質不同，主責協調統籌的團體也不一樣。兩公約主要由人約盟負責，CEDAW過去由臺灣婦女團體全國聯合會統籌，目前則由婦女權益促進發展基金會承接。CRC與CRPD呈現不同團體參與不同聯盟現象，CRC目前由臺灣少年權益與福利促進聯盟（簡稱臺少盟）統籌民間監督聯盟，而兒童福利聯盟則負責「臺灣兒童權利公約聯盟」的統籌工作。至於CRPD的培訓、統籌、及民間報告撰寫與翻譯，主要有人約盟與部分身心障礙團體，另外則有身心障礙聯盟與全國的聯盟團體共同合作。雖然NGO間的分工大致如前所述，但公約與公約間，仍可看到團體間的交織合

5　譬如國際特赦組織臺灣分會、兩公約施行監督聯盟與臺北律師公會，就曾在2010年3月，針對律師群體舉辦系列的「因應兩公約——公民社會集思工作坊」；又如臺灣婦女團體全國聯合會也早在2004年9月邀請國際專家來臺為臺灣婦團進行CEDAW圓桌會議與工作坊。

作與策略整合，例如臺權會會視組織本身關注的議題，利用不同公約的審查進行倡議，因此可看到臺權會的主力放在兩公約審查，但只要涉及難民兒童議題就會參與CEDAW審查，而有關《精神衛生法》強制住院就會參與CRPD審查。

貳、從馬政府的假戲到公民社會認真的兩公約

一、國家報告與影子報告的交鋒

「兩公約」涉及所有公民、政治、經濟、社會、文化等領域的基本人權，作為公民社會可運用的倡議工具，其核心行動場域並不在街頭或警民衝突現場，而是在各種緩慢的、集體分工的「報告撰寫」中。政府批准的兩公約，皆內建「國家人權報告制度」，每四年就需進行「國際審查」，2009年兩公約入法後，2013年第一次審查，後又於2017年進行第二次審查。政府各機關分工撰寫「國家報告」，[6] 以接受國際專家的外部審查，NGO則撰寫「回應與批評國家報告」的影子報告；[7] 雙邊一來一往，看似寧靜有禮，其實字裡行間處處充滿衝突與攻防。這個過程耗時漫長、門檻高、議題多元，注定難引起新聞媒體和公民社會的注意。

而這個在兩公約施行法第6條所規定的人權報告制度，究竟如何演變成當前如此捲動政府機關與公民社會大動員的人權大事？事實上，根據2011年1月14日總統府人權諮詢委員會第二次委員會提案二之會議結論，政府差一點要依循過往「試行報告」的模式，由民間人士主導撰寫依人權議題分類、而非依公約條文順序的人權報告。

但這種試行報告的進行方式，是不符聯合國模式的。兩公約盟得知後，積極研究聯合國審查各國人權報告的程序，於該年4月7日寄送一份政

---

6 兩公約的兩次國家報告內容及國際審查相關資訊，請見：http://www.2017twccprcescr.tw/second_meeting.html

7 兩公約的第二次民間影子報告內容，《公政公約》影子報告請見：https://goo.gl/7VxwHw；《經社文公約》影子報告請見：https://goo.gl/EJTdya

策建議書，[8] 試圖說服即將於4月12日開會的總統府人權諮詢委員會的民間委員，應摒棄試行報告的模式，改採聯合國的模式。4月12日的人權諮詢委員會第三次委員會提案二之會議結論記載，大部分委員支持聯合國審查模式的乙案，否決了試行報告模式的甲案。

但光是扭轉報告模式的努力並不夠，兩公約盟為了國際審查委員人選需具備聯合國相關人權資歷、及舉辦審查會祕書處的中立性，再次撰擬一份政策建議書，[9] 並會見時任總統府人權諮詢委員的陳惠馨教授、李念祖律師、黃默教授、李永然律師等，提出49位國際審查委員的建議名單，後來有九成都成為兩公約初次審查的國際委員。至於祕書處獨立性的問題，兩公約盟提出三種方案：學術單位如大專院校的人權研究中心、國際知名NGO如國際法學家協會（International Commission of Jurists，簡稱ICJ），及臺北律師公會。但後來因預算核銷的問題，祕書處仍維持在法務部法制司，妥協的方案是在祕書處之上架設一個「祕書處諮詢委員會會議」，其組成共有四位總統府人權諮詢委員會民間委員，與四位民間NGO代表，由這個一般稱為「七人小組」[10] 的委員會來確保整個國際審查的程序，不受政治力的干預而失去公正性。

即便如此，究竟國際審查制度與程序的走向如何，兩公約盟與關注的公民團體仍覺得虛浮，尤其當時兩公約初次國家報告撰寫會議的進度每況愈下：比如衛生福利部（簡稱衛福部）每次都派替代役男出席會議，其他部會也都少有決策層級的官員參與會議，又或時任行政院環境保護署署長沈世宏，甚至非常抗拒法務部作為議事組的指揮。兩公約盟於是在2012年3月27日要求會見當時副總統蕭萬長，當場遞送「兩公約盟會見總統府人權諮詢委員會的訴求建議書」，經過這次會見，蕭副總統指示各部會應積極參與國家報告的撰擬會議，隨後各部會才終於派出次長等級的官員參與

8　有關政策建議書《如何設計符合兩公約施行法第六條的國家報告制度》的內容，可見：https://goo.gl/nDMRbF

9　有關政策建議書《符合兩公約施行法第六條的國家人權報告制度應參照聯合國運作模式》的內容，可見：https://goo.gl/SmZp9t

10　由於四位總統府人權諮詢委員中，有一位委員擔任該小組之總顧問，兩公約初次審查期間是由黃默教授擔任，因此一般都稱其他七位委員為「七人小組」。

相關的會議。

二、民間影子報告——結合在地議題、深化人權論述

儘管聯合國人權報告的審查主體是政府報告，但政府往往避重就輕或與現況不符，抑或堆疊許多無實質意義的業務報告，因此審查委員高度仰賴來自民間社會的現況報告，包括該國在地組織、區域人權組織或國際人權組織提供的報告。條約機構大約在正式審查的半年前，就需要交互參閱來自政府與民間的報告，換言之，政府大約在一年前就需開始撰寫報告，而民間為了回應政府報告，撰寫時間則又更短促。

委員在閱讀報告的過程中，會明顯看見政府與民間的資訊落差，所以大約在正式審查會前三個月，委員會公布「議題清單」，要求政府提供進一步的資訊或補充資料，通常這份「議題清單」，也是正式審查會議時，審查委員關注議題的指標。正是因為整體人權報告制度圍繞著委員、政府及民間社會，涉及三方之間的質詢、辯護、論理與敘述，若果公民社會肯認這套制度有利於倡議的工作，甚至有可能改變現況，撰寫影子報告就會成為十分關鍵的任務。同樣地，民間影子報告不僅只是呈現公民社會所掌握的人權現況相關資訊，更重要的是，如何回應國家報告的內容，並呈現不同的觀點，以及將目前的現況資訊扣連到相關公約的權利事項，最後還需提出具體的政策建議。

在聯合國遊戲規則的主導下，各NGO為了說服審查委員接受民間的訊息與觀點，就需大量學習聯合國的人權標準與論述，甚至需參考條約機構所公布的「一般性意見」、及個人申訴來文的判決。NGO撰寫影子報告與討論的過程，就是在進行在地議題與人權論述的結合，而另一方面，聯合國透過審查國家報告與催生民間影子報告的模式，逐步地深化與擴充人權標準的實質內涵。

三、人權報告制度促進議題的建設性對話

臺灣的人權報告與正式審查會議，與聯合國的程序不太相同，讓審查

委員有時間與公民社會的代表對話，因此公民團體可藉機總結影子報告的重點，甚至在有限時間內使審查委員迅速認識臺灣最關鍵的、結構性的人權問題。再者，公民社會也可監看政府代表如何回應專家們的提問與說明，適時地在會場周邊提供民間資訊給審查委員參照。

在這場以國家人權報告為主軸的拔河過程中，NGO的各項努力、團隊合作與策略戰術運用，主要是在進行「有法律依據的告洋狀」，也就是不斷說服國際審查委員，政府哪些說法避重就輕，及基於兩公約，到底可提出哪些具體的政策建議。比如當2017年1月審查時，《公政公約》委員在討論人身自由議題，並聚焦在《提審法》與《精神衛生法》時，法務部陳次長表示「強制住院是醫療問題，臺灣絕對不會假借精神衛生名義，來逮捕異議分子。」隨即，臺權會便指出，近幾年臺灣社會在發生隨機殺人案後，常有非嚴重病人的當事人，被強制住院或強制就醫的案例——例如2014年的黃姓少年案，和2016年的政治大學搖搖哥事件。臺權會以此證明：強制住院制度，一直有被政府機關以「民意」、「公共安全」為名濫用的風險，並建議需修改《精神衛生法》以符合CRPD的精神，司法院也需設立精神衛生專業法庭，讓強制住院的決定權回歸法院。

截至目前為止，專家對跨海來臺所舉辦的公約審查會議都給予高度肯定，甚至有專家表示願意將臺灣的良好實踐經驗，帶回聯合國討論，因為發現這種不是由締約國前往聯合國、而由聯合國前往締約國審查的模式，卻發揮良好的人權教育效果。

審查結束後所公布的「總結意見」，就是締約國政府這段期間的人權成績單，而NGO從撰寫影子報告到後來持續不斷的遊說過程，也就是讓各自關注的人權議題能夠獲得審查委員的青睞，若議題能被寫進「總結意見」，就表示遊說成功，且在下次國家報告審查期間，NGO可拿這些「總結意見」來對政府施壓，要求官方提出因應的人權政策、或進行修法的倡議工作。再者，審議會議的「總結意見」亦將作為下次國家報告審查的客觀評量依據，考察政府做了多少事？現況有沒有改變？是倒退還是進步？統計數據為何？應依公約修改的法案有沒有通過？

另一公民社會可與政府進行建設性對話的場合，就是在完成審查且公布「總結意見」之後，會召開一系列的落實會議，政府與民間可充分討論，如何依循著審查委員的建議及聯合國的人權標準，進一步研擬改善現況的對策，或盤點應修改的法律、命令及行政措施。這一系列的會議若能持續到下次國家報告審查，公民社會就可與中央政府各部會就不同議題不間斷地對話，甚至發展成聯合國長期倡議的「國家人權行動計畫」。

四、人權拔河的關鍵一週：以2017年兩公約第二次審查為例

2017年1月16日起至20日，這場人權拔河，在臺灣進入最白熱化的階段。10位擔任國際審查委員的聯合國人權專家來臺，[11] 直接與臺灣官員及各個領域和議題的NGO，按照公約條文順序，分場次對話。事實上，大約在2015年底至2016年中，總統府人權諮詢委員會就已密集召集中央政府各院與相關部會，召開28場國家報告撰寫會議。[12] 不少NGO在這階段就已提供一波批評與具體建議，相對地，由人約盟邀請的80多個NGO，則是開始透過實體會議及網路協作，完成針對《公政公約》、《經社文公約》，以及回覆2013年初次審查總結意見的三本影子報告，[13] 並付出高額的翻譯費用。

上述10位國際審查委員，在閱覽政府與NGO雙邊幾乎是立場迥異的報告後，在2016年底對臺灣提出一系列議題清單，[14] 試圖進一步釐清國家報告中許多令審查委員們困惑的問題。其中有關《公政公約》的議題清單，大量引述公民社會的影子報告共34次，對政府提出質問，而政府各部會必須在一定時間內回應。

2013年的初次審查，國際審查委員面對的是馬英九政府，而如今面對的是甫取得政權的蔡英文政府。政黨輪替是否會對審查會議產生影響？根據三天審查期間的觀察發現：今年登場答詢的技術官僚，幾乎與2013年如

11 人權專家名單請見：https://goo.gl/a8VFci

12 這28場會議的記錄，請見：https://goo.gl/tqMWYW

13 兩公約的第二次民間影子報告內容，請見人權公約施行監督聯盟網站：https://goo.gl/v4nZSB

14 問題清單及政府機關回應，請見：https://goo.gl/LrUVLP

出一轍，譬如法務部政務次長陳明堂、內政部政務次長林慈玲，再次上陣帶領各部會接受兩公約審查。若要論及差別，這次同一批官員發言脫離現實、敷衍、逃避質問的官僚氣也「進化」了。2013年初次審查時，有官員表示「臺灣完全沒有酷刑」，馬上就被前反酷刑特別報告員Manfred Nowak教授質疑。沒想到這次審查，法務部政次陳明堂又表示：「我國監所完全禁止體罰。」此言一出，臉書網友紛紛指出林偉孝案、買泓凱案等遭虐死案，嚴厲駁斥陳明堂。另外一項誇張言論，就是勞動部公然主張，外籍移工在臺灣工作所受到的勞動保障與國人一致。隨即審查委員紛紛追問，臺灣為何放任海上漁工遭到嚴重的勞動剝削，形同當代奴隸，卻沒有任何積極保障漁工人權的作為。

2017年1月20日上午，10位國際審查委員召開記者會，公布第二次審查的「結論性意見與建議」。[15] 值得注意的是，其中有許多議題診斷與具體建議，早在2013年的「總結意見」[16] 中就已提出，像是國家人權委員會、暫停執行死刑、監所超額收容與監所醫療、《集會遊行法》、迫遷與遊民、《難民法》、通姦除罪、同性婚姻等等，過去四年來幾乎毫無進展。另一方面，我們也看見上次審查不在議程上的議題，例如《精神衛生法》與《提審法》有關人身自由保護的議程，還有經濟成長與分配不均等；許多社會制度下脆弱的族群也被看見，譬如身心障礙者、外籍漁工、童工、樂生療養院、同志（LGBTI）族群等。

綜觀這三天審查，我們看到許多違反國際公約的法律、命令或行政措施一直沒有修改，但政府代表一再周旋在各種法律條文細節，虛耗審查者的耐心和專注力，而這些審查委員清楚意識到，政府代表光是以法規來回應人權問題，是全然缺乏說服力的。比如《經社文公約》審查會議主席Eibe Riedel在討論勞動檢查主題時，就不耐地表示：「我對你們的『規定』沒什麼興趣，我想知道你們是怎麼『落實』的，在實際的執行面如何具體落實現有法規？」事實上每個審查委員所關心的，無非就是有多少案

15 這份文件檔案請見：https://goo.gl/iaKms9

16 這份文件檔案請見：https://goo.gl/YBnVkD

例或統計數據可以反映實質情形？NGO的質疑有沒有道理？為何某些議題停滯不前？而無法進展的困難又是什麼？

2017年1月20日審查委員召開公布結論性意見的記者會，由時任政務委員的林美珠擔任政府代表，接下這份重要的人權文件，其意義不僅是委員送給臺灣人民——尤其是制度下脆弱的各族群——最棒的禮物，同時也是賦予臺灣政府積極保障人權最重要的責任與義務。在最後一項建議裡，專家不但要求臺灣政府採取後續落實的措施，更建議擬定聯合國一再倡議的「國家人權行動計畫」，以確保這份文件的每個議題，不會淪為「紙上人權」。唯有政府願意承認專家所提出的問題診斷，積極採取落實行動，才能避免人民與政府活在沒有交集的平行宇宙中。

參、性別主流化、CEDAW、性別平等政策綱領

臺灣自從2007年通過CEDAW公約以來，已根據該公約第18條之規定，進行過兩次國家報告的國際審查，而2009年的CEDAW初次國家審查，[17] 應是臺灣首次基於人權公約之規定進行的國家審查，但也由於是新手上路，性別團體光是讓公部門了解為何要撰寫國家報告，就耗費了極大的努力。因此當時的建設性對話會議並非「審查」，而是以「國際專家諮詢」的方式與相關部會進行對話。2009年3月27日的這場會議，也少了民間報告與國家報告間的針鋒相對。民間的初次影子報告與公部門間的對話，是在「諮詢會議」後，分成八個議題的「政府部門與民間團體的對話與激盪」座談會。雖然CEDAW公約的初體驗，非為聯合國標準的審查方式，但基本上已初步具備「建設性對話」的效果，為公民社會開展出藉由國際人權標準進行議題倡議的路徑。

2014年6月CEDAW進行第二次定期審查，五位國際委員們在26日上午發布一份總共35項落實CEDAW公約之政策建議的「總結意見與建議」

17 初次國家報告發表暨專家諮詢會議之議程請見：http://www.cedaw.org.tw/tw/en-global/download/index/2

（Conclusions and Recommendations）。這份文件公布後，行政院性別平等處（簡稱性平處）從2014年10月至2015年7月期間，召開兩輪共24場的後續追蹤會議，各場次皆有相關機關代表出席報告落實進展與方向，性平處處長作為主席，也盡可能做到跨部會協調的角色，各民間團體和專家學者亦積極與政府對話，雖然有好幾次會議，因反多元性別、反人權價值的團體，利用會議程序傳達其封閉且排他的價值，但不同的少數意見似尚不至於影響政府推動性別主流化與持續落實CEDAW公約的政策方向。

然而，2015年7月一直到CEDAW第三次國際審查前，性平處如同兩公約初次審查的法務部一樣，舉辦過兩輪後續追蹤會議後就失去動能，公民團體與政府部門間的對話平台也處於長時間的空窗。有趣的是，CEDAW的35點總結意見與兩公約的81點總結意見中，完全一致或幾乎一致的建議共有十大議題，議題相關但偏重不同建議的則有九大議題，完全不相關的議題只有一項（施逸翔 2015）。換句話說，如果公民社會善加運用法務部於2015年9月至10月所籌辦的兩公約第二次國家報告撰寫會議，其實可以作為CEDAW公約結論性意見的期中檢視會議與官民溝通會議。但實際上並不理想，CEDAW所關注的議題在兩公約的場域就「被稀釋不見」了，比如CEDAW所關注的司法判決統計、農村婦女的參與決策權、原住民女性的參政權、還有政府缺乏身心障礙女性的統計資料，這些內容在兩公約的國家報告裡，基本上是被忽略的。

之所以會造成上述的情況，存在著根本上的結構因素。由於目前欠缺一個可統合各核心人權公約的專責機構，儘管各公約間應該「相互關聯、相互依賴、不可分割」（interrelated, interdependent and indivisible），但不同公約的業務被分散到不同的政府機關，法務部法制司和總統府人權諮詢委員會只負責兩公約、行政院性平會和性平處掌管CEDAW，衛福部社會及家庭署（簡稱社家署）則主責去年剛通過的《兒童權利公約施行法》與《身心障礙者權利公約施行法》。所以，對於參與不同公約會議的主席、各機關部會代表、專家學者、甚至公民團體而言，儘管討論的議題相同或高度相關，但兩個會議就是兩件事，實際上就是會有兩份資料、兩個會議記錄和決議、及兩組不同的人馬。

在兩公約的國家報告撰寫會議裡，性平處仍有幾次發言特別站出來捍衛CEDAW公約的政策，因而與其他機關持不同的政策立場。比如在通姦除罪、多元性別與同性婚姻的議題，法務部進行了許多民調、iVoting、委託研究、公聽會，縱使兩公約國際專家已指出民調與人權保障之間的衝突：「專家對於政府在修法認可家庭多元性之前先進行民意調查的計畫，表示擔心。政府對全體人民的人權有履行義務且不應以公眾之意見作為履行的條件。」但法務部仍主張社會欠缺共識，因而不願落實兩公約和CEDAW的總結意見，但性平處明確建議法務部，應朝通姦除罪化、多元家庭、及同性婚姻平權的政策研議和落實。又例如女性墮胎自主和《優生保健法》的議題，性平處也要求衛福部應遵守兩公約的總結意見。雖然性平處有時會站出來為性平政策辯護，但在有關反歧視措施的議題，當民間團體與會議主席希望性平處在兩公約國家報告裡統整反歧視措施時，卻又遭到性平處的反彈與抗拒，呈現出性平處另一種矛盾與「官方踢皮球」的心態，性平處曾一度發言認為：「兩公約應是法務部的業務，不要再推給性平處了。」但最後主席仍裁示：「請性別平等處彙整各機關目前所提供之有關『反歧視措施』與涉及性別歧視案件之資料。」[18]

CEDAW的總結意見，基本上是國際委員根據國家報告，及參閱公民社會所撰寫的影子報告後，綜合性地針砭臺灣在性別平權的問題，並具體針對落實CEDAW公約的政策建議。而聯合國為了鼓勵締約國落實這些總結意見，根據1993年的「維也納宣言和行動綱領」，通常都會希望締約國啟動以兩年或三年為期的「國家人權行動計畫」，但不論是在兩公約初次國家報告審查後，還是在CEDAW第二次國家報告審查後，都未見政府啟動。雖然性平處未因第二次審查後的總結意見，啟動一波落實結論性意見的國家行動計畫，但筆者曾多次主張，性平會和性平處其實可就國際委員所提出的政策建議，架接在2011年12月19日行政院所函頒的「性別平等政策綱領」上，讓落實CEDAW公約與落實2011年的性別平等政策綱領，不

18 請參見兩公約第二次定期報告第二輪審查會議第八次會議記錄，網址請見：https://goo.gl/dTQy6P

要又成為兩個平行宇宙上，互不相干的兩個業務。遺憾的是，雖然我國已有一份具體且相對完整的「性別平等政策綱領」作為落實CEDAW的土壤，但目前政府也只有「定期填報辦理情形，並透過性平會三層級會議檢視各權責機關規劃與辦理情形」，這種流於文書處理作業的空洞形式，欠缺公民社會的檢視、監督、參與、及對話的過程。

在邁入第三次CEDAW國際審查的過程中，不論政府還是民間社會，其實還有很多工作和任務，包括如何整合政策綱領與CEDAW的重疊之處？如何在兩公約、CRC、及CRPD等公約的國際審查中，凸顯性別平權與CEDAW的議題？如何進行一次有意義的CEDAW期中審查？但總的來說，關鍵在於我們是否願意意識和面對限制之所在，並且願意跨越限制、突破障礙。

肆、逆轉兒權公約的程序倒退：國家報告走向BOT？

每年的11月20日是國際兒童人權日，聯合國在1989年的會議上，通過了以兒童作為人權主體的CRC。從公約生效日（1990年9月2日）至今，所有聯合國的會員國，除了美國外，都已批准或加入公約，總共196個締約國，成為九大核心公約中締約國數最多者。

2013年臺灣兩公約的國際專家在結論性意見的第11點，建議在兩公約與CEDAW後，應陸續將其他核心人權公約國內法化，其中也包括CRC。於是立法院在2014年6月4日通過了CRC施行法，並訂於同年的國際兒童人權日正式施行。許多關注兒童及少年的公民團體，包括臺灣少年權益與福利促進聯盟、全國教師工會總聯合會、勵馨社會福利事業基金會、靖娟兒童安全文教基金會、臺灣兒童權益聯盟、臺北市基督教勵友中心、人本教育文教基金會、臺灣人權促進會、臺灣親子共學教育促進會等多元人權及兒少團體，聯合組成「兒童權利公約民間監督聯盟」，並在同年的9月5日於行政院前召開記者會，提出五大訴求，主要針對施行法中所規定設立之「行政院兒童及少年福利與權益推動小組」的組成與功能，應積極落實

CRC。[19]

相較於兩公約和CEDAW施行法，CRC與CRPD施行法的進步之處在於，分別在行政院層級明定設置具有法律位階的「兒童及少年福利與權益推動小組」及「身心障礙者權益推動小組」，但其能發揮的平權效果為何，目前仍不明朗。以「兒童及少年福利與權益推動小組」（簡稱兒權小組）為例，雖然在施行法中明定其任務，但卻不如性平處具有專責的人力與專門預算，因而根據歷次會議記錄，[20] 如同民間團體最關心的「接受涉及違反公約之申訴」這項法定任務，卻直到第二屆委員的第一次會議第二案，才附帶討論該如何執行，且又語帶保留地決議：研究兒權小組辦理申訴案之妥適性後，才能研議辦理申訴的相關規定。[21] 最後，這個架設在行政院的兒權小組，與設立在衛福部的「兒童及少年福利與權益推動小組」，其定位、分工與功能間是否有差異，十分模糊；比如，雙方均討論收出養制度、兒少使用網路的問題，且決議方向都是責成相關單位研議，似有疊床架屋的疑慮。

除政府內部臨時架設的監督機制定位不明外，社家署一開始也不清楚CRC第7條國家報告制度的意義與程序內容，甚至發生社家署以人力不足為由，有意將原本該由行政院兒權小組與社家署統籌各級政府機關開會共同撰寫的工作，透過公開招標委託學者負責處理，[22] 根據得標之計畫主持人某次在新北市社會局的簡報中所示，研究團隊規劃之CRC國家報告撰寫進程，是研究團隊在公務員的訓練課程中蒐集國家報告撰寫的資訊，修改後再召開公聽會蒐集意見，在報告完成前，還要先經過國內外專家的審查。[23]

---

19 臺灣青少年權益與福利促進聯盟，2014，「兒童權利公約施行在即，行政院準備好了嗎？」記者會新聞稿（http://www.youthrights.org.tw/news/144，取用日期：2014年9年5日）。

20 相關會議記錄，請見：http://www.sfaa.gov.tw/SFAA/Pages/List.aspx?nodeid=829

21 而社家署的處理方式，竟然是公開委外招標預算共520,000元的《推動兒童權利公約施行法－申訴機制之研究》委託研究案，參見：https://goo.gl/cA3njY

22 該委託研究案名稱為《兒童權利公約施行法——國家報告暨資訊系統第一期專案服務計畫》，決標金額總共6,200,000元，參見：https://goo.gl/1HdN9N

23 這份簡報請參見：https://goo.gl/TtRVc3

如此一來，最大的問題在於撰寫主體並非政府公務人員本身，儘管研究團隊與專家學者非常理解CRC的人權標準，也知道如何完成一份符合撰寫準則的國家報告，但聯合國設計這套國家報告審查的目的，並非學術研究興趣，而是締約國政府自身如何了解公約精神，及學習如何自我批判，且窮盡辦法來落實公約。一旦政府藉由BOT委外，就完全失去CRC的意義了。因此，「兒童權利公約民間監督聯盟」與人約盟等團體在2015年6月15日的一場CRC會議中，發表公開聲明「兒童權利公約國家報告不應完全BOT，政府法規檢視不能排除民間參與」，[24] 經過長期的溝通與建議，社家署終於主動請教法務部法制司與總統府人權諮詢委員會相關委員，將CRC國家報告撰寫進程調整成類似兩公約初次審查的進程與方式。[25]

值得一提的是，社家署為了在CRC國家報告中呈現我國2012年至2016年未滿18歲的兒少預算，遂根據CRC第19號一般性意見及各國的國家報告，於2017年3月30日邀集各機關開會盤點、評估、與彙整包括「發展」、「福利」、「健康」、「教育」、「保護」、「海外援助」及「其他」等七大項的兒少「直接預算」及「間接預算」。諸如此類的人權預算會議，儘管各公約施行法都有規定各級政府機關為落實公約應優先編列預算，但除了因應性別主流化而推動的性別預算外，其他國際公約並沒有落實「人權預算」，CRC算是領先兩公約與CRPD。不過這次會議有個插曲是，行政院主計總處在各機關盤點完上列預算後，表示這些業務工作，乃至於人權公約均非主計總處執掌，遂遭到民間團體嚴厲批評。

CRC是一部以公民、政治、經濟、社會、文化等範疇的權利為基礎，並將兒童視為權利主體，及其衍生出的相關議題而量身訂做的公約。兒童權利委員會自2001年起至今，也做出了總共17號的一般性意見，且光是2013年就通過了四個一般性意見，包括以兒童最佳利益（the best interests of the child）作為優先的考量（第14號）、兒童健康權（第15號）、商業對兒童權利的影響的國家義務（第16號）、及兒童的文化權（第17號）。

---

24 臺灣人權促進會，2015，「兒童權利公約國家報告不應完全BOT 政府法規檢視不能排除民間參與」聲明（https://goo.gl/ASJkW3，取用日期：2015年6月12日）。

25 CRC國際審查的程序及國家報告撰寫過程的會議資訊，請見：https://goo.gl/T9qhdn

筆者認為這是臺灣要落實CRC公約前，不論政府或民間社會，都應優先釐清與理解「兒童最佳利益」的概念，否則以臺灣根深蒂固的家父長制與父母親決定一切家庭事務的傳統觀念，容易落入「大人保護兒童」、「監護人決定兒童事務」的窠臼，此時兒童作為權利主體的重要基本原則，就會被隱沒在保護主義至上、兒童意願與意見次要的主流價值當中。

上述的普遍現象，可從一個關於同志收養兒童的司法裁定中，看到臺灣保守傳統的主流想法。臺灣桃園地方法院96年度養聲字第81號裁定提到：「法官依照兒童最佳利益原則裁定……」，但最後法官認定：「兒童日後在學校及同儕間，若其性別認同、性向扮演、角色定位及社會性處境異於一般多數人，可預期的將承受極大的壓力（諸如同學的捉弄及取笑），而這些都是兒童自己要單獨面對的，非其他成年人可隨時在旁排解的，成年人是否應思考不能只為了滿足自己完整家庭之心理及文化性期待，而將一個沒有思考、拒絕及選擇能力之兒童置於一個可預期者他（或她）將可能承受來自學校或同儕負面壓力環境中，此對兒童誠屬不公。……本院審酌上情，認本件收養爰不准許之。」同樣的邏輯，其實反覆出現在譬如新竹地院99年度司養聲字第20號民事裁定，以及最近沸沸揚揚的部分基督教徒反對同志多元家庭與婚姻制度的諸多說法。

然而根據CRC第14號一般性意見，在考量兒童最佳利益時，要考量的要件包括：兒童的意見、兒童的身分、維護家庭環境與保持關係、兒童的照料、保護和安全、弱勢境況、兒童的健康權、受教育權等。不但兒童權利委員會不認為父母或收養人之性傾向會直接危害兒童最佳利益，反而在考量兒童身分時，需注意到「兒童並不是一個完整劃一的群體，因此，在評判兒童的最大利益時需考慮到他們各自迥異的情況。兒童的身分包括了，諸如性別、性取向、民族血統、宗教和信仰、文化多樣性、個人性格等不同的特點。」間接駁斥了上述兩個司法判決與反同志婚姻與多元家庭者的論述說詞。

伍、基進的人權公約：身心障礙者如何從客體走向權利主體？

CRPD最核心精神在身心障礙概念的「典範轉移」，承認身心障礙者與一般人同樣享有基本人權與機會平等。這項公約指出障礙並非來自以「醫療模式」的主流詮釋，即障礙者本身生理或心理、感官、認知的缺陷，而是來自外於障礙者的物理環境、刻板印象及歧視心態，其稱為身心障礙的「權利模式」或「社會模式」。締約國需基於這項公約精神，尊重身心障礙者的自主決定、自立生活、及充分參與決策過程的權利，並透過合理調整與無障礙的政策措施，移除各種外在於障礙者的環境與心態。

以身心障礙者的人身自由保障為例，由聯合國主責CRPD的身心障礙者權利委員會，於2015年9月發布一份《身心障礙者權利公約第14條的指導原則：身心障礙者的人身自由與安全》供締約國參考。這份指導原則勢必直接衝擊臺灣現行的《精神衛生法》與精神衛生治理系統的思維。聯合國身心障礙者權利委員會以非常肯定的語氣表示，任何基於自傷傷人之虞為理由的人身自由之剝奪，如許多國家的《精神衛生法》，已明顯違反CRPD公約第14條，而對身心障礙者構成歧視且任意剝奪人身自由。已國內法化的CRPD只是最低的人權保障標準，落實公約仍有賴相關涉入的專業團體與身心障礙者社群，彼此間需開始面對問題、診斷問題、解決爭議。當小燈泡事件這類重大命案的發生週期益發頻繁的當下，若再不思考合作之道，恐怕又被無盡的恐懼與仇恨所淹沒，而謾罵與誤解也將取代更多建設性的對話。

衛福部在處裡CRPD國家報告時，曾「以團體推薦限制障別的抽籤及指派方式來產生21位身心障礙者國家人權報告的諮詢委員，而且規劃在一週內舉辦五次會議，不開放團體參與，全權分配交付給這些委員來負責審議。之後全省分區舉辦五場公聽會」，因此我們看到衛福部先與這21位委員開過七次的「國內審查會議」，[26] 而原本要舉辦的五場分區座談會，

26 七場CRPD國家報告國內審查會議之會議記錄請見：https://goo.gl/9qizKE

因臺北的第一場會議就被許多與會者質疑程序問題，及開放式的對話形式無助於實質討論，因此後來分區「座談會」總共開了10個場次。[27] 事實上，如果衛福部完善規劃這17場的議程與進行方式，根本無需區分21位障別代表的「國內審查會議」與一般關心CRPD的公民團體的「座談會」，可以共同開會並將每個條文的討論時間拉長、深入討論，歸納出政府執行CRPD的困難以及如何提出具體解方進行改善。

值得一提的是，已答應於2017年10月30日來臺進行CRPD初次審查的國際審查委員會主席長瀨修教授，為了擬定審查委員會的議題清單，竟主動於6月22日提前訪臺，專程與臺灣的NGO進行一整天的工作坊，透過分組凝聚共識的方式，整理出兩大組臺灣公民社會所認為最重要的十大身心障礙者權利議題。審查委員事先諮詢NGO的經驗，在其他公約的審查過程中從未沒發生過，值得提供其他公約參考。

除了上述政府在推動CRC與CRPD的程序問題外，更關鍵的問題在：如何提升社會環境與意識到與公約內涵一致？也就是說，臺灣社會基本上站在一種保護主義的立場來看待兒少議題，往往忽視兒少本身也是權利享有者，從而也忽略了CRC的四大原則：尊重兒少的意見表達、兒童最佳利益、不歧視原則、及兒童生存發展權。同樣地，臺灣社會在看待身心障礙者時，往往也站在福利模式或醫療模式的立場，因而忽略了公約所強調的，障礙其實不是來自身心障礙者本身的器官或心智的缺陷，障礙其實來自外在環境欠缺合理調整與無障礙，及普遍的歧視心態。

正因CRC與CRPD這兩部公約的國內法化，在觀念上幾乎可稱之為典範轉移，因此在公約的落實與推動上，不論是規模或推動層級，萬不可比兩公約與CEDAW還要退步。但從目前的趨勢看來，政府顯然在CRC與CRPD的相關政策與業務已流於形式，實在令人擔憂。

---

27 10場CRPD國家報告座談會議之會議記錄請見：https://goo.gl/tDIKK2

陸、人權公約在地落實的困境與可能出路

基於非政府組織的立場與上述各人權公約的經驗分析，筆者試著提出以下幾點當前在倡議落實公約時，主要面臨的困境以及可能的因應策略。首先，雖然兩公約涵蓋的各項基本人權應是不分議題、身分、與範圍，但事實上分別以婦女、兒童、身心障礙者為主題的CEDAW、CRC及CRPD，並沒有在兩公約之外創設新的基本人權，反而是奠基在兩公約的基礎上，就不同身分量身打造合適的公約條文；換句話說，各核心人權公約應是相互依存、不可分割的。但從歷次人權公約的審查過程可發現，公民社會仍會依著不同公約「分群關注」，CEDAW近乎是婦女團體的守備範圍，兒童青少年團體把關CRC、身心障礙者團體負責CRPD，長期下來逐漸成為潛在默契。但我們必須說，這樣的自動分群是不適當的，譬如關注監所人權的團體，可能只會注意到兩公約，因而疏忽了或許積極參與CRC與CRPD，對矯正教育與監所中身心障礙者的議題，會比兩公約更有著力的空間。

另一個落實公約的自我限制，就是目前所有人權公約的運動，都難以跨出中央雙北的範圍，也就是說目前主要推動落實公約的政府機關，都仍停留在中央層級，地方政府除了例行公事地舉辦公約培訓或偶爾配合中央檢視法規清單外，幾乎難以看見落實公約的具體成效。相同地，公民社會會關注公約運動的團體，多集中在北部，其他縣市與地方社團，一方面礙於資源與交通的限制，難以參與北部的相關會議，另一方面，因推廣與意識提升不足，恐怕很多團體連公約是什麼，都還搞不清楚。

第三，從兩公約、CEDAW、乃至於目前正在進行的CRC國家報告，共通的結構問題在於：每當公民社會要求政府提出公約所要求的統計數據或資料時，就會發現主計總處或各單位統計處雖然掌握龐大的統計報告，但對如何運用資料來反映人權議題的現況是十分不熟悉的。關鍵問題在，政府長年習慣的公務統計思維與方式，是欠缺人權問題意識的，因此，若公務統計思維無法納入人權意識，不管再進行多少次的國家報告審查，仍會反覆面臨同樣的問題。

第四，由於目前不同公約由不同的政府機構統籌，法務部負責兩公約、性平處負責CEDAW，社家署負責CRC和CRPD，這些主責機構均非專責單位，本身還需肩負其他主責公務，因此公約事務形同額外的工作負擔，更突顯我國迫切需要不同層級的人權專責機構，一是行政體系內部統籌人權業務的行政院人權處、另一個是獨立於所有政府機關、符合「巴黎原則」的國家人權機構，而不論中央及地方的各級政府機關，也應成立分散式的人權單位。完備人權行政組織的建制是人權基礎建設的起步，未來政府的人權政策，才有可能透過有效的統籌協調與分工，進而積極推動與落實人權公約。

近來公民社會都在關注，政府要舉辦越來越多聯合國人權公約的國家報告審查，尤其2017年前後就進行了4個公約審查，政府機關是否會流於形式主義的填報資料，而疏於思考實際落實的修法與政策？當前各級政府機關都已有兩公約與CEDAW的審查經驗，如果過程中欠缺公民社會嚴密的監督與倡議，公務機關是否更容易虛應故事？比如我們看到前幾次兩公約與CEDAW在審查之後，出席後續落實會議的政府代表層級不高，甚至部分機關竟指派替代役男來回應相關的議題，根本毫無決策與跨部會協調的能力，且往往一系列會議舉辦數月之後，後續落實與執行的工作就停滯不前。

最後值得一提的是，2017年兩公約第二次審查的後續落實會議出現不同的方式，雖然政府相隔八個月才啟動後續落實會議，但召集會議的行政院政務委員林萬億開宗明義表示，由其主責的場次會議，均屬跨部會協調的議題，且一再強調人權落實不能原地踏步，亟需往前邁進，所以至少筆者所參與過的8月30日與9月6日這兩場會議，主席會中就裁示其餘尚未國內法化的核心人權公約都應盡快國內法化、性別變更登記應朝身分證開放第三欄位的政策方向修正、綜合性的反歧視法亦應由行政院來綜整研擬等令人振奮的政策宣示。[28]

28 這一系列會議資訊，請見以下網址：https://goo.gl/YyFD95

參考文獻

施逸翔，2015，讓落實CEDAW突破現有的框架（http://www.iwomenweb.org.tw/cp.aspx?n=9F960A5917660ED4，取用日期：2015年11月15日）。

鄧衍森、廖福特、姚孟昌、王自雄，2015，《「禁止酷刑和其他殘忍、不人道或有辱人格的待遇或處罰公約」施行法制定之研究》。內政部警政署刑事警察局委託研究計畫報告。

劉士豪、成之約、張鑫隆，2014，《保護所有移工及其家庭成員權利國際公約國內法化研究》。勞動部委託研究計畫報告。

第十八章
從農業改革到農民參政

吳紹文
宜蘭青農
2016綠黨社會民主黨聯盟宜蘭縣立委參選人
現任19th綠黨中執委
土拉客實驗農家園成員
宜糧號負責人

本文要特別感謝競選團隊顧問蔡晏霖和總幹事林樂昕。兩位一直在選舉過程中陪伴我發展農業政見與選舉論述。也感謝蔡晏霖協助本文的問題意識對焦。另外要感謝本書主編王舒芸與執行主編劉侑學恰到好處的催稿方式，鼓勵我在筆鋒已鈍的狀態下重新拾筆反思選舉。也感謝蕭新煌老師對草稿的評論。
最後，要感謝李寶蓮、賴青松、朱美虹、楊文全、彭顯惠、田文社Over、蟻又丹、黃小黑、黃小魚、吳亭樺、簡楊同、林正芳、薛呈懿，以及宜蘭友善耕作社群的諸多夥伴們。沒有你們，不會有這場緊貼理念的夢幻選舉。農村需要轉型正義，大家繼續一起努力。

壹、序曲

2015年3月到12月，宜蘭正經歷農業改革的新契機，關注農地保護運動的宜蘭公民組織「守護宜蘭工作坊」成功透過全國媒體和地方論壇，讓宜蘭縣長林聰賢派任新農社群平台倆佰甲發起人楊文全[1] 擔任農業處長，主導農地保護的體制內改革。楊文全上臺之後，宜蘭縣政府祭出一連串的農舍管制手段，[2] 使2006年雪隧開通後炒作熱烈的宜蘭農舍交易市場連續兩個月掛零。房仲業者叫苦連天，建築工班案子減量，農會土地信貸業務深受影響。整個宜蘭社會因農舍管制議題掀起滔天大浪，地方社會出現嚴重對立。2015年9月8日，房仲業者聯合各鄉鎮農會發動3,000名農民和仲介業者包圍縣政府，除要求農業處長楊文全下臺之外，縣政府也必須放寬農舍起造資格審查。房仲業抗爭之後，領導反農地農用行動的宜蘭縣不動產仲介經紀業理事長邱錫奎，緊接著宣布參選第九屆宜蘭縣立法委員，宣稱要用選票教訓宜蘭縣政府。一場看似快要成功的農地保護戰役，卻因即將來臨的總統與立法委員選舉讓人忐忑不安，關心臺灣農業議題的有志之士都十分清楚，正是因為2000年的總統大選，促使國民黨和民進黨聯手修改《農業發展條例》，開放農地自由買賣，埋下日後農地與農舍炒作的根源。

2000年總統大選開放農地自由買賣的歷史殷鑑不遠，加上保護農地運動的對手不動產仲介已公開宣布投入選戰，我身為「守護宜蘭工作坊」的成員之一，自然對選舉可能造成的政策倒退憂心忡忡。當時「綠黨社會民主黨聯盟」結合環運、性別運動、工運、反土地徵收運動人士參與選舉，

---

1 「倆佰甲」是宜蘭新農進場平台，旨在協助新農獲得田地、代耕系統以及居住房屋。目前成員超過50戶，多聚集在宜蘭縣員山鄉。原本已瀕臨廢校的內城國小，因新農戶移入，學生人數止跌回升，解除廢校警報。更詳細關於倆佰甲介紹可以參考《上下游》〈蘭陽平原上的倆佰甲，夢想與新農育成場〉；對於宜蘭友善新農的學術研究，可參見蔡晏霖，2016，〈農藝復興：臺灣農業新浪潮〉。《文化研究》22: 23-74。

2 新的農舍新建辦法嚴格規定農地面積的十分之九必須農用，且農舍必須蓋在臨馬路三公尺，不能蓋在田中間，且更加嚴格審查起造人的農民資格。許多新申請的農舍因縣政府農業處的嚴格執法，遲遲拿不到建照，造成房地產交易停滯、投資客觀望。

嘗試將政治社運化、社運政治化。當所有改革政策最終都因著選票轉彎之際，社運人士參政就是必要的手段之一。農地保護派的公民團體和自由買賣派的農會仲介人馬，都曾企圖在公開辯論中指稱對方只是宜蘭社會結構中的少數人，不能代表宜蘭縣民的聲音。為了找出宜蘭選票支撐農地農用的民意基礎，我接受綠黨徵召投入2016年宜蘭縣立法委員選舉，希望能利用參選人的身分，和仲介業參選人邱錫奎有對等機會，在選舉混戰中保留「農地農用」的能見度和發言權。投身選舉，是從社會運動的公民對話走進選戰模式的鄉民對話，這對長期浸淫在同溫層的我來說，不啻為一個艱鉅的挑戰，但仍深信這是條必須努力開發的道路。雖然社會變革往往是由少數知識菁英發動，但終究需要擴大社會對話、爭取普羅大眾的認同，才是通往成功的不二法門。

【競選宣言】

親愛的朋友：

我決定參選2016年宜蘭縣的立法委員。因為「農地農用」的議題空有社會共識卻得不到主流兩黨的承諾。我是第八代老臺北人和第一代外省人的小孩。我在臺北出生，定居臺北直到完成碩士學位。之後我移居中南部，參與東南亞婚姻移民女性的權益倡導，也曾投入921地震和莫拉克颱風災後重建工作，因此深度接觸臺灣原住民族。我對臺灣土地深厚的感情，完全是向臺灣原住民族學習而來。

二十年來我跌跌撞撞，從軟體領域、研究領域、到專職社運工作者，我不斷嘗試，最後選擇「農夫」這個職業安身立命。

因為我發現：一切社會議題的起因，都是來自對土地的輕忽、對人的隨便。因為土地不會說話，所以我們對待土地的方式很隨便，濫墾濫伐；因為人只是產業的螺絲釘，所以工人、農民、上班族都成為可以隨時替換的小角色。從農以來，我慢慢釐清，發現「農地農用」的爭議其實是很末端的議題。

真正的問題，出在臺灣的發展模式：輕忽一級產業、卻傾國之力獎助二、三級產業，簡單來說就是重工商而賤農林漁牧的模式。

長久以來，臺灣的執政者是如何對待「農」這個專業領域？又是如何看待「農民」這份職業？他們輕忽、漠視、踐踏，放任農業農村衰敗蕭條，每逢選舉就爭相加碼動員農民，選舉以後再用過即丟，沒有一套以「農業生產」為主的發展政策，更無視農村與農民真正的長遠福祉。

還能更糟糕嗎？其實還可以更糟。因為掌握政治權力的人從來不相信人民的力量，三十萬人上街頭反核、五十萬人上街頭反服貿，一樣撼動不了執政者的意志。人民最簡單的回應方式，就是拒絕他們繼續執政。

我悲觀地認為，盤根錯節的政商關係並不會因為民進黨上臺就能有所改變，土地炒作是臺灣最毒的惡瘤，逐漸蔓延整個臺灣，平地農地已經開放買賣，山上原住民保留地開放買賣的日子也不會遠了，屆時我們要拿什麼生產糧食？拿什麼保護山林？臺灣人終有一天會像香港人一樣，再也吃不到在地的食物、喝不到乾淨的水。

因為土地和森林都拿去蓋房子、觀光飯店與商業大樓了。宜蘭是臺灣東部土地戰役的灘頭堡。宜蘭縣政府已經對炒作勢力開出第一槍，但宜蘭縣議會和農會竟然選擇與土地炒作勢力站在同一邊反對農地管制，想要永居與紮根宜蘭的人只能站出來往前衝。這是一場只能前進不能後退的戰役。我有幸獲得宜蘭新農前輩李寶蓮和賴青松的推薦、並獲得新農社群的大力支持，因此決定接受「綠黨社會民主黨聯盟」的徵召，參選2016年宜蘭縣的區域立委選舉。我有信心，用四個月的時間，打一場讓政客害怕、讓宜蘭人驕傲的選舉，我也有信心發動一場屬於農民階級的光榮戰役。

我主張：

農舍問題是戰後五十年重工輕農的惡果。

因此解決農舍問題必須推動真正的「農業轉型正義」：

(1) 建立老農退休制度，以及農民所得支持，完成農業世代交接。

(2) 啟動土地儲備制，讓農地因農用而循環流動，農民可以交棒傳承，土地不能離農。

(3) 宜蘭應確立以「農鄉」為主的發展策略，從現有鄉村聚落進行規劃，解決鄉村居住問題，完善鄉村生活機能。

我主張：

人人都要日進三餐，沒有本土農業就沒有本土糧食，沒有本土糧食就沒有食安與國安，所以農業是屬於國安層級的一等大事。

既然如此，國家就該「養農如養兵」，像建立國家軍隊一般建立並精練「糧食安全大軍」。唯有透過國家的管制手段以及資源的合理挹注，才能讓新農傳承，讓老農驕傲，並且同時確保全民食安與國家主權。如果臺灣曾經成功扶植民生工業、中小企業、高科技產業，那麼在這個農業已經插管求生、危急存亡之際，國家有什麼理由不搶救農業？

是時候了，該把曾經從農村搶走的資源還給農村，把從農民身上奪走的尊嚴還給農民，也把從土地搶走的豐饒還給土地。

僅以我捍衛臺灣土地的強烈決心，祝福臺灣每一位正在阻擋土地不當開發的同志、戰友保持堅定信念。

敬禮、擁抱

紹文（阿醜）敬上 2015.09.02

～2016年宜蘭縣立委參選人吳紹文競選宣言

事隔兩年，回頭再看當時寫的競選宣言，我仍難掩情緒激動，楊文全果然因為縣長頂不住壓力而在選前下臺，[3] 失去立場堅定的農地農用派主管，農地交易從一片死寂開始復甦，想要炒作農地的買家已經等在場邊觀望躍躍欲試。悲觀時，我鑽牛角尖：「這場宜蘭農地保護運動除了開出1萬700張選票，還剩下什麼？」樂觀時，我告訴自己：「至少還有1萬700

3 郭琇真，2016，〈改革農舍踩紅線 宜蘭農業處長楊文全選前被撤換〉。上下游，https://www.newsmarket.com.tw/blog/81164/，1月5日。

票支持宜蘭的農村永續發展」。本文是選後沉澱兩年的我，與當時沉浸在選舉激情狀態的我的自我對話。

貳、農地——農民可以自由處分 vs. 國家有規範權力

在長期以農養工的政策影響下，臺灣的農業勞動者收益微薄、從業人口老化、農村整體經濟蕭條。開放農地自由買賣，是1988年520農運的七大訴求之一，背後原因就來自於農民不滿其階級利益長期被臺灣的工業發展主義路線所犧牲。蕭新煌在520農運之後即準確觀察：「自1987年底至1990年下這兩年多的農民運動，其最大特色是經由動員小農長期以來對國家農業政策不滿的心理與情緒，轉變之而成為一種基於『受害者意識』的集體抗議行為，抗爭對象是農村社會以外的國家機器。」（蕭新煌 1991：82）。

換言之，如果我們換一套發展政策，其內容足以提高農業勞動所得、吸引青年回農、繁榮農村整體經濟，農民就比較不會將賣農地列為退休計畫。只是，務農所得和農地價格之間的關係為何？有一種說法值得參考。長期和美濃農會密切聯繫、輔導當地產業的美濃農村田野學會總幹事溫仲良，在2015年9月宜蘭農舍議題正反雙方交戰最激烈時，特地從高雄北上支持「守護宜蘭工作坊」。溫仲良從在美濃農會輔導農民產銷「白玉蘿蔔」、「澄蜜香小蕃茄」的成功經驗，提出「1:10」的觀點，也就是「一旦農產收入：農地價格之間的對價比達到1:10，農民就會惜售農地」。他在記者會上說：

> 如果農地年產值無法達到市售價格的十分之一，農民拋售農地的意願是很高的，若能提高農業年產值10-20%，就能降低農民賣地的意願。他說，如何限制農地價格在合理範圍，讓農民有能力承受、買賣農地，有助農地耕作，而透過政府政策輔導，提高農業

年產值，農民就會惜售農地。[4]

同樣的邏輯，我們可以從2016年宜蘭立委選戰中、主張農舍自由買賣的參選人邱錫奎口中，聽見另一方的演繹。邱的說法是：水稻農種一甲地，一年才賺新臺幣八萬，一甲地現在市價是4,000萬，憑什麼要農民不賣地？他因此將主張「農地要農用，農舍要管理」的新農社群，標籤為「扛著土地正義的大旗打壓農地價格的共產黨」。

整場選舉的前半段，我一直被這個矛盾困住，花相當多時間力氣嘗試擺脫對手塑造的「農民敵人」形象。我的競選團隊在情感上完全同理老農階級面對地價下跌的情緒，認為新興農業運動／論述應該要正視傳統農村的衰敗與農民階級的受壓迫情節，因此不願意用知識性的論述語言去強調農地農用的重要；然而在選戰技術上，我們卻遲遲找不到破解這種形象設定的方法。於是，在街頭拜票時，我和選民之間常常出現以下這種對話：

我：阿姨，請您支持農地要農用，農舍要管理，嘸土地嚨給牽勾仔拿去炒地皮，咱少年郎嚨嘸田倘種作。

選民：阿系為蝦米臺北古早的田地現在價格可以ㄏ一ㄚ丶擬冠，咱宜蘭的就不行？無公平！

這種膠著的情況，直到2015年12月的兩場水利會針對小組長舉辦的立委候選人政見發表會，才有了突破。這場政見發表會分成兩個場次，溪南溪北（以蘭陽溪為界）各一場，每一場約600人。如何擬定一套論述解開不同農民身分之間的矛盾情結，打造出「想像共同體」的認同感，成為促進農民團結的基石，是最為迫切的選戰課題。我和我的選舉團隊意識到：水利會會籍資格必須擁有耕地，「水利會小組長」是負責管理地方灌溉溝渠的任務編組，兩個身分重疊起來，就是擁有耕地的自耕農，和農會組成

4　林泊志，2015，〈反對農地炒作 農團：農地應真正農用〉。蘋果日報，http://www.appledaily.com.tw/realtimenews/article/new/20150908/687171/，9月8日。

相當不同。簡單來說，水利會小組長是目前還有實際耕作的有地農民，而農會會員可能是不耕作的地主或無地佃農。[5] 回顧臺灣土地改革歷史，「耕者有其田」貫穿整套土改政策。根據統計資料顯示：國民政府來臺以前，臺灣自耕農戶佔總農戶的百分比是29.24%，但自1953年「耕者有其田」政策實施完成後，臺灣自耕農戶數急速增加，一躍而成為75.43%。換言之，若從戶數及耕作面積來看，自耕農階層已經成為臺灣農村社會的主導力量（黃俊傑 2006：74）。

儘管學界對土地改革的評價褒貶不一，但均缺少觀察從「佃農」到「自耕農」之社會身分轉變的後果。我認為，當佃農成為地主，他們的階級認同就從單純的「農民」轉變為「農民地主」的雙重認同。農地／舍自由買賣政策不僅是地主階層的私有財產，更是國家對過去農民階層被嚴重剝削的公共補償。自耕農在爭取農民權益時可以與無地新農站在一起；但是當無地新農憂心農地數量快速消失，為保護農地品質與耕地數量，與宜蘭在地公民團體站在一起要求農地管制時，傳統自耕農階級卻站在地主立場，與無地新農產生利益結構的矛盾。

於是，我準備了以下三分鐘講稿，希望淡化自耕農的地主階級認同，強化佃農階級的認同：

> 各位農業的前輩大家好：
>
> 我是吳紹文，綠黨社會民主黨提名的立委候選人。歹勢我的臺語不輪轉，因為我爸爸是外省人，我在臺北大漢，但是我搬來宜蘭了後，有在庄頭打拼學臺語。我在員山做田，一甲水稻和兩分菜園，還有做辣椒醬在賣，一年的收入50萬，這是我的工作。
>
> 這次為什麼要出來選立委，因為臺灣從來沒一個真正在做田的立委。政府往往犧牲農業來交換工商的發展，跟外國簽WTO，現在又要簽TPP，乎咱農民沒法度靠做農養妻兒，不得已最後要賣

5 依照《農田水利會組織通則》第14條第1項之規定，會員須以其土地利用農田水利會所屬設施。此項觀察是源自於選後和農民的接觸，有許多人提到我在水利會的演講讓他們印象深刻。

地。一個國家要做田人要靠賣地討生活，這實在是很丟臉的代誌。平常時沒照顧，選舉的時候一直喊老農津貼5,000、6,000、7,000，把咱農民當做是乞吃。是咱農民做田給全臺灣2,300萬的人在吃，是咱在養臺灣人，不是政府養咱農民。咱有尊嚴，政府本來就應該有好的政策來支持農業的發展。

我哪選上立委，就是要推動照顧農業和農民的《農業基本法》，這是農民的憲法，規定農業總預算，提高糧食自給率，保障農民的耕作權、生存權和財產權。

有人問我一個年輕人有什麼才條做立委？第一點，我有知識又骨力，讀到碩士畢業可以拿鋤頭，不怕曬日頭；第二點，我對農業有熱情有信心，有很多想法來改變農業的環境；第三點，我很勇敢，苗栗大埔事件我一直甲那ㄟ農民作伙抗議，被警察抓去好幾遍；第四點，我很尊重序大人，跟序大人學種田、甲他們道賣菜，他們手腳不夠的時候，我們很多年輕人會去幫忙，清水溝。

臺灣的農業就像在加護病房，實在需要年輕人的投入。我拜託各位農業的前輩，給我們年輕人一個機會，給咱十年的時間，不要對農業失望，不要放棄土地，我們一定會用生命，為臺灣ㄟ農業打拼。因為，你們的堅持就是我們的未來。拜託！拜託！

這份演講稿全文沒有提到「農地農用」，只隱隱約約的喊話：「一個國家要做田人要靠賣地討生活，這實在是很丟臉的代誌……給我們年輕人一個機會，給咱十年的時間，不要對農業失望，不要放棄土地……你們的堅持就是我們的未來」，希望老農收到新農社群的友善態度。

當時我上臺發表完政見獲得熱烈迴響，反觀其他候選人，我相當訝異只有少數候選人針對農業談政見，大多數候選人（尤其是兩大黨）都只泛泛地提到「一定會爭取更多農業補助」，或現任立委報告任期中爭取到哪些經費，比如「水圳疏通」、「清理」等項目，可以看出候選人在爭取農民選票的準備工作相當輕忽。

接下來發生的事情，進一步證實我們的策略是成功的。第二場溪南的發表會，我們發現，現場所有候選人都準備了農業政見：民進黨籍的現任立委陳歐珀，甚至提出要推動《有機農業法》。再者，12月下旬，先前只針對民進黨參選人的國民黨，首次出現針對「新農」的負面文宣，而且一出手就是沿用邱錫奎一貫的手法，將我描繪為農民的敵人；相對地，陳歐珀的文宣則採取加碼策略，開始提到《農業基本法》和《有機農業法》。我們已經清楚感受到，兩大黨對農民選票可能流失的戒慎態度，也反向證實了我們的選戰方向已經打中兩黨要害。

然而我們還是不夠快。雖然抓出了正確的論述與改革方向，但還是來不及在選戰有限的時間當中，及時提出符合臺灣在地脈絡的具體政見。關於農地如何保留的關鍵主張，雖說他山之石可以攻錯，臺灣農民團體研究外國農地保留制度曾看過許多方式，例如德國「農地信託」或法國「莊園師徒制」等，但因臺灣土地繼承方式導致農地面積分割細碎，加上又早已開放農地自由買賣，造成國外制度移植本土並不具可行性。我們一邊打選戰，一邊研究他國制度與臺灣本地脈絡的適用性，直到投票最後一個月才喊出「國家以市價承購老農地」的政見，也遲至投票前一週才印製「透過稅改向財團加稅，由國家用市價收購老農地」的文宣在宜蘭市、羅東鎮無址投遞。但已經沒有時間向選民具體說明這些政見，更不用說讓這些政見在農民的心中發酵。我後來一直回想，若在選戰初期就明確主張「國家以市價承購老農地」，是否會引發更多對農地保存的對話，而非如現在僅剩「私有財產」和「農地保護」的雙邊對決？

總而言之，「私有農地若要離農，國家必須介入用市價購買」，這是競選團隊在瞬息萬變、多方交纏的選戰動態中發展出來的策略，目的在於明確回應臺灣多數農民屬於「地主」身分的階級利益。然而臺灣多數農民也同時具有來自「佃農」身分的情感與階級認同，這也是我的選戰團隊持續努力想要回應與召喚的，於是我們打出了另一個競選口號：「農軍公教」。

參、拉出「農」軍公教的論述，緩解農地保護運動造成的社會對立感

> 你今天鼓勵農民把農地賣掉來維持他的生活，就好像我們今天跟軍人說：欸，國家沒有錢養軍隊了，不然你們把武器拿去賣來維持軍隊的生存好了。這是負責任的政治人物和政黨會說的話嗎？真正負責任的政黨，應該要算清楚，國家到底需要多少土地？多少農民生產糧食來維持40%的糧食自給率？請農委會算出來，該編多少預算就編出來維護耕地、支持農民所得。
>
> ～吳紹文政見三部曲之二：談農地農用

每當我說：「臺灣的農民缺乏社會福利制度的保障。」就會有人馬上回嗆：「怎麼可能？臺灣農民不是有老農津貼嗎？」，或者是「老農津貼那麼好，每個月爽領7,000，難怪很多假農民也搶著要領呢。」

然而，當前的老農津貼並非制度性的保障，現行的農民保險也不是。因為臺灣的軍公勞教保險都同時具有職業災害保險與老年年金保險的雙重性質，唯獨農民保險沒有。實在很難想像，負責耕作糧食給全臺灣人民食用的農民階層，其「農民保險」的內容卻簡陋到「無醫療亦無退休給付，只有生育、身心障礙給付及喪葬津貼。」[6] 也正是因為臺灣農民缺乏職災

6　農民健康保險係屬醫療及健康照顧性質之保險，於全民健康保險開辦時，農保理應落日，並與老年農民福利津貼整併至其他社會保險制度，或轉型為針對農民所設計的農民職業年金保險制度，但農民健康保險並未配合全民健保實施，而有所改革或調整轉型，僅將醫療及健康照顧之相關給付項目劃歸全民健保範圍所有，仍保持生育給付、身心障礙給付及喪葬津貼，導致雖有農民健康保險之名，但實際上農民健康保險制度已經不提供醫療給付，形成制度名稱與內容名實不符之情事，更衍伸眾多問題，包括無加保年齡上限、農保被保險人平均年齡提高、給付項目不足、被保險人資格認定困難、投保金額及保險費率過低、保險給付支出高於保費收入、保險財務無法自給自足等，種下了日後農民健康保險收支不平衡及財務虧損等問題，致政府財務負擔沉重。另基於農民健康保險並未如勞工保險、國民年金或公教人員保險等有退休後的老年年金給付，在農民健康保險尚未修法將老年給付納入，轉型為為農民職業年金前，政府為照顧老年農民晚年生活，於民國84年5月31日公布實施《老年農民福利津貼暫行條例》，並委託勞保局，辦理老農津貼發放事宜（蔡宗勳2014：69）。

與退休制度的保障，政府才會以制度外的方法，亦即在行政院農業委員會（簡稱農委會）預算底下編列大量的老農津貼，作為救濟農民的手段。然而站在農政健全的角度來看，老農津貼既是補藥也是毒藥。相當數量的研究已經反覆指出，[7] 老農津貼遲遲無法制度化是因政治考量：每次遇到總統大選，加碼老農津貼就成為各大政黨一定得展現的政治態度，以至於《老農津貼暫行條例》自1995年公布實施後，一直沒有廢除的跡象。老農津貼成為典型的「頭痛醫頭、腳痛醫腳」短線政策操作範例，背後反映的正是臺灣農民缺乏制度性社會福利保障的政治乾涸症。這個病症，政府或許可以假裝不知道，但是農民朋友卻是非常清楚：早在1988年520遊行前，農民運動就已提出「全面實施農民保險」的訴求，520再次提出「全面辦理農保與農眷保」，2002年農漁會發動的「一一二三與農共生——全國農漁民團結自救大遊行」，唯一與農漁會自身權利無關的訴求也正是「依法落實推動老年農民退休制度」（陳瑞樺 2016：88）。以上在在證明，臺灣農民對退休與職災保險制度有強烈的需求。只是直到2017年的當下，農民保險依然孤處於臺灣職業保險的「例外狀態」：百工百業（名義上）皆有保，唯獨農民保很少（只比完全保不了的家庭主婦好）。

這背後的原因是什麼呢？追根究底，我們認為農業對於臺灣的貢獻當然不亞於軍公教，但是農民階層並沒有相對的階級尊嚴感，甚至還希望下一代徹底離農。原住民族同樣面對人口外移、文化與土地崩解、族群自我認同低落的處境，但原住民運動20年就走上驕傲政治，而農民運動從日治時代起算早已超過50年，此刻的臺灣農運卻仍然主打悲情牌。換言之，戰後幾十年以來的農運發展，既沒有累積階級尊嚴，也沒有累積認同驕傲。也正因此，公民團體若在此時大談「農地農用」理念，卻不處理農民階級長期的被剝奪感，終究落入開發派的激化對立手法的陷阱，形成「公民vs.農民」的簡化與撕裂。

我的競選團隊深刻感受到三農長期受到的輕賤蔑視，因此選擇用「軍隊」、「農糧生產大隊」、「養農如養兵」等白話譬喻來談三農問題，為

7 例如蘇煒翔（2008）；李宜儒、陳國樑、黃勢璋（2012）；張桐銳（2012）。

的是讓選民用簡單的方式理解農業問題，並希望農民能感受新農立委參選人對農民基本尊嚴的堅持。同樣地，我在競選政見提出「建立農民退休制度」和「所得支持制度」，也是期待國家能對農民如同其他軍人、公教人員和勞工一樣，提供基本的從業保障。

然而有趣的是，選舉時每當我向農民提到這項政見，一開始換來的都是問號表情，彷彿農民和勞工一樣領有退休金是天方夜譚。只是每當我仔細說明以後，就可立即感受到老農的憤怒與難過。確實，如果有完備的退休制度，誰要每逢選舉才獲得加碼老農津貼的承諾？殘補式津貼對農民來說，根本毫無尊嚴可言。

進一步言，當臺灣農民無法想像自己的「退休制度」，自然也就更難想像「農民所得支持」是怎麼一回事。然而如果勞軍公教都有薪資底線，為什麼農民不需要？難道農民就活該看天吃飯，天然災損自己擔，盤商剝削自己吞？只是農民的合理所得到底應該怎麼訂？是否應該參照國家最低工資，把農民生產勞動的成本算進去？這是我尚未釐清的問題，我的政見提到「農民所得支持」，著墨卻不夠深入。

肆、堅定支持農業發展的一萬張選票

這場選舉，我打著「為農民發聲」的鮮明旗幟，只談臺灣農業的問題與未來發展。很多人勸我要多談宜蘭在地的交通建設與觀光發展，我都沒有採納，因為我相信在農鄉談農業發展是最重要且基本的課題。選戰結果，我所屬的綠黨社會民主黨聯盟開出6,002票，我開出10,730票，八位參選人中排名第四。[8] 第三名仲介業者代表邱錫奎向媒體表示自己花新臺幣2,500萬選舉，只選了兩萬票他並不滿意，而我們競選團隊連保證金總共支出120萬新臺幣，開出一萬張選票。對許多宜蘭人來說，定居宜蘭三年的

8　得票數依次為：民進黨陳歐珀（120,393票），國民黨李志鏞（63,367票），無黨籍邱錫奎（19,961票），綠黨社會民主黨聯盟吳紹文（10,730票），無黨籍孫博（7,189票），軍公教聯盟郭儒釗（1,062票），大愛憲改聯盟吳子維（945票），泛盟黨林獻山（634票）。

新移民只支出120萬，開出上萬票是非常亮眼的表現。當中選會公布開票箱實際票數的時候，我實在非常驚訝，宜蘭縣幅員廣大，卻只能選出一席立委，以致於很多地方我根本沒有去過，更不要說競選文宣、旗幟或宣傳車，那都不是我們財力可以負擔的宣傳工具。350多口陌生地名的票箱都開出我的票，而且都是十位數以上，仔細核對33口僅開出個位數的票箱，其中有過半數的票箱在蘇澳、頭城海邊，是水圳走不到的地方（意即沒有水利會小組長編制的地方）。我時常猜測，水利會那場演講到底幫我拿了多少票？

激情過後，平心自省，水利會場我的準備方向是正確的，但候選人的電視政見發表會我卻又回到過去公民團體的論述習慣。電視轉播公辦政見會的48分鐘，我花了12分鐘談農地農用的必要性、12分鐘批評國家農業政策的無效、12分鐘談TPP對臺灣農業的致命打擊、12分鐘談稅制改革和政黨票。我完成了自己想像中的，應當向選民表述的政見，卻忽略對農民而言最切身的問題——收入保障與退休制度。對我們這個初生之犢的選舉團隊來說，想透過選戰放火的議題太多，從反對國際自由貿易談判（TPP）到農民退休制度，泛泛丟出太多議題，但在選戰實際操作的技術卻很生疏，無法打入農民階層的心裡。

「上街頭貼身肉搏時，想方設法尋求對話空間；上媒體隔空喊話時，絞盡腦汁強灌知識論述。」這是抽離選戰兩年後的反思：到底如何具體實踐「社會運動的公民對話走進選戰模式的鄉民對話？」真的還有很多需要時時自我覺察的部分。

伍、後記

2016年年金改革會議開會頻頻，農民退休制度已列入改革行列。但依目前年金改革會議的走向，似乎都聚焦於農保虧損和老農津貼資格審查，朝最低年金的方向前進。[9] 我反對目前改革方向，我主張農業是一專門職

9　針對第九次會議委員意見回應說明及補充資料（農保、老農津貼），詳見總統府國

業，其勞動形式、工時、退休年限和很多受僱行業不同，農民的社會保障制度應以特別體系辦理較為適宜且可行的方法。但我作為一介連農民資格都無法取得的資淺新進農民，[10] 雖選過立委，仍無法取得參與國家農業政策討論的入場券。

行文此時，我正在推動宜蘭地區的雜糧（宜蘭老種黑豆）復耕，也正在籌劃宜蘭米糧專有品牌，為的是兌現選舉時宣稱的「為農民為尊嚴」。如果不能協助農民解決銷售困境，不能提高農民生產所得，打著「以農為本」為競選口號的下鄉知識分子，要如何面對夜深人靜的自我提問？

三農問題錯綜複雜，農地流失是最末端的病況。這次大選之後，「守護宜蘭工作坊」兵分二路：精神領袖李寶蓮轉向監督國土計畫，持續向宜蘭縣政府和農委會施壓，要求儘速劃設特定農業區阻止不當開發；我則投入宜蘭水稻與雜糧轉作的產銷工作。這兩條路線也同時說明了「農地不農用」的問題根源有二：一是農業蕭條，二是國土治理不彰。唯有對症下藥，才能保護農地，守護農民。我輩將致力於農業生產、農民生計、農村規劃三條路線併進，期待在有生之年能看到些許進步。

家年金改革委員會網站之歷次委員會議資料：http://pension.president.gov.tw/cp.aspx?n=A78DD0CC73F324FD&s=8BFFEC3F86D5502A

10 目前國家法律規定農民資格只限定地主「擁有農地一分者」，或佃農「租賃農地2.5分者」。曾經歷過去「耕者有其田」土改過程，擁有農地的自耕農多不願意與佃農簽訂任何書面租約，造成新農雖然實質務農維生，卻無法獲得農民資格的尷尬處境。新農始祖賴青松便是最佳例證，租地六甲耕作超過十年，卻仍無農民資格，乃致於無法加入農保。

圖 18-1　國民黨於水利會政見發表後發送的選舉文宣

資料來源：本文作者提供。

圖 18-2　選前一週競選團隊印製發送的文宣

資料來源：本文作者提供。

圖 18-3　喊出國家以市價承購老農地

資料來源：本文作者提供。

參考文獻

李宜儒、陳國樑、黃勢璋，2012，〈老農津貼年金化與政府財政負擔〉。《當代財政》24：44-70。

張桐銳，2012，〈老年農民福利津貼制度之檢討〉。《世新法學》5(2): 235-269。

陳瑞樺，2016，〈以農之名：臺灣戰後農運的歷史考察〉。《文化研究》22: 75-122。

黃俊傑，2006，《戰後臺灣的轉型及其展望》。臺北：國立臺灣大學出版中心。

蔡晏霖，2016，〈農藝復興：臺灣農業新浪潮〉。《文化研究》22: 23-74。

蕭新煌，1991，〈一九八〇年代末期臺灣農民運動：事實與解釋〉。《中央研究院民族學研究所集刊》70: 67-94。

蘇煒翔，2007，《臺灣老農津貼政策歷程之研究》。嘉義：國立中正大學社會福利學系碩士論文。

第十九章
核電歸零：臺灣反核運動2000-2017

倪世傑
國立政治大學政治學系博士
中央研究院人文社會科學研究中心博士後研究學者

作者感謝兩位匿名審查人提供的寶貴建議，以及本書編輯與執行編輯在本論文審查過程中給予作者本人的意見。文中若有任何失誤，概由本文作者負責。本文係作者個人之意見，並不代表任何機構或團體之立場。

壹、前言

反核運動在臺灣發軔於政治自由化的1980年代，與臺灣社運軌跡同步，在1990年代中期達到一個高峰，但也因反核運動高度依賴性民主進步黨（Ho 2003；何明修 2006），以致於當陳水扁總統於2000年中執政後改採續建核四的政策，反核運動陷入最深邃的低谷。當核四看似就要在馬英九政府執政的第一個總統任期即將商轉的前夕，2011年東日本大地震所引發的福島核災透過實況轉播震撼了世界。鄰近日本的臺灣，反核社會運動在第一時間隨即進入備戰狀態，此時在野的民進黨也一改過去執政期間擁核的政策，重新返回反核的行列。

新一波反核社運的特性在於擺脫了過去與民進黨之間不對稱的依賴關係。此波反核運動的主要發動者——綠色公民行動聯盟（簡稱綠盟），以非特定政黨屬性的「公民」為主要訴求對象，促使「公民素人」大量地、自覺地且有秩序地進入社運場域行使「國家主人」的權利。而這一股非基進化、去黨派化且趨近於常民化的公民覺醒運動，支持著臺灣在福島核災後的反核運動；另一方面，擁有中央執政地位的國民黨內部在核能議題上出現分裂的狀況，尤其是雙北首長、立委在核能議題的立場與馬英九政府漸行漸遠，終而成為體制內的否決者（veto players）。[1] 也因此，吾人能源轉型計畫著實滯後的情況下，廢核運動卻能夠在擁有高度擁核信念的馬政府手中艱困地取得「核四廠完工封存」的階段性目標。

本文旨在回顧2000年到2017年中共計18年間，臺灣反核運動的發展以及對臺灣核能政策的影響。除本節前言外，本文主要分為以下六個部分：第二節解釋反核運動消沉的原因，以及在消沉期間運動發展的狀況；第三節旨在說明陳水扁總統執政期間，民進黨政府從在野時的反核轉向在朝時

1 George Tsebelis（〔2002〕 2009）認為，改革本身是相當困難的，因為他必須得到體制內「否決者」的同意，當體制內的否決者數目越多，表示推動改革或制度變遷所需要獲得同意的票數越多，就越難以改變現狀（status quo），現有的體制越難以更動；同理亦然，如果體制內的否決者數目越少，相對而言，維持現狀的成本較低，因而容易推動改革。另一方面，否決者之間意識型態或是偏好的距離亦具有重要性，如果距離過大，協商的成本亦較高，改變現狀不是難以推動，就是緩步進行。

擁核的政策軌跡；第四節說明2000年後反核運動的路線分化，綠盟回到貢寮的發展經驗以及如何引導臺灣社會再次重視反核議題；第五節討論馬政府期間臺灣爆發大規模的公民運動及其政治意義；第六節以政策終結的角度，探討促成馬政府決定終結核四的幾項原因；最後則為結論。

貳、2000年後反核活動的消沉

臺灣反核的抗爭政治在1996年國民黨發動核四覆議案之後逐漸消沉，民進黨籍立委反核四的意願已不若以往堅定。2000年陳水扁總統執政前夕，臺灣反核運動又看見希望曙光，在2000年5月與11月舉行的反核遊行與活動給予陳總統停建核四的社會支持，但陳政府在策略上的失當[2] 反而使核四停建案化為泡影，[3] 在之後的十年間，全國性的反核運動迅速衰退，但另一方面，地方性的反核運動，主要是反對設置低階核廢料儲存場的抗爭卻持續不斷。

吾人從表19-1能夠看出以上提到的這兩項趨勢。大型的反核遊行活動在2000-2010年之間僅僅出現在2000年11月，也就是陳水扁總統宣布核四停建，同時間國、親、新聯盟提出總統罷免案之後，全臺各地的民進黨黨部與民間社團組織的「全臺反核、反罷免大遊行」。在這個時期，只有與政治議題結合的反核遊行才能夠動員到數萬民眾參與。在陳總統於2001年

---

2 何明修（2006）認為，陳水扁政府一開始未能發動國會改選，改變民進黨在立法院居於少數的現狀，使其失去籌組多數執政聯盟的機會，也因此失去了使核四停建的機會之窗。此外，國會多數黨與總統所屬黨派非一致下的「分裂政府」（divided government）並不能充分解釋為何「泛藍」陣營必然擁核。許舒翔（Hsu 2005: 178）認為陳總統在就任時立刻籌組「核四再評估委員會」，該委員會設定三個月後提出核四問題的建議案，但時間拖得太長，討論流於專業判斷而與社會脫勾的情況下，不僅反核四的社會動能流失，同時給予國、親、新泛藍陣營在2000年總統大選敗選後整合的契機。最後，陳水扁總統在2000年總統大選後推動政治和解的氣氛下，選擇國民黨籍的唐飛出任閣揆，而罔顧唐飛在接任行政院長前即已表示支持核四續建的信念。

3 司法院大法官於2001年元月15日公布的釋字520號釋文表示核四停建並未違憲，但有程序上的瑕疵。陳政府決定讓步，行政與立法兩院於2月簽署核四復工協議書，行政院會第2721次會議決議核四續建，核四停建遂以失敗告終。

2月宣布核四續建之後的「核四公投、人民作主」遊行動員情況已不若以往，「民進黨政府是否已經不反核」的聲音不脛而走。[4] 同時，在這段期間臺灣民意對核四所顯示的是支持多於反對的狀況。根據眾多民調與政府機關的調查或委託調查的資料顯示，大部分民眾贊成興建核四（徐明德 2013）。以民進黨民意調查中心於2000年10月27-28日進行的民調為例，33.2%民眾傾向支持行政院「停建核四」的決定，但也有47.5%的民眾不表支持（行政院 2000）。《蘋果日報》於2003年5月25日公布的民調顯示，支持與反對續建核四的比率為50.81%和29.79%。[5]

地方性的反核抗議集中在核廢料儲存問題上。包括臺東的蘭嶼、大武，澎湖的東吉嶼，屏東恆春以及新北市北海四鄉鎮都出現反對核廢料的群眾運動。也由於被選擇放置核廢料的地方抗議不斷，立法院於2006年4月三讀通過《低放射性廢棄物最終處置設施場址設置條例》，自此便透過條例中的選址機制尋找全臺低階核廢料的最終處置場址，將核廢料從蘭嶼遷出。如同洪申翰（2016）所言，核廢料儲存奉行的是「歧視的邏輯」，都市人享受核電帶來的電力，但核廢料卻由邊陲的弱勢者所承擔。

---

4 Grano（2015: 69）表示，艾琳達（Arrigo Linda）曾提到，當司法院大法官提出核四釋憲文之後，民進黨內的律師打算繼續對這一份釋憲文採取抗爭的行動，但陳水扁總統本人於2001年初與李登輝前總統會晤之後，陳李之間達成某種條件交換，陳水扁總統會繼續興建核四廠，用以交換李登輝前總統對他的支持。

5 吳燕玲，2003，〈五成民眾贊成續建核四〉。蘋果日報，http://m.appledaily.com.tw/appledaily/article/headline/20030525/63623，5月25日。

表19-1　臺灣反核群眾運動大事紀（2000-2010年）

時間	活動名稱	活動概況
2000.05	臺灣環盟發動反核四遊行	環盟於陳水扁總統就任前於北市遊行，約有數千人參與，要求總統就職後下令核四工程馬上停工。
2000.11	非核行動聯盟發動全臺反核、反罷免大遊行	在陳水扁總統宣布核四停建之後，在臺北、雲林、高雄與花蓮四地共十餘萬人同時展開反罷免陳水扁總統以及反核大遊行。
2001.02	224「核四公投、人民作主」大遊行	陳水扁總統宣布核四續建之後，由臺灣環保聯盟、綠黨、人本基金會組成的「反核行動聯盟」在北市舉辦的核四公投大遊行，共計約有一萬人參加。
2002.05	蘭嶼達悟族人反核	臺東縣蘭嶼鄉達悟族人近千人在蘭嶼核廢料貯存場前發動反核遊行。
2002.09	林義雄發動核四公投第三次千里苦行活動	核四公投促進會開始為期一年的第三次核四公投千里苦行。
2003.05	臺東大武反核廢料廠	大武鄉親反核自救會、臺東反核聯盟與大武地區約400位鄉民組成的陳情隊伍赴臺東縣政府前表達「不要核廢料，也不要回饋金」的訴求。
2003.11	1129促進全國核能安全大行動	北海岸核能安全促進會發動金山、三芝、萬里、石門等鄉長、民共約3,300人包圍經濟部，要求中央針對核廢料後續處理問題，做出具體完整規劃及合理解決方案。
2004.06	屏東恆春民眾反核三廠興建核廢料倉庫遊行	恆春民眾約500餘人到核三廠前反對興建低放射性廢棄物倉庫。
2005.06	605我要活下去——為環境而走大遊行	由荒野保護協會等環團發動於臺北市舉行的環保遊行，約一千人參與，以「反污染、反破壞、要安全、要健康」為訴求，核能問題為其中的一個訴求點。

時間	活動名稱	活動概況
2006..06	福隆沙灘裸體排字反核	環盟召集19名人士在貢寮福隆沙灘以人體彩繪及三點不露表演方式排出「NO NUKE」字樣反對興建核四。
2007.06	反對核廢場設置東吉嶼自救抗爭	臺灣澎湖同鄉總會發動600人在澎湖馬公遊行，抗議台電欲將在澎湖望安東吉嶼設立核廢料處理場。
2007.08	臺北縣長周錫瑋率眾反核廢料續存核一、二廠	臺北縣長周錫瑋率金山、萬里、石門、三芝鄉民眾數百人到北市原委會所舉辦核一廠用過核燃料棒乾式儲存場聽證會抗議，堅決反對台電繼續將核廢料貯存在核一、二廠內。
2008.12	排灣族反核聯盟大會師	「排灣族反核聯盟」召集約400名在屏東、臺東排灣族人，在臺東縣大武鄉會師，反對核廢料處置場設在排灣族人的傳統領域內。
2009.04	澎湖東吉旅臺鄉親反核料遊行	澎湖縣望安鄉東吉嶼約百名旅臺居民聚集高雄縣鳳山市，反對台電公司將他們的故鄉當成核廢料儲存場址。
2009.06	臺東市反核遊行	臺東環境保護聯盟號召約300位民眾在臺東市舉辦反核遊行。
2010.08	貢寮人龍反核四	綠盟在貢寮鄉澳底舉行反核四活動，約200名參與民眾在核四廠大門前手拉手串成人龍，表達反核四訴求。

資料來源：本文作者自行整理。

參、民進黨從反核運動上再次退卻

先是民間反核運動的式微，之後陳總統在停建核四失敗後隨即以「拼經濟」為核心施政要項，再加上全球氣候變遷機制要求各國務必推行溫室氣體減量政策，核電弔詭地被當成低排放的潔淨能源，最終鬆動了民進黨政府內的反核訴求，擁核的聲音開始出現，民進黨在核能議題開始趨於「保守化」（何明修 2006）。自2005年元月開始到2006年之間，包括中央研究院李遠哲院長與呂秀蓮副總統在內等政府要員，開始鼓吹核能的優勢，其中李遠哲認為在《京都議定書》生效後國際減碳的大潮流下，核一、二、三廠需延役到60年而非提前除役，[6] 行政院長謝長廷與經濟部長何美玥都公開支持李遠哲擁核的意見，但也引起黨內反核派的大反彈。2004年與2006年8月，行政院分別核准了核四廠的追加預算190.5億元與448億元新臺幣，[7] 在2006年8月，行政院經濟建設委員會預計核四將可在2009年7月商轉。[8]

2011年流出的維基解密（WikiLeaks）電文顯示，[9] 民進黨副祕書長鍾佳濱於2005年初告知美國在臺協會（AIT）官員，民進黨內於2004年底已有要與反核人士切割（break with）的決議，部分高層早已內定擁核結論，包括核四續建至完工、撤銷2001年提案的核一、二、三提前除役政策。果不其然，在2005年6月由經濟部召開的全國能源會議中，除了制訂寬鬆的碳減量目標外，[10] 同時也形成「核四將依計畫進行發電，現有三座核電廠也將正常營運」的「共識」。[11] 至於達成「非核家園」的時程目標，經濟部長何美玥推給立法院制定《非核家園推動法》時再做決定。

此時的民進黨黨內正、副總統都出現不反核，甚至擁核的跡象，這項態度也反映在2008年的總統大選中。兩岸關係是2008年總統大選的主旋律，核能問題在這一次大選中又被壓擠到邊陲的位置，馬英九候選人所屬

---

6 郭怡君、歐祥義、許敏溶，2005，〈能源短缺 核電廠擬延役20年〉。自由時報，http://news.ltn.com.tw/news/focus/paper/2008，1月10日；郭怡君，2005，〈李遠哲：核電廠 仍是必要之惡〉。自由時報，http://news.ltn.com.tw/news/focus/paper/1940，1月10日。

7 張新華，2012，〈核四預算101億通過 拒錢坑 環團將發起萬人遊行〉。苦勞網，http://www.coolloud.org.tw/node/71926，12月14日。

8 王妍文，2006，〈核四廠追加638億預算過關〉。蘋果日報，http://www.appledaily.com.tw/appledaily/article/finance/20060815/2818770/，8月15日。

9 該文編號為05TAIPEI846，係由美國在臺協會臺北辦事處於2005年3月1日所發出名為 “Taiwan: Prospects for GE Nuclear Power Plant.”（奇異核電廠在臺情勢研判）。參見WikiLeaks, 2011, “Taiwan: Prospects for GE Nuclear Power Plant.” In *WikiLeaks*, https://wikileaks.org/plusd/cables/05TAIPEI846_a.html (Date visited: December 21, 2016).

10 何美玥亦指出，如果要實行非核家園，恐怕連該寬鬆的溫室氣體減量目標都難以達成，可參見：蔡宏明（2005）、臺灣環境資訊協會（2005）。

11 該共識還包括核能發電裝置容量結構配比，2020年將降為7%，到2025年進一步降至5%。

的國民黨長期以來支持核電，民進黨籍候選人謝長廷也認為[12] 興建中的核四廠未來能夠取代核一、二廠，沒有核四不運轉的決策。[13] 甚至核四公投促進會此時也選擇高舉「公投」的原則，而鬆動了反核的信念。促進會執行長葉博文說：「核四議題我們已經很久沒碰了，我們要的是公投，對於核四是否運轉，我們沒有固定成見，應交由公投決定。」[14]

自1994年成立的「核四公投促進會」喚起民眾對核能問題重視功不可沒，促進會的精神領導人林義雄（2013）曾表示：「我參與的核四公投促進會要求核四公投，是認為國民黨政府強勢興建核四，違反沉默的多數民意。」當陳政府在核四問題上轉向後，林義雄與民進黨政府漸行漸遠。2003年，在泛藍陣營「公投＝臺獨」的邏輯下催生了限制重重的《公民投票法》，但令人難堪的是，如同何明修（2011）所言：「在2001年續建核四之後，陳水扁曾答應舉辦核四公投；但是在《公投法》通過之後，唯一一次民進黨所推動的，卻是為了配合2004年總統大選的軍購公投。」

肆、為反核運動存續香火——綠盟的在地發展

當2001年2月陳水扁政府宣布核四續建後，誠如綠盟祕書長崔愫欣（2011：21）所描述：「政治的妥協使得反核運動面臨有史以來最大的挫敗，反核運動的信心降到零點。」相較於親近民進黨的反核人士繼續鼓吹「使民進黨居國會多數」以扭轉核四戰局的呼聲，於2000年中成立，前身為「臺灣環境保護聯盟臺北分會」的「綠色公民行動聯盟」，則是走上了另一條在當時看來更為孤寂的道路。與環盟和民進黨陳水扁政府合作的路

12 顏振凱、張麗娜，2008，〈謝肯定核四可取代核一核二〉。蘋果日報，http://www.appledaily.com.tw/appledaily/article/headline/20080125/30205478/，1月25日。

13 謝長廷的說法立刻遭到臺灣環保聯盟的溫和否定。環盟雖未直接批判謝長廷，但提出如果核四可以取代核一、核二，不僅將會糟蹋另一塊美麗的土地，核四運轉會使現在就沒辦法解決的核廢料問題更難處理，同時，核四運轉將增加臺灣武力攻擊的目標。參見臺灣環保聯盟，2008，核四應否運轉應該公民投票解決——臺灣環境保護聯盟對「謝肯定核四可取代核一核二」之聲明（http://www.coolloud.org.tw/node/15553，取用日期：2016年12月20日）。

14 同註12。

線相較，綠盟與政黨保持一定的距離，將反核訴求對象拉回到一般民眾；同時，綠盟採取「回到貢寮」的在地發展策略，一方面就地監督核四工程，同時以經營地方草根的組織方式蓄積反核運動的能量。

深感被陳水扁政府背叛而充滿無力感的鹽寮反核自救會，除持續扮演社區互助的功能外，也是與綠盟共同耕耘貢寮的夥伴。2003年，自救會反映福隆沙灘因為核四重件碼頭阻礙泥沙回流而一去不回；在反核運動跌宕谷底的階段，綠盟祕書長崔愫欣帶著她所執導的紀錄片《貢寮，你好嗎？》巡迴臺灣、亞洲放映。如同謝一麟（2005）所說：「一步一腳印地帶著紀錄片，讓更多的陌生人與貢寮人產生關係。」2005年，貢寮反核自救會長吳文通與在地國中小學教師籌辦《貢寮人社區報》，使過去這些擁有知識但保守的貢寮住民，能夠從生活中看見他們過去不願參與的反核抗爭以及已經變樣的鄉土（Wei 2016）。2010年，綠盟在貢寮開辦「諾努客農庄」，號召反核青年一起下鄉插秧。

每年吸引數十萬青年男女前來的「貢寮國際海洋音樂季」，[15] 在反核運動低迷期間提供了一個讓反核議題能夠「發聲」的契機。2004年，929樂團主唱吳志寧率先在開唱時批判福隆海岸的消逝與核四工程，在樂團界震盪出幾許漣漪；翌年，包括929、薄荷葉與五月天等樂團在臺上演唱時，都穿著No-Nuke字樣的T恤，反核議題開始重新被新一代青年看見；2005年，綠盟與音樂界發起「愛音樂、救沙灘」連署活動；2009-2010年間，綠盟與公民媒體苦勞網合作舉辦「貢寮諾努客」[16] 音樂會。張鐵志（2013：147）認為：「整個臺灣社會公民力量的崛起，新青年反抗文化的出現，正在改變臺灣流行音樂的基因。」綠盟的王舜薇表示，「在運動中不能只是著重在反核或是抗爭上，也是要從人的生活中尋找新的可能。」[17]

---

15 臺北縣政府於2000年開始在鄰近貢寮的福隆沙灘舉辦「貢寮國際海洋音樂季」（Hohaiyan Rock Festival）。

16 「諾努克」即英文No Nukes的直接音譯，其意為「反核」。

17 楊育青，2009，〈諾努客之放映後的運動延續〉。苦勞網，http://www.coolloud.org.tw/node/44234，8月6日。

綠盟在這段期間不曾間斷地向社會發出核四安全性「有待商榷」的信號。綠盟多次邀請包括日本核能工程師菊地洋一等學者專家來臺評估核四廠的安全性，除了提醒人民並警告政府，核四建廠區域位於70多座火山活動區，核四廠耐震係數比起日本甚低，以及台電現場工程品管低落。果不其然，由於核四廠的興築採取最不安全的分包方式，工程整合的問題層出不窮。像是在2008年發現核四工程中自行違規變更設計處高達395項，2010年7月爆發核四主控室電纜鋪設的設計錯誤等等弊端（綠色公民行動聯盟 2011），2010年7月更是荒唐地發生核四廠區28小時大停電，超過全世界核電廠最長停電可應變時間的8小時三倍有餘（綠色公民行動聯盟 2013：70-6）。在福島核災發生前，核四廠在施工過程中的不安全性已充分暴露在臺灣民眾面前。

但這個過程卻即將走到盡頭。在陳水扁政府卸任前夕的2008年4月底，燃料棒已經祕密送到貢寮，在政府的規劃下，核四第一、二號發電機組將分別於2009年與2011年商轉。政黨再次輪替之後，行政院長吳敦義曾經於2010年4月表示，為慶祝建國百年核四將提前商轉。吳文通認為，核四商轉前的時間可以醞釀反核的能量，「反核運動則將要開始而不是結束」。[18]

伍、馬英九總統執政期間社會運動的再崛起

2008年馬英九總統帶著高人氣上臺，推動兩岸關係正常化與經濟發展為其重要的施政主軸，而對過去慣常與民進黨政府合作的社運團體而言，國民黨執政意味著過去與政府間合作關係的斷裂，可能捲土重來的威權政治文化，以及，與中國交流「正常化」下臺灣各方面被磁吸化的恐懼與不安。就在馬英九就任總統的半年之間，這一切都成為現在進行式。自2008年9月開始，中國含三聚氰胺三鹿奶粉弊案爆發，臺灣也因進口而成為受災區，甫於大選落敗、氣勢低迷的民進黨隨即與台聯、獨派社團發動「反

18 同上註。

黑心、顧主權」大遊行；同年11月海基、海協會長江丙坤與陳雲林臺北會談時，政府對言論自由的管控加上警方對抗議民眾施暴，引發「野草莓運動」；在311福島核災發生之前，延續數年的樂生、苗栗大埔反拆遷運動以及反國光石化等社會運動仍持續進行；在政治部門，民進黨主導的反美牛進口遊行以及反兩岸經濟合作框架協議（ECFA）遊行相繼舉行，政運與社運在馬英九執政初始便雙雙復甦。但在社運這一端展現出較過去更強的自主性，尤其在東日本宮城地震引發的福島核災後，由綠盟所代表的反核社運不依靠特定政黨、採取自主發展的路線更為鮮明。

2011年3月11日，臺灣民眾從電視與電腦螢幕目睹了東日本宮城的海嘯如何在瞬間帶走了超過14,000位民眾的生命，而這也是繼1986年車諾比核災後全球最嚴重的核災事故。美國《華爾街日報》（Wall Street Journal）報導[19]指出，全球共有14座核電廠位處高活動斷層地震帶，且全集中在日本及臺灣，臺灣四座核電廠都名列其中。臺灣民眾不禁設想：如果連科技先進的日本其核電廠在面對地震與海嘯時都束手無策，類似的事件發生在臺灣又該怎麼辦？在福島核災發生後，環盟[20]與綠盟等公民團體分別於2011年3月20日與4月30日舉辦反核遊行，人數雖然只有3,000與7,000餘人，但在前者所舉辦的遊行當中，「諾努客工作隊」和臺灣大學大學新聞社的十幾名成員手持寫著「核四是藍綠共業」、「拒成政黨對立籌碼」的標語，希望核電議題脫去與特定政黨掛勾的標記，遊行現場因而發生紛爭。如同綠盟副祕書長洪申翰所言：「民進黨在反核上有很不好的記錄，我們要盯住他們，不要讓反核這個議題再成為他們的俘虜。」（孫窮

---

19 Tamman, Maurice, Ben Casselman and Paul Mozur. 2011. Scores of Reactors in Quake Zones. *Wall Street Journal*. Retrieved from https://www.wsj.com/articles/SB10001424052748703512404576208872161503008.

20 環盟發動的遊行中，像是臺灣獨立派色彩明顯的臺灣國辦公室與臺灣教授協會，以及與謝長廷關係密切的「臺灣長工會」都參與其中，遊行中包括即將宣布參選總統的蘇貞昌、臺灣團結聯盟與民進黨競選立委的候選人皆穿梭其中並上臺發言，而部分當天參與遊行的民眾，對於臺灣大學大新社以及諾努客工作隊所舉出的標語，展現出相當的憤怒。參見孫窮理（2011）；樓乃潔、陳寧，2011，〈「長」驅直入反核遊行 環團面對政治不同調〉。苦勞網，http://www.coolloud.org.tw/node/58330，3月20日。

理 2011）。

2013年，由綠盟等150多個公民團體發起的「309廢核大遊行」，在臺北、臺中、高雄、臺東四地同時上街，遊行人數已經累積超過20萬人，2014年的反核遊行更維持13萬人的抗議規模。在這幾年之間，反核運動的能量究竟是如何累積起來？在太陽花運動之後，學界將焦點指向「公民運動」。[21]

在馬總統執政後，無論政治運動還是公民運動都出現迅速復甦的跡象。在政治運動上，民進黨試圖重新在街頭上找尋自己的群眾基礎，並運用臺灣主體性的論述，反制馬總統在「九二共識」下，兩岸經貿與交往正常化的政策；然而，值得關注的是在馬英九的第二個總統任期發展勢頭相當強勁的公民運動。徐斯儉（Hsu 2017）指出，在太陽花運動前夕的2012-2013年之間，共有五到六波的大型公民運動，包括反媒體壟斷運動、全國關廠工人連線的抗爭、綠盟的反核大遊行、公民1985發動的萬人送仲丘、農陣發動的818土地正義行動、以及多個公民／社運團體發動的929嗆馬（英九）行動。而這些公民運動不再像1990年代時民進黨的社運盟友，在完成兩次政黨輪替的民主社會中，他們有自己的議程與行動步調（Hsiao 2016），此外，這些公民運動團體平日都各有關注的議題，使這些團體在運動上相互認識並彼此支援的不是別人，而是共同的對立面：馬英九總統（Hsu 2017）。

對綠盟而言，因為馬政府亟欲插入燃料棒完成核四兩座反應爐的運轉，反核運動有其時間上的迫切性。綠盟副祕書長洪申翰（訪談洪申翰，

21 「公民運動」著實是一個新的觀念，但它與過去吾人所說的社會運動又有何差異？曾建元（2014）認為這是網際網路時代下每個公民與所屬團體都具有跨國性的聯繫能力，它們能夠與跨國組織以及其他國家的公民社會團體相聯繫，對特定國家的政府形成壓力。但這比較像是「全球公民社會」的觀念，未能點出公民運動的特性。相對而言，何明修（2014）認為臺灣的新公民運動其實就是社會運動，但其「新」之處在於「公民」所召喚的形象，是不具有黨派色彩的、非利己的，在手段上主張平和並反對暴力激進的政治參與，符合臺灣的保守政治文化，但確有成功地達成社會動員，尤其像是「公民1985」，就動員過去不曾參與社運的民眾大量加入（Cole 2017）；包淳亮（2014）則是從國族身分的角度著手，認為「新公民」是二十餘年本土化養成的結果，新公民運動就是「不想當中國人」的臺灣國族身分認同總動員。

2017/7/29）[22] 便表示，「像核四這麼大的戰役要贏，唯一的途徑，就是支持停建核四的人要超過民意的一半，只有這一條路，沒有別的路。」、「過半民意支持廢核四的當務之急，就是要先撕掉這個政治標籤，塑造讓一般人更容易參與反核的環境與文化。」綠盟在這方面進行了兩項饒富意義的工作。其一，經營網路社群媒體，直接對社會發聲，其內在邏輯是希望攪動具有強列訊息傳播動機的青年人，將反核相關的訊息透過網際網路發送出去；其二，注重實體社群的經營，用洪申翰的話來說，使「不同參與者的角色能夠被辨認」，如果某社群需要綠盟提供反核的意見與相關資源，綠盟就會提出協助，在這個稱之為「310+1」的社群計畫中，綠盟得以接觸像是律師、大學教授、電影工作者等社群（訪談洪申翰，2017/7/29）。導演柯一正、陳玉勳、吳乙峰等文化界、影藝界人士於2012年5月在臉書創立「我是人我反核」的粉絲專頁，同時在總統府前凱達格蘭大道出現60人排出「人」的字樣，一時之間蔚為風潮；[23] 2012年12月，由富邦文教基金會執行董事陳藹玲[24] 領銜成立「媽媽監督核電聯盟」，[25] 2013年父親節這一天臺灣環保聯盟創辦人施信民、李遠哲、小野、魏德聖成立「非核爸爸聯盟」。當紅的影藝名人包括林志玲、五月天等都公開加入了反核行列，許多高中生也加入了這一波反核的隊伍。[26] 也由於這些公

---

22 訪談時間為2017年7月29日，地點在高雄左營，以下均同。

23 肇因於馬英九總統於2012年5月19日與外國媒體的記者會中闡述他的能源政策：沒有核安就沒有核能，穩健減核、打造低碳綠能環境。但他也表示：「『低碳綠能』不可能很快地就可以取代核能」、「我們這個政策提出來之後，我們的感覺是當時沒有引起任何人的反對，因此我們還是會照著這方式來走」。馬英九總統的解釋被臺灣社會直觀地理解為「核能政策沒有引起任何人的反對」，這也是吳念真等人會將活動名稱定為「我是人 我反核」的主要原因，強調「有人在反核」。參見：莫聞（2012）；李英婷，2012，〈藝文界反核〉。蘋果日報，http://www.appledaily.com.tw/appledaily/article/headline/20120529/34261345/藝文界反核，5月29日。

24 陳藹玲係富邦集團總裁蔡明忠的夫人。

25 關於包括陳藹玲、陳昇在內的諸多社會名人與社群主動與綠盟聯繫尋求相關意見、資源提供與發展關係，詳見吳挺鋒（2013）。

26 在2012年6月6日，北一女師生、校友共百人在校園內排出「人」字型後「快閃」；同年7月，一群穿制服的高中生，頭戴紙袋手拿寫著「我是人，我反核」、「反迫遷，金錢不能換取回憶」、「耕作的人才是土地的主人」、「不要貪腐政府」的看板在臺北市西門町「快閃」。參見蘋果日報，2012，〈小綠綠快閃反核 烈日下排「人」字形〉。蘋果日報，http://www.appledaily.com.tw/realtimenews/article/

民運動超脫了過去藍綠政治的羈絆，因而更能凸顯運動的主要訴求。何明修認為「它跨越了反核的政黨色彩，反而促成更多人參與公共事務。」[27]同時，也因為運動訴求的單純化，更能夠吸引過去未直接參與集體行動的各界菁英人士與一般民眾加入，而形成一種「抗議風潮」。在這當中，又以富邦文教基金會董事長陳藹玲公開現身「監督核電」改變了社會的氛圍，當過去被認定不支持任何社會運動的人士都為此挺身而出，「大家會覺得說風向是不是有些鬆動，因為不再只有是社運團體在反核了。」（訪談洪申翰，2017/7/29）。

當社會運動成為社會常態，何明修（2013：21）稱之為「正襟危坐、拘謹矜持的社運」的公民運動也能夠容納「公民不服從」的抗爭路線。這包括苗栗大埔案的抗爭，2013年8月農陣發動的「818拆政府」以及其後佔領內政部一晚的行動，2014年佔領立法院24天的太陽花運動，以及緊接著的反核運動。在2014年3月8日於北市舉辦的反核大遊行中就出現這麼一段「插曲」。反核遊行隊伍在行經臺北市中山北路與忠孝西路口時，曾經突襲式地佔據了十字路口約30分鐘，在宣讀〈公民不核作宣言〉中，預告未來將採取擾亂秩序的行動（訪談洪申翰，2017/7/29）。而在太陽花運動結束佔領立法院後的4月27日，全國廢核行動平台主導癱瘓北市忠孝西路的行動，迫使北市府於28日凌晨出動鎮暴警察及兩臺鎮暴噴水車驅離群眾。而就在27日晚間，行政院長江宜樺探望禁食中的林義雄，表達政府「核四一號機不施工，只安檢，安檢後封存，二號機全面停工」的政策方向。

從強調守法有節的公民運動，過渡到行使具有肢體抗爭強度與違法代價的公民不服從運動，運動者是否會擔憂「公民」因此心生抗拒，而拖累好不容易建立起來的運動基礎？洪申翰認為這是不得不然的選擇，「要走向這個的原因是因為我們之前在行政、立法還是直接民權我們都沒辦法」、「當核四廠要裝填燃料棒的那個時候的衝突可能更劇烈」，「我們不能只是守在那裡（按：平和理性的公民運動），然後放任一群人去衝撞

---

new/20120607/126283/，6月7日；汪宜儒，2012，〈貼近社會 時事正義入戲 200熱血高中生 罩紙袋快閃〉。中國時報，第A11版，7月4日。

27 同註25。

嗎？」（訪談洪申翰，2017/7/29）。

廢核運動至此不僅助長了反核的多數民意，也使2016年總統大選三位主要參選人對核四的未來都表達相當類似的政見。[28] 經過反核運動三十個寒暑的洗禮，「非核家園」在2016年的時空中，終於從「藍綠共業」變成「藍綠共識」。

陸、解釋馬英九總統任內核電政策的轉折

然而，光憑抗議示威人數多，並不足以直接影響政府政策，政策產出前除了抗議行動外的其他因素在政治過程如何發揮作用，則是本研究欲解答的問題。本研究認為，馬總統在其八年任期當中支持核電最力自不待言，而造成馬總統更動核能政策相關內容的主要機制為「強大的群眾運動能否促使否決者採取改變現狀的行動」，而「是否試圖移轉社會輿論注意力」這一項因素則是具有部分影響力。本研究茲選取馬總統任內四次核能政策的決策為例，說明影響馬總統執政期間核能政策重大轉折的機制。

一、Case A：核一、二、三廠將不延役——挽救2012總統大選選情

即便在福島核災發生後，馬總統對核能政策依舊是信心滿滿，未出現更易的跡象，其首次對核能政策出現轉圜的態度出現在2011年11月23日，當天他宣布核一、二、三廠將不再延役，興建中的核四廠則必須在「確保安全」的基礎下才會進行商轉。其宣布的時間點距離當年度的430反核遊行也有六個月餘，但卻是距離總統大選前的63日。其實，當時馬總統還面對另一個危機。在他宣布這項政策前約一個月前的10月17日，馬總統在毫無徵兆的情況下提出考慮與北京簽署《兩岸和平協議》，此舉不僅國民黨內震動，在野黨痛批，美國涉臺事務學者感到「意外」，以及北京冷處理

28 國民黨總統參選人朱立倫表示未來將不會發動公投啟封核四；親民黨的宋楚瑜表示沒有核安，就沒有核電，核四如果被檢定為安全，也需要人民公投複決；民進黨的蔡英文則主張核四停建，核一、二、三不延役，2025年完成非核家園。

的情況下，馬總統雖隨即於一週後提出「十大保證」加諸限制條件，《兩岸和平協議》形同胎死腹中，但也著實傷害了他的選情。馬總統於2011年11月23日宣布核一、核二與核三廠將不再延役，在核能政策上也更貼近其主要競爭對手、民進黨總統候選人蔡英文的政見：核四續建不商轉，核一、二、三廠不延役。此舉可能具有轉移民眾注意力的效果，藉此沖淡和平協議的衝擊。

二、Case B：核四公投戰

馬總統自2013年2月18日任命江宜樺擔任閣揆之後，對核四議題主動發動攻勢。這肇因於民進黨黨主席蘇貞昌於同年年初倡議「反核四公投與2014年底七合一大選合併舉行」，[29] 2月25日江揆表達採取公投解決核四的存續問題的意願，並得到馬總統的支持。雖然說不過數月前，國民黨籍新北市長朱立倫與臺北市長郝龍斌先後表示「沒有核能安全就沒有核四」，[30] 對核四問題展現強硬的態度，但在江揆宣布核四公投後，朱立倫轉向以公投解決核四存廢問題，[31] 郝龍斌雖未明言反對公投，但認為核四可透過立院協商或民調方式宣布停建即可。在立法院，絕大多數國民黨籍

---

29 蘇貞昌提出「核四公投併大選」的政策提案並未得到黨內支持，像是謝長廷就認為，如等到2014年再進行核四公投，屆時恐怕核四的燃料棒已經插入反應爐。綠盟秘書長崔愫欣表示民進黨未與社運團體商量這件事，感覺被算計了。參見蘋果日報綜合報導，2013，〈反核公投綁大選 謝長廷：不妥 「年底運轉如何擋」環團批蘇只顧選舉〉。蘋果日報，http://www.appledaily.com.tw/appledaily/article/headline/20130123/34788650/，1月23日。

30 曾佳俊、蔡亞樺，2012，〈朱立倫：只要我在任 核四別想運轉〉。蘋果日報，http://www.appledaily.com.tw/appledaily/article/headline/20121101/34613291/，11月1日。

31 在2013年3月的反核大遊行之後，郝龍斌對核四的態度更為強硬，他表示在公投票中他會選擇「停建」這一個選項，甚至根本不需要舉辦公投，由立法院協商停建即可；其後，郝龍斌拋出以民調取代公投的意見。參見蘋果日報綜合報導，2013，〈若明天核四公投 郝龍斌：不支持續建 首都市長開轟 「有飆車味道」〉。蘋果日報， http://www.appledaily.com.tw/appledaily/article/headline/20130322/34904082/，3月22日；蘋果日報綜合報導，2013，〈郝獨推核四民調 藍8縣市長挺公投 江揆拒直接停建 「公投較正當」〉。蘋果日報，http://www.appledaily.com.tw/appledaily/article/headline/20130327/34914050/，3月27日。

立委都表示支持公投。

其後，接踵而來的社會運動將壓力直接轉移到執政黨身上，有些是社運的既定議程，有些則是難以預料的「突發狀況」。像是2013年7月初爆發的陸軍士官洪仲丘虐死事件，國防部不斷包庇與掩蓋真相的行事作風引發國人厭惡，在7月20日與8月3日分別約有3萬與25萬人在北市國防部與凱道前集會抗議，成為繼2006年「反貪倒扁」運動後臺灣參與人數最多的抗議行動。同時，8月3日晚間反核人士突襲立法院，升高對峙的態勢，在野的民進黨則是於8月初強行佔領立法院五天四夜，經過朝野協商決議臨時會不處理核四公投提案，核四公投如同胎死腹中。[32] 同年9月，馬英九總統公開譴責立法院長王金平涉嫌司法關說並撤銷王金平黨籍，國會生態丕變，核四公投提案隨即被立委李慶華以「因政局發生嚴重變化」為由撤案，[33] 9月底立院國民黨團大會決議，在台電公司未完成核四安全檢測前，暫緩推動核四公投案。[34] 由於「萬人送仲丘大遊行」再次重創馬政府威信，加上「馬王鬥」等政治因素，反使居國會多數的國民黨立院黨團擔當起否決者的角色，馬總統擁護核電的核心信念難以轉化為實際政策。

三、Case C：核四封存

馬總統於2014年4月22日宣布「核四封存」的決定，同樣在於回應來自社會的龐大壓力。自2014年3月18日起太陽花運動攻佔立法院長達三週，到4月22日林義雄開始禁食以及27-28日全國廢核平台發動「公民不核作」癱瘓臺北車站周遭交通動線的抗爭行動，臺北市從凱達格蘭大道到青島東路附近的街頭一直都聚集著抗議民眾。太陽花運動已經嚴重傷害馬政府的威信，當時仍為國民黨主席的馬英九也不可能不考慮七個月後六都

32 陳璟民、蘇芳禾、曾韋禎、彭顯鈞、王寓中、陳慧萍，2013，〈核四公投案 幾確定胎死腹中〉。自由時報，http://news.ltn.com.tw/news/focus/paper/702833，8月6日。

33 薛孟潔、崔慈悌，2013，〈政局動盪 核四公投撤件〉。中國時報，http://www.chinatimes.com/newspapers/20130911000082-260202，9月11日。

34 李英婷、何哲欣，2013，〈核四公投案 國民黨團建請暫緩〉。蘋果日報，http://www.appledaily.com.tw/realtimenews/article/new/20130926/264932/，9月26日。

「九合一」選舉的成敗。從「否決者」角度出發，國民黨本身在核四立場陷於分裂，馬總統與江揆支持以公投方式解決核四問題，但國民黨籍縣市長朱立倫與郝龍斌皆希望核四不商轉，[35] 國民黨籍立法委員如賴士葆、李慶華、丁守中、林郁方、羅明才等雙北地區選出的區域立委也表態支持核四封存或停建。[36] 在太陽花運動重挫馬總統的統治正當性，直接促成國民黨內在核四議題意見上的分裂，這一批主要由黨籍立法委員所構成的否決者使馬總統與江揆最終接受國民黨立院黨團「核四封存」的決議，[37] 核四形同實質停建。

四、Case D：馬總統爭取核一、二廠延役

即便經過太陽花運動及之後的廢核戰役，馬總統並未因此棄絕對核能的執著。由於核四是馬總統本人認為必須推動的重大政策，當核四封存後，馬政府至少兩度試圖為核電翻案。2014年7月，「台電公司第一核能發電廠執照更新評估報告」中提出核一廠延役申請，計畫將核一廠延長運轉20年至2039年；[38] 2014年11月底縣市長選舉國民黨大敗，馬總統隨後於12月3日中常會宣布辭去黨主席一職。2015年3月11日經濟部表達核一廠延

35 朱立倫在林義雄絕食第四天時表示，他能夠接受核四完工後封存。此外，朱立倫在核四公投門檻議題上和馬總統與江揆的意見相左，前者希望降低門檻，後者希望維持《公投法》的高門檻。參見：李定宇，2014，〈核四完封 朱立倫認同〉。蘋果日報，http://www.appledaily.com.tw/realtimenews/article/new/20140425/385932/，4月25日；陳郁仁，2014，〈府院會商定調：核四公投門檻不能降〉。蘋果日報，http://www.appledaily.com.tw/realtimenews/article/new/20140424/384914/，4月24日。

36 李昭安、許雅筑、胡宥心，2014，〈李慶華：停建核四，必要時壯士斷腕〉。聯合報，第A4版，4月23日。

37 國民黨立法院黨團大會於2014年4月24日針對核四做成決議文如下：「核四完工，通過安檢後，不放置燃料棒、不運轉。日後核四是否運轉，必須經公投決定。」後於4月27日，馬總統召開執政縣市首長會議達成「核四廠一號機不施工、只安檢，安檢後封存；核四廠二號機全部停工」的共識。參見行政院發言人辦公室，2014，「江揆：核四停工並非停建 為下一代保留一個選擇權，並儘速召開全國能源會議」新聞稿（http://www.ey.gov.tw/News_Content.aspx?n=F8BAEBE9491FC830&s=34040F31D4C717E6，取用日期：2017年1月19日）。

38 綠盟副秘書長洪申翰表示，核一廠從除役轉向延役，未見總統或行政院、經濟部對外向社會說明，又是偷偷進行。參見湯佳玲、高嘉和，2014，〈核一廠 邊除役邊延役〉。自由時報，http://news.ltn.com.tw/news/life/paper/830743，11月17日。

役的意見，馬總統並致電國民黨祕書長李四川表達核一、核二廠延役的想法，[39] 但繼任的國民黨主席朱立倫在核電的立場接近於「非核家園」，形同又增加一個否決者的情況下，馬總統關於核一、二廠延役的政策最後只能以碰壁收場。

表19-2簡單總結了以上四個政策轉折時刻的特性，從中吾人能夠發現影響核能政策重要的機制（圖19-1）。除了「轉移注意力」只有在Case A發揮效用以外，大型群眾運動對馬政府產生足夠的壓力而直接危急統治正當性基礎時，[40] 才能夠使統治者正視甚至接納群眾運動的訴求。該機制是群眾運動給予執政黨從政黨員，尤其是立委與動見觀瞻的縣市長更大的壓力，使之成為體制內的否決者，一旦黨內出現否決者，政策推動將是寸步難行。包括一致政府下的同黨籍立法委員，在黨政分立的結構下甚至連黨主席都擔任了體制內的否決者的角色；在政治體制外則是強大的社會運動形勢，使得馬英九總統力主的既定政策難以為繼，進而破壞了一致政府給予行政權上的優勢。在Case B與Case C中吾人能夠明顯觀察到這個機制。在Case B中，洪仲丘虐死事件、「馬王鬥」造成政局動盪促使國民黨籍立委撤銷核四公投案；在Case C中，「太陽花運動＋廢核行動（林義雄禁食＋公民不核作）」則是重創馬英九總統本人與政府威信，「捍衛民主，退回服貿」顯示太陽花運動中捍衛的至少是自由民主體制下程序民主的正當性，[41] 直接暴露民選立法委員無能守護程序民主（Fell 2017: 2），馬政府統治的正當性更受到幾乎致命的一擊。Case D發生在太陽花運動屆滿一週

---

39 洪與成，2015，〈核一、二延役黨政不同調 馬英九槓上李四川〉。風傳媒，http://www.storm.mg/article/45144，3月30日。

40 洪申翰回憶起他與林義雄於2014年1月初的談話，「〔林義雄〕覺得2013年的時候其實已經有很多在對於國民黨、對於馬英九進行很有威脅力的反對行動跑出來，但是沒有一件真正成功的。他覺得，如果可以成功把核四擋下來，可以鼓舞臺灣進步的力量，而不是充滿無力感。」（訪談洪申翰，2017/7/29）。

41 太陽花運動中的內部核心也出現某種為了運動宣傳需要必須進行認知簡化的工作。某位參與太陽花運動的核心幹部表示，內部不同團體想要凸顯的議題多樣性，像是民主、自由貿易與臺灣獨立等社會與政治、經濟議題，但最後決策是採取主打「民主程序」這一項，主要的原因是社會比較能夠理解黑箱作業。社運必須如欲獲得社會多數的支持，就必須說社會聽得懂的話，因此即便在內部遭到批判，也必須有所取捨（Beckershof 2017: 125）。

年的2015年3月，馬總統意圖延役核一、二廠使用年限，卻横遭國民黨主席朱立倫掣肘而以失敗收場。無論是朱主席個人「沒有核安就沒有核四」的堅定意志，或是受到公民運動與民意的制衡，在體制內都扮演了核電否決者的角色。

表19-2　馬英九總統任內核能議題重大決策比較

馬英九總統的核能政策宣示＼變項		一致政府	六個月有選舉活動	轉移注意力	出現新的否決者	一個月內有大型抗議活動
Case A	核一、二、三廠不延役；核四在安全無虞下商轉	○	○(a)	○(b)	×	×
Case B	訴求核四廠存續公投	○	×	×	○(c)	(f)
Case C	核四封存、停建	○	×	×	○(d)	○(g)
Case D	訴求核一、二廠延役	○	×	×	○(e)	×

○：發生；×：未發生。

a. 2012年元月進行的總統與立委選舉

b. 轉移民眾對兩岸和平協議事件的關注

c. 國民黨籍立委李慶華撤案

d. 太陽花運動嚴重傷害馬英九政府的統治正當性

e. 國民黨新任黨主席朱立倫主張非核家園

f. 25萬人送別洪仲丘凱道大遊行

g. 太陽花運動＋林義雄禁食＋公民不核作

資料來源：本文作者自行整理。

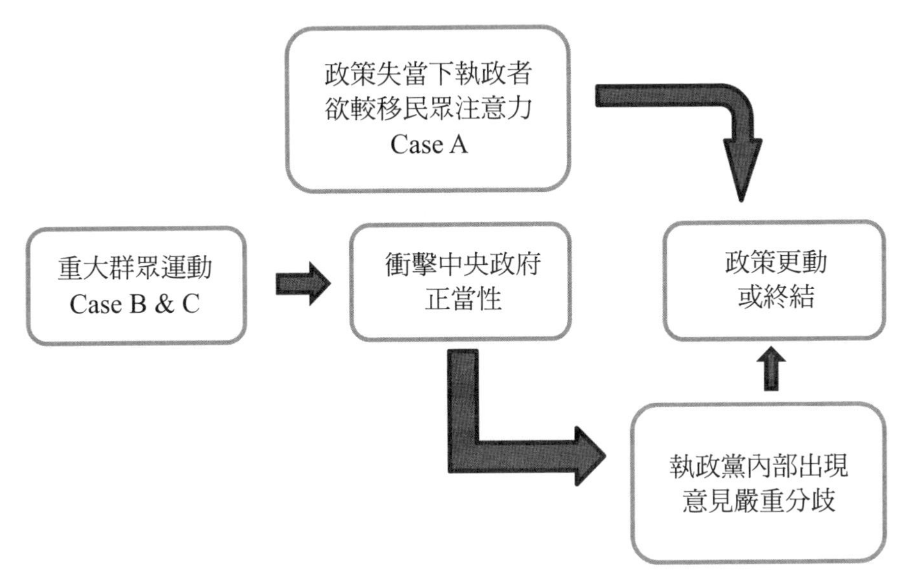

圖19-1　馬英九政府核能政策變遷機制圖

資料來源：本文作者自行繪製。

柒、結語：廢核後共同面對能源轉型的陣痛

臺灣的特殊性在於替代能源發展遲緩且欠缺能源轉型路徑圖的前提下，[42] 市民社會與蔡政府卻擁有高度廢核的共識，這未必是超越經濟成長思維，而是反核成為維護國土安全與國民生命福祉不得不然的選擇，而在霾害肆虐下，以煤炭、石油焦發電等「以火易核」的選項也難為臺灣民眾

42 謝長廷於2017年8月1日就表示：「2025年會有電，但電從哪裡來現在還不知道」，一語道破政府的能源轉型政策中缺乏替代能源發展路徑圖，而造成廢核後的用電供給疑慮。周桂田於815大停電的前兩個月便表示，蔡英文政府的能源轉型政策只抓住大方向，欠缺政策路徑圖及步驟與清晰的轉型論述。除了來自國內的批評以外，國際環境人士亦表達類似的態度，綠色和平組織（Greenpeace）總幹事摩根（Jennifer Morgan）就認為「臺灣試圖同時處理核能風險和氣候變遷風險，這種情況相當獨特」。參見黃以敬，2017，〈星期專訪——臺大國發所所長周桂田：能源轉型缺乏明確路徑圖〉。自由時報，http://news.ltn.com.tw/news/life/paper/1111844，6月19日；White, Edward. 2018. Taiwan Green Shift Defies Energy Security Fears. *Financial Times*. Retrieved from https://www.ft.com/content/6b429f2e-e3c6-11e7-97e2-916d4fbac0da.

所接受。綠盟除了敦促政府推動可再生能源發展外，在福島核災之後提出「用電需求零成長」[43]的發展目標，其主要內容在於提升能源使用效率之餘，還必須檢討國內高耗能的出口產業結構，並徹底檢討電力需求與經濟成長掛勾的假定，以抑制毫無節制的用電成長模式。但在2017年815全臺大停電之後，主張照顧臺灣高耗能產業用電需求而必須重啟核四廠的輿論撲天蓋地而來，相信在未來幾年，臺灣社會將繼續在核能vs.綠能、經濟發展vs.環境保護的爭論中纏鬥不休。

再者，政府與社會必然會憂慮電力供應結構調整下發生「電力不足」的問題。閣揆林全甫就任即表示如2017年缺電，將再重啟核一、二機組，繼任的賴清德院長亦表示類似的意見，[44]這是否意味未來如果電力供應出現缺口，重啟核四也將會是政府選項？日本核食進口問題再次使公民社會質疑蔡政府對非核家園承諾，更不消說，原能會通過台電於2017年6月至7月陸續重啟核二廠一號機與核三廠二號機商轉，前者在2012年爆發錨定螺

43 綠盟成員趙家緯於2011年提出「用電零成長」的觀念，直接挑戰臺灣主流以及兩大黨對唯發展至上主義的迷思。參見：趙家緯（2011）；綠盟在《為什麼我們不需要核電》一書中詳細地從臺灣耗能的產業結構的形成與工業電價的補貼、台電對臺灣電力成長需求的過高估計，以及臺灣用電效率低落三個角度，指出用電需求零成長的可行性與必要性（綠色公民行動聯盟 2013：160-175）。

44 閣揆林全在2016年下半年對核能的態度呈現很大的搖擺性，先是於6月表示考量電力需求，核一廠一號機若安全，在不延役情況下，朝重新啟用思考；復又於9月表示「核一、核二、核三如期除役，核四不啟封是既定政策」；再又於11月表示「明年真的缺電，將再重啟核一核二機組」；而繼任的賴清德則於2017年11月表示，電力供應在2018年將更為吃緊，「再轉核能電廠是最後的手段」。兩任閣揆對核能始終抱持「臺灣電力最後救火隊」的態度，除了反映臺灣當前能源供應短缺問題外，同時更使人懷疑蔡英文政府對非核家園的信念。參見：何世昌，2016，〈核一廠一號機 林全：不延役 若安全考慮重啟〉。自由時報，6http://news.ltn.com.tw/news/politics/breakingnews/1719687，6月5日；嚴文廷、劉榮，2016，〈「行政院長專訪」林全：缺電將重啟核一二廠〉。鏡週刊，https://www.mirrormedia.mg/story/20161115inv002/，11月16日；蘋果日報綜合報導，2017，〈賴鬆口：核電是最後手段〉。蘋果日報，https://tw.appledaily.com/headline/daily/20171109/37840427，11月9日。

栓大量毀損[45] 與爐心襯板龜裂[46] 的問題，加上核二廠內儲放過多使用後的燃料棒，全然忽視核二廠的危險性。重啟核反應爐引發包括主婦聯盟在內的部分環團直接質疑民進黨政府是否已經拋棄了「非核家園」；[47] 在2017年8月15日全臺因大潭火力發電廠六部機組跳電導致大停電後，同年夏季電力供應吃緊，在2017年11月到2018年元月臺灣中南部空氣品質因本土性霧霾而迅速惡化。工商業界與輿論呼籲恢復核能發電計畫以照顧臺灣空氣品質與臺灣高耗能產業用電需求的聲音此起彼落。[48] 坦言之，能源的生產與分配本是政治力、經濟力與社會力競逐下的產物，尤其在當前蔡政府並未確實規劃明確清晰的能源轉型方案的情況下，[49] 民眾面對高度不確定性的「非核家園」，核能在臺灣，好像永遠存在翻身的希望。

---

45 核二廠一號機是在2012年3月16日停機歲修時，發現把反應爐固定在基座上的螺栓，竟有三根斷裂、四根有裂痕，是國內核電廠最多螺栓同時出問題的一次。參見：王玉樹、陳嘉恩，2012，〈核二廠驚見七螺栓斷裂 恐釀災〉。蘋果日報，http://www.appledaily.com.tw/appledaily/article/headline/20120405/34138359/applesearch/核二廠驚見7螺栓斷裂恐釀災，4月5日。

46 核二廠一號機於2012年6月傳出爐心側板出現裂紋30公分，較過去的20公分多增加了10公分，引發核能安全疑慮。參見：張勵德，2012，〈一號機 另爆爐心側板裂30公分〉。蘋果日報，http://www.appledaily.com.tw/appledaily/article/headline/20120619/34309950/applesearch/1號機另爆爐心側板裂30公分，6月9日。

47 面對核一、二、三廠機組在2017年陸續恢復供電，綠色消費者基金會祕書長方儉認為非核家園只是民進黨的口號而已，他尚赴監察院檢舉行政院長林全與原能會主委謝曉星，認為讓核二廠一號機這個老朽的核電機組重啟，將危及臺灣人的生存安全。主婦聯盟亦表示，政府選擇重啟核二，讓人民看不見蔡政府上任時的廢核決心。參見：綠色公民行動聯盟，2017，反對核二改裝急就章 非常態運轉增加風險（http://gcaa.org.tw/post.php?aid=483，取用日期：2017年6月2日）；主婦聯盟環境保護基金會，2017，非核家園全民參與 原能會勿走回頭路（http://www.huf.org.tw/essay/content/4029，取用日期：2017年6月7日）；楊騰凱，2017，〈核三廠2號機重啟供電 環團批非核家園淪口號〉。中國時報，http://www.chinatimes.com/newspapers/20170613000334-260114，6月13日。

48 工商協進會理事長林伯豐表示「就用核電吧」；商總理事長賴正鎰說，核電安全效益高，應將核三延役，核四啟用；國民黨籍前臺北市長郝龍斌表示臺灣在綠能、再生能源發電進度遲緩的階段應以「核能養綠能」。參見：陳政偉，2017，〈815全臺大停電 林伯豐：核電就開吧〉。中央社，http://www.cna.com.tw/news/afe/201708150355-1.aspx，8月15日；謝育炘，2017，〈杜紫軍批無核家園 彎道超車會翻車〉。聯合新聞網，https://udn.com/news/story/11014/2648694?from=udn-catelistnews_ch2，8月18日。

49 同註42。

在815全臺大停電之後，重啟核四的呼聲甚囂塵上，綠盟特別指出，這次事故特別突出集中式電網的脆弱性，呼籲政府未來改採區域性的分散式電力系統，降低因單一事件對整體供電穩定的影響。[50] 除了發展分散式輸電系統，還有發展區域型的發電系統，諸如汗得學社、主婦聯盟以及臺灣環保聯盟都陸續發展能源合作社，[51] 一點一滴地使電力供應結構朝向去中心化的方向前進。

最後，無論擁核還是反核，吾人都必須面對核廢料儲存問題。蘭嶼核廢料存放的低階核廢料簡陋並於場外測出放射性物質，[52] 繼續破壞達悟族的生存空間；再者，自1978年啟用核一廠以來，三個核電廠使用過後的燃料棒都存放於廠內反應爐上方的燃料棒冷卻池，危險性相當高。如果美方能夠提供德州的核廢料儲存場，[53] 當然對解決高端核廢料有所裨益，否則就意味臺灣必須自行吸收這上萬噸的高階核廢料，而未來也必將找尋一處能夠永久儲存高階核廢料的處所，即便能找得著，高昂的相關費用也是使用核電的社會必須承受的代價。

核電絕非廉價的綠色能源，今天與未來臺灣民眾都必須承擔「核廢料這樣的公共惡」，[54] 從今天起到2025年，除了仍必須擔憂核電廠是否如期

50 參見綠盟，2017，一支電塔倒塌的啟示：面對天災與高溫，我們需要「分散式電力規劃」與「智慧抑制尖峰措施」（http://www.gcaa.org.tw/post.php?aid=487，取用日期：2017年12月19日）。

51 近些年來，「公民電廠」的實踐在臺灣各地實驗性地開展。汗得學社（HAND e.V.）早在2014年發起「一人一千瓦」社會企業，秉持「自己的電自己發」的精神，串連屋頂架設太陽能發電板，再把太陽能發電併聯，其後主婦聯盟於2016年底成立「綠主張綠電生產合作社」，臺灣環保聯盟亦協助臺東魯瑪克部落推動太陽能發電，往能源合作社的方向邁進。參見：陳文姿，2017，〈萬元入社「綠電合作社」邀民眾翻轉能源未來〉。環境資訊中心電子報，http://e-info.org.tw/node/202157，1月23日；張存薇，2017，〈靠自己力量推綠能 達魯瑪克部落擬籌組能源合作社〉。自由時報電子報，http://news.ltn.com.tw/news/life/breakingnews/2137985，7月20日。能源合作社的國際實踐經驗，參見房思宏（2016）。

52 在2011年11月，蘭嶼核廢料貯存場外測出鈷60與銫137等放射性物質。

53 洪敏隆，2016，〈核廢料放美國德州？台電：列選項之一〉。蘋果日報，http://www.appledaily.com.tw/realtimenews/article/new/20161216/1013908/，12月16日。

54 節錄於時任綠盟理事長的賴偉傑於2002年在公共電視「我們的島」節目「核廢料的Happy Ending？」這一集中的發言。參見：張岱屏，2002，核廢料的Happy Ending?（http://ourisland.pts.org.tw/content/核廢料的Happy-ending？，取用日期：2017年6月13日）。

全數除役以外，核廢料將是臺灣這個小島嶼永遠無法擺脫的「惡靈」，也是未來幾代臺灣人民都必須為我們還清的債務。

參考文獻

包淳亮，2014，臺灣「新公民」運動的挑戰（http://www.kpwan.com/news/viewNewsPost.do?id=882，取用日期：2017年7月20日）。

行政院，2000，「行政院停建核四」民意調查（www.wetland.org.tw/news/nuclear/survey.htm，取用日期：2016年12月23日）。

吳挺鋒，2013，名人反核的幕後推手（http://www.cw.com.tw/article/article.action?id=5046854，取用日期：2017年7月31日）。

何明修，2014，到底什麼是「公民運動」（http://www.kpwan.com/news/viewNewsPost.do?id=885，取用日期：2017年7月20日）。

——，2013，〈公民運動與公民不服從：兩條晚近臺灣社會運動的路線〉。《新社會政策雙月刊》30: 19-22。

——，2011，〈民進黨是否真心反核？〉。《臺灣思想坦克季刊》12: 4-5。

——，2006，《綠色民主——臺灣環境運動的研究》。臺北：群學。

林義雄，2013，耍弄人民的惡作劇——談行政院的核四公投案（http://www.thinkingtaiwan.com/content/573，取用日期：2016年12月20日）。

房思宏，2016，〈能源轉型過程中的能源合作社〉，頁199-213。收入周桂田、林子倫編，《臺灣能源轉型十四講》。高雄：巨流。

洪申翰，2016，歧視的困局——懂得核廢之難與痛，就不會笑了（https://www.twreporter.org/a/opinion-nuclear-waste-yami。取用日期：2017年1月22日）。

孫窮理，2011，荒謬的歷史何時才能不再重複？（http://www.coolloud.org.tw/node/58331，取用日期：2017年5月31日）。

徐明德，2013，「核四爭議」專題研討報告（https://www.hrd.gov.tw/UpFile/DownloadFile/核四爭議專題研討結論報告.pdf，取用日期：2016年5月12日）。

崔愫欣，2011，〈臺灣反核運動的歷史與策略（從1980至2011）〉。《2011TAHR PAS》秋季號: 20-22。

莫聞，2012，〈馬總統：核能政策「沒有引起任何人的反對」〉。臺灣環境資訊協會，http://e-info.org.tw/node/76968，5月21日。

張鐵志，2013，〈「唱自己的歌」：臺灣的社會轉型、青年文化與流行音樂〉。《思想》24: 139-147。

曾建元，2013，由群眾走向公民臺灣新公民運動的衝擊與影響（http://www.kpwan.com/news/viewNewsPost.do?id=897，取用日期：2017年7月20日）。

趙家緯，2011，沒有永續發展的十年承諾（下）（http://www.lihpao.com/?action-viewnews-itemid-111792，10月18日，取用日期：2017年1月30日）。

綠色公民行動聯盟，2013，《為什麼我們不需要核電——臺灣的核四真相與核電歸零指南》。臺北：高寶。

——，2011，核四近年工安事故整理（http://www.huf.org.tw/essay/content/370，取用日期：2016年12月31日）。

臺灣環境資訊協會，2005，2005回顧：因應京都議定書 全國能源會議無共識（http://e-info.org.tw/node/1365，取用日期：2016年12月25日）。

蔡宏明，2005，全國能源會議結論之影響評析（http://www.cnfi.org.tw/kmportal/front/bin/ptdetail.phtml?Part=magazine9408-425-12，取用日期：2016年12月25日）。

謝一麟，2005，我也想問「貢寮，你好嗎？」（http://e-info.org.tw/sunday/emovie/2005/mo05050101.htm，取用日期：2016年12月31日）。

Tsebelis, George著、吳文欽譯，2009，《否決者論：制度如何運作》，臺北：韋伯。（Tsebelis, George. 2002. *Veto Players: How Political Institutions Work*. Princeton: Princeton University Press.）

Beckershoff, André. 2017. “The Sunflower Movement: Origins, Structures and Strategies of Taiwan’s Response Against the Black Box.” Pp. 114-133 in *Taiwan’s Social Movement under Ma Yung-jeou: From the Wild Strawberries to the Sunflowers*, edited by Dafydd Fell. London: Routledge.

Cole, Michael. 2017. “Civic Activism and Protests in Taiwan: Why Size Doesn’t (Always) Matter.” Pp. 18-33, in *Taiwan’s Social Movement under Ma Yung-*

jeou: From the Wild Strawberries to the Sunflowers, edited by Dafydd Fell. London: Routledge.

Fell, Dafydd. 2017. "Social Movements in Taiwan after 2008: From the Strawberries to the Sunflowers and Beyond." Pp. 1-17 in *Taiwan's Social Movement under Ma Yung-jeou: From the Wild Strawberries to the Sunflowers*, edited by Dafydd Fell. London: Routledge.

Grano, Simona. 2015. *Environmental Governance in Taiwan: A New Generation of Activists and Stakeholders*. London: Routledge.

Ho, Ming-Sho. 2003. "The Politics of the Anti-nuclear Movement in Taiwan: Case of Party Dependant Movement (1988-2000)." *Modern Asian Studies* 37(3):683-708.

Hsiao, Hsin-huang Michael. 2016. "Taiwan Elections: Significance and Implications." *Orbis* 60(4): 504-514.

Hsu, Szu-chien 2017. "The China Factor and Taiwan's Civil Society Organizations in the Sunflower Movement: The Case of the Democratic Front Against the Cross-Strait Service Trade Agreement." Pp. 134-153 in *Taiwan's Social Movement under Ma Yung-jeou: From the Wild Strawberries to the Sunflowers*, edited by Dafydd Fell. London: Routledge.

Hsu, Shu-hsiang. 2005. "Terminating Taiwan's Fourth Nuclear Power Plant under the Chen Shui-bian Administration." *Review of Policy Research* 22(2): 171-185.

Wei, Shugei. 2016. "Recovery from 'Betrayal': Local Anti-Nuclear Movements and Party Politics in Taiwan." *The Asia-Pacific Journal* 14(8:3): 1-21.